高等学校广告学专业教学丛书

广告媒体策略

刘 超 编著

中国建筑工业出版社

图书在版编目（CIP）数据

广告媒体策略/刘超编著． —北京：中国建筑工业出版社，2008（2023.6重印）
（高等学校广告学专业教学丛书）
ISBN 978-7-112-09860-6

Ⅰ.广… Ⅱ.刘… Ⅲ.广告－传播媒介－高等学校－教材
Ⅳ.F713.8

中国版本图书馆CIP数据核字（2008）第051561号

本书是广告学专业教学丛书之一。全书共分14章。作者以系统梳理广告媒体策略的经典理论和方法，以及最新研究成果为经纬来设计全书框架。一方面，从理论角度进行条分缕析，在把握媒体生态的最新演进趋势以及不同媒体形态传播特征的基础上，以全新的视角对广告媒体策略的内涵、理论背景、组成部分和基本方法等进行了系统论述；另一方面，从实践的角度，通过企业经典标杆个案的研究，尤其是学生实践个案的编撰，深入剖析和总结了广告媒体策略的实践经验。本书通过理论阐述与案例的有效融合，使读者能更好地掌握广告媒体策略的基本理论、基础知识和基本方法。

本书可作为高校广告学专业教材、行业高级培训教材及广告人员继续教育教材，亦可供广大从业人员及商业工作者学习、参考。

责任编辑：朱象清　李东禧
责任设计：赵明霞
责任校对：陈晶晶　关　健

高等学校广告学专业教学丛书
广告媒体策略
刘　超　编著
*
中国建筑工业出版社出版、发行（北京西郊百万庄）
各地新华书店、建筑书店经销
北京嘉泰利德公司制版
建工社（河北）印刷有限公司印刷
*
开本：787×960毫米　1/16　印张：$24\frac{1}{4}$　字数：475千字
2008年6月第一版　2023年6月第九次印刷
定价：39.00元
ISBN 978-7-112-09860-6
（16564）

版权所有　翻印必究
如有印装质量问题，可寄本社退换
（邮政编码 100037）

高等学校广告学专业教学丛书编委会

主 任 委 员　尤建新　同济大学
副主任委员　张茂林　同济大学
　　　　　　　朱象清　中国建筑工业出版社
委　　　员　(以姓氏笔画为序)
　　　　　　　王　健　解放日报报业集团
　　　　　　　刘　超　广东外语外贸大学
　　　　　　　严三九　华东师范大学
　　　　　　　李东禧　中国建筑工业出版社
　　　　　　　吴国欣　同济大学
　　　　　　　姜智彬　上海外国语大学
　　　　　　　黄美琴　同济大学

总 序

"理论是灰色的,生活之树常青",理论来源于实践并随着实践的发展而发展。

伴随着经济的持续高速增长,中国的广告业发展迅猛。2006年,全国广告经营额达1573亿元,增长率达11.1%。据不完全统计,2006年底,全国共有广告经营单位14万多户,增长14.1%;广告从业人员突破100万人,增长10.6%。同期,广告业发展已经非常成熟的欧洲和北美,其广告业增长率也达到4%左右,高于这些国家的平均经济增长水平。

不仅如此,随着数字技术的渗透,广告业还出现了许多新的发展态势。数字技术已经全面融入媒体产业,新媒体大量出现,传媒版图加速扩展,传播价值链、传播渠道、接受终端、传媒接触方式等均已出现重大变化,互联网广告、手机广告市场增长势头强劲。由此导致广告赢利模式与业务形态发生变化。由于服务经济、体验经济时代的到来,人们从关心大众,转变为关心分众和小众,企业与消费者的沟通模式被不断创新。广告服务已从以广告活动为主到以为企业提供整合营销传播服务为主。

这一切已经并将继续对现行广告学理论提出新的挑战,进而推动广告学理论的丰富和发展。

广告学理论也并非被动地适应广告业实践,而是在指导和检验广告业实践的同时,又不断地从广告业实践中汲取营养,这是理论对实践的反作用和能动性的体现。

中国建筑工业出版社早在1998年就出版了全套14本的《高等学校广告学专业教学丛书暨高级培训教材》,在中国广告专业教育中发挥了重要作用。为总结近年来广告业发展的新特点、新趋势,以及广告学理论的新成果,并为科学指导广告实践而进行前瞻性的理论探索,在原来这套丛书的基础上,我们又进行了精心选题和筛选,并组织了同济大学、华东师范大学、上海外国语大学、广东外语外贸大学和解放日报报业集团的广告学理论研究、广告学教育和广告实践的资深专家进行撰写,形成了新一套《高等学校广告学专业教学丛书》。

新版丛书共8本。《广告学概论》阐述广告学的研究对象、理论体系和研究方法等基本原理,及其在广告活动各个环节的运用原则。《广告策划与创意》通过总结和分析国内外经典和最新的广告策划与创意案例,揭示广告策划与创意的一般规律。《广告设计》不仅论述了广告设计的一般程序、设计原则和设计方法,还分别阐述了不同种类媒体广告的设计与制作过程。《广告文案》在分析、鉴赏经典的和最新的广告文案的基础上,论述广告文案的特征、功能、风格及其文化背景等,并分析其写作技巧。《广告心理学》阐述了广告心理学的基本原理及其在广告策划、广告设计和媒体策略中的具体应用。《广告媒体策略》全面、系统地论述了包括新媒体在内的各类媒体的特点、广告计划及媒体组合策略。《广告经营与管理》从企业和政府层面，对广告经营与管理的内容、方法、广告法规、广告审查制度和责任等问题展开论述。《企业形象策划与管理》从全新的视角，阐述企业形象的内涵、功能和体系，并结合中外经典案例，分析企业形象策划、设计与管理的原则、方法和流程。

  总体而言，新版丛书具有三大显著特点。第一，数字化思维。数字技术的发展给企业和消费者的生存方式带来了革命性的影响，广告业和广告学的方方面面不可避免地被打上数字化的烙印。因此，本丛书注重将广告学置于数字技术的背景下进行讨论，体现数字技术引发的广告业发展新特点、新趋势和广告学理论的新成果。第二，国际化视野。在中国广告市场已全面开放的大背景下，广告业的国际化和全球一体化渐成趋势，中国广告市场已成全球广告市场的一部分。有鉴于此，无论是理论阐述还是案例分析，涉及到学界还是业界，本丛书均力求展示国际化视野。第三，集成化体系。本丛书希望将基础性、操作性和前瞻性统一起来，既涵盖广告学基础理论和通用性的内容，又强调源于大师杰作和作者经验与智慧的实践性和操作性，同时还力求反映丛书所涉及的各个领域的最新发展。

  随着以信息技术为代表的新技术的发展、全球市场格局和竞争态势的变化，以及消费者行为方式的变迁，广告业将会出现新的发展趋势。广告学也必将随之不断加以丰富和深化。因此，新版丛书仍然会存在一定的时代局限性。同时，也受限于作者的水平，新版丛书的不足在所难免。恳请广告学界、业界的同行专家以及广大读者提出建设性意见，以帮助作者在再版时予以改进和修订。

高等学校广告学专业教学丛书

编委会主任 尤建新

目 录

第1章 导 论 001
　开篇引例　安全性行为和泰国的大象 001
　1.1　媒体与广告媒体 002
　1.2　广告媒体策略要览 019

第2章 传统广告媒体 034
　开篇引例　纸质媒体：电影脚本里的末路狂花？ 034
　2.1　印刷广告媒体 035
　2.2　电波广告媒体 040
　2.3　小众广告媒体 048

第3章 新媒体 059
　开篇引例　土豆是这样种出来的：土豆网成长纪实 059
　3.1　新媒体 060
　3.2　网络广告媒体 062
　3.3　手机广告媒体 069
　3.4　楼宇电视广告媒体 077
　3.5　植入式广告媒体 081

第4章 媒体广告价值的测量与评估 090
　开篇引例　媒体品牌个性：广州报业品牌的拟人化解读 090
　4.1　媒体广告价值评估概述 091
　4.2　媒体广告价值的量化评估 100
　4.3　媒体广告价值的质性评估 114

第5章　媒体战略环境分析　130
开篇引例　战略为王：金六福中秋媒体投放策略　130
5.1　广告媒体策划的营销环境分析　132
5.2　媒体环境分析　140

第6章　媒体目标的设定　149
开篇引例　中国纪录人的翅膀：广州国际记录片大会宣传方案之媒体目标　149
6.1　战略性的媒体目标　151
6.2　媒体目标的设定　154

第7章　广告媒体受众策略　165
开篇引例　70、80大PK："读图时代"的媒体新风向　165
7.1　消费者媒体行为解析　166
7.2　媒体目标受众的界定　173

第8章　竞争品牌媒体投资分析　193
开篇引例　"首都在线"竞争品牌媒体投资档案解密　193
8.1　竞争品牌媒体投资分析基础　197
8.2　竞争品牌媒体投资分析　203

第9章　广告媒体投放的地理性策略　212
开篇引例　农村包围城市：网游《征途》的"史氏"推广法　212
9.1　广告媒体投放市场的获利能力评估　213
9.2　广告媒体投放的市场选择与资源分配　224

第10章　广告媒体的选择与组合　234
开篇引例　Altoids品牌在纽约市的广告媒体创新　234
10.1　广告媒体选择策略　235
10.2　广告媒体组合策略　242

第11章 广告媒体比重设定与排期模式选择 ... 258

开篇引例 小兵立大功：策略性媒体排期做出大文章 ... 258

11.1 广告媒体投放的比重设定 ... 259

11.2 广告媒体投放的排期模式选择 ... 269

第12章 广告媒体预算的编制与分配 ... 283

开篇引例 打怪兽游戏 ... 283

12.1 广告预算编制的基本原则和方法 ... 284

12.2 广告媒体预算的编制与分配 ... 289

第13章 广告媒体的购买执行与效果评估 ... 304

开篇引例 "囚徒困境"中寻觅"双赢"契机 ... 304

13.1 广告媒体的购买执行 ... 306

13.2 广告媒体效果评估 ... 314

第14章 广告媒体策划学生原创案例赏析 ... 329

14.1 学生原创综合个案1 激情奋进八千里，梦想超越国威扬：奇瑞2008"奋进·超越"火炬行动 ... 329

14.2 学生原创综合个案2 媒体生活新运动：广州大学城北亭广场"living mall"推广活动纪实 ... 353

附录一 如何应用案例教学法？ ... 364

附录二 术语表 ... 368

主要参考书目 ... 372

案例索引 ... 375

后记 ... 376

第1章 导 论

> 广告活动中,媒体的角色是以成本效率确定恰当的人在恰当的地点和时间看到恰当的广告。
>
> ——佚名

开篇引例

安全性行为和泰国的大象

在最近的一次国际艾滋病大会上,泰国人口和社区发展协会秘书长 Mechai Viravaidya 博士向众人散发避孕套钥匙圈,并一再强调在泰国进行艾滋病预防教育的必要性。虽然很多泰国人十分担忧艾滋病,但对其却知之甚少。

泰国的"避孕套宣传"非常成功。就提供安全性行为的信息来说,并非只有传统的方式,而是有许多途径。这些创新的方式包括 T 恤衫、出租车和儿歌,借以这些形式,预防艾滋病的计划生育信息在泰国广为传播。可能其中最有名的是曼谷一家叫做"卷心菜和避孕套"的餐厅,它是世界上唯一一家可以用餐并且获得避孕用品的餐厅。利用计划生育的传播计划,4 年时间里,泰国在全国各地的 16000 个村落建立了一支以社区为基础的工作人员队伍。他们印制了带有蒙娜丽莎画像的 T 恤,有趣的是,蒙娜丽莎手里拿的是一只避孕套。他们还力图将这种教育从早期开始。因此,他们与中学合作,开展教育,譬如让孩子们用避孕套吹气球,以便他们长大之后不至因为这种全世界一半人口都使用的简单工具而害羞。字母歌和海报也用作教育目的,其中 B 代表"生育"(Birth),C 代表"避孕套"(Condom)等。

在这场宣传战役中,最具文化特色的媒体还得算一群泰国大象。很多年以来,在曼谷的大街上时常能看到大象被当作巨大的户外广告牌(虽然目前政府已决定将大象送回北部山区不再允许在曼谷出现)。"避孕套宣传"则利用大象在农村宣传,成为流动的广告牌,提醒当地居民"往大事想,想想避孕套"(Think Big, Think Condom)。无论谁看见,一定过目不忘。

泰国的"避孕套宣传"之所以有名，不仅因为高度有效，还因为它完成了商业品牌没有做到的事情——以最有效的媒体形式找到目标受众，即使该种媒体形式超出了常规的范畴。

资料来源：马克·布莱尔，理查德·阿姆斯特朗，迈克·墨菲. 胡波译. 360度品牌传播与管理. 北京：机械工业出版社，2005：108-109.

广告活动中，媒体的角色是以成本效率确定恰当的人在恰当的地点和时间看到恰当的广告。在产品的包装、分销、主张、创意等全部落实后，就要抓住媒体的良机。[1] 因此，我们有必要在脑海中预先树立一些正确的媒体概念与准则。通过本章的学习，读者可以：

- 辨析媒体、媒介、媒体载具等概念的边界与外延；
- 理解媒体的基本特性与功能；
- 了解媒体发展的历史脉络与未来的演进方向；
- 掌握广告媒体的定义、特性与基本分类；
- 理解广告媒体的功能及在营销策划中的地位与作用；
- 掌握广告媒体策划的流程与纲要；
- 掌握广告媒体策略的内涵与主题。

1.1 媒体与广告媒体

1.1.1 媒体基础知识概述

1. 媒体、媒介、媒体载具的概念辨析

"媒体"一词源于英文中的"Media"。在化学领域系"媒质"之意，在机电领域系"导体"之意，在数学领域系"中数"之意。在传播领域系企业的传播手段，也是企业（生产者）与市场（销售业者、消费者）达成联结功能的工具。[2]

从传播学角度看，媒体通常是指传达、增大、延长人类信息的物质形式。媒体是人用来传递与获取信息的工具、渠道、载体、中介或技术手段。也可以理解为从事信息的采集、加工制作和传播的组织，即传播机构。而被运用向消费者传递广告信息的媒体，就是广告媒体。一般说来，我们在讨论广告媒体的概念时，把它当作一种工具来认识；在制定广告媒体策略时，将涉及具体的传播媒体机构。[3]

我们经常会用到媒体（Medium）、媒介（Media）和载具（Vehicle）这三个名词。它们的意思似乎一样，其实不然。

媒体指一系列传播工具，如电视、报纸、杂志等。换言之，就是指具有一系列相似特性的传播工具。相比较而言，媒介的泛指意味更浓厚一些，其含义有广义和狭义之分，我们经常接触到的大众传播媒体是狭义的媒介，广义的媒介则包括大众传播媒体和人际传播中所使用的符号，如语言、体语、视觉符号等。

媒体载具是指媒体中的某一种传播工具。[4] 如《中国日报（海外版）》、《南方周末》是报纸媒体;"凤凰卫视"、MTV是电视媒体中的一种;《瑞丽》和《读者》也是杂志媒体中的一种,等等。同一类别的各媒体载具有其不同的涵盖面以及接触群体,在价格及风格上也各自不同。而其划分的意义则在于透过各媒体载具之间的比较,为媒体选择提供依据。

2. 媒体的基本特征

媒体具有5个基本特征:(1)实体性;(2)中介性;(3)负载性;(4)还原性;(5)扩张性(图1-1)。

(1)实体性。作为实体性的媒介,它有质地、形状、重量,给人的感觉是可见、可触、可感,是个具体的真实的有形的物质存在,故也就有磨损、消耗和锈蚀。在大众传播中,报纸、广播、电视、网络都是用于传播的实体。

(2)中介性。媒体的中介性特点,一是指它的居间性,即它居于传播者与受传者之间;二是指它的桥梁性,即它可以使传受两者通过它交流信息、发生关系。

(3)负载性。负载符号,既是传播媒介的特点,也是传播媒介存在的前提和必须完成的使命,如纸张、

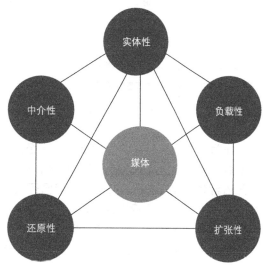

图1-1 媒体的基本特征

收音机、电视机、电脑就分别负载了报纸、广播、电视、网络的信息或内容。

(4)还原性。作为中介的传播媒介,它决定了其在传播过程中所负载符号的原声、原形、原样,而不应对符号作扭曲、变形、嫁接处理。

(5)扩张性。媒介不仅可以"穿针引线"使传受两者产生关系,还可以将一个人的思想、感情和所见、所闻扩张开来为许多人所共享,从而实现大众范围内的传播。[5]

3. 媒体发展的历史演进

人类传播从语言到文字,经历几万年;从文字到印刷经历几千年;从印刷到电影、广播经历400年;从第一次试验电视到从月球传回实况电视,只经历50年。[6]一种媒介铸就一个时代,传播媒体发展的加速演进深刻地改变着人类的生活风貌(表1-1)。从公元前3500年到今天,媒体发展大致经历了六个阶段:亲身传播时代、口头传播时代、文字传播时代、印刷时代、大众传播时代和网络传播时代,三次信息传播革命奠定了今天数字媒介的基础。[7]媒体发展的不同阶段互为补充、相互叠加。[8]

媒体发展大事记　　　　　　　　　　　表 1-1

经典时刻	标志性事件
今天	电子信息传递是所有媒介的标准
公元 1951 年（第三次信息传播革命）	数字计算机被发展用来处理、储存和恢复信息
公元 1455 年	约翰尼斯·古登堡发明活字印刷，并印制"圣经"
公元 1255 年	中国发明铜字印刷
公元 1041 年～公元 1048 年	毕昇发明活字印刷
公元 100 年	中国发明人造纸
公元前 200 年	希腊人改进羊皮纸
公元前 2500 年（第二次信息传播革命）	埃及人发明莎草纸
公元前 3500 年（第一次信息传播革命）	发明了表音文字

雪莉·贝尔吉. 赵敬松译. 媒介与冲击——大众媒介概论. 沈阳: 东北财经大学出版社, 2000: 25.

　　作为"居间工具"的传播媒体，一经用来负载符号、传播信息，它即驶上了飞速发展与变革的快车道。特别是驶入信息社会的大众传播媒体，更是以锐不可挡之势开拓新路，奔向未来。但是，人们已开始担心：大众传播媒体加速发展的"压缩性"、"间断性"和不确定性，是否会模糊人类的空间透视感和历史洞察力？假如媒体是一架用自动驾驶仪操纵的飞机，虽然它的速度越来越快，但没有明确的目的地，其后果会是怎样？无疑，我们正面临着严峻的历史性挑战和前所未有的抉择。[9]

链接·视点

10 大关键词解读媒体发展大趋势

关键词 1："分众化"（Fractionalisation）

　　在大众化媒体依然强劲的同时，我们不得不注意到一些分众化媒体的崛起，作为其主要特征的是电视的专业化频道和平面的专业化杂志。以中央电视台为例，中央台以前走的是综合大众化路线，频道节目涵盖新闻、文娱、体育等众多类型，吸引着全国男女老少的大众收视人群。而现在，中央台已经发展了 10 多个频道，每个频道都有各自的定位，如 CCTV-2 的主打经济栏目"经济半小时"和"对话"，已经成为一个与特定的、成熟的并有经济实力的人群沟通的重要渠道。CCTV-5 则被定位为全国最强势的体育频道。电视频道分众的结果，一方面使得广告主可以和特定目标对象进行有效地沟通，但另一方面又造成广告主沟通成本的上升。

　　而在平面媒体中，杂志的分众化可以说做得非常彻底，现在至少有时尚类、汽车类、航空类、体育类、商业类、财经类等多种分类杂志，并有继续细分的趋势。以《时尚》杂志为例，在原来已经非常强势的《时尚伊人》基础上又进一步推出《时尚先生》、《时尚家居》、《时尚健康》等。而《时尚健康》在女性版取得成功后，又进而推出《时尚健康》的男士版。以上诸多现象都说明了媒体正进一步地在分众。

关键词2:"定制化"(Customisation)

可能有许多"定制化"的例子,其中,我想主要说两种"定制化"的形式:一种是大众媒体的"Sectionalisation"(段落组合),如报纸本身是一个比较大众诉求的媒体,但现在,我们不难发现,报纸的段落组合已经与以前不太一样,如周三为房产,周五为时尚,这就是大众媒体在求得一个大众诉求点的同时,也顾全到读者对"定制型"信息的需求;第二种,定制化的形式就是现在也讲得比较多的"个性化"营销手段,如数据库的管理、虚拟社区、活动营销,等等;不以主流媒体为主,而更多的是设计一个媒体,以便与目标对象进行一种更具有"投入、关注度"的沟通。

关键词3:"过量化"(Plethorisation)

常有朋友说,我们被广告包围了。是的,现代人生活在充斥着各种媒介的环境里,人们依赖各式各样的大众媒介来完成日常所需的信息接收,这已经成为现代人生活的重要组成部分。但与此同时,我们的生活也已经被媒体包裹得密不透风,一天24小时,人们很难有机会逃离媒体:上班的路上有广播,有时候想坐地铁或者出租车,看到的广告就更多了,眼前不是公车广告,就是候车亭广告,想安静一会儿都不可能;来到公司楼下等电梯时会遇到液晶显示屏,走进电梯有电梯箱内的宝来汽车广告;办公桌前是报纸、杂志还有网络,订阅的报纸同样被一张张广告宣传单包裹着;中午会朋友,会看到DM;总以为回到家,自己可以选择媒体,可是,电视在等自己,打开电视看"Survivor",还是免不了发现节目中也有广告信息,它们提到了"爱立信",这些还算好的,有些电视台的荧屏或上、或左、或右,每隔几秒,便给你来个商品LOGO(图1-2)。

关键词4:"信息化"(Infosation)

这一点不用多说,信息化的步伐肯定是已经迈开了,据2003年1月发布的《中国互联网络发展状况统计报告》称,全中国的上网人数已经达到5910万,超过大洋洲的总人口了。更为可喜的是上网人口已经不再局限,收发E-mail已经成为不少人的每天例行公事,更有50%的上网者称是为了"寻找信息"。某杂志社差不多有10多个年轻人,他们可爱也可贵地"不喜欢"去食堂吃饭,而是从网上定购午餐盒,为了让人家送上门,还费尽心机凑齐10个茶叶蛋。最近的一个调研高级化妆品牌消费者的报告也指出,杂志媒体是消费者们获取信息的来源,而她们并不满足,更加"主动"寻找品牌信息的媒体是各个品牌的网站。

关键词5:"数字化"(Digitisation)

某天,碰到一位境外电视的朋友,当我在为境外电视在中国大规模落地的时间表还有多少担心的时候,她美丽的笑容让我对高科技的无知而汗颜。她从容地说:"到时候,人们是用手机就可以收看/收听我们的音乐节目。数字化了,媒体和高科技的相关性从来都是不容忽视的,由于数字传输功能的日趋完善,手机可以上网看电视、看电影,电视可以购物,可以预约节目;随时可以知道比赛结果、交通状况,数字化的可能性竟然是如此无限地不可预测。"目前,数字电视已经在中国18个省

66个城市第一批试点,2015年全国将实现数字电视广播。

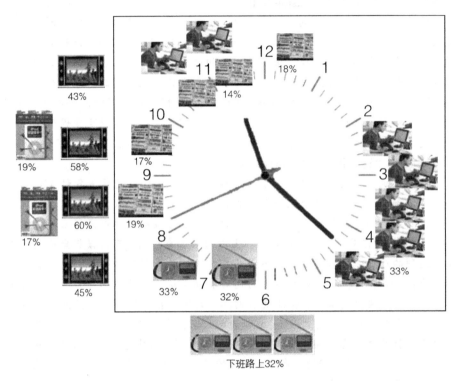

图1-2 受众的媒体时钟

数据来源:中国国情研究会和万事达卡国际组织研究,盛世指标执行的第一世界生活调查(2006)。

关键词6:"狂热化"(Frenetisism)

当今困扰广告人的一个问题是:人们用于媒体时间的有限增长和媒体自身数量的大量增长的失衡性。简单地说,就是人们对于日益增多的媒体具有更多的选择性,而媒体本身也对人们造成了更多的繁杂度,更多的纷扰。

美国的调研显示,现在人们在可以收到的89个电视台中大约收看的台有15个,而在1985年,这组数字是19和11;在20世纪80年代,美国的3大电视网络占总收视的88%,而现在是38%。在中国,虽然尚未发展到如此的极端,而只是初见端倪,比如境内、境外卫视的不断落地,使得可选择频道数大量增加。但可以预见,这一趋势既然在全球蔓延开来,也迟早会在中国迅速发展。

作为媒体从业人员,要做好思想准备,到那时候,"黄金时间"(Prime Time)的说法可能就有待改变了,由于人们选择看电视、看节目的时候更加个性化,会不会成"My Time"令人退思?

关键词7:"民主化"(Democratisation)

相比历史上的任何时代,当今的中国民众享有最多的"知情权"和"说话权"。

更多的媒体开始正视发生的种种问题，并努力起到舆论监督作用，而不是一味地文过饰非，也有越来越多的普通民众敢于去挑战权威，发表自己的心声。社会上的"民告官"现象正是这一反映。当然，这一过程的完善无疑还需要时间和耐心。可以预料，媒体作为党和政府"喉舌"的作用决不能改变，但民众的呼声也越来越响亮。

关键词8："城市化及两极分化"（Urbanisation & Polansation）

据《中国统计年鉴》1985~2001年城镇居民家庭与农村居民家庭人均纯收入的统计数据比较显示，中国城市和农村之间的差距正在加剧，而这样的社会现象同时影响着媒体的导向。越来越多的快速消费品正在向县级市以下的市场包括农村进军，他们需要可信的媒体调研告知如何投放此类市场的广告最为有效；而同时奢侈品牌亦大量地出现，与此相配套的更为专门的、专注的沟通渠道也必将应运而生。

关键词9："国际化"（Internationalisation）

国际化在北京、上海、广州等地尤为突出，人们已经连续几年利用长假出国旅游，高质量的"旅游纪录片"需求由此而生；人们从事着与国际息息相关的行业，随着外商投资在2002年创下有始以来的最高，国际财经类的节目或探讨政经类的媒体崛起，如《21世纪经济报道》、《经济观察报》。国际化的体现不但在经济上，同时在生活方式、价值观上，如各大时尚杂志都以不小的篇幅讨论着"欲望都市"（Sex and City）所引发的现代都市女性的"感情关系"，更在指引思想风尚上不甘落后——有关波西米亚、BOBO的讨论层出不穷。

更为重要的是，一些国际媒体巨鳄正潜入中国，如美国在线——时代华纳的"华娱电视"、默多克新闻集团的"星空卫视"，以及大家耳熟能详的"凤凰卫视"和"香港亚视"，已经获得国家合法的许可，在广东珠三角地区正式落地，这也将拉开境外媒体大举进入中国的序幕。

关键词10："凝聚化"（Agglomeration）

最近几年，媒体之间、广告媒体公司之间的收购与合并的故事层出不穷。为了更好地面对来自境外传媒的挑战，国内广电机构正在进行改革、重组，计划组建几个国家级大型广电"航空母舰"。目前，湖南、北京、上海、山东等地已经试点组建了初具规模的广电集团。而作为直接利益之一，集团化、规模化将形成一定形式上的市场垄断，为经营带来可观的营业额。

另外，我们也注意到"一站式"的媒体购买形式的雏形，如TOM.COM在国内大肆收购户外媒体、平面媒体，并和本土广告公司合作进入电视领域，再加上其本身的网络资源，假以时日，或将成为此形式的样板。

综合来看，一方面，媒介满足消费者的"需求"，刺激消费者消费媒介产品，另一方面，媒介也承担着传播消费信息、构建消费观念、刺激消费欲望的作用，在媒介包围的消费者生活中，他（她）们生活的接触点对于那些想传播企业品牌和消费信息的企业来说，变得格外的重要。

资料来源：传立，斯甜. 媒体发展的十种趋势. 大市场. 广告导报，2003（4）：95-96；盛世指标. 中国生活的媒介接触，http://www.chinaindexes.com.cn/newestnewspaper/2006sh02.htm.

4. 媒体的功能

媒体功能具有一分为二的特点，正负功能表现都很明显。

（1）媒体具有的正功能：传播信息、引导舆论、教育大众、提供娱乐。

（2）媒体具有的负功能：媒介环境虚拟的非真实性，大众媒介带来文化的衰退、群体逐渐疏远，色情、暴力等对儿童的不良影响等。[10]

媒体从业人员应以高度的社会责任感来正确利用和发挥媒体的功能。总体来看，媒体主要具有以下功能：

（1）媒体是人体能力的延伸，媒体大大地提升了传播者的传播能力，大大地扩大了传播者的信息传播的时空范围。

（2）媒体提供给我们新的传播语言形式，各种媒体的特点都会对传播语言形式产生影响，各类媒体都有切合自己特点的语言表达形式。

（3）媒体能赋予地位，影响传播者的形象。

（4）媒体会引起传播行为的变化。

（5）媒体能为受传者构筑外部世界的轮廓。有了大众媒体，人们可以通过相对便捷的途径较为全面地了解外界。

（6）媒体影响受传者的主观世界：媒体通过版面或者播出时间的安排来排列事件的重要程度，媒体通过报道内容的取舍来决定受众的注意焦点，媒体通过发表言论来影响舆论，媒体还通过塑造形象和讲述故事来影响人们对周围人情和人性的看法等。

（7）媒体引起文化的变迁。跟没有大众媒体的时代相比，人们的生活方式和思维方式都发生了极大的变化。

对于广告媒体策划人员来说，准确把握不同媒体的影响力、影响方式和受众分布情况，从众多的选择中制订出明智的媒体投放策略，无疑较之以往有了更大的挑战性。[11]

1.1.2 广告媒体的基本概念与功能

1. 广告媒体的定义

广告媒体（Advertising Media）指广告主以传达商业情报为目的，向显在以及潜在的消费者用作传达广告作品所使用的具体而且收费的媒介手段。[12]

广告活动并不是将所有的传播媒体简单移植到广告领域中，换一个新的名称即成为广告媒体。只有具有明确受众对象又深受其受众信任和喜爱的传播媒体才可能成为广告媒体。其次，界定广告媒体与非广告媒体，除了看其是否拥有媒介广告商品之外，还要看信息的传播手段是否属于物质性媒介载体。需要特别指出的是，口头传播虽然也是一种信息传播手段，但不属于广告媒体的传播。

广告媒体除具有一般传播媒体的基本属性和特点外，同时自身又具有动态性、广泛性、选择性、可控制性、有偿性和自创性的显著特征。[13]

（1）动态性。广告媒体是动态的，永远在改变之中。随着科学技术的进步，广告媒体日益丰富，正朝着电子化、现代化和艺术空间化的方向发展。

（2）广泛性。现代工业的大量生产，导致营销地域的再扩大，因而使为营销服务的媒体也必须是面对大众传播，因此商业广告涉及的媒体往往指的是大众媒体。

（3）选择性与可控性。商业广告是一种投资行为，投资行为的本质是以较少量的投入换取较大量的回馈。既是投资行为，在投资上即必须具有选择性与可控性，以求达到预期的回馈，然后以回馈检视投资的正确性。同时，在投资的本质及检视的需要下，广告媒体必须具有明确的可评估性。

（4）有偿性。广告媒体的另一个特性为商业性，所谓商业性的意义是媒体依赖广告为主要盈利来源，所以具有付费特性。媒体的角色与功能当然不仅是盈利，然而媒体定价的主要根据却是其对大众的影响力。

2. 广告媒体的分类

广告媒体类别（Media Class）划分的主要意义在于各媒体类别因不同的传播方式而有不同的传播特性及功能，在媒体运用上将因不同目的而有不同的选择，同时因传播特性的差异，在传播效果上也将有所不同。

有很多研究者都进行过广告媒体的分类，但因为实际情况复杂，各种分类各有长短。日本广告学者清水公一将诸多研究者的分类标准与方法进行整合后，提出了一个相对完备的广告媒体分类框架（表1-2）。

不同形态的广告媒体分类　　　　　　　　　　表1-2

大分类	中分类	小分类
大众传播四媒体	印刷媒体	报纸、杂志
	电子媒体	广播、电视
其他媒体	地点媒体	户外广告、交通广告、电影幻灯
	直接媒体	直邮广告、报纸夹页广告、其他直接广告
	POP媒体	POP广告
	特殊媒体	赠品广告
	其他媒体	其他

资料来源：清水公一. 广告理论与战略. 北京：北京大学出版社，2005：134.

大众传播四媒体中，报纸和杂志统称为印刷媒体（Print Media, Printed Media），广播和电视是日本主要的电子媒体，在美国则叫作播放媒体（Broadcast Media）。

其他媒体，如户外媒体（Outdoor Advertising）这样占有一定地点的媒体叫作

"地点（或定位）媒体（Position Media）"。交通广告（Transit Advertising）是在一定期间指定地点刊载的，所以广义上讲也属于此类。还有电影幻灯也是在一定的地点，投影在电影院的屏幕上，所以也包含在此类。直邮和报纸夹页广告是直接发布到广告视听众的，称为"直接媒体"。"其他直接广告"也是直接交到受众手中的，按内容分，包括信函、传单、企业内部刊物、邮购目录、时间表、工商录、年度报告书等。按广告作品形态看，有宣传单、折页广告、宽页印刷、小册子、册书等。这些广告被放置在店面或店内等商品购买场所时就成了POP广告，所以将其作为媒体来理解，就可以称为"POP媒体"。

以火柴、烟灰缸、挂历、笔记本、铅笔、温度计等为媒体做的广告叫作赠品媒体广告或特殊广告。因此，这些媒体可以称为"特殊媒体"。[14]

非常规媒体，如录像带、电影广告、计算机在线服务、互联网、电子小亭，甚至购物车，拓宽了媒介的选择菜单（详见"链接·视点：吸引顾客的非常规媒体"）。此外，不少企业把相当大的一部分营销预算放在了特殊传播活动上，如直接营销、销售推广、公关活动和人员销售。实际上，这些"上不得台面"的活动已成了一些控股广告公司发展最快的一块业务。[15]

链接·视点

吸引顾客的非常规媒体

广告现在随处可见，甚至在我们最想不到的地方也可以见到它的踪影。

录像带

广告主有时出资制作录像节目，在特定的场所播放，如波士顿先生的（Mr Boston's）"办公室酒保指南"和红龙虾酒店（Red Lobster Inns'）播放的"大吃比赛"。有的则将广告附在流行电影录像上。

高空条幅和灯光

用飞机低空拖挂印有广告信息的条幅或横幅，入夜可以采用移动空中灯光表现信息，可以长达90个字，还可以用直升飞机牵引由几千只灯泡照明的40×80英尺大小的物件。

软式小飞艇

除了固特异，现在花旗银行、可口可乐、富士胶卷等也都在利用小飞艇传递广告信息。电脑控制照明系统使得小飞艇在晚上仍可以进行广告宣传。

机舱内广告

许多航空公司飞行途中的视听节目播放广告，使用者主要为旅游业或那些想达到公务飞行的人们的广告主。

报纸袋

利用报纸的保护袋印刷彩色广告，还可以在上面附上产品样品。这种方法不会和其他的广告主冲突，因此比较理想。

泊车计时器
在卡尔加里和巴尔迪摩的停车场，泊车计时器可以宣传全国性产品或地方企业的信息。现在已出现更新颖的太阳能计时器，用液晶显示屏传递广告信息。

电子看板
许多现代化体育场馆把巨型电子显示屏空间卖给广告主。

充气膜
巨型充气啤酒罐、吉祥物，甚至麦片盒都可以用来做广告。

出租车广告
除我们熟悉的出租车顶部和后部的广告外，有些出租车公司还利用出租车内部和面对乘客的那些地方作为广告载体，有一张可以在乘客眼前展现信息电子信息屏。

车体彩绘
在公共汽车、货车或小汽车上涂上花纹，大于实物的图像以及广告信息，吸引大家的注意力，有些车体整个被信息"包"了起来，表现出巨大的视觉冲击力，"包裹"车体的广告可以迅速更换，不必重新喷涂。

垃圾回收器
用设计独特、装饰独特的各种垃圾容器来传递广告主的广告标志或信息。在有些大城市的商业繁华地区，广告主可以在水泥垃圾容器上做广告。

电脑亭
独立电脑亭可以喷绘醒目的设计和信息。或在其顶端和侧面附加特殊装置，以吸引人们的注意。电子显示发布表现软件可以不断发送彩色活动录像片断、幻灯或互动文案，有的还伴有同步音效和音乐。

厕所广告
许多企业在厕所中使用广告，如在厕所的隔板里面或男厕所的小便池上方均可以看见广告。

遮光广告
遮光板是一张刻有标志的金属模板。透过镂空处将灯光投射在墙上或其他背景上，比较适合大型户外或室内活动。

CD – ROMs
消费者现在可以在电子游戏和其他软件中发现产品广告，还可以在节目中间或序幕中看到广告的身影。

列车车厢
如今列车车厢已被广告包裹了起来，取代了过去的双色涂层。在芝加哥，有辆8节的穿梭列车被涂上了伊利诺斯彩票的广告。

滚轴滑板

纽约的公园保安人员在巡逻时穿着滚轴溜冰滑板，滑板上印有广告。

水果

许多大电影制片公司现在也把自己的电影名称印在施密斯奶奶苹果（Granny Smith）和富士苹果的标签上，促销电影录像。目前，可以在纽约和洛杉矶的杂货店中看到这种标签。

出租车收据

从波士顿到丹佛，你可以在 55 个城市的出租车收据背面看见哥伦比亚广播公司新闻节目主持人丹·拉瑟（Dan Rather）的面孔。按哥伦比亚广播公司新闻发言人的话说："出租车收据的经历挺有意思，乘客看到了，公司的会计也就看到了。也许，国内收入署（IRS）也会看到。"

购物发票

如今，许多大型超市连锁店都在购物收据的背面印上优惠广告，宣传当地零售商的折扣优惠。

资料来源：威廉·阿伦斯. 丁俊杰等译. 当代广告学（第七版）. 北京：华夏出版社，2000：247.

3. 广告媒体的功能

(1) 传播功能

广告是针对消费对象、转移其对品牌的态度的说服工作。广告的作用如图 1-3：

A点：消费者目前对品牌的看法。
B点：希望通过广告进行品牌传播后，消费者对品牌的看法。

图 1-3 广告的作用

资料来源：陈俊良. 广告媒体研究——当代广告媒体的选择依据. 北京：商务印书馆，1997：15.

A 点为广告的起始点，B 点为广告结果，A 点与 B 点之间也就是广告所扮演的角色，这个角色的扮演必须是对营销有意义的。

广告的作用是为把消费者从 A 点转移到 B 点，转移作用的产生主要来自创意及媒体：创意主要解决说什么、怎么说的问题，媒体主要解决对谁说、何时说、在哪里说、说几次、通过什么渠道说等问题。[16]可以说，广告媒体的传播功能是实现广告目标的前提条件，是企业产品与消费者心语相通的桥梁与纽带。

(2) 适用功能

每一种产品或服务的预期消费者都有一个合适的接收广告信息的时间与地点。当消费者进入"搜寻路线"时，就意味着他已经进入购买的适合点了。消费者进入

"搜寻路线"前一般会寻找相关的信息,对消费者而言,这也是他接受信息的一个适合点。媒体计划人员的目标就是要在这些关键点上把广告主的信息传递给目标受众。这种适合点叫作缝隙(Aperture)。

最有效的广告应该在消费者兴趣最大和注意力最集中时向其传达信息。缝隙机会的定位是媒体计划人员最主要的职责。计划人员必须分析广告主的市场营销定位并决定哪种媒体机会最有效。寻找缝隙机会是一项复杂且困难的任务。任务的成功取决于准确的市场营销调查、对广告信息概念的认识以及对大众沟通渠道的理解。正像图1-4所展示的那样,缝隙可以被看成是在本垒打中的击球点:球棒在最合适的点击中棒球,这个精确的瞬间效果最大。像在本垒打中球棒击球一样,缝隙是广告信息在最合适的时间和地点接触消费者并取得最大效果的点。[17]

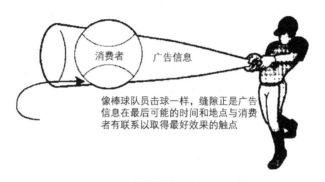

图1-4 媒体策划中的缝隙概念

资料来源:威廉·维尔斯,约翰·伯内特,桑德拉·莫里亚蒂.广告学原理和实务.北京:中国人民大学出版社,2004:244.

(3) 组织功能

广告媒体在结构上具有"创作、生产、技术、推销和经营管理部门的组织结构"。[18]按传统来讲,媒体策划实质上是以客户的媒体策略为基础的。广告公司负责开发媒体计划。该媒体计划通常由广告公司的媒体部、客户部与创意小组和营销商的品牌管理小组等共同设计(图1-5)。一旦计划形成,媒体购买工作就由广告公司执行。

如今,随着电子公告板、互联网和互动媒体等新媒体的产生,媒体策划领域经历了一个不断变化的过程。以前在幕后安静工作的媒体部门的员工现在在最前沿指导市场营销策略。媒体整合与媒体分离将成为今后5年媒体职能领域最主要的发展趋势之一。一方面,通过对一系列媒体公司的分销渠道、服务内容和硬件进行整合,从而建立一个新的扩张后的传播体系,可以产生更高效广泛的传播增效作用;另一方面,在今天这样一个以整合和创意为特征的媒体环境中,媒体职能中的另一个新方式叫作分离。简单地说,分离是指广告代理公司的媒体部门作为独立的单位,而不是像过去那样作为全面服务公司中的一个部门。虽然一些大的广告公司并没有采

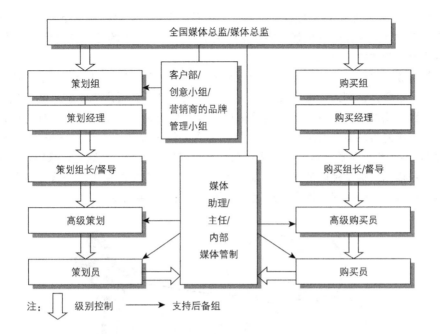

图1-5 广告公司媒体部组织结构图

用这种分离手段,但将媒体职能分离出来形成一个独立的媒体购买公司已经是近十年来的一个主要趋势。分离使得媒体从业人员在广告战略的整体计划中起到了更加重要的作用,也进一步地显示出媒体作为广告整合的一部分的重要性。[19]如今,广告客户既可以把全部媒体策划工作交给广告公司,也可以自己制定媒体计划。因为这种变化,媒体策划与媒体购买之间的界限变得模糊了。[20]

(4) 服务功能

广告是广告主通过各种媒体传播商品信息的活动过程。现代广告活动由四个环节构成,即广告主、广告经营者(广告商)、广告媒体和广告对象。他们之间的相互关系如下图1-6所示。[21]

媒体在广告活动中具有不可替代的地位和作用:媒体是达成广告的必要条件;媒体决定广告的成本与效益。同时,广告收入是媒体效益的主要来源,广告经营是媒体经营的重要内容和效益增长点。媒体与广告主之间具有关联性,二者相互借势并交互作用:媒体需要广告主的广告投入以实现产业化、市场化的生存方式;企业及商品信息的广而告之也需要通过媒体渠道进行有效传播。[22]

同样值得注意的是,新兴媒体的增加和传统媒体的增"家",使得广告对象的媒体选择机会加大,进而使得广告对象的媒体使用习惯从被动转为主动。从过去只能接受有限几家无线电视台的被动情势,到现在可以从数十家以上的频道中主动的挑选自己喜欢的节目,甚至对遥控器爱不释手,广告对象的主动早已摇身变成唯我独尊的主控了。[23]由此可见,广告媒体的服务质量是保证信息传播系统有效运转的根基。

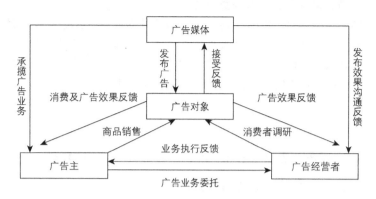

图1-6 广告活动各方作用图

资料来源：李进. 房地产开发商广告媒体选择研究. 重庆大学硕士学位论文，2006：6.

(5) 增效功能

如何有效地运用广告费取得最佳媒体效益，属于广告媒体策划范畴的作业空间。通过广告代理商、客户和传播媒体的三角互动，也可以创造出额外的更大的媒体效益（图1-7）。

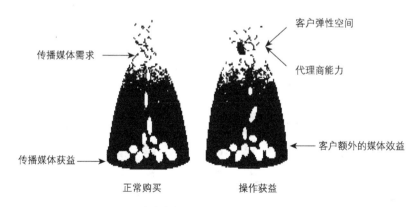

图1-7 广告客户、代理商、传播媒体的三角关系

资料来源：周亦龙. 媒体的做点. 北京：企业管理出版社，1999：45.

当客户把弹性空间交给广告代理商去配合传播媒体的需求时，则传播媒体在获得弹性空间的方便之后所争取到的传播媒体的利益，同时也会适度释放额外的媒体效益作为回馈，这是一种很微妙的三角关系。另外，媒体和广告创意的搭配所呈现出特殊的效果，也会扩大媒体效益。[24]

（6）广告媒体功能的正向性与负向性

广告媒体在传递信息、促进沟通、建立和提升商品品牌形象、指导消费、丰富人们生活、协调社会经济和美化社会环境等诸多方面都发挥了正向功能。但是，商业广告本身的功利行为也会产生一定的负效应，如不良的广告信息会造成较大范围的文化误导或对社会环境的污染，也会玷污媒体的品牌形象。[25]

链接·视点

媒体的焦点：中外广告媒体研究理路与重心转移

一、国际上广告媒体研究的发展状况及趋势

国内一项研究采用内容分析的方法，以美国广告学术期刊《Journal of Advertising Research》为研究对象，以广告媒介类型和媒介战略两大方向为基点，分化出12个研究主题，全面系统地探讨了30多年来国际上广告媒体研究的发展状况及趋势。这12个广告媒体研究主题的分布状况详见图1-8。可以看到，国际上广告媒体领域的研究主题呈现出以下几个特点：

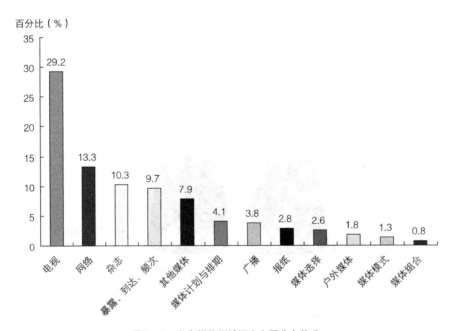

图1-8 广告媒体领域研究主题分布状况

第一，研究主题呈现出多元化的特征。首先，在媒介类型中，除了传统的电视、杂志、广播、报纸这四大媒体之外，对户外媒体和新兴媒体网络等也均有涉及。其

次，在媒介战略中，研究者们既注意到前期的媒体计划与排期，也关注到媒体投放的具体策略（如媒体组合与暴露、到达、频次），同时对于媒体自身的传播、经营模式也有关注。这不难看出，就广告媒体这一领域而言，研究者们的研究思路是广阔的。

第二，电视媒体是研究热点。在所有主题中，关于电视媒体的研究遥遥领先，是唯一突破100条次的主题，占去了29.2%的份额。电视媒体之所以能成为研究焦点与其影响力是密不可分的。

第三，网络媒体异军突起，广播、报纸、户外媒体遭受冷遇。从图1-8中可以发现，网络媒体紧随电视位居第二，占13.3%。而广播、报纸和户外媒体总共才占8.4%。网络媒体的突出源于20世纪90年代以后网络经济的快速发展，而广播、报纸和户外媒体虽然实践地位重要，但关于这些主题的理论研究反而显得有点滞后。

二、国内广告媒体研究的发展理路与重心转移

国内的另一项研究以《中国广告》、《国际广告》、《现代广告》三大国内广告杂志为研究对象，统计了自1981~2005年以来在上述期刊中出现频率较高的7个术语，包括品牌、媒体/媒介、创意、市场、营销、电视、网络。这7个术语的暴露指数均在0.5以上，说明这7个术语至少平均每两期就出现一次，其中媒体/媒介的暴露指数接近1.0，即差不多每一期都出现一次（图1-9）。

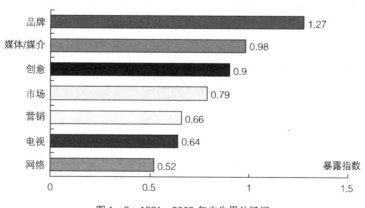

图1-9 1981~2005年广告界关键词

图1-10的分析进一步显示，媒体/媒介在20世纪80年代末期已经达到较高的暴露指数，此后在20世纪90年代直至21世纪以来一直维持着较高的暴露率（1994~1996年这段时期除外，这一时期"创意"、"电视"、"市场"等热点问题转移了人们的目光），尤其在20世纪90年代后期达到了每两期出现一次的水平，及至2003~2005年，几乎每一期要出现两次，暴露指数大幅增长并呈节节上升态势，说明人们对媒介的关注和重视在日益增强。

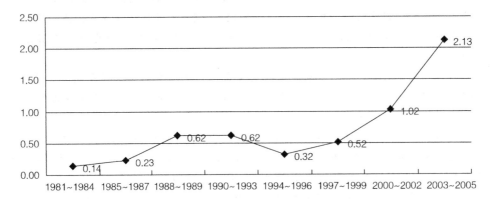

图1-10 媒体/媒介暴露指数图

在有关媒体/媒介的标题中，总体可以分为两大类：一类是和电视、报纸、杂志、传播、网络等相连，文章阐述的是有关某类媒介的问题；另一类说明的是媒介整体，阐述的是有关媒介整体的内容，当然这两类标题中出现的媒体/媒介有着上文所述的两种意义指向的选择。

通过对文章标题的分析，20世纪80年代初期我国广告界对媒体/媒介的关注度较少，原因主要因为我国当时的媒体/媒介发展还比较单一，那时主要的广告媒体是报纸、杂志、电视、广播等媒体/媒介还未完全充分发展起来。到了20世纪80年代中后期，媒体/媒介有了一定的发展，四大广告媒体的格局基本形成，有关媒体/媒介的文章开始稍稍多了起来。总体来看，20世纪80年代有关媒体/媒介的文章标题主要包括三类：一为介绍国外的广告媒体/媒介情况；二为有关各类广告媒体/媒介的特点；三为有关广告活动中的媒体/媒介选择。

20世纪90年代有关媒体/媒介的文章涉及的内容很多、很杂，但从大的方面来说，广告界对媒体/媒介的关注并不局限于从广告活动的范围内考察媒体/媒介，而以一种更广阔的视角来关注媒体/媒介，丰富了广告活动中有关媒体/媒介的议题，并开始关注媒体/媒介自身的发展及其广告经营等问题。这一时期关注的媒体/媒介领域的问题主要有以下几个：关注于开发新型媒体；媒介的广告经营问题；有关媒体/媒介的调查报告；媒介购买、媒介广告定价等问题。

21世纪以来，广告界对媒体/媒介更加关注，20世纪八九十年代的话题依然在延续，在纷繁的话题中，有关媒体/媒介的品牌经营、媒体/媒介产业化等问题成为焦点中的焦点。人们对媒介的关注与重视是必然的，媒介与广告向来就是密不可分的，两者是相互依存的关系。当媒体作为一种传播中介、技术、手段时，媒介是广告的载体，没有媒介，广告就无法完成其传播信息的任务，并且随着经济的迅速发展，以及科学技术的快速发展，媒介在广告活动中将扮演着越来越重要的作用。同时，媒介也离不开广告，目前广告收入是媒介的主要收入。2004年广告总额达1238.61亿元的水平，其中大部分费用都用于购买传播所需的媒体。

媒介领域的风云变幻、发展多变，必然引起广告界的关注。因为媒介领域的每一个变化都可能对广告产生重大的影响。科学技术的进步，推动了新媒体的发展，如网络、手机、移动电视等，这些媒体以及他们对广告产生的影响是巨大的，必然成为广告界关心的热点。从传播机构的角度来看，媒介和广告存在着多种互动关系，在不断变化的社会经济环境中，媒介如何发展、如何生存同样也会成为广告界关注的焦点问题。

资料来源：（1）李丽丽. 国际上广告研究30多年来的发展状况及趋势研究. 厦门大学硕士学位论文，2006：18～19.（2）杨婷. 1981～2005，中国广告关键词解析——对《中国广告》、《现代广告》、《国际广告》杂志标题的分析. 上海师范大学硕士学位论文，2006：4～9.

1.2 广告媒体策略要览

1.2.1 广告媒体策划的流程与纲要

1. 广告媒体策划的基本内核

媒体策划的目的是构思、分析和巧妙地选择适当的传播渠道，使广告信息能在适当时机、适当的场合传递给适当的受众。[26]这个定义非常广义，但是却清楚地概括了媒体策划的内涵。

媒体策划应被视作一个步骤或是对一组问题的可能性答案的一系列决策。理查德·P. 琼斯（Richard P. Jones）把一份完整的媒体策划细分为三个主要部分：第一个是媒体目标，第二个是媒体策略，第三个是媒体战术。[27]策略是根据目标而制定的，战术的确定则是来自策略。

今天，媒体策划的功能已经发生变化，再也不是早期的那种主要选择投放媒体的事务性功能，而被看作是"如何安排广告时段和版面以达成广告和营销目标的过程。"[28]毫无疑问，一切的媒体目标、策略与运作都应以市场目标和广告目标为依据，它们共同构成了一个前后衔接、彼此照应的循环链（图1-11）。

2. 广告媒体策划的决策过程

图1-12展示了媒体策划制定的全过程。方框内的要素——媒体环境背景分析、媒体目标、媒体策略、媒体执行战术、媒体效果评估，这些都是从事一项媒体策划需要考虑的主要因素。粗箭头所指的要素——整合、计划、执行和评估，则指明了不同媒体决策功能之间的关系。

需要明确的是，媒体策划并不是在真空中完成的。媒体策划是整体市场营销计划众多元素中的一个，它也需要与其他要素进行互动和整合。这些要素包括产品特征、销售渠道、促销组合、包装和价格政策等。整体的市场营销目标（以及每个市场营销的目标）对媒体策划的制定都是至关重要的。另外，许多不可控的因素，像竞争状况和经济环境等，在媒体策划过程中对媒体决策同样有重要的影响。[29]

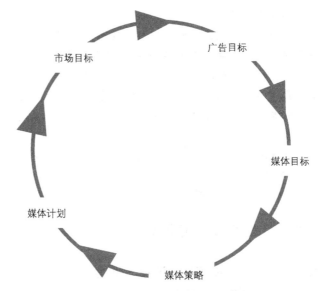

图 1-11 广告媒体策划循环链

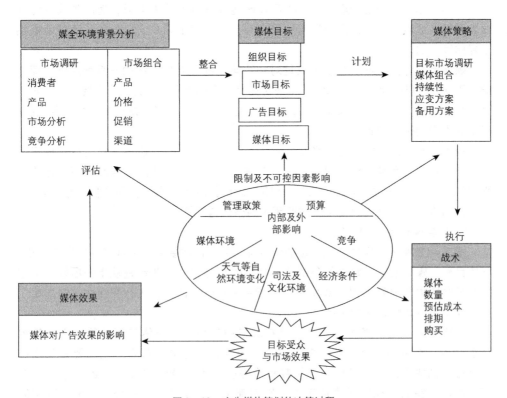

图 1-12 广告媒体策划的决策过程

资料来源：阿诺德·M. 巴尔班，斯蒂芬·M. 克里斯托尔，弗兰克·J. 科派克．朱海松译．国际4A广告公司媒介计划精要．广州：广东经济出版社，2005：5.

链接·视点

先力广告公司媒体策划操作流程

图1-13是国内一家广告企业——先力广告公司的媒体策划操作流程。它从企业实务操作的层面,为我们直观地呈现了广告代理商开展媒体策划时的典型步骤与基本轮廓。

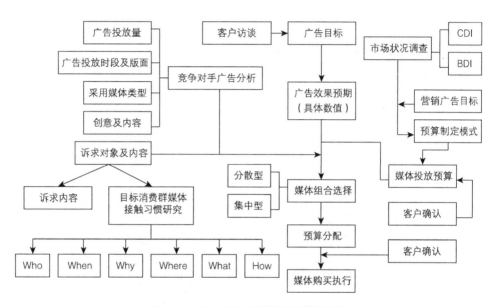

图1-13 先力广告公司媒体策划操作流程

3. 广告媒体策划的基本纲要

制定媒体计划的步骤与营销策划和广告策划一样,首先,要回顾一下营销与广告的目标与战略;第二,确定媒体切实可行的、可以测定的相关目标;第三,制定实现这些目标的相应战略;最后,制定具体详细的媒体排期与选择。图1-14具体而微地为我们勾勒出了一幅广告媒体策划的基本纲要。

今天,广告媒体经营已开始从研究媒体受众转向媒体后面的消费者;广告媒体策划的目标也开始从追求传播效果转向最终的营销效果;广告媒体传播对象也开始从锁定目标受众、目标消费者,转向锁定重度消费者以满足市场竞争的需要。总之,广告媒体研究、广告媒体策划正朝着越来越科学、精准、务实的方向发展。[30]

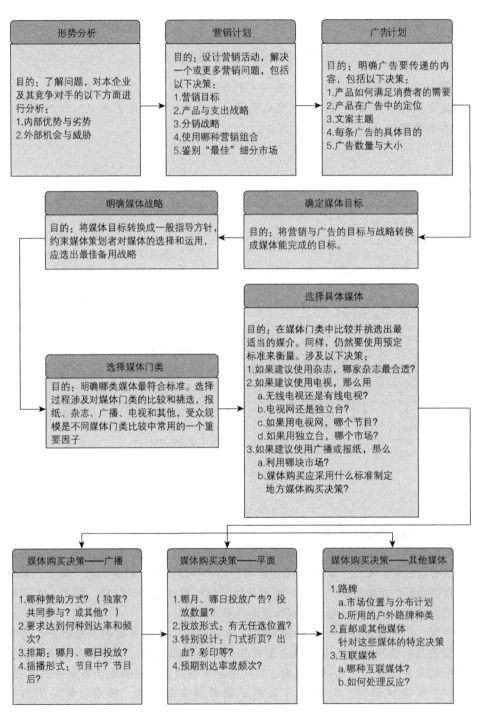

图 1-14　媒体策划活动大纲

资料来源：威廉·阿伦斯．丁俊杰等译．当代广告学（第七版）．北京：华夏出版社，2000：253.

链接·视点

肯·罗曼和珍·曼丝的媒体计划法则

（1）从整体营销计划出发制定媒体目标与策略。

（2）整合创意作品与媒体计划。

（3）不要局限于常用的媒体工具。

（4）不要受制于 CPM（每千人成本）。

（5）考虑干扰。

（6）认清所有媒体计划都是到达率、频次、持续性、地理和预算之间的平衡。

（7）平衡地区性与全国性的需求。

（8）评估不同的媒体计划。

（9）紧密结合媒体计划与营销目标。

（10）媒体计划也可以发挥创意。[31]

1.2.2 广告媒体策略的内涵与主题

1. 广告媒体策略的内涵

广告媒体策略是指在特定的营销环境下，从媒体投资的角度去思考，形成投资策略及执行方案，提供最有效途径去接触消费者，以解决营销所要求的课题及建立品牌。[32]

媒体策略是有效率地使用广告费的基本原则。表1-3对制定媒体策略时要考虑的主要因素进行了说明。

广告媒体策略单[33]　　　　　　　　　表1-3

广告媒体策略涉及的主要因素
（1）决定适合媒体计划的广告费分配的一般性原则
① 决定广告费比例是和竞争者处于同等程度还是更多；
② 决定广告费投入时到达率和频次更侧重于哪一个；
③ 按照销售额比例，把广告费分配给各地区
（2）选择主要媒体，并说明理由
（3）进行辅助媒体的选择，明确理由
（4）决定有关媒体运用的基本原则
① 决定覆盖地区是全国还是区域；
② 制定有关版面和时段的大致计划；
③ 根据目标视听众的密度，记录媒体权重条件；
④ 设定 CPM 等效率性标准；
⑤ 根据暴露方式（集中还是持续）进行媒体排期计划
（5）讨论已完成的备选案，说明选择取舍的理由

媒体加油站

在明确了广告媒体策略的基本内涵后,请思考:以下哪些是媒体的策略?
(1) 制定媒体计划,至少覆盖80%的目标受众;
(2) 在上市期中以电视广告作为主要的媒体;
(3) 在整年的媒体投放中要有连贯性的品牌知名度;
(4) 品牌份额比去年增加5%;
(5) 从竞争对手抢夺消费者,并告知消费者我们的品牌比其他品牌的优越。

(答案在本书中找)

2. "5W+1H"的广告媒体策略体系

媒体策略是达成媒体目标的解决之道或方法。为了实现关键的计划目标,必须制定出策略性的媒体计划。

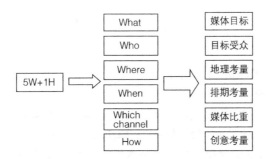

图1-15 "5W+1H"的广告媒体策略体系

"5W+1H"是对广告媒体策略体系最凝练的表述(图1-15):媒体目标(What)、目标受众(Who)、地理考量(Where)、排期考量(When)、媒体比重(Which channel)与创意考量(How),它们构成了广告媒体策略体系的核心主题。就本质而言,媒体策略制定是以达到预期传播效果为目标导向,依据各种媒体广告的基本传播功能、覆盖空间、传播频度、延续时间及影响力等特征,对各种媒体进行优化组合,使之形成有机的整体,形成整合传播的优势的过程。[34]我们说优秀的媒体策划既是一门科学,又是一门艺术,就在于通过对上述广告媒体策略元素的创造性整合,为企业达成营销沟通目标提供一套有效且有特色的整体解决方案。

链接·视点

媒体"一"字诀

台湾广告人周亦龙先生以七句"一"字打头的口诀,对广告媒体策划的过程进行了形象而生动的总结与描绘(图1-16)。

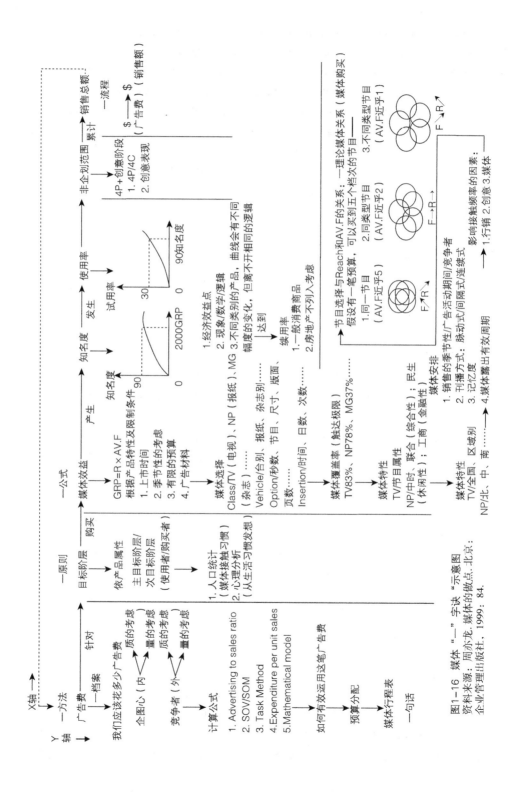

图1-16 媒体"一"字诀"示意图
资料来源：周亦龙.媒体的做点.北京：企业管理出版社，1999：84.

一流程：销售总额　　如何善用广告费，催化更高的销售总额。
一原则：目标受众　　凡是思考皆以目标受众为中心。
一公式：总收视率　　GRP = R × AV. F（总收视率＝触达率×平均接触频率）
一句话：媒体计划　　解释媒体行程表由来的详细说明，谓之媒体计划。
一方法：X、Y轴　　X轴以时间为单位，日、周、月、季到年度的划分；
　　　　　　　　　　Y轴以人、事、地、物为主。
一档案：专业方块化　不同方块组合成各种计划书。
一理论：媒体关系　　"平时多存钱，急用方有财"的银行哲学[35]。

媒体"一"字诀既为我们展现了一个审视企业广告媒体策划的崭新视角，也为我们提供了一套整合的、简洁而实用的操作工具。

企业标杆个案1

"水晶之恋情人节"的新媒体运动

【市场综述】

市场状况

1. 果冻市场是一个成熟的市场，有两大类竞争企业，一是由喜之郎为领导的品牌型企业，占据70%市场规模，主要核心能力是市场细分；二是杂牌的地方企业，主要核心能力是低价竞争。

2. 果冻市场的主流消费人群已从儿童为主的家庭消费向学生人群、青年男女人群、年轻父母转移，他们消费果冻的动机不相同。学生人群需求口感趣味，青年男女人群需求时尚品位，年轻父母需求是与家人的情感分享。

3. 果冻产品同质性强，可替代性强。面对以上分众人群的不同需求，品牌教育成本非常高。

企业与品牌

广东喜之郎集团有限公司1997年开始推出定位于年轻男女的"水晶之恋"果冻品牌，经过8年的市场拓展和深化，"水晶之恋"有较高忠诚度以及稳固的市场份额，"水晶之恋"品牌就如玫瑰花、巧克力一样，成为年轻男女代表"爱的语言"的一种象征物。

"水晶之恋"包装性产品的主力推广期是圣诞节、情人节，散装产品以日常销售为主。

竞争对手

"水晶之恋"目前的市场压力主要来源于两个方面：

1. 其他果冻竞争品牌不断推出的新品，以价格战抢夺份额。

2. 替代产品日益增多，定位于情侣消费的其他替代产品如巧克力、雪糕、鲜花等，分流很大一部分消费者。近年来众多知名国外品牌如德芙、哈根达斯、星巴克等加入情侣消费市场,以时尚品位、西式生活,使得这一市场的竞争更为激烈。

主要市场问题

1. 由于缺乏新产品推出,产品价值与传统产品一致性强,"水晶之恋"缺乏作为年轻男女表达"爱的语言"应具备的情趣及内涵;

2. 可替代者竞争能力较强,如德芙、哈根达斯、星巴克等,"水晶之恋"品牌日益缺乏领导品牌的影响力;

3. 每年的全国性推广预算200万元,即使集中在2月份的春节及情人节,也难以应对强大的市场压力。

【广告运作目标】

目标1:巩固将"水晶之恋"作为情人礼品的消费行为,实现比去年同期增长40%的销售目标;

目标2:强化"水晶之恋,一生不变"的品牌内涵,增加品牌的时尚流行性,巩固品牌忠诚度。

【目标对象】

"水晶之恋"主要消费人群是18~25岁年轻情侣,以学生、普通职员、行政机关单位、蓝领工人为主;他们大都是20世纪80年代人,追求轻松快乐的生活,个性自我独立,是属于"一切皆因我喜欢"的人群;他们对爱情的态度是混合式的,既现实又虚荣。心中渴望激情的爱,但更期望永久的爱。相对时髦人群而言,他们爱得更保守含蓄一些。

他们勇于尝试新鲜事物,消费习惯易受潮流趋势影响。对流行的手机短信、网上购物等移动互联资讯产品充满好奇,并乐于尝试。

他们是传统媒体的克星,生活在"互联网"、"手机短信"、"游戏"、"户外"等新媒体中。

【创意策略】

2005年"水晶之恋"以"情人节"来强化和放大品牌的"爱的语言"品牌内涵,推出"水晶之恋情人节新媒体运动"。

整合第四媒体"互联网"、第五媒体"手机",根据推广主题,创造出蕴含品牌主张、品牌独有的"水晶之恋情人频道",以全方位、体验式的方式与目标人群沟通。通过新媒体运动刷新品牌的时尚性,通过新媒体广告创意形成对目标人群的冲击。

品牌信息:根据对目标人群的洞察,喜之郎将"水晶之恋情人节"新媒体运动的核心信息定位为"不变的爱,情趣的你"。

理由:同样爱的主题,采用与时俱进的沟通方式。"爱你不变"是"水晶之恋"的永恒品牌主张,"情趣的你"是表达为爱添情趣的时代性。

品牌口号：爱你一生不变，"水晶之恋"。
品牌风格：温馨、甜美、纯洁、感性。

创意表现突破常规，采用"大创意"思维。以媒介决定创意观点，独创"水晶之恋情人频道"，突出"不变的爱，情趣的你"品牌核心信息，以"媒介创新性"尽显"为爱添情趣"。

1. 2005年"水晶之恋情人节新媒体运动"利用年轻情侣中各种流行资讯产品（手机、互联网），采用"水晶之恋情人频道"传播策略与目标人群进行立体化、全方位的深度沟通。

2. "水晶之恋情人频道"创意形式组合：

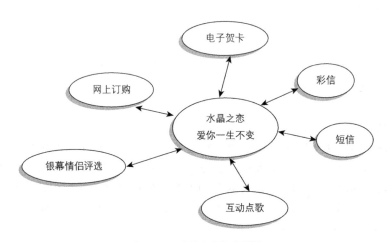

图1-17　水晶之恋情人频道

"水晶之恋情人频道"以爱情的浪漫风格装饰，充满浓情蜜意的爱情宣言，将水晶之恋信息融入传情达意的图片，整个频道突出"爱你一生不变，水晶之恋"品牌主张，在整个传播运动过程中，所有传播信息的设计整齐划一的指向"为爱添情趣"这一核心任务。

同时通过开展"情人节送水晶之恋给最爱的人"网上销售活动，将情人节与"水晶之恋"高度捆绑，改变传统情人赠送礼品的消费习惯。

3. "水晶之恋情人节新媒体运动"创意表现如下：

1）围绕"为爱添情趣"目标，创作水晶之恋资讯产品：

"水晶之恋情人节新媒体运动"结合Flash、彩信、短信、电子贺卡等年轻情侣喜爱的时尚资讯产品，设计出具有水晶之恋品牌特色的创意作品，针对目标人群进行主题式沟通。

在视觉表现上，通过水晶之恋心形Logo和充满情趣的主题画面结合，并利用品牌标准色——粉色调的浪漫风格来整合所有视觉产品。喜之郎总共设计了5张Flash贺卡、7张静态卡、14张动态彩信、24张静态彩信和15条短语作品，为网民提供更精彩、更丰富的选择。

2）特别设计水晶之恋邮戳，将网络贺卡、彩信、短信发送页面统一改造成水晶之恋浪漫风格：

从水晶之恋标准 Logo 设计延伸出水晶之恋活动邮戳。

在水晶之恋情人节网络贺卡、彩信、短信发送页面加盖水晶之恋邮戳，让发送者和接收者再一次感受到水晶之恋的品牌魅力，产生品牌认同感。

3）"情人节频道专区"页面的创意设计：

"情人节频道专区"以水晶之恋电视广告人物形象为主画面，以水晶之恋品牌色以及 Logo 为底纹统一整体页面，以"今年情人节，你准备好了吗"为话题，带入"今年情人节，送我水晶之恋"、"水晶之恋，爱你一生不变"的传播主题。

内容融入丰富多彩的水晶之恋资讯产品及情侣评选、产品订购两大主题活动，成为此次新媒体运动的整合传播平台。

在情人节频道专区两边还特别设置可随页面上下移动的新颖别致的心形广告，作为"水晶之恋浓情心意屋"、"水晶之恋我最喜爱银幕情侣评选"活动的参与提示。

4）"情人节网上订购"页面的创意设计：

特别为本次网上订购活动设计专门页面，该页面与情人节频道专区整体设计风格保持一致，并将水晶之恋的特别礼品装和年轻情侣喜爱互赠的卡通小礼品、项链、皮带等组合成为"情人节礼品套装"。

礼品套装根据不同的价格档次设计，共计有 6 组套装供网民选择。

5）"银幕情侣评选活动"页面的创意设计：

特别为"银幕情侣评选活动"设计专门评选页面，该页面与情人节频道专区整体设计风格保持一致。

【其他交流传播】

1. 2005 年 2 月在央视 1 套非黄金时段投放 1 个月约 150 万元"水晶之恋礼盒产品特别包装"电视广告，覆盖情人节前后，形成和网络推广活动的互动，放大整体广告效果；

2. 情人节前向全国市场投放情人节特别包装的水晶之恋礼盒产品，与线上促销活动进行呼应。

【媒介策略】

推广时间：2004 年 12 月 29 日 ~ 2005 年 2 月 14 日

推广媒体：搜狐网站

推广方式：与搜狐合作，采用"1＋1＋3"即"一网站一专区三频道"的合作模式（图 1-18）

图1-18 水晶之恋的"一网站一专区三频道"合作模式

1)首次、独家推出"水晶之恋情人节频道"

与搜狐无线频道合作开发水晶之恋情人节频道专区,将彩信、短信、点歌等时下年轻人最流行的手机资讯产品放于同一推广平台。在此平台网民不仅可以向爱人发送电子贺卡、彩信、短信,为爱人互动点歌,为最喜欢的银幕情侣投票,还可以通过网络为爱人订购"水晶之恋"情人节礼包。

2)2005年推出与品牌内涵密切吻合的"我最喜欢银幕情侣"评选活动

与搜狐娱乐频道联合推出与品牌内涵密切相关的"2005我最喜欢的银幕情侣评选",借用中外明星资源,吸引网民参与,提高品牌影响力。最佳银幕情侣评选活动形式新颖、内容全面兼顾了国内外影坛,一推出即引起网民热烈投票。

3)创新性推出情人节首个食品网络定购服务

与搜狐商城联合推出首个食品网上订购服务,进行营销模式创新性尝试,即时体现销售效果。让网民在情人节日期间能为爱人预定水晶之恋,开创情人节食品类营销的新模式。

4)作为创新性的新媒体运动,喜之郎通过全面整合搜狐网站的优资媒体资源,联动三个主要频道,全面打造水晶之恋情人节频道专区的互动传播平台。以全方位、新颖独特的立体展示,给予目标人群丰富的水晶之恋情人节体验。

5)推广宣传:为配合水晶之恋网络互动传播平台的推广,在广告宣传上采用效果较好的网络广告形式,如Banner、悬停广告、按钮等,选择年轻人人气最旺频道,在首页、新闻频道、娱乐频道、校友录、邮件、女人频道、Chinaren频道等进行了长达一个半月的广告组合宣传。

【媒体种类与媒体支出】

投放媒体:电视、互动/网上

媒体费用支出总额:100~500万人民币以下

【效果证明】

　　本次网络推广活动媒体费用总投资 74 万元，获得 4.32 亿人次的品牌总印象数，广告接触每千人成本仅 1.7 元，满足低投入高产出目标。

　　目标 1：巩固将"水晶之恋"作为情人礼品的消费行为，实现比去年同期增长 40% 的销售目标。

　　根据喜之郎公司提供的数据显示，水晶之恋在 2005 年继续保持稳定增长，在 2~8 月期间产品月均销量比 2004 年同期增长 50%，创造成熟市场高增长的奇迹。

　　目标 2：强化"水晶之恋，一生不变"的品牌内涵，增加品牌的时尚流行性，巩固品牌忠诚度。

　　本次网络推广活动达到 4.32 亿人次的品牌总印象数，以投放期来计算，平均每天有超过 919 万人次接收了水晶之恋的品牌信息，广告接触每千人成本仅 1.7 元，满足低投入高产出目标。根据全国目前 4054.5 万 18~30 岁的网民数量来计算，每一个水晶之恋的目标受众平均接收到 10.6 次水晶之恋活动及品牌信息。

　　搜狐在活动后做的抽样调查发现，在本次活动中，有 67.2% 的参与过水晶之恋活动的网民年龄在 21~30 岁之间，58.7% 的人学历在大专学历以上，这与喜之郎的目标人群非常吻合。本次活动信息传播面广，目标人群信息到达率高，品牌形象得到进一步深化，取得了很好的广告收益。

　　其中的最佳银幕情侣评选、浓情心意屋 B2C 销售、短信与贺卡发送、彩信与图片下载、点歌台下载都取得了极大成功：

　　最佳银幕情侣吸引了 291678 人参与投票。

　　图片发送量达到 181490。

　　短信发送量达到 265750。

　　贺卡浏览量超过 23755，发送量为 40240。

　　情人节点歌台下载量 6607。

　　资料来源：广告大观 . 2005 中国艾菲实效广告奖获奖案例精选 . 广告大观，2005（12）：90-92.

个案思考题

　　1. 广告媒体策划如何服从与服务于企业市场战略？从"水晶之恋情人节"的媒体策划案中认真体会营销、广告与媒体的关系，了解广告媒体策划的本质与归宿。

　　2. 结合"图 1-12：广告媒体策划的决策过程"，体会本案的运作流程；并以"5W+1H"为框架重新梳理出"水晶之恋情人节"活动的广告媒体策略。

　　3. 新媒体的创新性整合运用如何倍增营销传播效果？借助消费者洞察、思考"水晶之恋情人节"活动采用新媒体的合理性与匹配性？

思考讨论题

　　1. 媒体发展的 10 大趋势是否意味着传统媒体的没落乃至衰亡，它们如何才能在与新媒体的竞合中"基业常青"？

　　2. 有一种观点认为：媒体策划不是科学，媒体策划是一种艺术，以科学的原则处理之。

请结合自己的思考谈谈你对媒体策划科学性与艺术性的理解。

3. 根据"缝隙"的概念,广告信息在传播时总存在一个能在最合适的时间和地点接触消费者并取得最大效果的点,那么这个点在哪?

4. 任选某一知名品牌(如麦当劳、宝洁等),试着运用媒体"一"字诀对其广告媒体策略进行分析与解构。

注释

1. 卢泰宏,何佳讯. 蔚蓝智慧:读解十大跨国广告公司. 广州:羊城晚报出版社,2000:313.
2. 樊志育. 广告媒体与策略. 北京:中国友谊出版公司,1998:18.
3. 陈培爱. 广告媒体策略. 北京:高等教育出版社,2004:171.
4. 杰克·西瑟斯,罗杰·巴隆. 闰佳,邓瑞锁译. 广告媒体策划. 北京:中国人民大学出版社,2006:9.
5. 邵培仁. 传播学. 北京:高等教育出版社,2000:148–149.
6. 威·施拉姆,威·波特. 传播学概论. 北京:新华出版社,1984:19.
7. 雪莉·贝尔吉. 赵敬松译. 媒介与冲击——大众媒介概论. 沈阳:东北财经大学出版社,2000:25.
8. 王宇. 大众媒介导论. 北京:中国国际广播出版社,2003:1.
9. 邵培仁. 传播学. 北京:高等教育出版社,2000:145.
10. 王宇. 大众媒介导论. 北京:中国国际广播出版社,2003:20.
11. 纪华强. 广告媒体策划. 上海:复旦大学出版社,2006:30–32.
12. 樊志育. 广告媒体与策略. 北京:中国友谊出版公司,1998:18.
13. 高萍. 广告媒介——寻求传递广告讯息的最佳通道. 长沙:中南大学出版社,2005:24–25.
14. 清水公一. 广告理论与战略. 北京:北京大学出版社,2005:133–134.
15. 威廉·阿伦斯. 丁俊杰等译. 当代广告学(第七版). 北京:华夏出版社,2000:246.
16. 陈俊良. 广告媒体研究——当代广告媒体的选择依据. 北京:中国物价出版社,1997:15–16.
17. 威廉·维尔斯,约翰·伯内特,桑德拉·莫里亚蒂. 广告学原理和实务. 北京:中国人民大学出版社,2004:244.
18. 王忠诚. 广告媒体应用. 北京:中国财政经济出版社,1998:19.
19. J·托马斯·拉塞尔,W·罗纳德·莱恩. 王宇田等译. 克莱普纳广告教程. 北京:中国人民大学出版社,2005:187–191.
20. 威廉·维尔斯,约翰·伯内特,桑德拉·莫里亚蒂. 广告学原理和实务. 北京:中国人民大学出版社,2004:242–244.
21. 李进. 房地产开发商广告媒体选择研究. 重庆大学硕士学位论文,2006:6.
22. 高萍. 广告媒介——寻求传递广告讯息的最佳通道. 长沙:中南大学出版社,2005:19.
23. 周亦龙. 媒体的做点. 北京:企业管理出版社,1999:20.

24. 周亦龙. 媒体的做点. 北京：企业管理出版社，1999：45-46.
25. 高萍. 广告媒介——寻求传递广告讯息的最佳通道. 长沙：中南大学出版社，2005：29.
26. 威廉·阿伦斯. 丁俊杰等译. 当代广告学（第七版）. 北京：华夏出版社，2000：244.
27. 清水公一. 广告理论与战略. 北京：北京大学出版社，2005：167-169.
28. 阿诺德·M. 巴尔班，斯蒂芬·M. 克里斯托尔，弗兰克·J. 科派克. 朱海松译. 国际4A广告公司媒介计划精要. 广州：广东经济出版社，2005：1-2.
29. 阿诺德·M. 巴尔班，斯蒂芬·M. 克里斯托尔，弗兰克·J. 科派克. 朱海松译. 国际4A广告公司媒介计划精要. 广州：广东经济出版社，2005：4.
30. 纪华强. 广告媒体策划. 上海：复旦大学出版社，2006：序1.
31. 何佳讯. 广告案例教程（第二版）. 上海：复旦大学出版社，2006：306.
32. 陈俊良. 广告媒体研究——当代广告媒体的选择依据. 北京：中国物价出版社，1997：17.
33. 清水公一. 广告理论与战略. 北京：北京大学出版社，2005：112.
34. 纪华强. 广告媒体策划. 上海：复旦大学出版社，2006：8.
35. 周亦龙. 媒体的做点. 北京：企业管理出版社，1999：75.

媒体加油站

答案：(2)、(3)和(5)都是典型的有关媒体策略的基本表述；(1)不是，其界定的是媒体目标；(4)也不是，它阐述的是市场目标的范畴。你答对了吗？

第 2 章 传统广告媒体

传统媒体依其自身的传播规律，无时不有、无处不在地将整个地球村展现在我们面前。

——佚名

开篇引例

纸质媒体：电影脚本里的末路狂花？

最近，美国几个IT界的好事者写了一个电影脚本，说的是2013年的事情。那时，曾经是全球纸质媒体骄傲的纽约时报，到了即将崩溃的边缘。这个挣扎了100多年的"灰色女士"的读者平均年龄70岁（目前的平均年龄是55岁），被彻底扔出了主流社会之外。在强大的新媒体Google的打击下，早已没有了"内容为王"的气势，沦为一张免费的社区小报。而其他纸质媒体的下场如何呢？在这个电影脚本里，它们都已经不存在了：纽约时报是它们存在于世界上的最后标本。

目前，全世界纸质媒体的从业者们都被笼罩在这样一个"灰色"的气氛之下。前不久美国杂志协会和报业协会的人在一起开会，大家心情很郁闷，想在新媒体当道的今天，在广告收入不断被侵蚀的今天，在发行收入不断下滑的今天，怎样探索一条生存之道。

毫无疑问，现在是大众纸质媒体（即报纸和杂志）的寒冬。当然，这个"寒冬"只是趋势性的：因为即便行业的收入下滑得很厉害，纸质媒体仍然是广告业的主流，以日本为例，目前仍有88%的老读者继续按月订报，日本人对纸质媒体的忠诚度高居世界第一；美国多数居民仍然把边吃早餐边看报当作雷打不动的生活习惯；瑞典900万人口仅日报就有200种；英国报纸的深度报道和解释性新闻，仍然比电视和网络新闻更具优势。

开篇提到的那个电影脚本确实有些夸张。因为任何存在了数百年的消费习惯，不可能一下子失去生存的意义。正如"长尾理论"所指出的，纸质媒体在未来相当长的一段时间内都会有生存的意义。当然，其原因不是因为年老读者的继续存在，所以它们有生存的必要，乃是因为它们会持续不断地满足社会上某一群体的特定的需要。

提出纸质媒体的"寒冬"这样一个稍显沉重的话题的主要目的，是试图为纸质媒体这个行业的全球性恐慌寻求一种对策，探索一个方向。恐慌对不对呢？一点错也没有，在各种挑战下，恐慌在所难免。但是恐慌的方向是什么呢？不是收入锐减的表象，也不是层出不穷跟纸质媒体争夺眼球的新媒体，更不是现有读者的逐渐老化。作为传媒业者，纸质媒体的从业者们应该为整个社会媒体传播的方向发生彻底转变而恐慌。

资料来源：黄文夫. 新媒体当道，纸质媒体的未来在哪？. 中华工商时报, 2005-12-6.

无独有偶，美国微软旗下的一家全国广播公司网站日前挑选出了未来10年濒临消亡的10桩生意，报纸赫然在列，同时入选的其他9个行业是：唱片店、胶卷制造业、作物喷粉飞机、同性恋酒吧、投币式公用电话、二手书店、储蓄罐、电话推销、投币游戏机厅。[1] 纸质媒体会消亡吗？在报纸、杂志等传统媒体依然保有广告市场相当份额的今天，这样的设问或许不合时宜，但它至少为传统广告媒体的未来敲响了警钟。从广告传播的角度而言，媒体策划人更有必要对这些传统广告媒体的特质有细致入微的洞察，这是他们必须掌握的基本功。通过本章的学习，读者可以：

- 掌握报纸、杂志、广播、电视四类大众媒体的基本特性及其广告投放策略；
- 了解户外、交通、POP、直邮等其他传统小众广告媒体的分类及基本特征。

2.1 印刷广告媒体

印刷广告媒体指的是以印刷作为物质基础和技术手段，以文字和图像等平面视觉符号作为信息载体的信息传播工具。印刷广告媒体在我们身边随处可见，如报纸、杂志、传单、招贴、宣传册等都属于这一范畴。由于印刷广告媒体多种多样，所以不同的印刷广告媒体有其自身的特征，本节主要介绍报纸和杂志这两种日常生活中最常见的广告媒体。

2.1.1 报纸广告媒体

报纸是四大传统广告媒体之一，它综合运用文字、图片等印刷符号，定期、连续地向公众传递新闻、时事评论等信息，同时传播知识、提供娱乐或生活服务。早在1625年，《英国信使报》便刊出了一则图书出版广告，被人们认为是最早的报纸广告。而世界上第一个中文报刊广告则在1815年8月5日创刊的《察世俗每日统记传》上登载。[2]

2006 年排名前 10 位报纸（单位：万元）　　　　表 2 - 1

报纸名称	排名	广告额	同比增长率
广州日报	1	161789.98	0.90%
新闻晨报	2	154139.82	31.35%
北京晚报	3	146338.87	-0.12%
现代快报	4	112286.66	6.86%
南方都市报（广州版）	5	107020.11	17.19%
京华时报	6	105799.47	18.29%
半岛都市报	7	105349.48	-3.35%
成都商报	8	103578.91	7.91%
北京青年报	9	103165.77	-16.87%
新民晚报	10	96542.77	2.64%

资料来源：慧聪媒体研究中心，http://info.research.hc360.com/2007/03/06145532263.shtml

1. 报纸广告媒体的基本特性

（1）报纸是一种纯平面视觉、趋于理性的广告媒体

报纸通过版面载体，以文字传播为主，增加了读者思考的层次和深度，与电波媒体相比较，更倾向于理性色彩。报纸不仅仅报道新闻，它还发挥评论诉说的功能，对读者的意识观念和舆论方向具有引导作用，这也体现出它的理性色彩。阅读能力不强的人也会制约报纸的受众覆盖面，但这正使得报纸对其受众具有过滤作用，能够将广告信息有目的的传达到具有较高文化素质的读者群，提高报纸媒体的广告价值。[3] 报纸单纯依靠平面视觉传播，且多是以质地较粗糙的新闻纸印刷，难以形成强烈的视觉美感，缺乏电波媒体的演示性和生动性，无法满足某些广告表现的需要。

（2）报纸是一种主动选择性的广告媒体

所谓主动选择性指的是读者对信息接受的主动性，即读者对阅读内容、阅读时间、阅读速度等具有的自主选择性。相反，电波媒体传播的信息在时间上等具有不可逆转性，受众只能根据它的安排和进度被动地接受。报纸的读者则可以根据自己的兴趣爱好和需要对不同的报纸、版面和内容进行筛选，根据自己的知识能力对报纸信息进行解读。报纸的广告信息常常和其他报纸内容安排在一个版面上，使得读者对阅读内容的选择性加强，这也导致广告传播效果的难以预测。报纸广告与电波广告相比，广告信息详尽。一旦读者对广告产生兴趣并进行阅读，他们对广告信息的接受也就较为完整深刻，广告也能在他们身上取得较好的传播效果。

（3）报纸是一种比较经济、廉价的广告媒体

报纸的制作成本比较低廉，其采编、纸张、印刷等费用比电波广告媒体的节目制作成本要低得多。报纸是一种散页装订的纸质媒体，其信息量可以根据实际情况对版面进行增减控制。由于报纸的经济性，报纸比起电波广告媒体更为灵活方便，使得它更加易于携带与传阅。如今各大报纸都塞满了广告，如工商广告和分类广告，其中分类广告的廉价性吸引了越来越多广告主的青睐，正逐渐成为当前广告业新的增长点。

(4) 报纸是一种可信度高的广告媒体

在大众媒体中，报纸发展的历史最为悠久且最成熟。"白纸黑字"的观念历来受到人们的关注，报纸的这一独特优势使它具有较高的权威性和可信度，并在人们心目中留下深刻的印象。

(5) 报纸广告传播的时效性短、注目率低

报纸以新闻报道为主，在读者阅读完后便失去了价值，再次阅读的机会也极其渺茫，假如广告在当天没有引起读者注意，读者很可能就把它扔到一旁，因此报纸广告的时效性短，一般来说其广告生命周期只有12个小时。报纸内容以刊发新闻为主，广告在报纸中不可能占有突出位置。读者在筛选信息的时候往往是先阅读新闻报道等内容，然后才浏览广告信息，加之报纸又是以多条信息在同一版面进行编辑排版，使得广告的干扰度高、注目率低（表2-1）。

2. 报纸广告媒体的投放策略

一般来说，报纸的版面大致可以分为：跨版、整版、半版、双通栏、单通栏、半通栏、报眼、报花等（表2-2）。

报纸广告版面分类极其投放要点　　　　　　　　　　表2-2

版面	规格	投放要点
跨版	整版跨版、半版跨版、1/4版跨版	体现企业的大气魄、雄厚经济实力，是大企业所乐于采用的
整版	500mm×350mm 或约340mm×235mm	以图为主，辅之以文；以创意性的大气魄的画面、大文字和少文字进行感性诉求
半版	约250mm×350mm 或约170mm×235mm	"以白计黑，以虚显实"，充分利用受众的想像力；采用大标题，少正文文案，重点性附文方式，突出定位
双通栏	约200mm×350mm 或约130mm×235mm	为广告文案写作提供了较大的驰骋空间，凡适于报纸广告的结构类型、表现形式和语言风格都可以在这里运用
单通栏	约100mm×350mm 或约100mm×170mm	符合人们的正常视觉，版面自身有一定的说服力；最好用单标题而不用复合标题，正文字数不可多于500个
半通栏	约65mm×120mm 或约100mm×170mm	广告版面较小，与众多广告排列在一起，互相干扰，广告效果容易互相削弱
报眼	横排版报纸报头一侧的版面	广告注意值高，体现出权威性、新闻性、时效性与可信度；文案最好采用新闻式
报花	约3cm×2cm 或约6cm×2cm	价格低廉。文案只可作重点式表现；突出品牌或企业名称、电话、地址及企业赞助之类的内容

研究证实，广告版面越大，广告的注意率越高，广告面积与广告效果成正比（当然是相对的）。根据读者视线移动规律，报纸版面的注意值是左面比右面高，上面比下面高，中间比上下高。中缝广告处于两个版面之间，不易引起读者的注意。很容易理解，面积越大的广告版面价格自然也越高，不同报纸、不同版面的广告价格也是不同的，因此，报纸广告的投放应该根据企业的实力来整合。

企业投放广告，应该分清楚报纸的目标受众是否与产品的目标市场相吻合，分析产品处于生命周期的哪个阶段，只有通过透彻的分析才能实现广告投放效率的最大化。一般来说首次登广告，新闻式、告知式宜选用较大版面，以引起读者注意；后续广告，提醒式、日常式，可逐渐缩小版面，以强化消费者记忆。节日广告宜用大版面，平时广告可用较小版面。与此同时，广告应根据产品属性的不同放在相应的版面中，比如企业或者产品广告放在经济版，影视、图书、音像等可放在教育版。同类产品放在一起方便消费者选择，各种分类广告可放于经济版下面。

2.1.2　杂志广告媒体

杂志，又称期刊，是一种以固定的时间周期发行的，刊登某一门类的知识性或娱乐性文章、图片等供读者研究或消遣的小册子形式的平面印刷读物。杂志的英文名叫 magazine，由阿拉伯文的"makhzan"演变而来，原意是"仓库"的意思。1710年，世界上第一个杂志广告刊登在英国《观察家》上。在我国，1853年香港的《遐迩贯珍》中文杂志首开刊登广告之先河。[4] 发展至今，四大传统媒体之一的杂志已成为人们社会生活中不可缺少的文化消费品（图2-1）。

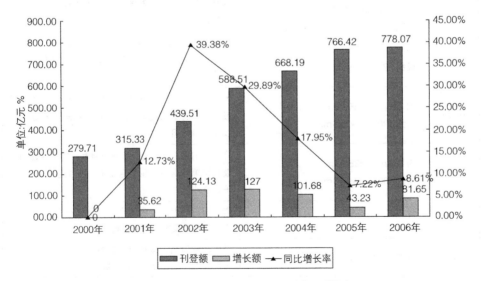

图2-1　2000~2006年中国报刊广告额及增长率
资料来源：慧聪媒体研究中心，http://info.research.hc360.com/2007/03/06145532263.shtml

1. 杂志广告媒体的基本特性

(1) 杂志是一种目标受众集中，受众理解度高的广告媒体

杂志的内容反映某一领域的专业知识或娱乐信息，因此有"聚众"效应，不同的杂志根据受众的消费需求，可以有针对性地刊登广告。杂志的目标对象明确了，广告主便可以根据所宣传商品的性质，准确地选择那个领域的杂志来做广告，把广告内容同消费者的爱好、兴趣紧密联系起来。比如，在儿童杂志上做玩具广告，在体育杂志上做体育用品广告，在妇女或家庭杂志上做化妆品或服装广告等。订阅或购买杂志的读者，一般文化水平较高。由于他们大都具有专业知识，对于杂志上专业性很强的广告，阅读者大多有较浓厚的兴趣和极强的理解力，因而在专业性杂志上作专业商品广告，采用专业化的语言风格，易于被专业目标受众所理解，利于有的放矢，增强广告效果。

(2) 杂志是一种印刷精美，深度报道的广告媒体

杂志广告的纸张质量较好，色彩鲜明，形象逼真、生动活泼，往往能给读者带来视觉上的冲击和快感，从而强烈地吸引住读者的眼球。据调查，杂志读者80%的信息来自标题和插图，因此广告语和视觉形象能否吸引读者的注意力，成为杂志广告获得读者注意的关键。杂志所关心话题更侧重于在一个更广的背景下对事件的前因后果进行分析，表明原作者的观点和立场，因此杂志的内容更多由评论性文章构成，内容更有深度。

(3) 杂志是一种有效期长，重复阅读率高的广告媒体

电波媒体所传送的广告信息转瞬即逝，与此相比，杂志广告随同杂志被读者保留的时间要长得多，可达几周、几个月甚至几年。波兰 Wieden & Kennedy 公司的创意总监鲍勃·摩尔（Bob Moore）曾说："你不能像杂志那样把电视广告放在冰箱里面"，形象地表述了杂志广告所拥有的"保鲜"功能，可见，刊登在杂志上的广告能够得到更多的曝光机会，广告效果自然比较持久。对于杂志，还有不少读者会把具有参考价值的页面剪下来收藏，这也为附带在上面的广告提供了更多的曝光机会，此外，杂志经常在读者之间互相传阅，从而提供了更多的"二手读者"，让更多的人接触到杂志上面的广告。

(4) 杂志广告灵活性小，成本费用较高

杂志媒体的广告安排灵活性较差。杂志的出刊一般最快为周刊，慢的为季刊、年刊，印刷上费时，广告主必须在出版日之前好几天提交广告，不方便广告的后期修改，且可能造成广告滞后于市场信息。杂志广告的制版费、加色费均较高，且杂志发行量少，其总成本比报纸广告高得多。

2. 杂志广告媒体的投放策略

与报纸广告一样，杂志广告也有其固定的广告版面。杂志广告大致有四封，即封面、封二（封面的背面）、封三（封底的背面）、封底和内页等版位，封底一般只刊登整版广告，内页广告则可以包括不同的规格。不同版面的广告注意度具有差异性（表2-3）。

杂志广告媒体版面注意值　　　　　　　　　表2-3

版面	封面	封底	封二	封三	内页
注意值	100	70~80	60~70	50~60	50以下

　　杂志的广告版位不但直接影响到广告注目率，也影响到广告的价格。一般情况下，封面和封底价格最高，封二和封三次之，内页版位价格最低。和报纸一样，杂志的价目表是广告主购买版面的成本依据。除了标准价目外，杂志社一般还会对出血版（Bleed Page）收取额外的费用。所谓出血版，即广告的背景色一直延伸到版面的边缘，取代标准的白边。折页广告（Gatefold Ads）是一种超宽的广告，这种广告也要额外支付费用，广告主经常在高档杂志的封二采用折页。杂志媒体广告的投放，应结合版面特征有针对性的加以选择（表2-4）。

杂志版面分类及其投放要点　　　　　　　　　表2-4

版面	投放要点
封面和封底	位置显著，广告以精美的画面吸引受众，淡化专业性，更接近于大众化； 适合于经济实力较强，需要提升品牌和行业影响力的企业
封二、目录对页和封三	多以文图并茂形式加以表现，适合发布企业力推的某款产品和某项技术
全页、半页、1/4页、跨页、折页、多页	与文章内容结合在一起，具有提示准确，认同率高的特点； 适合发布企业最新的产品，技术，比如新品介绍、渠道招商等
分类广告	主要以引人注目的标题脱颖而出，大部分以品牌名称或企业形象标识及随文为主，必须保持长期性和版面固定性
企业冠名专栏	宣传内容根据特定的企业进行特别策划和包装，让企业享受到专业化的媒体服务
软文打包服务	能有效地将企业的品牌、产品、技术潜移默化地渗透到读者，能在客户心中最终形成立体的企业形象

2.2　电波广告媒体

　　电波广告利用"电波"和"光波"通过电波媒体承载和传播广告信息，主要分为两大类：一类是电视台播送的可以看到影像和听到声音的广告，为电视广告；另一类是电台播送的可以听到声音的广告，为广播广告。日常生活中，我们对广播电视的依赖性越来越强，广播电视已成为最通俗、最贴近生活的媒体，广播电视受众选择提供其需要的媒体内容来满足自身需求。[5]

2.2.1 电视广告媒体

1979年3月9日，上海电视台在女子篮球赛的转播中精心插播了一则"幸福可乐"的广告，成为中国第一例电视广告。电视是第一位的主流媒体，电视广告凭借电视媒体巨大的影响力，已成为广告行业的主力军（表2-5）。

电视广告分类　　　　　　　　　　　　　　　表2-5

类型		特点
时段广告		相对比较固定，根据不同电视台的规定不同，分为A段、B段、黄金时段等；如A段为19:00~20:00，在这期间播出的广告就叫作时段广告
栏目广告		在电视栏目内播出的广告，是目前电视广告的一种常规形式；广告主根据产品的特点选择电视台某个电视栏目，在节目中播出自己企业的广告
特殊广告	电视广告片	时长一般有30秒或60秒；但15秒更为常见，且价格相当于30秒的85%
	标版	通常只有体现企业形象的画面和广告语，企业多数会选择电视黄金时段的标版；时间较短，一般为5秒，甚至更短
	赞助广告	一般在片头、片尾注上某企业赞助字样，该类广告价格昂贵；赞助形式可有赞助电视晚会、体育比赛直播、突发事件、赞助电视片拍摄等
	冠名广告	将企业的名称或产品品牌命名为某些热门栏目，一定的排他性；"特约播出"也属于栏目冠名广告，是企业常用的赞助形式
	购物广告	对产品功能进行介绍和演示，出现产品价格并提供热线电话供消费者电话订购。电视直销广告就属于这一类；另有一类侧重展示产品形象
	贴片广告	在栏目标版出现后播出，固定地"贴"在电视连续剧的片头、片尾或片中插播
	字幕广告	播放正常节目时，在屏幕下方打一行游动的字幕，即时播放产品促销信息

1. 电视广告媒体的基本特性

（1）全方位的视听感官接触

电视广告是一种视听媒体广告，声、像、色感受兼备，具体诉求形式丰富多彩，可以通过独特的声音编排技巧、图片动态演示，让人有身临其境的感觉，生动直观地表现广告内容与传递广告信息，使观众易于接受产品信息，对广告意境的感知程度高，产生强烈的参与感，这是其他广告媒体所难以企及的。

（2）广泛的网络覆盖面

电视网络的覆盖面极其广泛，不受时差或空间的阻隔能够瞬间到达所及的任何区域，甚至能够跨越民族和国界。电视已成为一种最大众化的传播媒体，随着有线电视逐渐涵盖了新闻、资讯、娱乐等不同的领域，使得电视媒体内容更为丰富、受众细碎化的趋势更为显著。

(3) 收视率高,有较高的社会影响力

电视媒体属于强制性高的媒体,信号的发送和接收同步,受众主动选择的余地较小。电视又是人们了解信息、筛选信息的重要渠道,受众为了获得信息必须呆在电视前并形成相对固定的收视习惯,能获得较高的收视率;又由于电视媒体受到政府与行业的约束而要承担相应的社会责任,每时每刻传递政治、经济、科技、法律和文化娱乐等信息,具有引导舆论、传播知识和普及教育等功能,对大众意识和社会观念能够产生广泛而深远的影响。

2. 电视媒体广告的投放策略

电视广告投放需从广告类型、时间段分布与编排三个方面考虑,充分发挥电视广告媒体的优越性。电视媒体会在定期公布的广告媒体刊例里明确广告类型、播出日期、播出次数、广告长度与广告费用等,媒体购买人员或广告主可根据实际情况作出选择。

(1) 电视广告时段

电波广告媒体都具有时间结构特性,其容量是以时间来衡量,广告时段可以从两种角度来研究,一种是横向的时间,如年份、季节、月度等;另外一种是纵向的时间,即一天中的某个时间段。

电视时段是指一天24小时中播送电视节目的各时间区段。一般情况下,18:30~19:30、11:30~12:30、18:30~20:00这三个时段是受众进餐或全家共同观看电视的时间;19:00~21:00则是电视媒体的黄金时间,广告的关注度在这段时间内能达到较高的水平。

一个广告要达到有效的信息传播效果,其时段的长度以2分钟左右为宜,通常不超过3~4分钟;而常规的电视广告均以秒为计时单位,电视广告一般是5秒、15秒、30秒三种。电视广告传达的信息量因此受到限制,很难一次性地在受众心目中留下深刻的印记。

(2) 电视广告编排

电视广告主要通过荧屏表现声音和图像来进行广告宣传。为了能有效地宣传商品信息与企业形象,不仅要合理的编排广告形态中的视觉部分(包括画面与字幕)与听觉部分(包括优胜语言、音乐与音响),还需考虑是否符合人们的日常生活习惯,与节目的相关程度、受众注意度等,并遵循适当重复的原则。

2.2.2 广播广告媒体

广播媒体依靠无线电波或通过导线传播诉诸人的听觉,重视语言、音响、音乐的结合,用声响承载信息。第一个商业广播广告出现在1922年的美国,当时10分钟的播出费用是100美元。中国最早的广播广告是1979年3月上海人民广播电台播放的"春蕾药性发乳"广告。广播媒体作为世界上最早的电子媒体,在其黄金时期发挥了核心媒体的作用。当电视兴起后,广播媒体成功转型为一种贴身的伴随媒体,成为一种"不可替代"的媒体。[6]

1. 广播广告媒体的基本特性

（1）广播广告纯粹诉诸听觉

广播广告没有直观的画面图像，也无法以书面文字形式长期保存，单纯通过听觉唤起受众的相关记忆和想像，形成对事物立体画面的动态感知。富有表现力的声情并茂的广播广告作品能撩拨受众的心弦，美的感受从听觉上无限延伸。这种传播方式使广播媒体具有其他媒体所不能比拟的深邃意境。著名销售专家赫伊拉说过："不要卖牛排，要卖'吱吱'声"，说明联想是信息对象获得审美感受的重要条件。

（2）广播媒体具有明显的伴随性

广播是传送声音的媒体，具有明显的伴随性。电视广告需要受众待在电视前收看，若不注意图像就不能完整接受信息，报纸一般在静态状态下才方便阅读，广告在众多版面中难以突出。而广播广告在人们出行、搭车等各种状态下皆能方便收听，且携带方便，充分占领了媒体的流动空间。但也正因为其伴随性强，决定了广播广告文案应避免采用繁冗的句式。

（3）广播市场仍未饱和，广播广告大有潜力

广播媒体作为大众媒体之一，拥有稳定的受众群体，且中国广播市场还没有达到饱和状态，广播广告收入明显低于电视广告与报纸广告，仍有潜力可挖。近年来广播广告走差异化路线和高质量、低成本的趋向使广播广告收入呈现增长的态势。

2. 广播广告媒体的优势与劣势

（1）广播广告成本远远低于同级别的媒体，千人成本平均只有0.72元，约是电视广告千人成本（6.71元）的1%。可实现高密集度播出，是一种低投入、高回报的媒体。

（2）广播媒体覆盖范围大，不论性别、年龄、职业、民族、修养等，只要接受广播就能成为其受众。

（3）广播广告制作快捷、时效性强、易于传播，广告信息可以通过广播迅速传播到世界各个角落。

（4）广播广告收听方便。例如早上起床就可收听广播准备一天的工作，上班途中在车上听广播，夜晚伴着广播入睡，广播既方便收听，又给人一种耳语的亲切感，犹如朋友般的大众媒体，易于被受众接受。

（5）收听广播时，听众通常会同时从事其他活动，记忆时间短，抗扰性差。广播广告应在趣味性和感染力上不断推陈出新，以吸引听众的注意。

（6）广播广告有时容易产生误解和歧义。若运用不易于理解的口语，过多使用复杂的句子或容易引起歧异的同音多义字，则可能会影响广告的传播效果。

3. 广播广告媒体的投放策略类型与编排

（1）广播广告的分类

广播广告文稿又称为广告脚本,常见的有对话式、独白式、小品式、现场式、体育解说式、散文和歌曲结合式等类型(表 2-6)。一般的制作流程如图 2-2 所示。

广播广告文稿类型　　　　　　　表 2-6

文稿形式	特点
对话式	通过人物之间的对话形式构成文稿,易于产生功名,亲切感人
独白式	由第一人称介绍产品功能特性,抒发对产品的感受或情感,直接明了,产生一对一的传播效果,有浓重的真实感和亲切感
小品式	加入音响、音乐、表演的元素,比其他形式更显得多姿多彩; 趣味性强,文稿口语化、生活化,更加贴近生活
现场式	广告词与广告内容紧密联系的节目搭配,有强烈的现场感,能得到受众的情感认同,制作简单而且成本低廉
体育解说式	通过解说员解说体育赛事实况转播时,灵活的插播广告; 其形式活泼自然,让受众在不经意间主动接受广告信息
散文和歌曲结合式	用散文推出商品名称,使人产生初步印象; 用动听的歌曲、旋律加强情感沟通,巩固广告传递的商品信息

资料来源:公文共享网. http://www.gwgx.com/content/2005-11-17/23024.html.

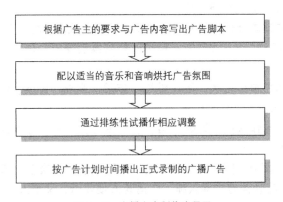

图 2-2　广播广告制作流程图

(2) 广播广告的编排

广播广告一般长度为 5 秒、15 秒、30 秒等,特殊情况下可长达 5 分钟或 10 分钟;采用直播方式或录播方式,但为保证播出质量和降低成本,一般采用预录方式。广告主根据需要购买广播网联播时间、点播广播时间或地方电台广播时间投放广告。根据投放时段与编排技巧的不同,广播广告的编排可分为整点报时广告、特约广告、插播广告、专题广告等（表2-7）。[7]

广播广告编排类型　　　　　　　　　　表2-7

类型	特点
整点报时广告	指利用电台整点前、整点、半点报时的特殊时段，播放广告以扩大产品、企业知名度的广告形式
特约广告	针对性比较强，在时间上比较固定； 广告费用一般较高，广告效果比较理想
插播广告	与广播节目内容无关，广告费用低廉，播放灵活
专题广告	由客户编制好的广告节目，广播媒体在固定的时间刊播的广告形式，能提高消费者的或用户的记忆程度

现代生活的多元化使广播广告可以根据一天中目标受众的媒体接触习惯来寻找适宜的收听对象。例如上、下班高峰时间，主要是有车族在收听；下午时段，多为老年人或家庭主妇和少量上班族收听；儿童节目多在下午4~5点之间。广播广告时间版面的特点决定了广告能以更隐蔽的渗透方式发生作用，科学的编排能使经济效益和社会效益最大化。以中央电台的广告编排为例，每天17次整点报时、15次节目结束语混合播出和18次整点新闻后滚动播出的全天覆盖型组合广播广告最具典型性，其广告容量和广告时间能合理安排，避免声音易逝性和收听随意性的缺陷，突出整体宣传效应。[8]

链接·视点

广告媒体现代化的衍生路径

在考察媒体形态不断发展变化时，我们发现每一种媒体并不是自发和独立的产生的，而是从旧的、已有的媒体的形态变化中逐渐产生。当比较新的媒体形式出现时，相对旧的形式通常不会死亡——他们将继续演进和逐步适应。这是一个普遍的现象，但也常常为人们所忽视。旧事物常常表现出惊人的生命力，如果它不代表着旧的生产关系，那么它将在新的时代环境下以新的面貌出现在大家面前。

当电视开始它的大幅度上升时，面向大众的无线广播开始走了下坡，于是有些分析家预言广播媒体会走向死亡。但无线广播并没有死亡，相反，它适应了变化并通过新的技术和市场战略夺得了电视无法占据的领地。现在的广播节目将内容细分，以适应细分的受众。例如武汉交通音乐台，就以当地的出租车司机为主，其节目内容也大多是与正在开车的司机有关，如现实路况的传递，出租车行业内部问题的探讨，以及直接通过电话与司机进行更为直接的交流。这种传播的效应是电视所不能达到的，这也是广播在新的现实中所形成的新的生存之道。

同样，电视媒体的迅速扩散也带来了报纸、杂志和电影行业内部的重大变革。一个个在当时被宣布为没有能力去与电视的及时性和形象性竞争而即将死亡的媒体，却又一个个被证明具有了比过去更加有生命力和更强加的适应性。这也显示了媒体形态变化的一个重要原则：传播媒体的生存，并不在于它是新还是旧，而是必须在社会的新的环境中作出相应的改变。形态变化原则来源于以下三点：共同演进；汇聚增值；混合性。

【共同演进】

一切形式的传播都是交织于整个传播系统的结构之中的，并不能在其中彼此独立。每当一种新的形式出现和发展的时候，它就会在与之相对的时间和空间中影响着其他现存形式的发展。共同演进就好比文化在时间长河中的传播一样，几千年的文化在其延续的漫长过程中并没有消逝，也没有一成不变，它不断的用新的血液供养自身。媒体的发展也是如此。如果每一种新的世界的诞生都导致一种旧的媒体的死亡，那么我们现在所看到的丰富多彩的传播生活就不会存在了。

虽然我们说各种媒体都有着极强的延续性，但任何事物都有着它自身的循环规律和生命周期，某些形式可能会消亡，但其中必定会有一些传播密码一代一代的传播下去，这有些像生物学中的遗传现象。这种密码在新的环境中被赋予了新的生命活力，使得原有的媒体形式拥有了更丰富的内涵和新的特征，这时它在新的媒体大系统下得到了更新和发展。这就是旧媒体在新的媒体环境中的演进，而这种演进是一个共生的过程，新的媒体也必须在以往媒体的遗传信息中得到发展的基础，这样才能得以成长，这就是媒体的共同演进。

口头语言和书写语言在人类传播系统中引发了两次巨大的变革或媒体形态变化。这两种语言中的每一种都一直在重新组合并极大地扩展了人类思维的方式，这使得现代文明的延续成为可能。现代文明中无数的方面都是被这两种原始的密码所催化和推动的。直至今日，口头语言和书写语言都有了数字的形态。这种数字的形态成为电脑及网络的交流基础，成为现代的通用语言。

【汇聚增值】

一台完整的多媒体电脑，都具备播放光盘的能力，它可以混播文本和音频于视频的静止图像剪辑，还提供了方便拨号进入环球网络和接触海量文本和其他信息储存的能力。它本身就是媒体聚合的很好的例子，人们可以从听、看多方面获取信息，同时这样综合的信息产生的效果大于单一的媒体效果，一加一将大于二。1979年，尼古拉斯·尼格洛庞帝在为麻省理工大学媒体实验室的安身之所做筹集基金的巡回演讲时，开始宣讲媒体汇聚的概念。虽然在当时还不能被多数人所理解，但随着现象的逐渐明晰，人们才明白他当时所说的："所有的传播技术正在遭受联合变形之苦，只有把它们作为单个事物对待时，它们才能得到适当的理解。"这句话的涵义。他用三个相互叠叠的圆圈分别表示"广播和动画业"、"电脑业"和"印刷和出版业"这三者的关系。从那时开始，传媒产业正在走向同一个方向，并已经创建出传播形式的新概念，一直影响着人们关于未来大众传播媒体的思考。

多媒体，也叫复合媒体，通常被定义为将两个或多个的传播形式集合为一个整体的任何媒介。媒介也就是媒体，都是英文 media 的意思，只是翻译的角度不一样，一个是音译，一个是意译。按照这个术语的最广泛的定义，我们现在的绝大多数媒体都可以算作是多媒体，如报刊杂志在纸张媒体上通过文字、图片、图形等混合的形态来传达信息。但狭义的说法，这种纸张媒体是单一的，而非复合化的，现在我们所指的多媒体一般都是数字化的电子媒体。如计算机和电视，新的多媒体系统能够通过全活动视频、动态画面、声音，以及静止的图像和文字等各种混合形式传达信息。这个狭义的多媒体概念才是我们现在所要重点讨论的。

汇聚后的媒体，我们前面也已经说过，它将信息丰富化，人们在固定的时间内接受到了更多的信息，它将信息增值，是形态完整化。举一个最简单的例子。电影的最初形态是无声、无色的，它仅仅作为一个单纯的影像来存在，人们在观赏时还有很多的自我构想空间。电影发展到后来，具有了和现实生活几乎相同的色彩，几乎一致的声音，甚至可以达到视觉上几乎一致的多维空间。这时，汇聚后的图像、声音、颜色所构成的新的形象就远远丰富于所独立的图像、声音、颜色，这就是汇聚的增值。

【混合性】

社会上有一句流行的词，那就是"多元化"。的确，正如我们所体验的那样，我们周围的一切似乎都非常的丰富，任何事物都有它的多个层面的面貌，有时甚至无法辨认其主要特征，似乎一切都处在混乱状态之中。我们知道，有一个混沌理论，说的就是新的生命将在混乱中产生。当代混沌理论的核心原则有这样一个概念：在混沌系统内，那些看上去无关紧要的时间或轻微的初始变化，比如天气和经济，在后来可能会导致一系列重大事件的发生。有这样一个例子常常被引用，"一只蝴蝶在中国拍打它的双翼，引发了佛罗里达海岸的一场飓风。"这种无政府主义的混沌理论虽然看起来有些荒谬，但它也反映出了一些现状。我们对媒体的混合性只能知其现象，但并不能精确的预言未来何种新的媒体会占据市场，何种媒体将在市场上消逝。我们只能用混合性来表示现在媒体传播的一种趋势。人类传播系统事实上是一个复杂的、有适应性的系统，所有形式的媒体都生活在一个动态的、相互依赖的大环境中。当外部的压力产生、新技术革命被引入以后，传播的每一种形式都会受到系统内部自然发生的自组织过程的影响。就像我们先前也提到过的生物学中进化论所阐释的一样，为了在新的环境中存活下来，就不断的适应改变了的环境，在这一适应过程中，混合的媒体在混沌之后必将显出一个明晰的轮廓。这一复杂的、混合的过程正是媒体形态变化过程的精髓。

资料来源：白雪．广告媒体形态的现代化分析．武汉理工大学硕士学位论文，2005：6-8．

2.3 小众广告媒体

2.3.1 户外广告媒体

户外广告主要指在城市的交通要道两边、主要建筑物的楼顶或商业区的门前、路边等户外场地设置的发布广告信息的媒体（表2-8）。户外广告历史悠久，最早期的户外广告通常是在屋外墙壁的显眼处贴上一些抢眼的标志，考古学者在古代罗马和庞贝古城的废墟中发现了不少这样的标记。从古罗马遗址挖掘出的一则户外广告是有关房产出租的信息，庞贝古城一处墙上的户外广告则是向到这里来的旅行家招徕生意。[9] 户外广告以其形式多样、表现手法丰富、色彩鲜明、时效性长、可选择性强、价格低廉等特点深受广告主的青睐。

户外广告媒体的分类　　　　　　　　　　　　　　表2-8

电子类	电视墙、电子快播板（Q板）、电脑显示屏（LED）、DAV广告车
绘制类	招贴、条幅、路牌、墙体
光源类	霓虹灯、灯箱、大型户外投影
空中类	烟雾、激光、气球、飞艇、降落伞、火箭
其他	赛场、雕塑、自动售卖机、立体充气模型

资料来源：严学军，汪涛. 广告策划与管理. 北京：高等教育出版社，2001：229.

1. 户外广告媒体的优点

（1）时效性长，印象深刻

户外广告媒体的使用周期一般较长，几周、几个月甚至一年都有，因此可以连续不断地传播广告信息，增加广告信息重复出现的次数，不断增强广告发布的知名度和到达率。

（2）价格低廉

户外广告媒体制作成本低廉，费用也比较便宜。就国内而言，一块普通户外路牌广告一年的全部费用只相当于几秒钟的电视广告。[10]

（3）选择性强

广告主可以根据产品的特性，选择目标消费者所在区域的户外广告媒体进行广告投放。如目标消费者为广州市大学生的广告主，就可以围绕广州大学城的户外媒体设施进行广告投放。

（4）视觉冲击力强

户外广告媒体可以融合多种表现手段，图文并茂，引人注目，特别是电子类、光源类、空中类等色彩华丽、表现手段独特的户外广告媒体，不但为城市增添亮色，同时也达到了广告传播的目的。

2. 户外广告媒体的缺点

(1) 广告信息量有限

由于行人一般是在运动中看户外广告的,加上广告与行人之间相隔一定距离,因此户外广告字体要增大,信息容量要相应减少,力求简明扼要。根据测算,行人至少要花5秒钟的时间读完广告信息,才能产生良好的广告效果,而一般来说5秒钟最多只能看20~30个汉字,由此可见户外广告信息量的局限性。因此,户外广告媒体最主要的功能是树立品牌形象,其次才是发布产品信息。[11]

(2) 媒体传播效果的评估难度大

由于户外广告受众具有很强的流动性,因此没有固定的样本,媒体监测数据难以让人信服,评估传播效果的难度较大。[12]

2.3.2 交通广告媒体

交通广告媒体被称为最大的户外移动媒体,与户外广告有着不可分割的关系。交通广告媒体是指以公共汽车、出租车、地铁、飞机等各种交通工具,以及候车亭、站台等相关区域作为广告发布载具的媒体。相对于其他传统媒体,移动交通广告发布在城市主要的人群聚集地,可针对性的靠近特定场所,具有明显的地理选择性和流动性;交通广告具有高接触频次、高到达率的特点,是较为经济的广告形式之一。交通工具内形成相对单调的密闭环境,使其承载的广告信息具有比其他媒体更强的主动选择性和重复阅读性。公交广告和地铁广告具有稳定的受众群,是最具影响力的交通广告媒体。

1. 公交广告媒体

(1) 车身广告

车身广告是可见机会最大的户外广告媒体,能够主动出现在受众的视野中,广告发布面积大且清晰,多面立体地展示广告信息,可视距离远而且能够根据公交线路的设置覆盖城市各个角落。适合各类产品的广告,不仅适用于品牌诉求和产品推广,还能与电视、报纸广告排期相配合,扩大和延长广告影响力。

(2) 车内广告

公交车内广告有主动性阅读,强迫性阅读,阅读时间长、频次高等特点。最常用的形式有吊环广告、车厢插片广告、座椅靠背广告。目前,公交电视、公交杂志也逐渐开始普及。

(3) 候车亭广告

候车亭广告是一种不可再生的广告资源,数量有限,但有理想的城市网络覆盖范围。候车亭中平面灯箱广告发布最为常用,新颖的立体候车亭广告具有强大的吸引力,相对于车身广告与车内广告的优点是日夜可见。受众在候车亭有较长的停留时间,广告更靠近终端受众,能传递更多的信息和细节。

2. 地铁广告媒体

地铁作为城市骨干交通运输工具是一种现代化特殊的交通类广告载体。地铁媒体广告除了最普遍的悬挂式广告外，根据不同的空间特点有超过20个种类媒体形式可供选择，兼有普通户外交通媒体与室内POP、灯箱媒体的传播特性。地铁广告覆盖面理想，放置在站内相对比较封闭的位置，其广告注意度高，能更有效的到达年轻、高收入的受众群体。

(1) 灯箱看板类

地铁内灯箱属于光源类户外广告媒体，走廊、站台灯箱看板位置相对较为固定，扶梯旁灯箱看板、站台连套灯箱看板等基本形式符合常规阅读习惯。其他类型，如保洁箱灯箱结合了保洁与广告功能，滚动灯箱能同时上刊多幅广告等，未来还将引入中超薄、节能、环保灯箱看板等技术，相比LED等载体仍有无可替代的优势。

(2) 贴画类广告

贴画发布在地铁进站口到站台的通道墙面、地面、立柱、检票口、座椅，以及地铁车窗、车门等位置，大小与形式不受限制。二维的贴画类地铁广告通过镂空、半透明等工艺表现创意广告效果，能根据广告主的需求设计制作精美画面。赏心悦目的广告能美化车站环境，到期后易于撕去。

(3) 其他类别

TVM影像隧道（Tunnel Vision Media）是一种数字影像媒体，通过在隧道里壁面加装高辉度精制LED光柱，将高科技与视觉原理结合，当隧道内地铁高速运行通过时使人们产生短暂的视觉停留，从而产生如电影般连续的彩色画面。正在发展中的TVM技术将能展现更逼真、富于动感的绚丽画面，其形式新颖，突破地铁传统广告表现形式而成为地铁广告媒体的新兴项目。

实物、模型广告是地铁广告又一新的发展方向。如日本地铁的佳能广告，附带了供行人取走的小赠品；品客薯片将实物结合平面广告造型后置于透明管内。该类广告能突破传统形式表现，极富创意与个性化的广告信息。

互动广告，如具有扫描功能的手机拍摄地铁平面广告中的二维码，就能从广告中提取信息，二维码技术的应用在日本、韩国已经非常普及。加入互动元素的广告能很好的提高受众的关注程度，主动接受广告信息。

3. 其他交通广告媒体

(1) 飞机广告媒体

飞机广告是稀缺性资源，飞机冠名、外部机身广告可以为大型企业树立品牌形象，覆盖地域广阔且有瞬间性的冲击力；飞机内部封闭舒适的良好广告环境，具有较低的广告干扰度；登机牌、机票封套、座椅头巾、餐桌板、航空杂志等载体适用于投放高端产品广告。

(2) 的士广告媒体

的士广告置于车顶灯或车尾等位置，流动性极强，与公交广告媒体相比不受路线与时间限制，其广告范围广阔，覆盖不同类型场所，使大量行人有意识或无意识接触广告，达到广而告知的效果，深受中小企业青睐。

2.3.3 售点广告媒体

售点广告（Point of Purchase，POP）是一种在销售点（商场、售货亭、流动售货车等）发布的广告形式（如店内悬挂物、橱窗和柜台的设计、商品陈列、商店的招牌、门面装潢等），通过音乐、色彩、造型、文字、图案等手段，向受众强调产品具有的特征和优点，被喻为"第二推销员"。POP广告可以在销售终端吸引潜在消费者、激发购买欲望、促成即时消费，对冲动性购买产生重要的作用，所以在广告展示和陈列设计、位置选择和时间安排这三个方面尤为重要。

1. 售点广告媒体的基本特性

（1）创造及时购买与消费的气氛，以促成现场最终交易。

（2）内容简洁明快、最大限度地引人注目和激发兴趣；表现形式组合巧妙、手法简明新颖。

（3）广告发布与商品销售计划紧密结合，可以及时适应商品促销活动的变化。

2. 售点广告的类型

因销售服务环境与经营内容方式的差异，售点广告大致有手绘广告、POP 包装、货架广告等六种主要类型。

（1）手绘广告

是我国20世纪90年代前应用最广泛的售点广告形式。适应销售服务现场，告知最新消息，灵活、多变、即时，以手工绘写，多属短期广告。

（2）POP 包装

最经济有效的现场广告手段，借助商品销售包装媒体作售点广告。利用商品包装盒盖或盒身部分进行特定结构设计，可开启或悬挂展示具有突出商品信息的助销广告。

（3）货架广告

在货架上与售货柜台上，通过现场广告方式突现商品，引人注意，引导和激发人们的购买冲动。

（4）橱窗广告

在商场临街或商店内部橱窗与抱橱中，配合典型的商品陈列展示所进行的图片、文字、灯光烘托等推销宣传。

（5）悬挂广告

利用空中的空间悬挂附有商品信息的吊旗、吊牌、彩条广告等，传达商品与服务信息，增强销售与消费氛围。

（6）离子电视广告

高频次地播放广告，顾客浏览商品或犹豫不决的时候，恰当地说明商品内容、特征、优点等，刺激顾客兴趣，并担当起售货员的角色。

2.3.4 直邮广告媒体

直邮广告（Direct Mail）指的是以数据库为依托，通过邮寄网络把印刷品广告

(商品目录、宣传小册子、企业刊物、样品等)有选择性地送到用户手中的广告形式,被喻为继电视、广播、报纸、杂志四大媒体之后的第五大媒体。直邮广告是超市运用非常广泛的一种广告宣传手段,也是地产行业、金融行业和汽车行业组合式推广方案中重要的组成部分。

1. 直邮广告媒体的基本特性

(1) 选择性和针对性强:比任何广告形式更精确地定位客户群,发送针对性的广告。

(2) 承载广告信息量大:包含大篇幅的信息,可以详细全面地传递商品与服务信息。

(3) 发布形式具灵活性:广告主可以根据需要自行选择广告版面、色彩、信息量、数量、发布时间的长短及发布的范围等要素,不受过多的限制。

(4) 制作发布费用低廉:设计、印制、邮寄费用低廉,可降低大量广告成本。

2. 直邮广告在我国的发展

直邮广告是一种古老的传统媒体,在欧美和日本等地区,该媒体的广告额能达到10%~20%。直邮广告在中国的起步比较晚,在2003年国内约1200亿的广告总额中还没有达到1%,仍有很大的发展空间。广告命中率极高的直邮媒体未能得到广告主青睐,其原因在于直邮广告媒体需要强大的数据库支持,我国尚未成立收集客户资料的专业机构;也由于其功利性强,受众对直邮广告会有一定程度的抵制。

直邮广告的形式与内容高度统一,受阅率逐渐提高,读者就是商品信息的接受者,成长空间巨大。在全国重点城市,直邮广告媒体正悄然发展。在北京、上海、广州等大城市形成了有优势的直邮类期刊,如北京的《目标》、上海的《生活速递》等,其他城市(如深圳、沈阳、重庆)DM免费期刊的发展也相当迅速。

2.3.5 其他广告媒体

1. 礼品广告媒体[13]

礼品广告是在礼品上标明广告主简单的销售信息(如地址、名称、电话等)后,免费赠送给顾客的广告形式。礼品广告大致归为三类:广告赠品、广告日历和商业赠品。

(1) 广告赠品

广告主将公司、品牌的名称印制在钥匙扣、圆珠笔、T恤衫、打火机等上赠送给顾客。这种礼品广告形式颇受顾客欢迎。

(2) 广告日历

日历的生命周期一般为一年,广告主将企业主要信息印制在日历上赠送给顾客,可以长期曝光企业、产品或品牌名称,树立企业形象。一般来说广告信息越少,越受顾客的欢迎。

(3) 商业礼品

是广告主为了开拓销售业务而向与产品销售有关的人员赠送的礼品,其价值一般高于广告赠品。

2. 黄页广告媒体

黄页是国际通用的按企业性质和产品类别编排的工商电话号码簿，相当于一个城市或地区的工商企业的户口本。黄页广告将广告信息印制在黄页上面并随同黄页到达受众手中。黄页广告具有以下几个特点：

(1) 信任度高

黄页编纂的科学性和高度准确性使其具有较高的权威性，公众对其有很高的信任度。据调查，美国黄页广告及其他各种号簿信息的认同率高达99%。这样高的认同率是其他类型的大众传媒所无法相比的。

(2) 覆盖空间广，发布时间长

黄页的企业覆盖率几乎达到了80%。通过业务开展，黄页可完全覆盖其服务的城市、社区的所有企业，黄页在任何时间都可使用。这样高的覆盖空间、这样长的持续发布时间是广播、电视、报纸等媒体难以做到的。

3. 包装广告媒体

精美的包装对树立公司形象、提升推广效果有重要作用。产品的包装不仅能吸引消费者的眼光，引起购买欲望，同时还能提升产品"身价"。如苏州檀香扇，原来包装平淡没有特色，在香港每件的售价只有65元。后来融入民族特色改成古色古香的锦盒包装，有的甚至加配红木或有机玻璃插座成为极好的工艺品，从而受到国外顾客的欢迎。改进包装成本虽提高了5元，售价却增加到165元。

学生实践个案1

一叶爱的轻舟：Magic Pizza Room 的品牌故事[①]

在意大利佛罗伦萨的南部有一个叫托斯卡纳的小城。那是一个许多文人都梦想要去的地方，因为那儿曾经有过但丁的身影；那是一个美食的天堂，因为托斯卡纳人最懂得享受上帝赐予的食物。Magic Pizza Room 正是一间以托斯卡纳为文化背景的比萨餐厅。纯正的意大利比萨，香醇的提拉米苏，富有中世纪文艺复兴色彩的装饰，浪漫的音乐，令顾客一进门就犹如穿越时空，感觉就像来到了意大利的托斯卡纳。

多年来，在美丽的托斯卡纳，一直流传着一个属于 Magic Pizza Room 的浪漫爱情故事。

【托斯卡纳：梦的开始，爱的起点】

他，是一位留学意大利的年轻中国建筑设计师。她，是一位在意大利追寻梦想的中国女孩。12月的某一天，意大利正渐渐步入寒冬，年轻设计师来到托斯卡纳的

---

① 本案由广东外语外贸大学新闻与传播学院05广告班司徒静雯同学撰稿并提供。

一个小镇上寻找灵感,一间充满魔幻神秘气息的 Magic Pizza Room 吸引了他,推开门,他感受到的是屋里暖暖的空气和浓浓的 pizza 香味,在一个透明的玻璃厨房里传出银铃般清脆的意大利女孩们的笑声,在她们旁边,他惊奇地发现一位黑头发的女孩,系着围裙,微微低着头,女孩在很用心地为她自己亲手做的 pizza 加配料。他选了一张最靠近玻璃房的位子坐下,不时地朝玻璃厨房看一眼。她不经意间一抬头,两双眼睛对视,两颗年轻的心一阵悸动。那一夜,他们一边品尝着 pizza,一边谈天说地,直至打烊才不舍分手。

一年后,他和她都回到了中国,到广州寻找各自的事业。12 月 24 日平安夜,他在街上漫步,一阵熟悉的香味吸引了他,寻着香味走去,他又看到了那间反复在梦中出现的 Magic Pizza Room,如临梦境的他,推开门,走进去,习惯地选了那张靠近玻璃厨房的椅子坐下,似乎他又回到了在意大利的那一天,可玻璃厨房里那么多女孩,却没有他想要见的那一个。

"好久不见",似曾相识的声音惊醒了他,抬头一看,果然是她。一年前与他的相遇,让她找到了梦想,就是开一间 pizza DIY 小屋,看着每一位客人品尝他们用心做的 pizza,这就足够了。于是她投资开了一间 Magic Pizza Room 的连锁店。其实她另外一个心愿也是最大的心愿就是可以与他再次相遇在 Magic Pizza Room。

这是一段 Magic Pizza Room 为年轻人编织的平凡但浪漫的爱情故事。它为每一位等爱的年轻人制造了梦想与希望,它让每一位等爱的年轻人不知不觉地陷入故事中的角色,幻想着有一天,在 Magic Pizza Room,出现他的另一半。

【将托斯卡纳的梦想带到中国】

为了在中国这个庞大的餐饮王国分一杯羹,Magic Pizza Room 将其淘金中国的桥头堡选在了广州郊区一个新兴的、特殊的"卫星城"——广州大学城。在这座"城市"里住的都是一些二十出头,喜欢新奇事物,创意多多,个性十足,并怀揣梦想逐渐步入社会,步入白领阶层的"e 世代"。他们憧憬欧洲富有浪漫色彩的悠闲的生活方式,他们会不时停下脚步体会时间从指间流过的感觉。

面对着这么一个特殊的群体,Magic Pizza Room 将自己的品牌形象定位和刻画为一家来自欧洲文艺复兴发祥地的、崇尚自由、自主、随意、与众不同的西式餐厅。在装修上,Magic Pizza Room 原汁原味地保留了其鲜明的托斯卡纳风格。色彩鲜艳的墙壁,深绿色的百叶窗,深红色的屋顶,带着浓郁的托斯卡纳气息与文艺复兴时期的情调融为一体。令顾客在用餐的同时,感觉仿佛享受了一次意大利的托斯卡纳之旅。当然,最引人注目的还有那个半透明的磨砂玻璃厨房,因为透过玻璃能朦朦胧胧地看到厨师为顾客烹饪美食时的繁忙身影,磨砂玻璃里的那个世界,朦胧、神秘、让人充满幻想,电光火石间就足以拨动年轻人炙热的心弦。

Magic Pizza Room 的传播理念是:我的厨房,我做主。根据这个理念,Magic Pizza Room 制定了一系列的消费者战略,旨在与"e 世代"这群特殊的顾客建立长期良好及稳定的关系,为下一步进驻广州市区乃至中国的大市场做铺垫。

【"四不舍，五可入"的营销基本法】

精明的商家都知道，只需给经常光临的顾客一点小小的奖励，也许，这份人情就能紧紧地锁住他们的心。

第一次到 Magic Pizza Room 来消费的顾客都会免费获得一张由 Magic Pizza Room 精心设计的日历卡片。每消费一次，餐厅的服务员便会在这张卡片上盖上一个 Magic Pizza Room 的专用章。如果他在餐厅消费了四次之后，没有舍弃它并仍然光顾它，那当他消费到第五次时，Magic Pizza Room 将会免费赠送他一个 mini pizza 以作奖励。同时，这位顾客将有机会自愿登记为 Magic Pizza Room 的永久会员，在任何时候都享有9.5 折优惠。而且在生日的时候，将由餐厅为他的生日宴会特别制作一份可以供朋友分享的生日优惠大餐。

对"四不舍"的回报还远不只这些。品尝过 Magic Pizza Room 如此美味的食物后，充满好奇心，爱动手且喜欢挑战新事物的年轻人们也许会禁不住有一种亲自下厨的冲动，想要试一试自己做比萨的滋味。那么只要成为 Magic Pizza Room 的会员，一时冲动的想法就能在 Magic Pizza Room 化为现实。因为 Magic Pizza Room 为它的会员特别开设了一个 Pizza 免费培训班，每周六、周日的晚上 7:00 – 9:30，分两个班进行培训，培训时间为两周。培训地点就安排在神秘的磨砂玻璃厨房，由餐厅的厨师亲自指导。从搓饼底到烘烤，从加配料到小秘诀的传授，餐厅的厨师将会耐心地与会员沟通交流，努力使每一位会员都能够做出美味可口的比萨。当然，培训结束后，如果会员还想亲自一展厨艺的话，只需要付一份比萨的钱就可以再次进入玻璃厨房了。"走进我的厨房，一切由我做主"，Magic Pizza Room 的厨房给顾客的感觉就像是他们自己家的厨房一样，一切随意，自由自在。

每一位到 Magic Pizza Room 消费的顾客都被看成是它的下一位顾客。因此从每一位顾客第一次光临开始，Magic Pizza Room 就花尽心思，力求给每一位顾客留下深刻的印象。从餐厅的装修到精美的日历卡片，从玻璃厨房的神秘到进入玻璃厨房的诱惑，对消费者而言，这是任何其他的快餐连锁店都无法提供的心路之旅与全情体验。或许，必胜客将会是第一个进入消费者心智阶梯的比萨品牌，但 Magic Pizza Room 却是第一个能让消费者在虚幻与现实的时光隧道中穿梭的"织梦人"。

【上路，Magic Pizza Room 的营销"大篷车"】

把店开到每一所大学，这是 Magic Pizza Room 的中国梦。也许你会问：每一所学校都开一家店，是否有些多余，开支也太大了吧？那么 Magic Pizza Room 告诉你：只要想得到，就能做得到。

每逢新品上市，你会看见一辆印有 Magic Pizza Room LOGO 的车每天出现在不同的学校。小小的餐厅车上，有微波炉，有不多的几张舒适的座椅，当然少不了的是事先准备好的小尺寸的新产品（小尺寸新品的出售价格只有一般比萨价格的一半或更少）以及与新产品配套赠送的一本介绍餐厅和新产品的小册子。鲜艳的车身每次都引来不少学生好奇的目光，而这种好奇通常又能驱动他们购买品尝新产品。与此同时，餐厅的服务员将会细心地询问试过新产品的同学对新产品口味、外观方面有何建议，并认真地做下记录，以便进一步改进，力求做出最适合学生口味的产品。

用流动餐厅车来推广新产品，无疑是一个创新的举动，它利用大学城特殊的地理环境深入到顾客生活社区，与他们近距离接触，省下了大笔的广告投放费用，既节省了顾客的时间、降低金钱成本，又得到了第一手的顾客反馈意见，无形间在消费者心目中树立起了一种亲切、谦虚的品牌形象。

【沟通！遇到了一个会读心术的人】

沟通是相互的，在向顾客传递信息的同时，企业也需要倾听顾客的呼声。可是，营销实践提示我们，"e世代"大学生们已对传统的沟通方式免疫了。例如产品宣传单，无论是在校道上还是在宿舍里，象牙塔里的莘莘学子们似乎都逃离不了传单设下的包围圈。然而，这种单向的沟通，其效果如何值得商榷。毫无疑问，要想在信息超载和强干扰的媒体环境中脱颖而出，Magic Pizza Room 必须重新发掘新的沟通渠道。

如果问一个大学生，每天接触最多的媒体是什么，他们一定会毫不迟疑地告诉你，互联网。QQ、MSN、BLOG、BBS 以及各种各样的网站是他们获取信息的方式。为了能与顾客进行互动沟通，Magic Pizza Room 开设了自己的网站与QQ。网站上除了提供餐厅和产品的信息外，还开设了一个小型网上课堂，传授制作比萨的步骤与小秘诀，另外还有BBS和BLOG，餐厅的员工包括厨师都在上面开设自己的BLOG，顾客在上面可以看到餐厅员工个性的一面，看到他们的心情日记，了解到餐厅每日发生的事情以及餐厅的最新产品信息。QQ主要是为顾客提供订餐服务，让学生在上网的同时可以订餐，方便快捷又省钱，同时新产品上市或优惠的信息也可以通过这种渠道发布，从而有效的节省下了广告费用，并将省下的资金用于更好的顾客服务和新产品开发。

就正如许多汽车俱乐部、手表俱乐部一样，Magic Pizza Room 的网站也试图建立一个 Magic Pizza Room 的餐厅俱乐部。其实，其他的快餐连锁店也都有属于自己的网站，但问题就在于，这类的网站点击率有多高？究竟消费者对一个品牌迷恋到什么样的程度才会眷顾其网站？究竟这种利用网站来进行沟通的方式有没有其实际的效果？这同样也是 Magic Pizza Room 所面临的问题。

QQ无疑是一种新颖的顾客沟通方式，这是其他快餐连锁店难以仿效的。因为连锁快餐店的顾客群庞大，缺乏 Magic Pizza Room 体验式的营销沟通，竞争者很难建立一对一的服务。但这种沟通方式也隐藏着一个危机，那就是，当 Magic Pizza Room 的顾客量增大时，这种方法是否还适用？到那时，Magic Pizza Room 要做的或许就是：通过媒体创新找到那个真正会读心术的人，让他与消费者的心语交流为自己的中国之旅播种下可以发酵的财富。

【Magic Pizza Room，向左走，向右走？】

  Magic Pizza Room 的经营方式与其竞争者的最大不同，在于其个性化的、体验式的营销沟通策略，它弥补了单向沟通的缺陷，用一种别人不曾有的双向沟通方式与顾客建立关系，这是一条没有人走过的路。在消费者头脑中，Magic Pizza Room 是这种经营方式的第一个吃螃蟹者。第一的印象，难以磨灭。然而，这种方式究竟是否能够坚持到底，究竟是否能够通向一个新的世界？没有人会知道。毕竟，当这种方式慢慢的成熟起来，发展起来的时候，后来者和竞争者竞相仿效的竞争壁垒是如此的屡弱。向左走，向右走？永远是一个待解的谜。

个案思考题

  1. 营销大师米尔顿·科特勒曾尖锐的指出，中国本土广告的三大硬伤之一就是缺乏动人的情感故事。你是否认同他的观点，Magic Pizza Room 的品牌故事和传播策略又予你以何样的启示？

  2. 这是一个创意、创新的时代，媒体创新理应赋予更广域的视角。作为 Magic Pizza Room，无论是从玻璃厨房、顾客培训、路演促销、QQ 或 BLOG 心情日记，任何可以与目标受众沟通的接触点都成为了媒体创新的元素，结合案例谈谈你的感受与体会。

  3. Magic Pizza Room 的广告媒体选择与组合中，自始至终贯穿了对消费者生活方式的深刻洞察，怎样结合消费者分析来制定媒体选择与组合策略？

思考讨论题

  1. 报纸有哪些广告位置？投放时应该如何灵活的选择广告版面？

  2. 影响电视媒体传播效果的因素有哪些，应该怎样避免这些因素可能产生的负面影响？

  3. 收集相关信息，了解广播媒体未来的发展方向。思考一下：广播频道的专业化都给广播广告的发展带来了哪些契机？

  4. 整合营销传播中，交通广告媒体应该怎样配合四大传统媒体的应用，才能实现功能互补从而达到整合的目的？

  5. 小众媒体都有什么样的特点？如何通过媒体创新来与目标受众更好的进行沟通？

  6. 分析 CCTV-5 的频道定位和媒体受众特征，如果你是准备在该频道投放广告的客户，你认为上述分析对于自己的媒体选择策略有何影响与价值？

  7. 回忆一则曾经使你产生过购买欲望的广告，并记录其广告载体。作为媒体受众，你认为自己接触广告的这些广告媒体，他们的属性特征与你自己的个性特征或生活方式是否吻合？如果广告主获得了上述信息，对他而言又有何价值？

  8. 回到开篇引例的问题，在新媒体的强力冲击下，纸质媒体乃至传统媒体未来的突围之道在哪？共同演进、汇聚增值，还是混合？请给出你的答案。

注释

  1. 新华网. 美媒：未来 10 年濒临消亡的 10 桩生意，报纸位列其中．http：//news.163.com/07/1011/09/3QGUP5SU0001121M.html. 2007-10-11.

  2. 刘家林．新编中外广告史．广州：暨南大学出版社，2004：109.

3. 陈培爱,覃胜南. 广告媒体教程. 北京:北京大学出版社,2005:60.
4. 刘家林. 新编中外广告史. 广州:暨南大学出版社,2004:110.
5. 蔡凯如,黄勇贤. 穿越视听时空. 北京:新华出版社,2003:158.
6. 孟伟. 声音传播. 北京:中国传媒大学出版社,2004:8.
7. 孟伟. 声音传播. 北京:中国传媒大学出版社,2004:108.
8. 孟伟. 声音传播. 北京:中国传媒大学出版社,2004:156.
9. 陈培爱,覃胜南. 广告媒体教程. 北京:北京大学出版社,2005:60.
10. 严学军,汪涛. 广告策划与管理. 北京:高等教育出版社,2001:230.
11. 严学军,汪涛. 广告策划与管理. 北京:高等教育出版社,2001:230.
12. 陈培爱,覃胜南. 广告媒体教程. 北京:北京大学出版社,2005:173.
13. 严学军,汪涛. 广告策划与管理. 北京:高等教育出版社,2001:235-236.

第3章　新媒体

当人们使用互联网的时候，他们正在自己控制着环境。这是有史以来的第一次，受众变成了参与者，他们完全创造着媒体环境。

——雅虎首席运营官，丹·罗森维格（Dan Rosensweig）

开篇引例

土豆是这样种出来的：土豆网成长纪实

《世界是平的》一书中写道："最新的反趋同力量是播客，一种全新的使本土文化参与全球化的工具。"书中介绍了中国播客网的领头羊土豆网。在英语中，有一个词描述了电视对人们生活方式的影响，那就是"沙发土豆"（Couch Potato）。它指的是那些拿着遥控器，蜷在沙发上，跟着电视节目转的人。"土豆网"的名字就来源于"沙发土豆"。

土豆网创立于2005年4月，是中国第一家播客网站。土豆网上线第一天的浏览量只有200次，一天上传的播客也仅有三四十个。一年后，经过口口相传，2006年4月，土豆网的浏览量已达到了日均100万次，增长速度惊人。目前，土豆网已经有500万的注册用户，独立ID的访问人数达到3300万，日均的播放量已经达到5000万次，一日内上传的节目有3万多个，这些数字还在不断增长。如果算笔账，你就会发现这些数字多么惊人。按每个节目的长度6分钟来计算，那么土豆网每天播放节目的时间为3亿分钟，相当于一个电视台500万个小时连续不断地播放。

土豆网最有价值的地方，在于它准确地把握住了一种趋势，即个性张扬时代和日趋简单的音像制作技术。如果要解释Web 2.0为何不是一个空泛的标签，土豆网是个最佳例子。借助一个友好的技术平台，用户潜在的欲望就被激发出来，在土豆网，您可以选择做演员，也可以选择做观众，无论做什么，都是用户与用户之间的相互服务与沟通。

我们生活在个人的时代，这是个视觉的时代。土豆给人们提供了一个自我展示的平台，在这个平台上，个人最微小的娱乐和教育价值也能得到体现和欣赏。土豆网就是一个平台，每个用户都可以免费申请100兆的网络空间，之后就能把自己用DV甚至摄像头拍摄的短片、自己配音的MP3传到土豆网上，然后让自己的朋友，或者其他陌生网友自由观看。博客给我们的是文字的话语权，而这些类似播客的东西却能给我们声音的话语权。

娱乐精神俨然已经成为现代人的重要特征。对于生在"读图时代"的80后们来说，文字显然不如影像来得直接和有力，博客在他们眼中也远不如播客来得更好玩。土豆成了一个大秀场。自成立以来，土豆网的免费无限空间受到了大量网民的追捧。使用它不仅能上传个人视频、观看海量视频节目，还能收藏个人喜欢的视频、订阅关注的播客，简单方便地与朋友们分享。它拥有大量的原创作品，提供给每个人一个展示的舞台：手机拍摄的生活片断，度假后的DV短片，自己的录音、录像与人分享；第一时间看到电视上看不到的境外热播的影视剧和综艺访谈节目……或许您还不知道，2006年网络盛典年度最佳播客的"后舍男生"，以及《一个馒头引发的血案》都是由土豆网放送出去的。

资料来源：许珍. 土豆网王微：传媒革命砸烂门槛，博客后播客当道. 广州日报，2007-7-22.

虽然人们在说传媒碎片化时代已经到来，与此同时新型媒体的广告经营额高速增长，但是传统媒体的市场占有率依然无可撼动。然而不管怎样，新媒体登堂入室已成定局，而且在占据消费者心智资源上自成一派。新媒体与传统媒体在路口相遇，两者是擦肩而过还是碰个你死我活，抑或是挽在一起共同上路？答案或许将在21世纪揭晓。通过本章学习，读者可以：

- 理解新媒体概念的内涵、外延及其分类与特征；
- 掌握网络广告媒体的定义、属性特征、基本分类及其收费模式；
- 理解手机广告媒体的定义、分类与特征及其盈利模式；
- 理解楼宇广告媒体的属性特征；
- 了解植入式广告媒体的内涵、特点及其应用领域与发展前景。

3.1 新媒体

3.1.1 新媒体概念解析

新媒体这一概念的提出可以追溯到40年前。1967年，美国CBS（哥伦比亚广播电视网）技术研究所所长，同时也是NTSC电视制式的发明者P·戈德马克（P. Goldmark），发表了一份关于开发电子录像（EVR Electronic Video Recording）商品的计划，其中第一次提出了"新媒体"（New Media）一词。接着，1969年，美国传播政策总统特别委员会主席E·罗斯托（E. Rostow）在向尼克松总统提交的报告书中，也多处使用"新媒体"一词。由此"新媒体"一词开始在美国社会上流行，并且这个趋势在不久以后扩散到了全世界。

所谓新媒体，是个相对的概念，是我们平时见到的报刊、广播、电视等传统媒体之外的新的媒体形态。目前新媒体较流行的定义是，新媒体是个宽泛的概念，是利用数字技术、网络技术，通过互联网、宽带局域网、无线通信网、卫星等渠道，以及电脑、手机、数字电视机等终端，向用户提供信息和娱乐服务的传播形态。新媒体是信息科技与媒体产品的紧密结合，是媒体传播市场发展的趋势和方向。在另一种比较技术层面的定义中，新媒体被阐释为"TMT"，即高科技（Technology）、媒体内容（Media）和通信传输（Tele-com）的结合。[1]

"新媒体"一词极具弹性，这一概念可以从内涵和外延两个方面进行界定。就其内涵而言，新媒体是指20世纪后期在世界科学技术发生巨大进步的背景下，在社会信息传播领域出现的建立在数字技术基础上的能使传播信息大大扩展、传播速度大大加快、传播方式大大丰富、与传统媒体迥然相异的新型媒体。就其外延而言，随着人们生活方式的转变，一些一直存在但长期未被社会发现传播价值的渠道、载体，因为营销理念的变革和泛商业化的运用，成为信息传播的新载体，从而被赋予了媒体的意义。如大量新兴的户外媒体，包括楼宇电视、车载移动电视等，虽然这种媒体形态的出现大多并非是由于技术进步，但相较于成熟的传统四大媒体和传统的户外媒体，它们也是一种新的媒体形态。[2]

3.1.2 新媒体的类型与特征

"新"仅仅是一个相对的概念，它永远是与"旧"、"传统"等词相比较而言，新媒体所包含的媒体形式仍然处于发展之中。据不完全统计，目前比较热门的新媒体不下30种，如数字电视、直播卫星电视、移动电视、IPTV、博客（blog）、播客、网络电视（WebTV）、电视上网、楼宇视屏、移动多媒体（手机短信、手机彩信、手机游戏、手机电视、手机电台、手机报纸等）、网上即时通信群组、对话链（Chatwords）、虚拟社区、搜索引擎、简易聚合（RSS）、电子信箱、门户网站等。其中既有新媒体形式，也有不少属于新媒体硬件、新媒体软件，或者新的媒体经营模式。[3]

与传统媒体相比较，新媒体具有以下特征：(1) 它是一种以个性为指向的分众媒体而非大众媒体，传播模式是"窄播"而非"广播"；(2) 它是一种信息的发送者与信息的接收者之间具有充分互动性的媒体；(3) 它是一种复合媒体（多媒体）。新媒体的内容呈现方式可以根据需要，在文本、视频和音频之间任意转换或兼而有之；(4) 它是一种跨越国界的全球化媒体，全球网络消除了国与国的界限，家庭甚至个人与跨国公司一样有机会拓展全球市场，信息以最低的成本让无数人共享。[4] 简而言之，新媒体的特征集中的体现在以下三个方面：数字化、大容量、易检性和高交互性。[5]

3.2 网络广告媒体

3.2.1 网络广告的历史沿革与内涵

1. 网络广告的历史沿革

从1994年互联网开放商业应用以来,短短5年的时间便使网络媒体正式跻身大众媒体之林,而广播则是用了38年,无线电视用了13年,有线电视用了10年。互联网的广泛应用使得各种信息在传播范围、传播速度、通信容量及信息交互方法等方面都取得了前所未有的突破,电子商务的发展,对传统的广告媒体产生了深远的影响。以Internet为传播媒体的网络广告(Internet Advertising)成为当今欧美发达国家最热门的广告形式。[6]

自从1994年10月美国的AT&T公司在Hot–Wired(www.hotwired.com)做了第一个网络广告后,网络广告逐渐成为继传统媒体广告之后的又一崭新的广告形式。即开创了因特网广告的新时代,也标志着数字媒体开始成形,它可以穿梭于整个网页,高60像素、宽468像素——这一旗帜广告的尺寸至今仍非常流行。1997年,英特尔的一副468像素×60像素的动画旗帜广告贴在了China – byte(www.chinabyte.com)的网站上,虽然这条广告的形式现在看来非常单调,但对于我国互联网行业的发展却起到了至关重要的作用,这是中国第一个商业性的网络广告。1999年,北京三元牛奶在网易上发布网络广告,开创了我国传统企业做网络广告的先例。[7]

据研究咨询公司eTForecasts公布的最新数据显示:2007年全球互联网用户人数达到10.8亿,其中中国互联网用户量已达1.2亿人,成为全球互联网用户人数第二多的国家,在全球仅次于美国的1.98亿人。预计未来五年全球互联网用户人数将再增长一倍,达到20亿人。另据中国互联网协会发布的《2007中国互联网调查报告》显示,2006年我国网络广告收入达49.8亿元,比2005年增长了50.91%。《报告》预计,2007年、2008年中国网络广告市场规模将依然分别保持51.8%和55.6%的增长,到2008年市场规模将达117.63亿元。[8]

2. 网络广告的定义与分类

网络广告有广义和狭义之分,广义的网络广告是企业在互联网上发布的一切信息。狭义的网络广告是广告主利用互联网媒体向受众传递商业信息的传播活动。网络广告以互联网为传播空间,存在于各个网站,并通过网民点击相应的界面而连接广告主网页,实现广告主传递信息的目的。[9]

根据不同的划分标准,网络广告可以有多种分类方法:

(1) 根据操作方法的不同,网络广告可分为点击式广告、展示式广告、投递式广告。

(2) 根据传播方式的不同,网络广告可以分为基于E – mail的网络广告和基于网络页面的网络广告。

(3) 根据表现形式的不同，网络广告可以分为文字广告、图片广告和动画广告。

(4) 根据广告效果实现的条件来分，网络广告可以分为点击－观看式广告、观看－点击式广告和观看式广告。

(5) 根据网络广告相对于网页位置的不同，可以分为静态式广告、游动式广告和弹出式广告。

(6) 根据广告尺寸大小的不同，网络广告可以分为按钮式（Button）广告、旗帜式（Banner）广告和附带弹出的有完整网页功能的广告页面（表3-1，图3-1～图3-5）。[10]

网络广告发布形式　　　　　　　　　　　　　　表3-1

网络广告形式	特点[①]
横幅广告[②]	通栏广告（773×90像素）；全横幅广告（468×60像素）；半横幅广告（234×60像素）；垂直旗帜广告（120×240像素）
按钮广告	120×90像素按钮广告；120×60像素按钮广告；125×125像素按钮广告
文本链接广告	以一排文字作为一个广告，点击都可以进入相应的广告页面
电子邮件广告	利用提供免费的电子邮箱的网站，向个人信箱里直接发送电子广告
关键字广告	当用户利用某一关键词进行检索，在检索结果页面会出现与该关键词相关的广告内容
弹出式广告	访客在请求登录网页时强制插入一个广告页面或弹出广告窗口
赞助式广告	如TCL赞助搜狐世界杯频道，某手机品牌冠名某网站手机频道
浮动广告	随着鼠标移动而移动的图标广告形式
网页广告	一般企业通过自己的官方网站发布网页广告，如可口可乐官方网站
全屏广告	在用户打开浏览页面时，广告以全屏方式出现，3～5秒后逐渐收缩成顶部横幅\按钮或消失不见的广告形式
画中画广告	大小为360×300像素，发布在新闻文本中，面积较大，表现内容也较为丰富的广告形式
摩天大楼广告	普通摩天大楼广告（120×600像素）；宽幅摩天大楼广告（160×600像素）
对联广告	出现在主页面两侧的竖幅广告
播客/博客广告	在播客视频放映前后出现在画面上的广告/放置在博客上的各种网络广告形式
富媒体广告	也称为流媒体广告，是指能达到2D及3D的Video、Audio、JAVA等具有复杂视觉效果和交互功能效果的网络广告形式；包括浮层类、视频类等
背投广告	尺寸大于传统的弹出式广高，在浏览网页的下方，当关闭浏览网页时会看到
BBS广告	一般采取写文章、发帖子和参与讨论的方式发布广告信息
聊天工具广告	放置在及时聊天工具，比如腾讯QQ聊天对话框上面的链接广告
其他广告	巨幅连播广告、翻页广告、祝贺广告等

①有些网络广告的尺寸是根据网站本身来设定的，因此本表只列一些标准大小，仅供参考；
②该类型广告按照表现形式可分成静态、动态和互动式三种类型。

图3-1 横幅广告、对联广告和文本链接广告

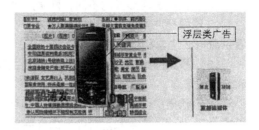

图3-4 浮层类广告

图3-2 关键字广告

图3-3 摩天大楼广告和画中画广告

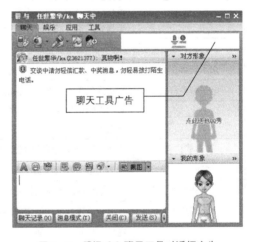

图3-5 腾讯QQ聊天工具对话框广告

3.2.2 网络广告媒体的属性特征

与传统广告媒体相比,网络媒体有着无可比拟的优势。网络广告能按照需要及时变更广告内容,有利于及时实施和推广广告主经营决策的变化,网络用户可以根据需要搜寻广告信息,针对性强(表3-2)。

网络广告与传统广告媒体的比较　　　　　表3-2

	报刊	杂志	电视	广播	网络
传播方式	平面静态方式	平面方式传播	视听兼备,形象直观	声音传播,可以伴随其他活动同时进行	多媒体全方位信息传播

续表

	报刊	杂志	电视	广播	网络
是否具有强制性	非强制性	非强制性	有一定的强制性	有一定的强制性	非强制性
可信度	可信度高,特别是国内报纸,与党政机关联系紧密	可信度高,并有一定的权威性,针对性强,读者群稳定	可信度较高	可信度一般,选择性较强,听众接触广告的态度是被动的	可信度低,针对某一群体或个体
时效性	差	差	一般	强	强
效果	形式灵活多样,重复阅读率低	印刷精美杂志的重复阅读率及传阅率最高	富有感染力,能引起高度注意	缺少视觉形象,只有声音传播,听众难以重复认知	实时发布和接收,容量大,内容丰富多彩
范围	当地市场的覆盖率高	市场覆盖率低	信息传播快,覆盖广	市场的覆盖率比较高	全球范围传播
有效期	被反复阅读的可能性小	传读率高,保存期长	信息转瞬即逝	转瞬即逝,保存性差	有效期长,可反复浏览
成本	低	低	制作复杂,且费用高	制作较简单,成本低	低
互动性	差	差	差	一般	好

资料来源:阮丽华.网络广告及其影响研究.华中科技大学博士学位论文,2005:28.

1. 广告传播网络化

在网络时代,网络广告的承载体是互联网,这是网络广告的最基本特点。传统的广告形式是独立的,非网络的,广告始于广告,也终于广告。而网络的超链接功能,则给网络广告提供了重要的支点:通过超链接方式,广告主可以向广告对象提供理论上无限多的广告信息,而受众也可以有目的地在这些信息中寻求自己所需要的那一部分。广告的网络化使得广告内容得到了极大的丰富,突破了传统广告对空间(如报纸版面)、时间(广播电视时间)的局限性,是一种网络化的广告传播方式。广告传播的网络化使得广告跨越了时空的局限性,覆盖面达到了前所未有的范围。[11]

2. 信息传播的互动性

互联网最重要的特性就是互动性,它打破了传统的大众媒体传播模式,给传者和受者提供了一个地位对等的平台,其传播模式呈环行分布(图3-6),其特点为:

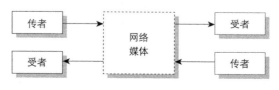

图3-6 网络媒体传播模式

(1) 无中心节点，每个节点都可以向其他节点发送信息，成为信息来源；
(2) 双向流动，任何节点都可以向发送信息的节点回传反馈信息；
(3) 网络中的各节点都不是孤立的，任意两点都可以通过网络进行双向交流；
(4) 网络既支持一对多的交流，也支持一对一的交流。

在具有互动功能的介质上传播的广告必然带有互动的特征，网络广告的互动性主要体现在受众对广告链接的点击上。受众点击广告，表明他们对广告内容作出了积极的响应，受众的主动点击行为是他们与广告主展开更为深入的互动的第一步。[12]

3. 网络广告的综合性

网络媒体是传统媒体的集大成者，它突破了传统媒体局限于一种或几种符号、手段的传播方式，不仅整合了报纸媒体、广播媒体、电视媒体的优势，融文字、声音、图像等于一体，甚至还综合了计算机、电视机、电话、传真机、录像机、录音机、打印机等各种现代传播技术手段的优点，使之成为有史以来最优秀、最具发展潜力的媒体。[13]

4. 广告与销售的一体化

运用网络广告的链接功能可以将广告设计成为广告与销售的一体化运作模式。当目标受众直接点击感兴趣的广告时，即可进入购买页面，可以即刻填写定单、签订合同，甚至发生网上支付，完成全程购买行为，这是其他广告媒体所不能达到的。[14]

3.2.3 网络广告的收费模式

一个网络媒体（网站）会包含有数十个甚至成千上万个页面，网络广告所投放的位置和价格就牵涉到特定的页面以及浏览人数的多寡。这好比平面媒体（如报纸）的"版位"、"发行量"，或者电波媒体（如电视）的"时段"、"收视率"的概念。

和其他媒体相比，网络广告可以更精确地计算广告被读者看到的次数。因此，网络广告收费最科学的办法是按照有多少人看到你的广告来计价。按访问人次收费已经成为网络广告的惯例，一般是按照每千人次访问次数作为收费单位。表3-3对网络广告常用的收费模式进行了总结。

网络广告的收费模式　　　　　　　　　　表3-3

收费模式	计价方法
千人印象成本（Cost Per Mille, CPM 或者 Cost Per Thousand; Cost Per Impressions）	CPM（千人印象成本）指的是广告投放过程中，听到或者看到某广告的每一个人平均分摊到多少广告成本。在网上，CPM 取决于"印象"尺度，通常理解为一个人的眼睛在一段固定的时间内注视一个广告的次数
每点击成本（Cost Per Click; Cost Per Thousand Click-Through, CPC）	即以每点击一次计费

续表

收费模式	计价方法
每行动成本（Cost Per Action，CPA）	CPA 计价方式是指按广告投放实际效果，即按回应的有效问卷或定单来计费，而不限广告投放量
每回应成本（Cost Per Response，CPR）	即以浏览者的每一个回应计费
每购买成本（Cost Per Purchase，CPP）	广告主为规避广告费用风险，只有在网络用户点击旗帜广告并进行在线交易后，才按销售笔数付给广告站点费用
包月方式	按照"一个月多少钱"这种固定收费模式来收费，这对客户和网站都不公平，无法保障广告客户的利益
按业绩付费（Pay – For – Performance，PFP）	基于业绩的定价计费基准有点击次数、销售业绩、导航情况等，不管是哪种，可以肯定的是这种计价模式将得到广泛的采用
CPL（Cost Per Leads）	以搜集潜在客户名单多少来收费
CPS（Cost Per Sales）	以实际销售产品数量来换算广告刊登金额

总之，网络广告本身固然有自己的特点，但是玩弄一些花哨名词解决不了实际问题，一个网站能够享有广告价值，都是有着一定的发展历史。广告主在目标市场确定以后挑选不同的内容网站，进而考察其历史流量进行估算，这样，就可以概算广告在一定期限内的价格，在此基础上，可以进一步根据不同性质的广告，再把 CPC、CPR、CPA 当作加权进行处理，如此可以匡算和评估网络广告的成本水平。

相比而言，CPM 和包月方式对网站有利，而 CPC、CPA、CPR、CPP 或 PFP 则对广告主有利。目前比较流行的计价方式是 CPM 和 CPC，最为流行的则为 CPM。选用何种收费模式，这是进行网络广告媒体运作时不能忽视的大问题。无论是广告主还是网站的经营者或网络广告的代理商，三方只有很好地合作才能最终完成广告的发布，所以在价格谈判时对有些问题要灵活处理，尽力做到双赢。[15]

企业标杆个案 2

玩转网络广告：Nokia3510 媒体投放策略

【15 秒的遗憾】

Nokia3510 曾发布一个主题为"友趣乐不停"的 15 秒电视广告：一群年轻人在迪厅中欢乐劲舞，舞跳正酣。突然，迪厅停电了，一切音乐和灯光都戛然而止。此时，正在劲舞的年轻人拿出 Nokia3510，在"3510"和弦铃声、节奏闪灯及荧光彩壳的交错中，欢愉又重新尽情释放。

　　遗憾的是，一个短短 15 秒的电视广告，无法让受众更深刻地了解 Nokia3510 手机的多种功能，尤其是无法让受众对"3510"的多种时尚功能有任何感性认识。选择其他传统媒体：报纸、杂志、广播、户外等，也无法充分做到。

【针对目标，投其所好】

　　诺基亚以"3"打头的手机，一般都是以年轻人为目标对象的时尚产品。"3510"属于诺基亚在 2002 年推出的"真我风采"系列里的一款手机，产品目标消费群定位在 18～25 岁的大学生和时尚白领阶层。

　　据 CMMS 数据显示，18～25 岁年轻人对网络媒体的偏好度非常高。Nokia3510 的彩色屏幕、互动性及其他独特优势，决定了网络媒体不但可以打造和提升品牌知名度，而且可以使消费者对产品有更深入、更感性的体验。

　　有鉴于此，诺基亚最终确定的策略是挖掘产品特性，针对目标群体，将产品个性化；通过与消费者互动，在愉快的沟通经验中传达 Nokia3510 的特色，让受众产生更深切的体会和共鸣。

彩壳：说出你心中的秘密

　　Nokia3510 的网络广告采用了 5 种彩壳手机和广告语等组成的跳跃活泼的画面。画面中间醒目的文字"你适合哪一种彩壳？"，最直接、最明确的表述，撩起网友的好奇心。

　　5 个不同性格的卡通人物，传达出 5 种彩壳的特别功能。当网友点击自己感兴趣的手机彩壳后，就会出现一段 flash 动画，简单的文字悄悄传达出选择这款彩壳手机人群的个性密码：

- 黑白色、荧光感应图案彩壳——讲品位的人；
- 灵动的游戏彩壳——游戏迷；
- 荧光棒功能的荧光感应彩壳——SHOW 出最"炫"歌迷；
- 节奏闪灯彩壳——PARTY 开场，舞迷登场；
- 反射炫光彩壳——个性十足的"酷一族"。

品牌折射需求

　　在消费者眼里，品牌不仅代表某种产品，实际也是各类型消费者微妙心理需求的折射。品牌只有具备为消费者认可的个性，消费者才会接受它、喜欢它，并乐于购买。

　　"选择适合自己的彩壳"正是抓住了消费者的这种消费心态，进一步精准地确定了 5 类目标消费群，为日后的族群区隔行销和扩散宣传奠定了基础。

"跳舞手机，下载快乐"

　　广告出现了新的"精彩点"——会跳舞的手机游戏——运用下载功能，让广告延续影响受众。受众在下载广告游戏后，每一次打开游戏，都是接受广告的过程。

"会跳舞的手机游戏"受到网民广泛喜爱,超过 45 万网民将跳舞游戏下载到电脑里,45 万人多次打开这个游戏将会是多次接受广告的过程。

电邮分享,精准扩散

目标受众作为网络的活跃用户,拥有喜欢分享的习性。Nokia 请网友依照"最有品位的朋友、最爱玩游戏的朋友、最爱听演唱会的朋友、最爱耍酷的朋友、最爱跳舞的朋友"分别填写好友的 E-mail 发送,为好友选择适合他们的彩壳手机,同时各种不同彩壳手机的特性也自然被朋友们所熟知。

这个举动不但使 Nokia 仅花一份广告费用,就到达了两个以上的受众,高效地进行广告扩散,而且网友自动区隔不同彩壳的族群,解决了在媒体上难以判断个人对于这 5 种彩壳喜好的问题,精准地到达了目标消费群。

更重要的是,通过这一行为,互动营销部门得到了大约 15.7 万个邮件地址,建立了较充实的数据库,为客户今后展开数据库营销奠定了很好的基础。

资料来源:何静,中华广告网,http://www.a.com.cn/cn/slmt/2004/05/040526kqwl.htm,2003-05-26。

个案思考题

1. 网络媒体最显著的特性之一就是它的互动性。Nokia3510 的网络广告投放是通过什么策略和途径与目标消费者进行互动的?

2. 病毒营销、互动营销等传播方式在 Nokia3510 的案例中都得到了完美的展现,它能成功地媒体属性基础是什么?

3. 向青少年营销有时必须讲求"玩"的艺术和"玩"的高品位。你如何评价这一观点?彩壳手机、"跳舞的手机",这些传播元素的运用是否就是最好的佐证与注脚?

3.3 手机广告媒体

3.3.1 手机媒体的内涵与界定

手机媒体是一种以手机为载体的媒体,是继报纸、广播、电视、网络四大媒体之后出现的,有人就称之为"第五媒体"。手机媒体作为新时代高科技的产物,是在电信网与计算机网融合的基础上发展起来的。它是最新移动增值业务与传统媒体的结晶。换言之,"手机媒体"就是将报刊、电视等传统媒体的内容,通过无线技术平台发送到用户手机上,使用户随时随地第一时间通过手机阅读到当天报纸的内容或观看电视正在播出的节目。与不同的传统媒体结合形成不同的手机媒体类型,如手机报纸和手机电视、手机音乐、手机游戏、手机搜索等。

作为新生事物,"第五媒体"的定义到目前来说还未能有严格科学的界定,概念尚比较模糊。但是人们对第五媒体的共同看法是:第五媒体应该是一种面向海量受众,以传播信息为主,兼具报纸、电视、网络和个人通信等职能的融合创新性的大众传播媒体。就目前科学技术的进展来看,只有手机已具备了成为"第五媒体"的所有潜质,从它横空出世之日起,就注定整个世界要为它加冕。[16]

"第五媒体"是以手机为视听终端、手机上网为平台的个性化即时信息传播载体，它是以分众为传播目标，以定向为传播目的，以即时为传播效果，以互动为传播应用的大众传播媒介，也叫手机媒体或移动网络媒体。[17]据相关研究机构预测，2007年全球手机移动广告花费将超过27亿美元（图3-7）。

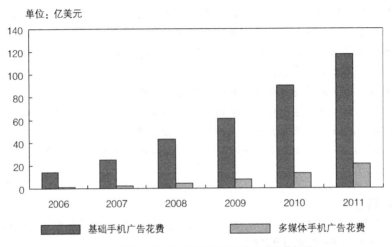

图3-7　2006~2011年全球手机移动广告花费规模

注：1. 2006~2011年的数据为估计值；
　　2. 基础手机广告包括文字短信广告和语音通话广告；多媒体手机广告包括投放于手机视频、手机音乐、手机电视和手机社区的广告。

资料来源：艾瑞咨询

3.3.2　手机广告的分类与特征

1. 手机广告的基本类型

移动网络媒体的分类并没有统一的标准，一般按照数据传输的技术可以分为电话语音广告、短信（彩信）形式的信息点播、小区广播、通过数据门户发布的广告、广告主自营的移动平台（WAP网站等）、3G平台上基于IMS系统的视频广告等。目前常见的手机广告类型有：短信广告、产品彩信、品牌彩铃、游戏广告、手机视频广告。

（1）短信广告

就目前而言，短信传播仍然具有不可替代性，因为它的费用低廉而且潜在广告对象群体巨大。手机媒体就是促销媒体，而短信促销将商机无限。比如短信投票选举、短信点播、短信竞猜、短信无线折扣券、短信提问、市场及用户调查等。

（2）产品彩信

彩信技术使得手机不仅可以用来进行基本的语言交流和简单文字互动，还可以用来实现彩色视频传送，它最大的特色就是支持多媒体功能，能够传输文字、图像、声音、数据等多媒体格式，企业的产品平面广告可以通过彩信形式得到充分表达。广告主可以把企业广告做的有声有色从而吸引手机用户主动点击。

(3) 品牌彩铃

彩铃广告是以手机用户的手机为载体，以手机用户的主叫方为受众的一种广告传播方式。比如，某公司将其制作的产品广告制作成音频，用户将其设置为其彩铃，这样所有拨打该用户手机的人都能听到这段彩铃广告，而作为回报，用户每月手机费的一部分将由广告主为其买单。华旗资讯公司已经开始这样的尝试，凡是在上班时间拨打该公司员工手机，都将听到一段有关公司的广告。

(4) 游戏广告

就是广告内容和游戏有机结合，玩家在游戏过程中与广告产品直接进行互动。有数据显示，现在手机游戏达 1 亿种，市场上所有手机均配备游戏功能，每台手机都是潜在的广告目标。据了解，现在就已经出现在玩家玩足球游戏的时候，足球场四周的广告位也是通过厂商竞价买来的，和现实中的足球比赛场的赞助商广告如出一辙。另外玩家虚拟角色穿的衣服、球鞋、喝的饮料等都可以拉来赞助商。

(5) 手机视频广告

手机视频广告，比如在手机网站上置入流媒体商业广告，通过短信告知用户去点击，可以获得积分等方式。还有视频点播、移动视频聊天，以及视频的贴片广告等方式。3G 技术的成熟将为手机视频广告带来更大的发展。[18]

2. 手机媒体及其广告的基本特性

手机媒体的一切特性解释根源于它的高科技性。作为新兴的"第五媒体"，手机具有传统媒体无法比拟的特性优势：(1) 贴身性；(2) 高普及性；(3) 高互动性；(4) 多媒体性；(5) 无限移动。[19]手机作为广告载体不仅具有运营上的技术可行性，与其他广告媒体相比，在某些方面还具有一定的商务优势（表3-4）。

移动媒体（手机媒体）与大众媒体的比较　　　　表 3-4

移动媒体（手机媒体）	大众媒体
点对点传播	点对面传播
个性化信息	无差异信息
（理论上）广告资源无限	受时空限制
互动	单向
追踪消费地点和行为	无
成本低	成本高
几乎 100 的信息阅读率	效果难监测

资料来源：纪华强.广告媒体策划.上海：复旦大学出版社，2006：87.

高科技的载体优势使手机广告具有更好的互动作用和可跟踪特性，可以针对分众目标，提供特定地理区域的直接的、个性化的广告定向发布。手机广告形式可通过短信、彩信、声讯、流媒体等多种增值服务来表现，而广告的发布效果则可以通过互动的量化跟踪和统计得到评估（图3-8）。

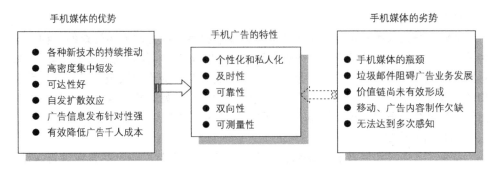

图3-8 手机媒体的优、劣势及其广告特性

当然，手机广告媒体还是一种新生事物，尚处于发展的不甚成熟阶段，因此其发展也必然受到诸多阻碍。

3.3.3 手机广告媒体的盈利模式

1. 手机媒体广告产业链

与传统媒体运营方式不同，手机媒体广告要推出真正为用户喜爱的信息产品，并不仅仅是内容提供者一家的事情，需要运营商、广告代理商、终端厂商、广告主、服务提供商等产业链形成良好的协作关系，因为网络速度、终端感受、收费渠道、服务水平等都会影响到用户对手机媒体广告的使用感受。可喜的是，近年来，运营商、终端厂商等也对构建新型的手机广告媒体产业链作出了积极响应（图3-9）。

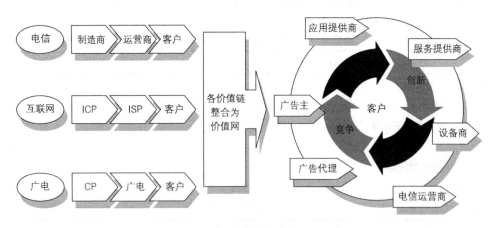

图3-9 手机媒体广告产业链

资料来源：王贵文. 手机媒体广告研究. 北京邮电大学硕士学位论文，2006：30.

2. 手机广告媒体的盈利模式

（1）手机搜索引擎广告

2006年，独立WAP高速发展，越来越多用户开始并喜爱上手机上网，无线互联网前景无限光明。但是在独立 WAP 高速发展的过程中，其广告盈利模式还很模糊，这将影响到整个行业是否能够健康的生存。

借鉴网络搜索 Yahoo、Google、百度等成功广告模式，在 WAP 领域使用无线搜索，同时面向用户提供多个维度的内容、不同层面的应用，对丰富 WAP 资源起到了极大的促进作用。在无线网络市场迅猛发展的今天，可以说是对无线广告业的极大促进，对无线网络市场也具有极为积极的意义。手机搜索引擎从用户出发，让他们得到确实的、想要的东西。以自己全新的经营模式和广告理念，对手机广告进行诠释，这将成为独立的 WAP 站开辟一条全新的赢利模式。

建立基于个性化搜索引擎但不局限于搜索引擎内部广告的一个按营销效果付费的联盟营销平台，为联盟合作的 WAP 站点提供搜索功能页，并在该搜索功能页上发布广告的运作模式。这是非常具有创意的商业模型，因为 OEM 内嵌搜索引擎进行广告推广，并不占用 WAP 网站主站内的广告资源，同时又能为各站点带去稳定持续的广告分成，而且丰富了 WAP 站点的内容和应用。这样一个广告联盟，以其全新广告理念结合其强大实力，对手机广告进行大胆创新，将很可能淘到手机广告的第一桶金，为独立 WAP 开辟一条全新的盈利模式。

（2）免费手机游戏内置广告

中国拥有全球最多的手机用户。据统计，中国目前有 800 万左右的彩信用户和 1000 万左右开通 GPRS 的用户。信产部最新统计显示，我国移动用户已逾 4.2 亿户。如果借助免费手机游戏切入手机互动广告市场以建立全新的盈利模式，无疑将带来革命性变化。

免费手机游戏内置广告是一种基于无线增值服务的手机互动广告，广告代理公司与手机游戏内容提供商签署协议，手机游戏内容商提供免费的游戏版本，然后广告代理公司负责相应的广告嵌入技术和后台建设，广告收入双方分成。该种游戏的下载必须支持 GPRS、CDMA 和 WAP 等各种模式。

不过需要注意的是，在游戏中插播广告不要引起终端用户的反感。手机互动游戏广告运作的关键在于终端客户的主动选择性，在游戏中插播广告目前主要有两种模式，一是在下载每一款游戏前需要欣赏相应的广告，另外就是在游戏人物设计上下功夫。比如游戏人物的鞋子是阿迪达斯、游戏人物喝的是可口可乐等，让手机用户在符合情节的设计中潜移默化地接受广告的轰炸。

免费手机游戏内置广告模式似乎很容易被复制，关键在于广告嵌入技术和先行一步占领市场的优势。与现有的手机广告大多是文字不同，游戏中嵌入的主要是图片广告，下一步还要形成有效的广告互动。[20]

企业标杆个案 3

《大话 G 游》：无线广告舞翩跹

2006 年，福建爱乐体育冠名手机上网 3G 门户推出动漫大片《大话 G 游》，内置爱乐等几个知名品牌的广告。通过手机和网络的免费下载观看，《大话G游》创造了惊人的传播效果。爱乐和3G喜结连理，不仅造就了爱乐品牌传播的卓越成效，而且昭示了第五媒体无线广告的巨大市场营销价值。面对全新的市场，《大话G游》开创了国内无线广告营销的先河。

【流行经典的创新舞步】

2006年10月20日，国内最大的免费手机WAP网站，第五媒体3G门户隆重推出了时长100分钟的动漫大片《大话G游》。《大话G游》总投资超过300万元，从创意到完成历时近一年，是国内Flash领域史无前例的大制作。

《大话G游》从电影本身来看，既是对经典电影《大话西游》的一次致敬，也是对深受《大话西游》影响的一代人的经典记忆的回放；从动漫的形式上看，是对原版电影《大话西游》的形式创新，而创新背后折射出的是技术进步带来的泛IT化社会的消费特点，以及网络社会的传播本质。《大话西游》作为一个时代的文化符号已拥有了自己的一席之地，《大话G游》则作为一种文化娱乐精神的传承，在经典基础上创新，开创了一种全新的娱乐方式，也将成为流行文化的新经典。

《大话G游》一经完成即在新浪、搜狐等多家门户网站专题推出和全线播映；并在CCTV-6、上海卫视等20多家电视台播放；同时还在国内众多高校视频播放。各大媒体的同时演绎，掀起了一个流行经典文化回归的热潮。该片上线3天，3G门户就有20万人下载，十大互联网门户的下载人数达到800万；10天后，3G门户的下载人数达29万，十大互联网门户的下载量也达到1100万。网络的实效性和巨大的共享性为《大话G游》的传播开辟了广阔的道路。

声势浩大的《大话G游》热，使3G门户的宣传取得了四两拨千斤的效果，并且使这种影响随着影片长久地持续下去，这比通过常规的媒体组合而花费大笔的广告费用更加有效。虽然《大话G游》的内置广告对于3G门户而言只是一个淡彩轻墨的手笔，但这轻轻的一笔，却对无线广告市场有着举足轻重的意义。

【珠联璧合的全新打造】

爱乐体育用品（福建）有限公司主要从事生产、销售"爱乐"牌运动休闲系列产品。爱乐在国内拥有庞大的销售网络，国际市场也是火热辉煌，运动休闲鞋远销欧美十多个国家和地区。爱乐的产品有着极强的穿着舒适感、优良的运动性能和简约大气的造型风格，这些都使爱乐在市场上占有很强的产品竞争力。公司拥有6条全自动生产流水线，除运动休闲鞋外，产品还涉及服装、箱包、帽袜、配件的搭配，有着完整的产品线。强大的产品生产能力，良好的产品架构能力，都是爱乐占据市场主导的有利条件。

爱乐绝不放过任何与年青人接触的机会，这可以从爱乐的整体营销策略中体现出来。爱乐最初的市场定位是"初中至高中的青少年群体"，但市场调查后发现，大学生群体才是爱乐更核心的消费群体，这时就需要全新的方法推动市场的跨越和提升。

拥有 3000 多万以大中专学生用户为主的 3G 门户，作为第五媒体上的娱乐帝国，无疑是爱乐市场传播的战略选择。爱乐并不是买下一个广告时段，而是投资冠名一部动漫电影大片，在影片中置入爱乐品牌形象，这在全球都是一种创新的营销方式。尤其在国内运动品牌中，爱乐是第一家采取这种营销模式，具有"标志性"意义。

《大话 G 游》从营销传播的角度看，是爱乐体育用品（福建）有限公司联手 3G 门户，多平台的向用户免费推出的动漫大片，是利用第五媒体通过无线广告动漫形式开展的营销活动。爱乐把鞋、衣服、墨镜等产品置入《大话 G 游》17 个片段里的人物、场景、道具的创意与制作中，并在片头片尾嵌入广告，既保证了剧情的完整性和娱乐性，也使爱乐品牌巧妙地与目标受众进行了沟通。

这样，爱乐通过第五媒体 3G 门户进行网络传播，完成了一次典型的网络营销，避免了传统媒体广告的高额耗费和雷同，又使爱乐品牌的公众认知得到了进一步强化，使爱乐更加贴近目标消费群体。

【决胜千里的战略联盟】

爱乐投资赞助的动漫片，可以从互联网及 3G 门户上免费下载或线上观看，这就使爱乐的广告对象与产品目标群体更精准地实现了对接。爱乐还结合本次动漫在无线网络中配套多种互动活动和促销活动，同时在全国 20 多所高校还就此动漫片配合开展相关的推广活动。这些努力，更明确地体现了爱乐的运动时尚化。动漫的主要爱好者，就是年轻人，而 3G 门户 3000 多万的注册用户正是爱乐的目标消费者，这也正是爱乐选择与 3G 门户合作的主要原因。通过将品牌信息无缝嵌入影片的细节当中，年轻人对品牌的感受、体验，传播的深度将会更加深刻。

爱乐抉择的背后是它对整个当前媒体环境的深刻洞察和对消费者行为的敏锐触觉，再一次印证了"媒体创新就是营销创新"的论断，进一步证明了，在中国，营销的问题就是媒体的问题。而对新媒体的运用和理解，不仅需要勇气，更需要智慧和远见。爱乐开创了一个新的个众营销时代，爱乐的这一小步，是中国运动品牌营销升级的一大步。在信息爆炸时代，如何把品牌信息有效地传播到目标消费者手中，是做品牌传播时首先要考虑的问题。通过 3G 门户这个平台，可以实现个众、精准、互动、即时的传播效果，可以让广告更精准地量化，真正实现广告投资高效化。

爱乐内置《大话 G 游》作为一个划时代的广告传播，预示着无线营销时代的全面到来。首先即是通过动漫形式的无线广告是无线营销全新的方向之一。《大话 G 游》就是完全抛弃了短信群发的这个第五媒体上的初级应用，避免了对消费者的干扰，通过内容的娱乐性和趣味性拉动消费者主动观看，而不是简单粗暴的 Push。巧妙地整合媒体，从而使传播效果得到了无限的放大和延续，广告也因此具备了强大的传播生命力。

爱乐与 3G 门户的这次珠联璧合的演绎，不仅是爱乐品牌的传播，而且引领着第五媒体的行业应用方向。在相当长的一段时间内，《大话 G 游》利用第五媒体通过动漫形式的无线广告展开精准的无线营销，将成为行业应用的经典范本。

【无线广告的首发列车】

《大话G游》的成功，是无线广告营销的里程碑。然而，在这巨大成功的背后，是3G门户的强大支持。无线广告是媒体营销的创新，那么这个创新者无疑就是3G门户。

3G门户网是中国手机上网免费模式的开创者，是目前国内最大的免费WAP门户网站，它开创了无线互联网上独立免费的WAP模式，为用户提供各种手机上网的免费娱乐。

3G门户网由广州久邦数码科技有限公司开发创建，美国著名风险投资机构IDG注资。自2004年3月上线后，短短几个月时间注册用户即超过百万。到2005年初就突破了100万用户，到2006年初则超过了1000万用户，现在拥有2200万用户。

3G门户网能有如此之快的发展速度，主要因为具备五个特点：第一，最受欢迎的免费WAP网站。3G门户拥有无线互联网最丰富的免费娱乐内容，从资讯、下载、游戏到视频。3G门户网向用户提供免费的WAP平台服务，包括软件下载、BBS论坛、网络杂志、多种联网游戏、新闻、军事、生活等各类频道，包罗万象，品类繁多，为用户提供了全方位的信息和服务。第二，受众最广。现在每天有超过200万的用户在登录并使用3G门户网的服务。2006世界杯期间，3G网点击量突破3亿次；2006年11月，3G门户用户数突破2200万；PV量达到4亿；同时流量高达2500G；NBA直播在线峰值更是达到56万人。这些数据表明，3G门户拥有极大的目标受众覆盖面。第三，用户逗留时间最长。以体育频道为例，3G体育频道对重大赛事的直播受欢迎程度非常惊人，3G门户的一场NBA的纯文字直播有超过50万人同时在线观看，这是互联网都无法企及的。第四，用户忠诚度高。3G门户拥有极具手机特色的创新性的超大型社区，这对用户的忠诚度具备非常强的引导力。第五，焕然一新的体验。3G门户的广告以互动为主要特色，有很深的互动交友方式，用户在观看的同时可以参与其中，随时创造新的感受。

2006年3月，3G门户出现了无线互联网上第一个商业广告——BENQ的广告。一石激起千层浪，诺基亚、三星、摩托罗拉、百事、戴尔、联想、李宁、索爱等企业随后都开始在3G门户播放无线广告。3G门户网精准高效的无线营销，呈现出风起云涌之势。

【"媒体的价值是运营出来的"】

《大话G游》，利用经典电影的动漫形式，领导或创造文化潮流，从而提升品牌形象，利用第五媒体手机这种全新的媒体应用形式，有力地控制了媒体环境，准确地传达了品牌信息。把品牌"植入"动漫片，并结合其在网络和无线媒体中的传播而设定互动的活动，这是一种全新的体验营销的模式。无线广告手法就是一种新的、无缝置入的传播模式。

媒体的价值是运营出来的。因此，绝不能用传统思维经营新媒体。但是如何把这种新媒体的价值运营出来，却步履维艰，这取决于对新媒体的理解有多深刻。《大话G游》跳出了传统媒体的运营思维,重新审视新媒体的价值,很好地理解媒体化思维的本质,无疑走在了新媒体营销的前列。《大话G游》的成功证明,无线互联网媒体成功运营需要五个步骤:

第一步,对媒体价值的真正理解。第二步,价值的细化。第三步,以用户为核心的正确推广。第四步,和传统营销的结合。第五步,效果导向。走好每一步,才能在互联网媒体营销中稳健前行。

当前新媒体层出不穷,给市场营销的环境带来了空前的挑战,以第五媒体为代表的新媒体将对整个营销市场的格局带来巨大的冲击。3G门户的《大话G游》内置广告作为中国第一个真正意义上的无线广告和无线营销实战,无疑给了广告主们很多的启示。在媒体"破碎化"的环境中,在"存在就是媒介"的环境中,企业的市场营销面临更高的战略要求。面对呼啸而来的3G时代,您准备好了吗?

资料来源:朱海松.《大话G游》:无线广告舞翩跹.销售与市场(战略版),2007(5):88-90.

个案思考题

1. 通过品牌联盟,爱乐的产品信息被巧妙地内置到了受众熟悉的动漫作品之中。请思考:成功利用手机等无线终端发布置入式广告的关键是什么?

2. 无线广告的互动性为营销传播赋予了体验式的新元素,目标受众的精准捕捉可以实现广告投放的精细化,但同时商业模式的易复制性也使上述优势具有短暂性。你如何评价无线广告传播的优、劣势,机会与威胁?

3. "媒体的价值是运营出来的",结合案例谈谈你对这句话的理解。可以说,无线广告商机无限,那么手机这一无线媒体的价值体现在哪?

3.4 楼宇电视广告媒体

3.4.1 楼宇电视广告发展概况

楼宇电视是一种新形式的广告媒体,指安装在商务楼宇、商厦、餐厅、酒吧、KTV、健身会所以及居民高层住宅楼的电梯入口或电梯内壁,滚动播出商业广告的液晶电视。[21]

楼宇液晶电视的创始者是一家叫作 Captivte NetworkInc 的加拿大公司。1995年,这家公司在北美和加拿大成功地创立了高档场所液晶显示媒体。今天,这家公司的业务覆盖了北美1100个商务楼宇,拥有130万收视人群,并且与很多知名企业建立了长期合作关系。[22]

2002年,楼宇电视开始在国内出现,2003年1月由国际著名基金软银(Soft Bank)为核心投资者的分众传媒(Focus Media)在上海成立楼宇电视广告联播网,此后这一新型的广告媒体迅速发展起来,短短一个月内覆盖了上海85%的商务楼宇和知名商厦。2005年,中国楼宇液晶电视广告市场规模达到10.1亿元。根据一项市场调研显示,未来楼宇广告的市场空间将达到300~400亿元。而3~5年内,中国楼宇液晶电视传播网的市场规模有望做到15~20亿元。[23]

3.4.2 楼宇电视广告的传播特性

任何一种新媒体的崛起都不是偶然的,楼宇电视之所以能够在短时间内引起广告代理商和广告主的注意,证明它有相对于传统媒体的独特传播优势:

(1) 强烈的社区终端渗透能力。楼宇电视广告的出现,使得商家的营销触角可以推进到目标消费群的居住区和工作区这一广域的生活圈(图3-10)。

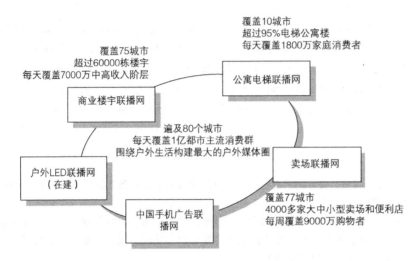

图3-10 分众传媒的户外生活媒体群

资料来源:江南春.生活接触点媒体的崛起.中国广告,2006(5):43.

(2) 高度的针对性,目标群精准锁定。广告客户可以针对不同社区受众,量身定制解决方案(图3-11)。

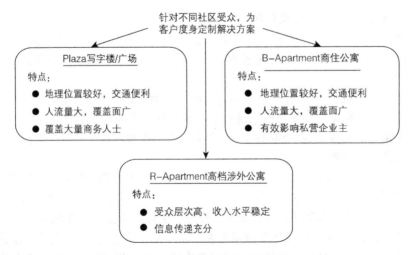

图3-11 分众传媒的目标受众锁定模式

资料来源:江南春.生活接触点媒体的崛起.中国广告,2006(5):45.

(3) 信息接收的强制性。楼宇电视具有三个天然条件用以保证其强制性的收视效果：电梯这一狭小空间里的视觉强制性；电梯这一无聊情境下的心理强制性；楼宇电视频道的不可选择性。[24]

(4) 清晰的投资回报率 ROI（Return On Investment）指标核定。楼宇广告很大程度上克服了传统广告媒体效果评价困难的缺陷。首先，楼宇的固定日人流量和偶然人流量是能够通过简单的统计得到的，出入楼宇的群体类型也是比较明确的，固定人流乘坐电梯的日频次也可以根据地区的不同习惯调查得出（图3-12），这样就有了评价媒体效果的最基本数据。此外，楼宇容纳的人群相对稳定，十分有利于对广告信息的到达率、信息残留度、行为效果作进一步的分析和评定。

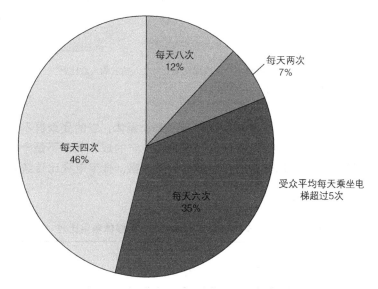

图3-12 商务楼宇广告联播网受众每天乘坐电梯的次数及人数比例
数据来源：新生代市场监测机构

(5) 目标受众支付能力强，消费需求十分旺盛。楼宇电视能够有效锁定企业主、经理人和白领受众，充分覆盖25~50岁之间的都市高学历、高收入族群。他们是社会财富的主要创造者，是社会最活跃的消费阶层，中高档、时尚商品的领先购买者和意见领袖。令广告主的媒体投资更精准，避免媒体预算浪费在大量无效的人群中（图3-13）。

(6) 广告信息传播的排他性。楼宇电视是一种稀缺的媒体资源，对位置有很强的垄断性，一旦传播网络覆盖了某个楼宇，那么就不会再有其他同类媒体出现在同一个位置，这就决定了楼宇电视传播的广告信息具有排他性，几乎没有同类竞争性信息的干扰，受众比较容易接受广告内容。

4高优质人群：高收入/高素质/高学历/高消费

- 年龄主要介于25~50岁
- 以中高阶层白领为主，辅以中国社会知名人士、中高级政府官员、民营企业主等
- 传播链中的意见领袖具有对社会大众的感召力和影响力
- 集团购买决策者，大宗消费的主力
- 时尚潮流的引导者/时尚产品的追逐者
- 乐于接近和易于接受新鲜事物

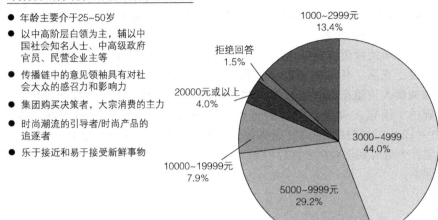

图3-13 商务楼宇广告联播网受众月收入情况的人数比例
数据来源：新生代市场监测机构、分众传媒

（7）低廉的传播成本。楼宇电视是新型的分众媒体，它的受众群不是包括所有阶层的普通大众，如果将地区所有受众考虑在内，它的成本优势不是十分明显，但在对商家所需要的特定目标受众进行传播的层面考察，楼宇电视比传统媒体还是有很大的优势（表3-5）。[25]

2005年商务楼宇广告联播网与主流广告媒体费用比较 表3-5

	商务楼宇液晶电视联播网	发行量超过100万份的报纸彩色通栏	收视率5%的电视台15秒广告
15天费用	约15万元	约75万元	约30万元
播放次数	每天播放102次，共1530次	每天一条通栏，共15条通栏	每天一次15秒，共225秒
受众结构	平均月收入超过7000元	30%以下月收入超过3000元	15%以下月收入超过3000元

资料来源：张晓东．广告媒体运筹．长沙：中南大学出版社，2006：63．

楼宇电视是一种典型的"等候经济"和"注意力经济"，它的成功在于：一是抓住人们等候电梯这一无聊的时间空当传递信息；二是瞄准高学历、高收入、高消费的白领阶层。

然而，楼宇电视的一个致命弱点是目前尚无播发新闻信息的资质，广告是其唯一内容。在传播技术上，也没有实现即时传播，一般是一周更新一次内容，相同的广告内容反复播出。对受众是一种强制性、侵入性的"灌输"。楼宇电视要成为一种真正意义上的媒体，必须赢得播送新闻信息、娱乐节目等内容的资质和能

力，惟有如此，才能成为一种真正意义上的多功能媒体，赢得受众主动的、自愿的接受和喜爱，成为继报纸、广播、电视、互联网、手机电视之后的"第六媒体"。[26]

3.5 植入式广告媒体

3.5.1 植入式广告的内涵及其承载媒体的拓展

1. 植入式广告概念辨析

植入式广告是产品植入（Product Placement）和品牌植入（Brand Placement）的总称，是指广告主通过付费的形式，将产品或品牌信息及其代表性的视觉符号甚至品牌理念策略性融入媒体内容之中，来达成一定广告效果的广告手法。它可能是在节目或剧中被随口提到的某种商品，也可能是某个人物的穿戴，或者是能让观众看到的知名企业商标图案的镜头特写。[27]

从一定程度上，植入式广告是利用人们的潜意识进行传播，但是它与潜意识广告（Subliminal Advertising）又有所区别，即植入式广告通常是植入电影、节目情境而非广告，通过情境式的沟通来达成对消费者进行下意识的诱导，让消费者在不知不觉中吸收了商业性信息（Subliminal Communication）。

有学者认为植入式广告是一种隐性广告（Latent Advertising），因为植入式广告所推销的确是一种隐藏的广告信息，相对于常规形式的广告，植入式广告没有那么浓厚的广告色彩。应该说，植入式广告和隐性广告追求的都是"随风潜入夜，润物细无声"的效果，意图在不知不觉中，甚至在毫无意识中，让受众接受关于产品、品牌的有利信息。但是两者又有不同，就是隐性广告指涉的范围更加广泛，植入式广告可以包含在隐性广告的范围内。植入式广告特指电影、电视、网络游戏等中有计划安置的产品、品牌或服务等手法，指涉范围没有隐性广告广泛。

可以说，植入式广告是一种"软性推销广告"（Soft-sell Advertising），但又与之不同。植入式广告和"软性推销广告"的相似点是两者的非直接性和迂回性。不同点在于"软性推销广告"诉求于情感，而植入式广告则情感与理性两者兼顾，并且植入式广告更加生动化。两者最大的区别在于植入式广告是在非广告时间和空间的插播。而"软性推销广告"不过是常规广告中的一种软性形式，它起作用的阵地仍然是在常规的广告时间和空间内。

2. 植入式广告媒体的拓展

植入式广告最早出现在第二次世界大战期间，到 20 世纪 70 年代中期是萌芽期，20 世纪 70 年代末期到 20 世纪 80 年代初期是发展期，20 世纪 80 年代中期至今是成熟期，植入式广告从一开始的无意识行为演变到今天的主要卖点，渐渐地为人所重视，成为一种潮流。不仅只有在电影、电视节目或音乐录像带中出现品牌商品信息，包括广播节目、流行歌曲、电视游戏、舞台剧、小说乃至网络、手机、数据库程序等新兴媒体，都成了植入式广告所应用的范围。

在电视、报纸、杂志、广播等传统媒体日益膨胀，而经济效益日益萎缩的今天，越来越多的新型媒体出现，它们超出传统媒体的局限而拥有自己的特点，正是这些异质性的特点在某种程度上预言了广告发展的新趋势。作为大众文化的电影已经有了100多年的历史，在现代营销的催化下，电影中广告元素的利用成为目前一种新的广告媒体。植入式广告就是广告人在寻求新的有效传播渠道中摸索出的非常规广告形式之一。

早在20世纪50年代，电影《阿飞正传》中就出现了ACE牌发梳，之后《非洲皇后号》中又出现了哥金顿酒，到《阿甘正传》中阿甘特别提到的彭都矿泉水，植入式广告在电影中频频露脸。然而，直到1982年著名导演斯皮尔伯格的电影《E.T》（《外星人》）才让植入式广告声名鹊起。影片中，小主人公用一种名为"里斯"的巧克力豆把外星人引到家里的镜头使该巧克力豆的销量跃升了65个百分点。

从此，植入式广告开始被越来越多的广告商和市场营销人员所注意，植入式广告被大量在电影中使用，如《电子情书》中多次出现的美国在线、星巴克；007系列中的欧米茄手表、宝马车；《玩具总动员》中的弹簧狗；《我的希腊婚礼》中的稳洁；《回到未来Ⅱ》中的百事可乐；美国著名的电视影集《欲望城市》中出现的各式知名品牌服饰；《吐司男之吻》中的马雅咖啡；《流星花园》中台湾今生金饰的"流星钻戒"，等等。植入式广告在电影和电视中扮演着越来越重要的角色。

近年来，被植入物开始从传统的商品延伸至品牌、企业形象或理念。随着电影和电影中角色的走红，这些产品或品牌的知名度大幅度提高或是形成热销、或是建立起某种品牌形象。荧幕上的广告，再加上相应的联合促销，广告的传播效能得到大大提升。

从20世纪90年代末以来，植入式广告有了新的发展，游戏成了植入式广告又一个寄生之地。与电影、电视相比，游戏独具的互动性让它可以更好地发挥植入式广告的优势。被植入的商品，从静态的摆设，如《虎胆龙威：广场风云》中照明用的Zippo打火机，《超级猴子球》中多尔牌香蕉；到游戏人物所使用的道具，如《古墓丽影》中劳拉使用的爱立信手机等；到游戏中的互动场景，如《莎木》里各类真实的香港知名商店，《疯狂出租车》内的必胜客等；甚至体育类游戏中形形色色的广告标牌、球员身上的商标，车身上的LOGO，足球场周围的滚动广告牌，赛车道两旁的挡板等。

随着植入式广告运用范围越来越广泛，它开始成为业界和学界探讨的一个前沿现象。植入式广告身着大众文化的隐身服，跳出常规广告形式直白的诉求窠臼，以更加隐蔽、更加积极、更加动人的形态潜入观众的视野。但是植入式广告也同样面临着它自身的发展瓶颈，即如何与剧情或节日巧妙地结合起来，让广告不像广告的问题。由于消费者的识别能力越来越强，稍稍不慎，植入式广告就会适得其反，遭到消费者加倍的反感。[28]

3.5.2 植入式广告的类型与特点

1. 植入式广告的类型

植入式广告按照其依托的载体，可以分为以下七种类型：(1) 影视剧植入式广告，可进一步细分为剧中人所见、剧中人所感以及剧中人的生活展示等三种形式；(2) 电视节目交融式传播；(3) 游戏娱乐式推广。以网络游戏这个载体为例，又有四种主要的广告植入方式——产品充当游戏的道具，在游戏的场景中布下广告信息，广告信息和游戏内容互动，在游戏中进行体验营销；(4) 短信散弹式广告潜入和博客、网络论坛；(5) 平面媒体广告植入；(6) 在Yahoo! Messenger、MSN、QQ等即时通信产品中植入；(7) 在歌曲中植入。其中影视剧植入式广告由来已久，而近年来，随着新媒体的快速发展，以及广告人不断的探索，一些比较新的且运用前景比较看好的植入式广告载体纷纷呈现，如网络游戏、网络论坛等。[29]

美国学者C·A·罗素（C. A. Russell）于1998年提出了比较系统的植入式广告类型的三维模式（图3-14），即以听觉呈现、视觉表现、与情节的关联度为三个维度，可将植入式广告分为三种类型。

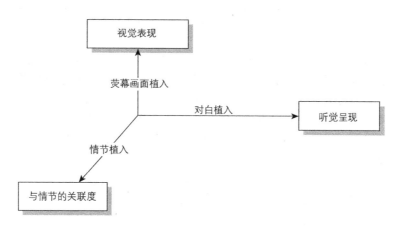

图3-14 Russell的植入式广告架构

资料来源：刘漾檑. 置入式广告研究. 武汉大学硕士学位论文，2005：18.

(1) 荧幕画面植入（Screen Placement）。这种植入方式又细分为两种，一种是创意式植入（Creative Placement），例如让登有产品广告的广告牌出现于荧幕中；另一种方式是现场植入（On Set Placement），例如在厨房场景里放置某品牌的食品。其显著程度依据显露在荧幕上的次数、拍摄植入产品的镜头设计等有所不同。

(2) 对白植入（Script Placement）。这种植入方式是指在适合的情境中设计演员的台词，依据情节、配合语调、时机、人物性格，让演员口头提及某一品牌的名称。演员在对白中提及品牌名称，可依据产品被提及的情境、提及的次数、演员的语调、安排的时点等有所不同。

（3）情节植入（Plot Placement）。当产品成为剧情的一部分，在故事线中担任重要的位置或通过产品来塑造角色的特质，并结合了前两种植入方式，将产品设计成剧情的一部分，来传达品牌名称或相关信息，并增加剧目的真实感和强度的时候，这种植入方式就是情节植入。

2. 植入式广告的特点

相比较传统广告模式而言，新型的植入式广告有很多优势，可以用"润物细无声"这句话来予以简明扼要的概括（表3-6）。总体而言，植入式广告具有以下特点：

植入式广告的特点和优势　　　　　　　　表3-6

	植入式广告	传统插播广告
营销方式	渗透营销	干扰营销
干扰度	几乎没有	较为严重
广告味道	娱乐化	产品化
品牌特征	弱	强
受众态度	主动接受	被动接受

资料来源：伦丽娜. 植入式广告：电视媒体广告营销新模式. 中山大学学报论丛，2007年（4）：160.

（1）利用非广告时间和空间来传达产品的特性，增加产品曝光的机会。

（2）产品是有计划的被放置在传播媒体当中，并必须搭配传播媒体整体的表现方式，让产品很自然的显现于屏幕画面当中。

（3）植入式广告的目标受众相对确定，甚至能够使常规广告平常很难传达到的消费者——12~24岁之间的年轻人，成为他们产品的认同者和消费群。他们是电影、电视、游戏的主流群体。

（4）放置于传播媒体中的产品主要以高知名度产品为主。

（5）通过设计植入的手法来增加产品曝光及购买产品的机会。

（6）持续时间长而且影响广泛，有话题衍生性。

（7）成功的植入式广告效果非常明显，并有引领消费时尚的特殊意义。[30]

链接·视点

植入式广告评估系统

广告主及媒介公司在制定广告计划时需要强大的数据支持。而对于新兴的植入式广告，国内较完善的评估体系有CTR媒介智讯创建的PVI模型。每个植入式广告细分为三个监测维度，包括情节融入、视觉级别、听觉级别（表3-7）。

植入式广告的评估体系　　　　　　　　　　　　表 3-7

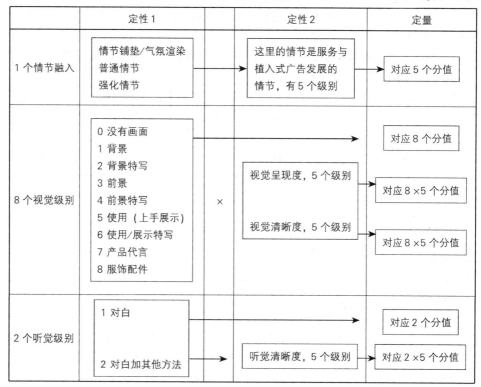

资料来源：伦丽娜. 植入式广告：电视媒体广告营销新模式. 中山大学学报论丛, 2007 年（4）：159-162.

企业标杆个案 4

麦当劳的"模拟人生"：虚拟世界中的品牌传播器

20 世纪 80 年代，麦当劳的广告主题是"麦当劳和你"，20 世纪 80 年代中后期，麦当劳把个人消费引导至家庭消费，把美食和家庭价值联系起来，罗纳德·麦当劳形象的设立，得到小孩的欢迎，长期的推广使麦当劳成为了"妈妈和小孩喜欢的地方"，欢乐和美味成为推广主题。

20 世纪末，麦当劳通过调查研究发现，年轻上班族有更大的消费潜力，并且年轻群体更加符合麦当劳统一品质、快速服务的品牌特质。这样，麦当劳在定位儿童、家庭传统市场基础上想吸引更多年轻的消费群。而传统的报刊、广播、电视三媒体对这一目标群体影响力日渐下降，并且由于消费者个性生活主张，传统的广告形式很难激发消费者需求，要实现重复购买，形成消费依赖就更加困难。通过与各种广告传播媒体比较之后，麦当劳选择了与 The SIMS ONLINE（中文名《模拟人生》）合作，"ad in the game"（游戏中的广告）成为麦当劳与年轻消费群体的传播通路。

【目标群体特征】

1）接受新事物。年轻的新新人类敢于向传统挑战，乐于接受新鲜事物，互联网赢得年轻人的普遍欢迎。

2）个性主张。年轻人善于标榜自我，张扬个性，具有明显的叛逆特征，对生活、人生、事业，不同的个体有不同的主张。

3）娱乐互动化。年长者接受信息的主渠道，主要来自传统的报刊、电台、电视三大媒体，年轻人追求互动化的娱乐，讲究乐趣体验，互联网无疑提供了这样的平台。

4）品牌忠诚度低。流行、时尚成为年轻人选择品牌的首选要素，年轻一族很难对品牌保持高忠诚度，他们总在不停选择新品牌，以保持流行最前线的作派。

5）示范心理。歌星、影星在年轻人中具有显著的示范功能，年轻人热衷于模仿偶像的生活方式。

【媒体特征】

1）影响力。《模拟人生》由著名的 WILL WRIGNT 游戏公司制作，EA 公司运营，2000 年 2 月开始向全球公开发售了 180 万套正版单机游戏拷贝，正版流行的同时，产权保护不严密的国家和地区衍生出无以计数的盗版拷贝，游戏共有 14 种不同语言版本，根据 PC DATA 公司在 2000 年 2 月 27 日到 3 月 4 日的北美地区游戏销售排行调查表明，《模拟人生》成为畅销游戏排行榜冠军，前后持续了一年时间左右，在游戏玩家中极受推崇，2002 年《模拟人生》顺势推出《模拟人生》网络在线版。

2）娱乐性。《模拟人生》属于典型的角色扮演类型游戏，玩家在游戏中，完全靠自己的主观意愿操纵自己游离于现实社会的人生命运，在游戏中，完全按自己的理想化选择生活方式，从事职业、修住宅、结婚生子、交朋友、做生意挣钱、工作学习、娱乐休闲、积极、悲观、豪情、懦弱，完全根据个人喜好进行，弥补自己在现实生活因各种原因造成不甚完美的人生遗憾，在网络世界中为现实人生补上精彩的一课，模拟人生的最大魅力在于模糊了人类理想状态下与现实社会结果的差异。

3）玩家特征。《模拟人生》玩家年龄集中在 16～30 岁之间，其中女性玩家占到 25% 左右，这无疑是年轻群体的集合。16～30 岁的年轻人，说人生未免过早，但正是这群新锐的群体，他们有涉世之初的基本经验与感受，属于积极、主动改变个人命运的先锋。而 40～55 岁左右的人群，他们反而有较丰富的人生阅历，趋于更加稳定和成熟，对人生已经形成了固有的思维模式。再年长一点的群体，他们更喜欢回忆的方式，在被动中回味自己的人生历程。

【传播策略】

麦当劳通过对《模拟人生》的仔细分析，发现通过《模拟人生》网络在线游戏发布广告，是对目标群体精准沟通的最佳途径，这样在《模拟人生》网络版开发初期与 EA 公司签订了合同，希望获得更大的广告表现空间。

1）传播周期。传统媒体的传播周期非常明显，主要以客户的广告预算来确定广告传播的周期以及广告的频次，电子游戏作为媒体也有传统媒体的特征，同时，还具备传统媒体不具有的终身性传播特征，麦当劳希望采用"永久性"的方式，把传播周期延长到等同游戏本身的生命周期长度。

2）传播深度。麦当劳希望在这次合作中，广告有更好的传播深度，传统媒体是一种广而告之的商业行为，在游戏中麦当劳还希望融入麦当劳的文化、价值、理念等更有深度的传播信息，用深度来培养目标消费群的忠诚度。

3）传播互动。麦当劳深刻的认识到传统媒体传播的不足，传统媒体主要通过声音、图像、文字三方面，借用创意的手段对目标消费群施以影响，从根本上动摇顾客的购买决定非常困难。麦当劳希望在传播中导入整合营销传播理念，强调传播中的双向沟通与互动。

4）传播体验。1999 年体验经济在美国成为经济界讨论的热点，随之，体验营销成为一种全新的营销战略，成为众多企业占领市场的法宝，而电子游戏推崇的是玩家极致的体验乐趣，在传播中融入体验营销策略，无疑增强了传播的有效性。

【传播技巧】

1）产品和游戏一体化。麦当劳与 WILL WRIGHT 公司一道，在游戏开发的初期就把麦当劳的汉堡、薯条等主要产品虚拟到游戏中，麦当劳的汉堡、薯条成为游戏玩家网络替身的美味，游戏中玩家需要每天在虚拟的世界中食用汉堡、薯条等食物才能继续游戏，让麦当劳的汉堡、薯条每时每刻陪伴玩家左右，通过虚拟世界的产品来强化麦当劳产品的美味诉求。

2）品牌和游戏一体化。在《模拟人生》中，玩家可以申请成为麦当劳的合伙人，运作一家麦当劳虚拟餐厅，通过对餐厅的经营获取网络虚拟利润。当然，这需要玩家在麦当劳的法则下经营管理，不让顾客等候超过 3 分钟，店面整洁，食品卫生、美味要求等都要达到麦当劳的管理要求，如果玩家按照麦当劳经验严格经营，那么你会是一个成功的麦当劳餐厅经营管理者，麦当劳餐厅会给你带来源源不断的利润，让你实现更伟大的人生梦想。反之，你就是一个失败的经营者，你经营的餐厅将会少有顾客光临而亏损，导致你的网络财富损失。不断的成功与失败中，麦当劳的品牌、服务得到了广泛传播，在自然状态下得到目标消费群的认同，麦当劳的品牌、服务就这样深深地烙在了游戏玩家的脑海里。

麦当劳与模拟人生的合作刚一年多时间，越来越多的年轻人开始上麦当劳就餐，"ad in the game"（游戏中的广告）对品牌的贡献究竟有多大，现在尚无法评估，但通过前面的分析和介绍，其本身的意义和价值已经呈现。

资料来源：邹真俊．电子游戏：传播新媒介．中国营销传播网，2003 – 12 – 24

个案思考题

1. 通过麦当劳与《模拟人生》的案例,谈谈游戏植入式广告应该怎么样策划才能使广告效果最大化。

2. 从案例可以看出,网游等植入式广告的传播载体,在媒体属性上与传统广告媒体有着显著的差异,它们的特长比较适合应用于哪些情况?

3. 假如你是耐克品牌的游戏植入式广告代理人,你应该怎么样策划才能把耐克的理念在游戏里面更好地阐述出来?

思考讨论题

1. 现在就开始在互联网上冲浪,对照表3-1,认识并理解你所接触到的网络广告的类型及其特点。

2. 你能忍受与手机分离的痛苦吗?尝试在一周的时间里不再接触和使用你的手机,看会对你的生活产生什么影响,并以此体验和思考手机作为广告媒体的价值和前景。

3. 有观点认为,在等待或乘坐电梯的人们往往处于"思想空白"阶段。你认同这种说法吗?尝试找一家投放有楼宇电视广告的商厦或写字楼,亲自步入电梯体验一下"思想空白"的感受,并留意身边其他人在电梯内的行为表现,以此检验并分析楼宇电视广告的有效性。

4. 电影《变形金刚》是植入式广告运用的典型代表,请仔细回想一下电影中的故事情节,哪些地方可以辨认出植入式广告的痕迹?体会广告主和制作人是如何巧妙的将产品和品牌信息植入精彩剧情的?

5. 新媒体的"新"是一个相对的概念,它并不局限于网络、手机、楼宇电视等以高科技推动为依托的新型媒体,任何传统媒体只要被挖掘出新的传播价值,同样可以成长为新媒体。谈谈你对此问题的看法。

注释

1. 辛. 新媒体的定义. 新闻与写作,2006(12):17.
2. 贾文凤. 新媒体的发展及其社会影响. 四川省社会科学院硕士学位论文,2007:4-5.
3. 辛. 新媒体的定义. 新闻与写作,2006(12):17.
4. 纪华强. 广告媒体策划. 上海:复旦大学出版社,2006:73.
5. 贾文凤. 新媒体的发展及其社会影响. 四川省社会科学院硕士学位论文,2007:5-6.
6. 阮丽华. 网络广告及其影响研究. 华中科技大学博士学位论文,2005:22.
7. 杨光. 网络广告特性及其效果间关系的实证研究. 大连理工大学硕士学位论文,2007:5.
8. 张洪瑞. 网络媒体PK传统媒体,广告优劣大比拼. 分销时代2007(7):46.
9. 许冰华. 网络广告可用性研究. 大连海事大学硕士学位论文,2007:9.
10. 沈蕾. 网络广告形式及研究. 东华大学硕士学位论文,2005:29-30.
11. 杜骏飞. 网络传播概论. 福州:福建人民出版社,2003:299.
12. 丁俊杰,康瑾. 现代广告通论(第二版). 北京:中国传媒大学出版社,2007:340.
13. 纪华强. 广告媒体策划. 上海:复旦大学出版社,2006:78.
14. 高萍. 广告媒介:寻求传递广告讯息的最佳通道. 长沙:中南大学出版社,

2005：166.
　　15．张晓东．广告媒体运筹．长沙：中南大学出版社，2006：33-35.
　　16．李东平．手机媒体的现状及发展研究．四川大学硕士学位论文，2006：10.
　　17．朱海松．第五媒体：无线营销下的分众传媒与定向传播．广州：广东经济出版社，2005：26.
　　18．王贵文．手机媒体广告研究．北京邮电大学硕士学位论文，2006：4-5.
　　19．李东平．手机媒体的现状及发展研究．四川大学硕士学位论文，2006：22-25.
　　20．王贵文．手机媒体广告研究．北京邮电大学硕士学位论文，2006：7-36.
　　21．任中峰．楼宇电视的广告传播特性与未来展望．传媒，2004（12）：41.
　　22．龚瑜．楼宇广告欲打造成"第五媒体"．中国青年报，2004-01-16.
　　23．王军光．楼宇电视有望造就10亿广告市场，经营模式成焦点．北京青年报，2005-5-8.
　　24．江南春．生活接触点媒体的崛起．中国广告，2006（5）：46.
　　25．任中峰．楼宇电视的广告传播特性与未来展望．传媒，2004（12）：41-43.
　　26．叶国标．楼宇电视，第六媒体？华西都市报，2006-1-11.
　　27．赵兵辉．植入式广告研究．暨南大学硕士学位论文，2007：12.
　　28．刘潆檑．置入式广告研究．武汉大学硕士学位论文，2005：5-16.
　　29．赵兵辉．植入式广告研究．暨南大学硕士学位论文，2007：16-22.
　　30．刘潆檑．置入式广告研究．武汉大学硕士学位论文，2005：18-20.

 第4章 媒体广告价值的测量与评估

> 由于调查方法不同,所以产生不同的量化表现,在量化表现的后面,更有质方面的深度意义。
>
> ——周亦龙

开篇引例

媒体品牌个性:广州报业品牌的拟人化解读

羊城晚报是一个人,他会是……

四五十岁的中年男性,人生阅历丰富,机关里的中层干部,政治觉悟高。做事一向中规中矩,不太喜欢张扬,忠诚可靠。他富有同情心,是个很有品位的人。有做大事情的实力,但过于沉稳,缺乏活力,变的速度不如别人快。

广州日报是一个人,他会是……

三十多岁的中国男性,刚开始是做个体户的,现在生意越做越红火,成为一个企业家了。他看起来比较粗犷、奔放,浑身上下都充满了生机勃勃的气息,给人就是一种很有朝气的感觉。他有喜欢创新的个性,他做事很有干劲,从不畏首畏脚。不过,他为人有点"硬",缺乏亲近感,商业味太浓。

南方都市报是一个人,他会是……

三十岁左右的家庭主妇,很像最近电视里演的"闲人马大姐"。小道消息多,好奇心强,东家长、西家短,锅碗瓢盆,油盐酱醋,都十分关心。她做的饭菜还是很可口的,比较符合大众口味。但性格上喜欢小题大做,爱唠叨,说三道四,经常向别人夸耀自己的厨艺好。

新快报是一个人,他会是……

二十岁的追求时髦的女孩子,在大学里念书,打扮新颖,做事比较COOL。她有活力,喜欢运动、上网,对新事物感兴趣,给人一种很清新的感觉。但她太年轻,缺乏经验,在一些中年人的眼里还太"嫩"了点。

南方周末是一个人，他会是……

三十五岁左右，男性，一名正直的法官。他判案公正、客观，对违法违纪之事绝不手软。他关心国计民生，疾恶如仇，以伸张正义为己任。他注重学习，博学多才，具有敏锐的洞察力，能够深入地挖掘事物的本质。

问题：

（1）闭上眼睛体会一下，您是否认同我们对广州报业品牌所做的上述另类的人性化解读？

（2）如果您是一位正在考虑投放报纸广告的企业主，您觉得媒体品牌个性与广告传播效果之间是否具有关联性？

不同媒体品牌的广告价值是有差异的，媒体的广告价值评估是科学合理的进行媒体选择及其有效组合的基本保障与前提。当然，既然是评估，就说明媒体的广告价值有些是可以按照一定的量化尺度或标准来衡量的（如常用的发行量、千人成本等），从而在不同媒体间进行比照，选出最适合广告目标的媒体。但媒体的广告价值中，也有一部分目前还无法通过具体数字来显示，比如权威性、影响力、可信度及其所产生的受众心理效应，乃至本例所涉的媒体品牌个性等质性指标。这些量化的和质化的广告媒体价值标准，都要在广告媒体策略制定前便通过系统的媒体调查予以统筹兼顾。

随着广告媒体的发展，新的媒体日益增多，各种媒体之间的竞争也愈来愈激烈，与此相对应，受众的注意力成为一种稀缺资源。面对传媒产业的发展，广告主（或其媒介代理商）捕捉目标受众越来越受到诸多的挑战，这就要求广告媒体人员除具备丰富的媒体运作知识及经验之外，更需要具有把握各类媒体特性的能力，因此，对各类媒体的综合评估成为媒体计划人员必须把握的重要环节。[1]通过本章的学习，读者可以：

- 理解媒体广告价值评估的意义与作用；
- 了解媒体广告价值评估的主要标准；
- 掌握媒体广告价值量化评估基本指标的内涵与计算；
- 掌握媒体广告价值质性评估基本指标的内涵及原则；
- 理解媒体载具量与质的综合评估，以及跨媒体价值比较的基本原理。

4.1 媒体广告价值评估概述

4.1.1 媒体广告价值评估的意义与作用

1. 媒体广告价值评估的意义

媒体的广告价值评估是指通过评估工具的运用，比较媒体类别中各载具的效率与效果，提供媒体人员在媒体载具选择上的客观依据。换言之，媒体广告价值评估就是用广告的各种硬性指标来衡量媒体，目的是怎样通过最低的投入、最恰当的媒体传递方式达到最佳的广告效果。有鉴于此,也可以将媒体广告价值评估视为广告媒体的评价标准。

媒体价值(Media Value)的大小来自两个方面:一个是量的方面,即媒体的接触人口,指的是覆盖面的广度;另一个方面为质的方面,即媒体在说服力方面的效果,指的是针对个别单一消费者进行说服的深度。所以媒体的评估工具,也可以划分为量的评估工具及质的评估工具。[2] 当然,即使是所谓可以量化的媒体价值评估,其精确的程度也是相对而言的。另外,评估时要注意媒体价值与媒体广告价值的区别。如对于受众数量的计算,媒体受众的总量往往大于媒体广告的目标受众的总量。[3]

媒体广告价值评价的意义有两个方面:一是广告策划工作中不断进行的媒体评价工作,是为了确定媒体的各种特点以及不同媒体的适用性;二是在进行一次广告活动规划时所从事的媒体评价工作,是根据具体的广告目标来进行测度,以衡量不同媒体的适用性。

在进行具体评价媒体的工作中,可从效益和针对性两个方面考虑媒体的可用性。若想获得媒体效益的准确评价,就需要进行指标的综合评价,由此方能得出媒体的一般性效益评价,然后再结合广告主的具体情况,用针对性指标来确定可以最有效地同目标市场沟通的传播媒体渠道。在实际工作中,经常首先用针对性指标找到若干适合的媒体,然后再比较其他的媒体效益。这样既可以减少媒体评价工作的复杂性,又可以较全面地总结问题。

总之,广告媒体评价的意义就在于衡量不同媒体的适用性。[4] 如果你懂得怎样对媒体的广告价值进行评估,那么你就会根据各种广告媒体的特征进行科学的媒体选择与系统组合。

2. 媒体广告价值评估的作用

随着信息社会脚步的逐渐来临,"注意力经济"概念也逐渐引起人们的关注,它向我们揭示了当代媒体的重要赢利模式所在。作为大众传播,现代媒体主要的利润来源已经由原来的发行收入转变为广告收入,实现了由"受众"向"广告主"的二次营销过程,成为一种特殊的商品。对于广告主而言,广告媒体的最大价值就在于它拥有"消费者注意力"这一特殊而重要的资源,能够有效地传递产

图4-1 "注意力"牵引的媒体、广告主与受众的互动模式
资料来源:陈培爱,覃胜男.广告媒体教程.北京:北京大学出版社,2005:263.

品和企业的相关信息。一旦媒体拥有越高的"到达率"和"收视率",那么它就拥有了越大的"注意力资源"。因此,广告主为了得到这一资源,就愿意根据媒体在受众心目中的受欢迎程度而付出相应的代价。这样,我们就可以得到媒体与广告互动的基本模式,即媒体产业赢利的基本模式(图4-1)。

通过媒体的广告价值测量与评估，可以获得到达率或者收视率等反映媒体"注意力资源"的重要数据，它对广告产业链中的任何一个主体都具有重要的意义和作用（表4-1）。[5]

媒体广告价值评估数据的作用（以电视媒体为例） 表4-1

使用者	媒体广告价值评估数据的作用
广告主	1. 选择哪些媒体投放广告 2. 选择哪些时段投放广告 3. 选择哪些方式投放广告更经济 4. 预测和评估广告投放效果
广告公司	1. 了解市场竞争格局 2. 分析媒体受众构成 3. 跟踪节目收视变化 4. 比较媒体广告成本 5. 制定广告计划和排期 6. 跟踪广告投放效果
电视台	1. 什么样的电视节目最受欢迎 2. 自己的媒体优势是什么 3. 如何安排节目播出时间 4. 广告定价是否合理 5. 怎样在与广告公司和企业的谈判中争取主动
节目供应商	1. 分析市场各类节目供求关系 2. 了解电视节目的收视情况 3. 解析电视节目的受众结构 4. 熟悉不同受众的收视习惯 5. 制定合理的节目和广告价格

资料来源：陈培爱，覃胜男．广告媒体教程．北京：北京大学出版社，2005：263-264．

4.1.2 媒体广告价值的评估标准

媒体价值的评估一般来说有客观（或量）和主观（或质）两种标准，客观的标准主要是指媒体的覆盖面、接触人数、千人成本等可以根据已知或推算的数据算出的具体数字，看重的是媒体书面上的投资效率；主观的标准侧重的则是媒体具体的效果，它是由一系列不能量化的质量指数构成的，最主要的有媒体的权威性、受众接触媒体的介入度、编辑环境、相关性和广告环境等。各具体的广告媒体因各自特性的差别而显示出不同的媒体价值，不同的广告传播期望同时也影响着人们对具体广告媒体价值的评价。因此，在制定广告媒体策略之前，除了要充分了解各种广告媒体一般的、共同的性质特征外，还需根据广告传播的期望标准对各具体媒体的价值进行评估。[6]

确定媒体价值的最重要的标准是结合以下两个原则：一是找到能到达大量受众的载具；二是从中选择千人成本最低的市场。这两个原则的结合使用显然有逻辑性。当今的广告和营销直接瞄准特定人口目标受众。假如可以明确定义这些目标，那么就可以选出有效到达最大目标受众的媒体载具。[7] 表4-2列出了各主要媒体常用的主、客观广告价值评估标准。

媒体广告价值评估的主要标准　　　　　　　表4-2

按媒体类型划分
1. 评价报纸媒体价值的标准
客观（或量）标准
（1）报纸媒体的发行量
（2）发行覆盖的地区及其发行量的地域分布
（3）读者、订购读者及传阅读者
（4）阅读率、第一阅读率和传阅率（或两次阅读率）
（5）阅读人口的人口统计特征及其构成
（6）目标受众的数量和比率
（7）目标受众的阅读习惯
（8）版面数量、页码及版面空间位置
（9）广告版面占总体版面的比率
（10）新闻纸的纸质品印刷质量
（11）目标受众的传达成本
主观（或质）标准
（1）报纸的形象定位
（2）报纸可信度
（3）报纸的编辑风格
（4）报纸的视觉设计风格
（5）主要内容的类别及其构成比率
（6）广告与版面形象风格的吻合度
2. 评价杂志媒体价值的标准
客观（或量）标准
（1）杂志媒体的发行量
（2）发行覆盖的地区及其发行量的地域分市
（3）读者、订购读者与传阅读者
（4）阅读率、第一阅读率和传阅率（或两次阅读率）

续表

按媒体类型划分
（5）目标受众数量及其比率
（6）目标受众的阅读习惯
（7）目标受众传达成本
（8）广告版面占总体版面的比率
（9）纸质的档次和传达效果
（10）色彩的传达效果
（11）不同页面的传达效果
（12）杂志中的特殊版本、主题、章节的传达效果
主观（或质）标准
（1）杂志媒体类别
（2）杂志定位
（3）可信度
（4）杂志编辑风格
（5）杂志视觉设计风格
（6）媒介传播的强制性
（7）媒体、栏目特征与广告、品牌特征的吻合程度
3. 广播媒体价值的标准
客观（或量）标准
（1）信号的覆盖范围
（2）媒体听众的数量和收听率
（3）节目的时段安排
（4）各个时段听众的数量及收听率
（5）各个时段听众的人口统计特征及其构成
（6）目标听众的数量及比率
（7）目标听众的收听习惯
（8）收听媒介的分布和普及率
（9）信号传输质量
（10）节目的长度
（11）节目中插播广告时间的长度、频次
（12）节目中插播广告时间占该节目时间的比率
主观（或质）标准

续表

按媒体类型划分
（1）媒体定位
（2）媒体的可信度
（3）电台的节目形态
（4）节目主持人的名气和风格
（5）媒体、节目特征与广告、品牌特征的吻合程度
4. 电视媒体价值的标准
客观（或量）标准
（1）电视信号覆盖范围
（2）收视媒介的分布和普及率
（3）家庭开机率和个人开机率
（4）电视频道、栏目、节目的收视人数和收视率
（5）电视频道、栏目、节目的收视人口构成及比例
（6）观众对频道、栏目、节目的满意指数
（7）目标收视人口数量和目标收视人口的收视率
（8）频道的栏目、节目的时段安排
（9）栏目、节目时间长度
（10）各个时段目标收视人口的开机率和频道占有率
（11）节目中插播广告的时间长度和频次
（12）节目中插播广告的时间占总节目时间的比率
（13）节目信号传输的质量
主观（或质）标准
（1）电视频道、栏目、节目定位和频道形象
（2）电视媒体的可信度
（3）频道在受众中的地位
（4）电视节目形态
（5）节目的受众卷入程度
（6）频道、栏目、节目同其他媒体或专案的配合能力
（7）频道、栏目和节目特征与广告、品牌特征的吻合程度
（8）主持人的形象、名气和风格
5. 户外广告媒体价值的标准
客观（或量）标准

续表

按媒体类型划分
(1) 路线、路段、地区的人流量和人流特征
(2) 可能接触的目标消费者的数量
(3) 户外媒体设置的地点
(4) 户外媒体的视觉形象
(5) 户外媒体的面积体积
(6) 户外媒体的能见程度
(7) 媒体的材质、色彩、亮度、声光电组合等特殊的效果
主观（或质）标难
(1) 媒体所在位置本身的商业价值
(2) 周围环境和媒体的关系：相容、冲突等
(3) 同其他户外媒体的相对位置关系
(4) 与其他促销活动的配合

资料来源：纪华强. 广告媒体策划. 上海：复旦大学出版社，2006：131–134.

链接·视点

谁是中国最具广告价值的媒体

2004年11月初，《成功营销》杂志发布了《谁是中国最具广告价值的媒体》调查及分析报告，通过对2004年上半年的摊点平均实际销售量和广告版面收入等指标，评出中国最具广告价值的25家媒体（限报纸、期刊类），引起了企业界、媒体界及广告界同仁的关注。

一、排行榜价值

整合分析"量"与"质"两方面的数据，避免两种极端化倾向，才能较好地识别具有高广告价值的潜在媒体。本排行榜中，一些知名度较高的媒体如《电脑报》、《南风窗》、《经济观察报》、《中国证券报》等位居25强之外。理性对待广告报价虚高的所谓强势媒体，正是本排行榜的价值所在（表4–3）。

中国最具广告价值媒体（报纸期刊）25强　　　　　表4–3

名次	媒体名称	广告价值得分	类型	编辑部	2004年上半年广告额（万元）	2004年上半年实销量加权值
1	北京晚报	94.39	都市报	北京	68786.74	168.53
2	时尚伊人	88.45	时尚/服饰	北京	14616.72	21.96
3	瑞丽服饰美容	84.94	时尚/服饰	北京	6920.81	39.12

续表

名次	媒体名称	广告价值得分	类型	编辑部	2004年上半年广告额（万元）	2004年上半年实销量加权值
4	广州日报	74.71	都市报	广州	80006.69	98.08
5	都市丽人	68.59	时尚/服饰	北京	1519.7	38.1
6	瑞丽伊人风采	67.05	时尚/服饰	北京	6505.66	28.2
7	世界时装之苑	57.99	时尚/服饰	北京	11600.14	13.2
8	汽车之友	56.9	汽车	北京	1753.64	30.06
9	微型计算机	56.39	IT	重庆	2373.98	28.62
10	电脑爱好者	53.87	IT	北京	1016.06	29.4
11	上海服饰	47.53	时尚/服饰	上海	2530.77	22.56
12	商界	43.32	经管	重庆	2874.95	19.2
13	北京青年报	43.2	都市报	北京	68341.61	25.53
14	成都商报	41.31	都市报	成都	36860.92	64.66
15	南方都市报	39.81	都市报	广州	52522.95	38.28
16	新民晚报	37.8	都市报	上海	39083.08	51.59
17	新闻晨报	36.88	都市报	上海	38563.26	49.72
18	京华时报	36.1	都市报	北京	31516.97	57.48
19	汽车杂志	35.51	汽车	北京	1333.7	16.86
20	时尚健康	35.34	时尚/服饰	北京	4499.66	11.1
21	体坛周报	34.63	体育	长沙	5980.42	89.4
22	希望	34.62	时尚/服饰	广州	1346.12	16.26
23	销售与市场	34.09	经管	郑州	1891.22	14.94
24	中国汽车画报	33.27	汽车	北京	2565.48	13.2
25	参考消息	32.87	全国报	北京	12097.9	75.78

二、榜单解析

何为媒体的广告价值？业内普遍采用广告千人成本和读者构成来评价某媒体是否适合投放广告。由于计算这两项指标的原始数据往往由媒体自己提供（尽管国内一些媒体正引入 BPA 认证），对相关指标的解释可能侧重某一方面，存在一定的误导性。

事实上，影响媒体广告价值的主要是三个部分：读者数量、读者质量、竞争态势。读者数量简单说就是发行量；读者质量的评估会比较复杂，一般来说，读者的购买力和影响力将是影响读者质量的决定因素，但是高购买力、高影响力的读者数据很难收集，从而无法获得可比较的数据；竞争态势目前主要是靠广告额指标来体现。

读者数量的调查目前主要有BPA认证以及世纪华文的实销量监测；广告额的调查主要有慧聪资讯和上海的梅花信息。据悉，虽然尚没有一家企业或机构可以提供有效的读者质量调查，但是媒体自身以及广告公司都在寻求各自的办法来说明这个问题。但是鉴于收集的困难，以及真实性、可比性上的差异，在本次排名中没有引入相关的数据，只采用了实销量数据和广告额数据。

对媒体广告价值的认知，隐含着对媒体向两大利益相关者的两次销售效果的综合评价，即读者对报刊的实际购买与广告商对广告版面的实际购买。站在第三方的立场，统筹这两方面的数据信息，审视媒体的相对广告价值，才能达到对我国报刊广告价值的整体性认识。

需要补充说明的是：受读者质量的影响，以及参照广告主的广告投放需求，未上榜的媒体未必没有广告价值，但是上榜的媒体一定是具有高广告价值的。

近年来我国报刊的种类和广告额的增速均相当可观，屡有新的报纸、杂志问世，实力型媒体的市场地位也正日趋稳固，报刊业强者主导的格局已经呈现。企业营销决策者是否了解各报刊在同类媒体中的相对广告价值，对能否制定合理、有效的媒体购买策略关系重大。

对此榜单加以分析后，可以发现以下趋势：

（1）5类媒体主导行业格局：时尚类（8家）、汽车类（3家）和IT类（2家）、经管类杂志（2家）和都市报（8家）等报刊主导广告市场。

（2）编辑部设在北京的报刊在全国报刊广告市场中拥有压倒性的优势。

（3）在北京报刊达到15家，在25强中占据六成席位；上海和广州各占3席，京、沪、穗三地合计约占84%。

（4）三大城市7家都市报优势明显。

（5）读者群的专业化和跨地域性是杂志成功运作的关键。

（6）全国性报纸在广告刊登额和销量上尚难以与都市报同列。

（7）时尚类杂志是杂志广告市场的第一集团军。

（8）汽车类杂志的读者认可度与广告商认可度较为一致。

（9）IT类杂志的广告价值内部分化严重。

（10）经管类杂志的实销量普遍较低，但广告额较高。

（11）其他类别杂志中，新闻类杂志广告额较高。

备注：

一、本次排行榜的数据处理方式说明

《成功营销》联合世纪华文和慧聪国际推出此次排行榜，后者提供了各报刊在2004年上半年的摊点平均实际销售量和广告版面收入。鉴于各报刊对本身的读者构成及其目标读者与广告的目标受众吻合程度，以及广告经营中的折扣标准欠缺透明度，本排行榜最大程度上排除了定性成分的第一手资料，选择报刊的摊点平均实销量和广告版面刊登额的数据为宜。本次排行榜对原始数据采取了如下的加权处理：

1. 平均实销量和广告额的原始数据分别进行降序处理，最大值计为100，以各报刊数据除以此最大值，再乘以100，小数点后保留两位。

2. 根据报刊类别分别对平均实销量区别处理，都市报只计算其发行城市的销量，面向全国发行的报刊则根据其销量数据计算其在6个重点城市的销量均值，因此全国性报刊的销量值可能比实际销量状况略有出入。

3. 分别对报纸、杂志的实销量和广告额数据作加权合并，公式如下：广告价值得分＝报刊实销量加权值×60% + 报刊广告刊登额加权值×40%，权重选择考虑到刊登广告额的虚高和报刊实销量指标的重要性。

4. 报纸和杂志的广告价值得分作加权合并，排出报刊广告价值的最终得分及名次。考虑到报纸和杂志在零售价格和读者构成、杂志广告的可读性和保存时间较长，以报纸为基础，对杂志的读者作加权处理，即在上述杂志价值得分（第三项结果）＋10×60% 得出最终的杂志价值得分。

二、报刊销量数据来源说明

世纪华文从2002年开始在全国范围内定期进行媒体广告价值角度的调查，调查涉及全国6个重点广告投放城市，调研取样规模超过3万个，是国内最大规模的专项平面媒体广告效果调研项目。调研选取城市包括北京、上海、广州、深圳、成都、西安6个重点城市，调研时间为2004年6月份。

三、报刊广告额数据来源说明

监测机构：北京慧聪国际资讯有限公司媒体研究中心

监测时段：2004年1月1日~6月30日

按照媒体公开发布的刊例报价进行媒体广告收入统计，没有考虑任何折扣和人为影响，所以广告刊登额与媒体的实际收入有所差别，但总体来说可以反映一类媒体或一个区域的广告市场概况以及媒体的市场地位。

四、与发行量相关的几个概念

实销量：单期报刊实际销售数量（主要包括订阅和零售，不含赠阅）。

摊点实销量：指单期报刊在6大城市每个摊点的平均销售册数或份数。

印刷量：当期报刊在印刷厂的印刷数量。

最大发行量：一般是该报刊历史以来曾达到的最大发行量。

总发量：每月出版的报刊发行量总和，多见于周刊及半月刊。

平均期发量：在某个时间段内各期发行量的均值。

资料来源：施星辉，杨奕. 谁是中国最具广告价值的媒体. 成功营销，2004-11.

4.2 媒体广告价值的量化评估

4.2.1 媒体广告价值量化评估的三个视角

媒体载具在量上的评估，基本上可以有三个角度：受众角度；媒体角度；区域角度。评估角度的选择,依不同的分析目的而有所区别(表4-4)。[8]

媒体载具量化评估的三个角度 表4-4

量化评估的3个视角	核心思想	分析目的
受众角度	了解对象阶层在各区域内对各媒体的接触状况及各媒体的受众构成	在对象阶层确定的情况下分析阶层的接触状况
媒体角度	了解该媒体载具在各区域的受众构成及对象阶层在各地区的接触状况	提供媒体在区域推广及受众设定上的参考
区域角度	了解该区域各媒体的受众构成及各对象阶层的媒体接触	了解当地媒体市场状况

资料来源:陈俊良.广告媒体研究——当代广告媒体的选择依据.北京:中国物价出版社,1997:55-56.

4.2.2 媒体广告价值量化评估的基本指标

媒体广告价值量方面的指标,主要是指能够通过统计调查而得到的媒体使用效果的数量化指标。由量的指标结合费用可以计算出成本效益指标。

对电波媒体而言,主要指标有:收视率、收视人口、观众的组成情况、覆盖区域等。广播与电视基本类似,其指标含义也基本一致,只是以收听取代收视。印刷媒体主要数量指标有:发行量、阅读率、传阅率、阅读人口、阅读人口组成情况、刊物地区分布等。报纸和杂志基本类似,指标含义也基本一致。

户外媒体种类繁多,有的指标还不完全一致。对一般常见的路牌等来说,其主要的数量指标有:受众人数、高度指数、尺寸指数、能见指数、材质指数等。户外媒体本身能否被注意,可以从高度、尺寸、能见角度、材质等项目上进行检视。上述这些指数指标有的缺乏统一的量化处理方法,一般结合一些测量或调查数据进行相对比较求得。

网络媒体量方面的指标主要包括:网站(或网页)的访问次数和访问者人口组成分析。其中访问人次可通过网站的统计软件进行准确统计,人口组成分析则通过在网上向访问者附带发布的调查表来获取。

综合来看,媒体广告价值的系列指标中,量的指标和成本指标一般可以从调查公司或媒体获取(表4-5)。[9]

主要广告媒体常用的量化评价指标　　　　表 4 – 5

媒体类别	主要代表	指标及含义	计算公式或取得方式	细分指标
电波媒体	电视	收视率：一段时间内收看某一节目的人数（或家庭数）占观众人数（或家庭户数）总体的百分比	收视率 = 收看某节目的人数（或家户数）÷总人数（或家户数） 收视调查公司调查	个人收视率、家庭收视率、目标人口收视率、总收视率
		占有率：特定时段内收看某一特定频道（或节目）的人数（或家户数）占收看电视总人数（或家户数）的比例，即特定时段内某一频道收视率占所有频道收视率的比例	占有率 = 目标人口中收看某一节目的人数÷目标人口总人数 收视调查公司调查	
		到达率：指在特定时段内收看过某一特定频道（或节目）的不重复的观众人数占观众总人数的比例	收视调查公司调查	有效到达率、目标到达率
		收视人口：收看一个特定电视节目的人口数	收视人口 = 收视率×总人数	
		观众组成情况：按人口统计分类方法对一个电视频道或一个节目的的观众进行分析。一般可以按照性别、年龄、教育程度和收入情况等多种途径进行分析	收视调查公司调查	
		覆盖区域：电波媒体能被受众接收的范围大小	收视调查公司调查或媒体提供	
		暴露频次：指的是视听众在特定时期暴露于某一媒体特定广告信息的平均次数	暴露频次 = 总收视频次÷到达率 收视调查公司调查	有效暴露频次
		视听机会：指的是受众研究中在某一目标视听众中宣称有机会收看或收听某个广告的人口数值		

续表

媒体类别	主要代表	指标及含义	计算公式或取得方式	细分指标
印刷媒体	报纸	发行量：指一份刊物每期实际发行到读者手上的份数	调查公司调查或媒体提供	订阅发行量、零售发行量和免费赠阅发行量
		阅读率：指在特定时间内阅读特定刊物的人口占总人口的比率	调查公司调查或媒体自行调查	目标人口阅读率
		阅读人口：指特定时间内阅读特定刊物的人数	调查公司调查或媒体自行调查	目标阅读人口、付费阅读人口、传阅人口
		阅读人口组成情况：一般也是按照性别、年龄、教育程度和收入情况等口径来进行	调查公司调查或媒体自行调查	
		刊物地区分布：报刊在不同区域内有可能拥有不同的内容和不同的媒体接触状况，从而使得报刊存在地区分布上的差异	调查公司调查或媒体提供	
户外媒体	路牌	受众人数	媒体自行或委托调查公司调查	
		高度指数	媒体自行提供	
		尺寸指数	媒体自行提供	
		能见指数	媒体自行提供	
		材质指数等	媒体自行提供	
		受众人口组成情况	媒体自行或委托调查公司调查	
网络媒体	网站	访问次数	媒体自行调查或委托调查公司调查	
		访问者人口组成分析	媒体自行调查或委托调查公司调查	

资料来源：吴永新．我国企业广告运作决策研究．暨南大学博士学位论文，2006：72-73. 本书有补充

4.2.3 媒体广告价值量化评估指标的计算

从传统上来说,媒体计划被定量评估的基础主要是通过收视率(Rating)、到达率(Reach)、接触频次(Frequency)、毛评点(GRPS)和千人成本(CPM)等这些基本参数指标来实现的。这就要求我们首先要理解这些概念的基本含义,并掌握其计算方法。[10]

1. 收视率(Rating)/收视点(Rating Point)

收视率指暴露于一个特定电视节目中的人口数(或家庭数)占拥有电视人口总数(或家庭总数)的比率。即依计算单位的不同可以分为两种表达方式:(1)家庭收视率(Household Rating),表示某一节目有多少家庭在看;(2)个人收视率(Personal Rating),表示某一节目有多少个人在看。在实际操作中,我们除了研究家庭和个人收视率外,还要特别强调对象收视率(Target Rating)。所谓对象收视率,指的是所确定的品牌对象消费群的收视率。计算方法是拿暴露于特定电视节目中的人口数除以所有对象消费群人口数的百分比。

媒体加油站

(1)收视率(Rating)

公式:Rating = 广告所到达的观众人口总数÷该地区人口总数×100%

Example 4-1:有五个家庭各拥有一台电视,假设有A、B、C三个节目可供收看,有两家看节目A,各有一家看节目B或C(图4-2),则各节目的收视率分别为多少?

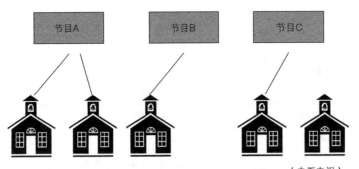

如果,"节目A"收视点=2/5=40%

那么,"节目B"、"节目C"收视点=?

图4-2 电视收视(听)率图表   (答案在本书中找)

(2)目标受众收视率(Target Audience Rating Point, TARPs)

定义:目标受众(Target Audience),指在总收视人口中属于目标受众的收视人群。

目标受众收视率（TARPs），亦称作毛收视点，指有机会收看某个广告的目标受众百分比。例如，10个女性目标收视点 = 所有女性观众的10%

公式：TARP = 广告所到达的目标受众人口总数 ÷ 该地区广告目标受众人口总数 × 100%

Example4-2：请分别计算上海电视台和东方电视台各年龄段目标受众的收视率。

目标受众收视率（TARPs）的计算　　　　　　表4-6

年龄组成	总观众数（千人）	上海电视台		东方电视台	
		（千人）	TARPs	（千人）	TARPs
15岁以下	1119	140	12.5	138	12.3
15-24岁	817	106	13.0	120	15
25-34岁	6.31	111	17.6	107	17
35-49岁	2123	342	16.1	377	18
50岁以下	2993	568	19.0	524	18
总计	7683	1206	15.7	1266	16

（3）开机率（Homes Using TV，HUT）

定义：一天中某一特定时间拥有电视的家庭开机的百分率。

（4）视听众占有率（Share，Share of Audience）

定义：对于某一节目，其收看者占开机者的百分比。

公式：占有率（Share）= 收看某一频道（节目）的观众人数 ÷ 所有正在看电视人数 × 100%

占有率（Share）= 某一频道（节目）收视率 ÷ 所有频道收视率 × 100%

收视率（Rating）= 开机率（HUT）× 视听众占有率

2. 到达率（Reach）与覆盖面（Coverage）

简而言之，到达率指有多少"不同的"家庭或个人，在一定的期间内（通常为4周），至少接触广告一次的非重复性人口比率。鉴于到达率可以表达多重意义，所以有必要逐一了解它们。表4-7总结了到达率的不同意义。

到达率的意义总结　　　　　　表4-7

序号	到达率是
1	在特定时期内对受众累积数的测试
2	一个不重复计算的统计数据
3	是一种监测，尽管有时可对它进行评估

续表

序号	到达率是
4	对一个载体或一组不同的载体的监测
5	对同一杂志的连续期刊的监测（如《荧屏导视》第7期的到达率是……）
6	对4周内电视收看情况的报导
7	对任何期间内电波监测的报导
8	印刷媒体中期刊的报导
9	是对原始数据或一些群体的百分比的陈述
10	在人口统计分类中对家庭用户和个人的陈述
11	在印刷媒体中对覆盖面的另一种称法
12	在一个或几个载体暴露度的基础上监测
13	不是在载体中广告暴露的基础上监测，而是对通过个人收视监测器的广告片进行监测
14	到达率是一份告诉我们多少不同的人们有机会在载体中看到广告的监测报告
15	到达率是一个显示受众分布的媒体策略

资料来源：杰克·西瑟斯，罗杰·巴隆.广告媒体策划.闾佳，邓瑞锁译.北京：中国人民大学出版社，2006：90－91.

当涉及到受众统计数据时，我们不知道如何正确使用到达率和覆盖面。这两个术语可以互换，因为覆盖面有时和到达率是一个意思。但实际上它们是非常不同的，因为覆盖面能够表示出暴露于广告的潜在受众，而到达率是指暴露的实际受众数。这两个术语的常见用法，为我们提供了最基本的答案。覆盖面常常涉及电波媒体的潜在受众和印刷媒体的实际受众，而到达率则总是和任何广告媒体实际到达的受众有关（表4－8）。

如何使用到达率和覆盖面　　　　　　　　　　表4－8

到达率	表示只有一次真正暴露于单一媒体载具和媒体到达率组合的不同受众总数或百分比 例如：X电视节目在4周时间内到达900万18～34岁的男性 例如：Y杂志平均每期有25%的18～34岁男性的到达率
覆盖面	表示在一个电波媒体暴露一次的潜在受众或印刷媒体中暴露一次的实际受众 例如：有线网络电视节目占美国全国家庭用户总数的95%的覆盖面 例如：Y杂志覆盖25%的18～34岁的男性（含义同到达率）

资料来源：杰克·西瑟斯，罗杰·巴隆.广告媒体策划.闾佳，邓瑞锁译.北京：中国人民大学出版社，2006：89.

到达率的运作适用于一切类别的媒体。在各种媒体间唯一不同为到达率所表现的时间长短的结构。就广播、电视媒体而论，通常到达率均于 4 周期间表示。这是由于研究来源的资料供应和所收集之资料，通常都以 4 周作为到达率的计算期间加以制表。就杂志、报纸而论，到达率通常以某一特定发行期经过全部读者阅读的寿命期间作为计算标准。以《读者文摘》为例，平均每期的阅读寿命约为 11~12 周，这是说，从刊物开始发行时经过约需 11~12 周才能到最后一位《读者文摘》的读者。对户外媒体，到达率的表现要经过一个月的期间。[11]

媒体加油站

公式：到达率（Reach）= 总收视率 - 重叠收视率

到达率 & 有效到达率 & 目标到达率（Reach & Effective Reach & Target Reach）的比较　　　　　表 4-9

	概念定义
到达率（Reach）	指暴露于一个媒体执行方案的人口或家庭占总人口或家庭的百分比；为非重复性计算数值
有效到达率（Effective Reach）	指在有效频率以上的到达率
目标到达率（Target Reach）	指在特定期间暴露于媒体执行方案的目标阶层占总人口数的百分比

Example 4-3：一个广告插播三次，共有 A、B、C、D、E 5 个家庭，第一次插播时 A、B、C、D 看到，第二次插播时 B、C、D 看到，第三次 A、C、D 看到，播出结束，只有 E 家庭没看到广告，请计算该广告的到达率。

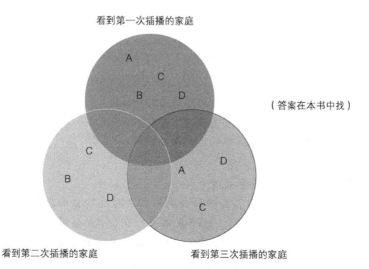

图 4-3　某广告的到达率情况示例

3. 接触频次（Frequency）

接触频次是指个人（或家庭）接触广告信息的平均次数。在分析上，接触频次通常被分为平均接触频次（Average Frequency）、接触频次分布（Frequency Distribution）及有效接触频次（Effective Frequency）。

媒体加油站

公式：接触频次(Frequency) = 毛收视点(CRPs) ÷ 到达率(Reach)

平均接触频次(OTS) = 毛评点(GRPs) ÷ 到达率(Reach)

（1）概念辨析

频次、有效频次、平均频次的比较　　　　　　　　　表4-10

	概念定义
接触频次	指在一定期间内接触广告的对象消费者的接触次数
有效接触频次	指对消费者达到广告诉求目的所需要的广告露出频次
平均接触频次	指观众平均收看到广告的次数

（2）有效接触频次的影响因素视听众占有率（Share, Share of Audience）

影响有效接触频次高低的因素有：

（1）品牌
- 是成熟品牌还是新产品
- 是已实施的广告运动还是新的广告运动
- 广告信息的简单与复杂性
- 创意本身的高冲击力与低冲击力
- 是否有其他的广告支持或低广告支持
- 是高关注度品类还是低关注度品类

（2）消费者因素
- 善于接受新鲜事物的或抗拒心理强的目标受众
- 消费态度始终不渝的或消费态度经常变化的
- 消费行为始终不渝的或消费行为经常变化的
- 低竞争性与高竞争性
- 低媒介干扰度与高媒介干扰度

一位美国广告学者根据以上品牌和消费者因素对有效接触频次的影响，发明了以下的直观表达形式（表4-11）。这个表格每个国际4A公司都在使用。作为判断有效接触频次的工具，在具体运用上每个4A公司是不同的，有的运用正负数，有的用自然数，看似量化，实际上还是定性的判断。由于每个因素对所需频次的影响不同，所以运营加权的方式（Weight）可以尽量真实地反映品牌所需频次。每个4A公司均有自己的评分标准，根据这一标准判断频次数量。[12]

Example4-4：请根据表4-11所示数据，计算出有效频次的评估分数。

有效频次评估表　　　　　　　　　　　　　　　　　　　　表4-11

A. 品牌	低 ←		有效接触频次		→ 高	Weight	Score
	1	2	3	4	5		
1. 已充分建立的品牌	□	□	□	☑	□ 新上市产品/产品	4	16
2. 现有活动	□	□	□	□	☑ 全新活动	4	20
3. 简单信息	□	☑	□	□	□ 复杂信息	2	4
4. 印象深刻的广告创意	□	☑	□	□	□ 印象较浅的广告创意	3	6
5. 最近阶段广告投放量高	□	□	□	□	☑ 最近阶段广告投放量低	4	20
6. 消费者感兴趣的产品类别	□	□	□	☑	□ 消费者不太感兴趣的产品类别	2	8

B. 消费者	低 ←		有效接触频次		→ 高	Weight	Score
	1	2	3	4	5		
7. 容易接受	□	□	□	☑	□ 不容易接受	2	8
8. 容易改变态度	□	□	□	☑	□ 不容易改变态度	3	12
9. 容易改变习惯	□	☑	□	□	□ 不容易改变习惯	4	8
10. 竞争品牌活动少	☑	□	□	□	□ 竞争品牌活动多	3	3
11. 较低媒介干扰度	☑	□	□	□	□ 较高媒介干扰度	3	3

有效频次评估分数：？
（答案在本书中找）

资料来源：朱海松．国际4A广告公司媒介策划基础．广州：广东经济出版社，2005：54．

4. 总收视点/毛评点（Gross Rating Point，GRPs）

总收视点或称毛评点是一个表示广告送达程度的百分数，指在一定广告排期内（一般为4个星期），特定的媒体广告所送达到观众处的收视率总数，即在特定频道（或若干频道）、特定时段（或若干时段）的广告播出后获得的收视率之和。总收视点是重复性收视率，有重叠性，操作时可把不同时段、不同日期的收视点累加在一起做广告投放量及其效果的统计和评价。

媒体加油站

（1）总收视点的计算

公式：总收视点（GRPs）= ∑收视率（Rating）ᵢ
收视率（Rating）ᵢ——第i次的收视率（i = 1, 2, ……, n）

Example4-5：某广告通过 A、B、C 三档节目在一周内共播出 17 次（表 4-12），请据此算出总收视点。

总收视点的计算　　　　　　　　　　　　　　　　表 4-12

	平均收视率（%）	广告插播次数	总收视点 GRPs
节目 A	12	3	36
节目 B	4	4	16
节目 C	9	10	90
合计		17	142

该周期送达的毛评点，即总视听率的计算方法为：

$$GRPs = 12 \times 3 + 4 \times 4 + 9 \times 10 = 142$$

（2）总收视点（GRPs）、到达率（Reach）、接触频次（Frequency）的关系

公式：总收视点（GRPs）= 到达率（Reach）× 接触频次（Frequency）

Example4-6：已知甲市场共有 100 万个目标消费者，两次广告的收视率分别为 30% 和 20%，有重叠（图 4-4），请分别计算出 GRPs、Reach 和 Frequency。

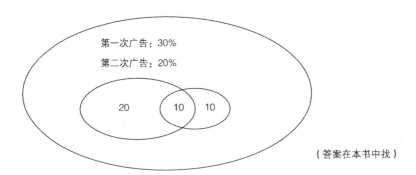

（答案在本书中找）

图 4-4　甲市场两次广告的收视率分布情况

（3）总印象（Impressions）

总印象又称"总视听机会"，它表示一个人能够被展露到某一节目、报纸、杂志或户外广告的机会，是对受众规模的测量。总印象与总收视点意义相同，只不过总收视点是百分数，而总印象是一个具体数字，它是指媒体活动排期表中所有媒体的受众人数总和。

公式：总印象（Impressions）= 总收视点（GRPs）× 人口基数

5. 千人成本（Cost Per Thousand, CPM）/每收视点成本（Cost Per Rating Point, CPRP）

媒体广告投放成本评估的主要指标为千人成本（CPM）和每收视点成本（CPRP）。所谓千人成本，是指广告每接触1000人所需花费的成本。在计算上是以媒体单价除以接触人口，再乘以1000。每收视点成本主要用于评估不同电视媒体不同时段的价钱差额，是指广告每取得一个点的收视率所需花费的成本，在计算上是以单价除以收视率。对于广播，则可照此类推。

媒体加油站

（1）千人成本（CPM）vs. 每收视点成本（CPRP）

公式：千人成本（CPM）= 购买所有受众费用（Net Cost）÷视听众人数（Pop.）×1000

千人成本（CPM）=（广告单价×1000）÷（总人口×电视皮机率×节目收视率）

每收视点成本（CPRP）= 广告单价（Net Cost）÷收视率（Rating）

每收视点成本（CPRP）= 千人成本（CPM）×视听众人数（Pop.）÷100000

其中，千人成本（CPM）应用更为广泛，可以通过播出时间或印刷版面来计算。其受众基础可以是发行量、到达的家庭户数、读者数、任何年龄阶层的受众数，或产品各个使用阶层的受众数等，只需在计算时作出相应调整，该指标说明一种媒体与另一种媒体相对的成本，因此还可以用于媒体之间的横向比较。相对而言，每收视点成本（CPRP）一般用于电视媒体，作用等同于千人成本（CPM），但是，由于不同的电视台的覆盖范围不同，收视人口基数相差甚大，一般难以进行横向比较。

Example4-7：请根据表4-13提供的数据计算CPM和CPRP，作出广告媒体选择并阐明理由。

CPM 与 CPRP 的计算   表4-13

节目	总人口数（千人）	电视普及率（%）	收视人口（人）	收视率（%）	30秒单价（元）	CPM	CPRP
A节目	2660	95	758100	30	22000	29	73333
B节目	2260	95	454860	18	12000	26	66667
C节目	2660	95	606480	24	18000	30	75000
D节目	2660	95	227430	9	8000	35	88889
E节目	2660	95	379050	15	15000	40	100000
平均值	2660	95	2425920	96	75000	31	78125

陈俊良. 广告媒体研究——当代广告媒体的选择依据. 北京：中国物价出版社，1997：78.

根据上表数据，在只分析收视人口及收视率的情况下，5个节目的排名为ACBED，假设在其他条件不变的情况下，媒体选择的优先顺序应该就是ACBED。然而，加上投资效益评估之后，以纯效率的角度去选择，优先顺序则改变为BACDE。[13]

（2）绝对千人成本 vs. 相对千人成本

Example4-8：请根据表4-14提供的广告媒体信息，在媒体A和媒体B中作出选择并阐明理由。如果进一步假设A、B两种媒体的目标消费者群为年收入5万元以上的上海地区30～50岁男性居民，且测算出A媒体的目标消费者群有15万人，B媒体的目标消费者群有10万人，则您的评估是否有所变化？

绝对千人成本与相对千人成本的比较　　　　表4-14

	广告费（元）	阅读人数	绝对千人成本（元）	相对千人成本（元）
媒体A	6000	200000	30	40
媒体B	5000	250000	20	50

（答案在本书中找）

链接·视点

走出收视率误区

在进行媒体经营和广告媒体选择时，常常用到收视率这一评估指标，但我们常常进行表面化的运用，没有深入把握它的本质，这样往往会走入收视率误区。如高收视率的节目拥有更广泛的收视人群；节目收视率等同于广告收视率；收视率不断下降表明栏目进入衰退期等。下面就这三个误区一一说明：

误区一：高收视率的节目拥有更广泛的收视人群

如图4-5所示：A节目收视率为40%，B节目收视率为20%，X品牌分别在A节目和B节目投放三档广告。A节目的收视群体固定，收看A节目的观众总是同一群人（受众一和受众二），那么X品牌通过A节目投放广告仅仅能接触40%的受众。而B节目的观众分别属于三类不同的人群（受众二、受众三和受众四），那么X品牌通过B节目投放广告却能接触60%（20%×3）的受众。这个例子说明，仅凭收视率的高低不能代表节目收视人口范围的大小，如果需要广告信息的高涵盖率，必须引入到达率、重叠率等概念。

误区二：节目收视率等同于广告收视率

目前央视索福瑞提供的收视率报告只是节目收视率，而不是广告收视率，但客户所关心的恰恰是广告多大程度上暴露于目标受众，所以在为客户设定最低媒体传送量时必须考虑到这个问题，将节目收视率转化为广告收视率。西方权威媒体调研机构经过多年的调查研究指出：收看电视节目的观众中平均有35%的人会看节目中的商业广告。而实力媒体策略资源专项调研中对有关"电视广告播出期间，观众在做什么"进行了更详细的说明，如图4-6所示。

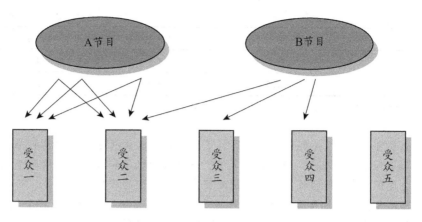

图 4-5　A、B 节目的收视群体构成

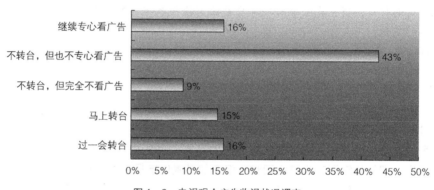

图 4-6　电视观众广告收视状况调查

数据来源：实力媒体策略资源专项调研

通过实力媒体的专项调研我们不但了解到节目收视率不等同于广告收视率，而且更深刻的体会到"我知道我的广告费有 50% 被浪费掉，但是我不知道是哪 50%"这句广告界中的至理名言。

误区三：收视率不断下降表明节目进入衰退期

在分析节目收视状况时，经常发现一些栏目随着时间的推移其收视率不断下降，如表 4-15 所示。

A 剧场（18:00-19:00）收视率与收视份额状况　　　表 4-15

月份	收视率（%）	开机率（%）	收视份额
1 月	15.2	66.5	22.9
3 月	14.6	63.6	23.0

续表

月份	收视率（%）	开机率（%）	收视份额
5月	13.5	55.8	24.2
7月	12.5	49.8	25.1

注：收视份额＝收视率/开机率。

由上表可以看出，A剧场收视率逐月下降，如果以收视率作为评估标准，会认为A剧场在慢慢失去观众，市场逐渐萎缩，当导入开机率和收视份额这两个测评指标时就会发现，A剧场的收视份额在逐渐提高，受欢迎的程度有增无减，而造成收视率下降的原因是开机率逐渐降低，开机率受到季节变换（冬季－夏季）的影响，夏季的到来，昼长夜短，观众开机时间向较晚时间段推移，位于较早时间段（18:00~19:00）的所有栏目的收视率均会有不同程度下降，随着季节的交替（夏季－冬季），开机率逐渐提高，A剧场的收视率也会不断回升。因此，对于受开机率影响较大的栏目，研究其生命周期时应更注重检视收视份额的增减而不是单纯考虑收视率的高低。

资料来源：李军辉. 广告媒体策略研究漫谈. 广告人，2005（Z1）：187－189.

4.3 媒体广告价值的质性评估

4.3.1 媒体广告价值的质性评估指标

所谓媒体的质，是指以目前的测定技术而言，对各广告媒体不易根据统计直接量化测定，即使能够测定也特别困难，但它却是媒体选择的主要标准。[14]

在量化因素评估上的一个基本假设是：设定同一类别下的媒体载具对于各广告活动都是等值，即不同的电视节目所产生的每个百分点收视率对任何品牌及广告活动都是同样价值，不同的刊物所提供的阅读人口对所有品牌及活动也等值。但事实上，各电视节目因其时段、形态等的不同，对个别品牌及活动所提供的价值将有所不同；不同刊物其在读者心中的地位的差异，也将影响刊登广告的说服效果。进一步分析上述的差异，可将其分为两类：一是广告单位方面的差异；二是媒体影响力方面的差异。[15]也就是说，媒体载具不仅有量的差别、还有质的差异。质的因素和量的因素最大的差异是，量的因素计算的是广度及成本效率，而质的因素指的是说服的深度及效果。质的分析着重的是针对个别品牌及活动，媒体载具所能提供的价值，所以在分析项目上因个别性较高而较为主观和不固定，一般需要从业人员结合经验判断。一般较常用的分析项目有：接触关注度；干扰度；编辑环境；广告环境；相关性等。[16]

1. 接触关注度（Involvement）

接触关注度指的是当消费者接触媒体时的"质量"，而不仅仅只是关注消费者"有没有"收看。其基本的假设是，消费者专注地接触媒体时的广告效果，比漫不经心地接触时高。所谓广告效果，指的就是广告被收视及记忆的程度。奥美伦敦公司的一项研究报告指出，关注度较高的节目相较于一般节目，消费者收看广告的意愿提高49%，广告记忆度则提高30%，证实了媒体接触质量对广告效果的影响。接触关注度的测定与评估主要有两种方法：

（1）通过问卷调查的方式获得。如调查消费者对各节目的收看频次及连续性、主动选择收看或被动参与收看、节目喜欢程度及错过收看的失望程度等来测定各节目的关注度。

（2）在相关资讯的基础上进行主观判断。这种方法在现阶段比较普遍，以电视媒体为例，又有两种常用的方法：

1）以节目形态划分，主观判断各形态节目指数。一般而言，新闻节目通常拥有较高关注度，戏剧节目次之，综艺节目则较不固定。诚然，以节目形态划分的指数设定必须考虑目标受众的差异。表4-16中，节目的关注度指数系由受众平均接触频率和观众满意度加权后获得。

收视率加权指数（关注指数）　　　　　　　　　　　　　表4-16

节目	节目形态	收视率（%）	关注指数（%）	加权收视率（%）
A节目	电视剧	25	62	16
B节目	综艺节目	32	51	16
C节目	新闻	21	70	15

资料来源：陈培爱，覃胜男. 广告媒体教程. 北京：北京大学出版社，2005：273.

2）以节目播出时间段划分，主观判定各时间段指数（表4-17）。值得注意的是，不同的节目形态（例如电视剧、综艺节目等）、不同的收视时间（例如白天、晚上）和不同的受众群体的收视习惯，对节目的关注度都会产生影响。因此，在指数判定的时候，我们必须在深入考虑品牌对象阶层和目标受众的实际情况后再加以判定。[17]

各时段接触关注度指数　　　　　　　　　　　　　　　表4-17

时段		受众所处状态	接触关注度
清晨时段：	6:00~8:00	上班或上学准备时间	较低
白天时段：	9:00~17:00	上班或上学时间	中至较低
前边缘时段：	17:00~19:00	下班、放学及晚饭	中等
主时段：	19:00~22:00	饭后闲暇时间段	中到高
后边缘时段：	22:00~24:00	外界干扰少	最高

资料来源：周秀玲. 关于广告媒体投资评估指标体系的研究. 北京机械工业学院学报，2005（4）：44.

2. 干扰度（Clutter）

干扰度指的是消费者在接触媒体时受广告干扰的程度。广告接触对消费者而言，通常不是目的性行为，即观众收看电视的目的是电视节目，并非电视广告，阅读报纸的目的是新闻或娱乐，并非广告。因此广告占有媒体载具的时间或版面的比率将影响广告效果，广告所占比例越高，观众在观看/阅读时受干扰的程度就越高，广告效果也就越低。媒体干扰度可通过计算广告占有载具比率来测量，这个比率实际上反映了载具中的广告密度（表4–18、表4–19）。由表中可见，B节目、B刊物的广告干扰程度在同类媒体载具中最高。

印刷媒体载具的干扰度　　　　　　　　　　　　　　表4–18

刊物	总页数	广告页数	比率
A刊物	90	16	18%
B刊物	120	24	20%
C刊物	145	20	14%

资料来源：陈俊良．广告媒体研究——当代广告媒体的选择依据．北京：中国物价出版社，1997：86．

电波媒体载具的干扰度　　　　　　　　　　　　　　表4–19

节目	总长度（秒）	广告长度（秒）	比率
A节目	1800	150	8%
B节目	3600	600	17%
C节目	4500	500	11%

资料来源：陈俊良．广告媒体研究——当代广告媒体的选择依据．北京：中国物价出版社，1997：86．

在计算干扰度时，同类竞争品牌的干扰对广告影响较其他品类广告高。比如，轿车广告如果刊登在《汽车杂志》之类的专业媒体上，那么品牌之间的干扰度必然很大。因为在这本杂志上的轿车广告实在太多，如换一种方式，把轿车广告刊登在经济类杂志如《财经》或一些成功人士经常阅读的杂志如《中国企业家》、《IT经理世界》等则干扰度降低，因此为真实反映这种现象，在分析上，可以将直接竞争品牌广告页数（或秒数）赋予较高权值，以计算加权干扰度。[18]

3. 编辑环境（Editorial Environment）

编辑环境指媒体载具所提供的编辑内容对品牌及广告创意的适切性。尺有所短，寸有所长，不同媒体对不同广告信息的表达力各有特点，寻找适合广告内容和创意的载体，除了能提高广告的表现效果，还有利于加深广告产品在消费者心目中的记忆。这种适切性可以分为两方面：

（1）载具形象。媒体编辑环境与企业/产品形象的适切性考量，要求广告主选择与其企业/产品形象相契合的媒体进行广告投放，以吸引目标视听受众。

（2）载具地位。广告媒体本身存在于市场上一段时间后，在媒体受众心目中会形成一定的地位，同时，这类媒体载具在该类媒体中也占有一定的地位。如CCTV新闻频道在新闻类媒体中具有相当的权威性（Authority）。广告通过这类媒体载具传播出去后，可能会给受众带来相应的信任感和影响力。通常，媒体的权威性的形成受诸多因素的影响，如媒体自身条件、受众群体特征、传播的内容、传播的时空环境等。[19]载具地位对广告效果的意义是，领导地位的载具对其视听众具有较大的影响力，将连带使在该载具出现的广告具有较大说服效果。

4. 广告环境（Advertisement Environment）

广告环境指的是载具承载其他广告所呈现的媒体环境。它与干扰度不同，干扰度是计算载具内广告的量，而广告环境则是指载具内广告的质。对广告环境进行评估的意义在于连带性（Linkage），连带性指的是媒体载具所承载的其他广告的品质对本品牌广告产品的影响。也就是说，不仅媒体节目自身的可信度和权威性与其广告产品的美誉度息息相关，而且在该媒体上投放的其他广告主的形象也很关键，会对企业形象起到一个大环境的影响。因此，必须考虑广告环境与企业/产品形象的适切性。

5. 相关性（Relevance）

相关性指产品类别、产品品牌个性或广告创意策略等信息内容与媒体载具本身在主题上的融洽、和谐性。相关性的意义在于可以提升媒体与产品目标消费者的契合度。在任何媒体上发布消息，其目的就是把广告信息传递给企业产品的目标消费者，因此通过选择信息受众与产品的目标消费者比较吻合的媒体，才能将信息有效地传递给诉求对象。目前，媒体细分化趋势的发展（如电视专业化频道的出现），目的之一就是提高媒体与产品的相关性。使不同类别的产品都可以找到与自己相关性高的专业频道投放广告，从而得到满意的广告效果。比如中央电视台二套节目定位为"经济生活服务频道"，其播放了大量的财经类节目，那么，有关金融、银行等方面的产品就与该频道有较高的相关性，若在该频道投放广告，就会有相对更好的传播效果。[20]

链接·视点

媒体品牌影响力衡量指标

在品牌管理中，与一般企业不同，媒体因具有影响力本质使得媒体品牌影响力成为一个值得探讨的议题。本文在回顾和梳理了营销学和传播学领域相关理论的基础上，结合博士生意见访谈提出媒体品牌影响力的内涵要素和研究模型，使用专家意见法对15名学界和业界的资深专家进行结构性问卷调查和深度访谈，建构出媒体品牌影响力的衡量指标。

在文献回顾和分析的基础上，本研究认为媒体品牌影响力具有三项重要的内涵要素。

(1) 媒体品牌社会功能：媒体作为面向社会大众的信息传播的重要途径，具有社会功能，比如传播新闻，具有引导舆论功能；传授知识，具有普及教育功能；文化娱乐，具有陶冶情操功能；刊播信息，具有服务社会功能。"报纸或许不能有效告诉人们想什么，但可以影响人们想哪些问题"（Cohen, 1963），所以，不论媒体传达的信息内容和结果如何，媒体决定信息的出现与否，其本身即是一种具有影响力的信息。因此，媒体的社会功能决定了媒体品牌具有影响力的特性，也正是如此，媒体对社会大众意识、观念甚至行为的作用是媒体品牌影响力的重要表现。

(2) 媒体品牌受众关系：在信息化和全球化浪潮的影响下，媒体的发展越来越走向市场化、产业化和国际化。媒体开始脱离国家和政府，按照企业化经营的方式运作。在这种情况下，媒体竞争越来越激烈，媒体角色从"传播者本位"向"受众本位"的传播模式转型，因为传播者本位是一种非市场的、短缺的、非竞争的传播意识，而当传播进入过剩型的卖方市场阶段时，受众本位就是一种必然的选择。因此，媒体必须关注受众的态度，尽可能将信息产品传递给目标受众顾客，获得他们的满意，按照品牌关系营销的观点，媒体应该与受众顾客形成持久、稳定的关系，从而获得长期的利益。

(3) 媒体品牌市场价值：按照经济学假设，企业是"理性"的生产者，在资源的限制下一定会作出对自己最佳的行为决策，也就是说，企业必须按照市场利益最大化的原则进行生产。现代社会的媒体经营存在着两次售卖，第一次售卖的产品是信息，消费者是受众；而第二次的售卖，产品是受众，消费者是企业客户；可见，这两次售卖的集中点在于受众。媒体赢利模式的核心是有效传播，就是针对目标受众进行创造经济效益的传播，因此，在市场竞争中，必须通过有效传播获得市场价值，不具备市场规模、市场收益和市场潜力就不能反映媒体品牌具有的影响力。

综上所述，本研究对媒体品牌影响力概念的界定为：在信息传播中媒体品牌对目标受众所引起的作用力，具体说来，这种作用力反映在媒体品牌产生的社会作用、形成的受众关系和获得的市场价值。

根据媒体品牌影响力内涵要素的论述与概念的界定，其衡量指标主要从三个方面进行设定，分别为媒体品牌社会作用、媒体品牌受众关系和媒体品牌市场价值。在具体指标方面，在理论研究的梳理、提炼的基础上，结合3名管理学博士生和2名传播学博士生的意见访谈，获得19个具体指标，媒体品牌社会作用包括权威性、公信力、聚合性、导向性和教导力；媒体品牌受众关系包括品牌知晓、品牌满意、品牌偏好、品牌信任、使用忠诚、推荐意向和知觉价值；媒体品牌市场价值包括市场覆盖率、市场占有率、广告收入额、成本利润率、广告增长率、总收入增长率和总资产增长率，如表4-20所示。

媒体品牌影响力衡量指标模型

表 4 - 20

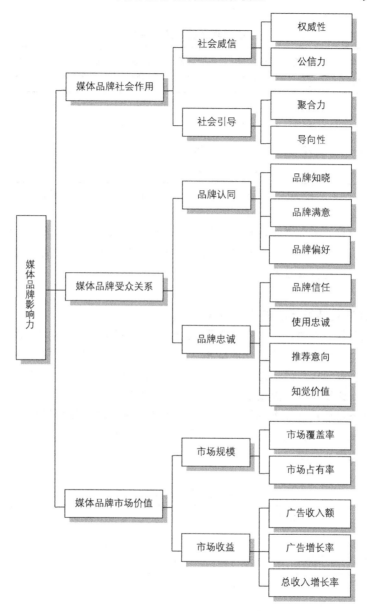

资料来源：邱玮. 媒体品牌影响力衡量指标建构：基于专家意见法的探讨. 2006JMS 中国营销科学学术年会论文集. 武汉大学，2006.

4.3.2 媒体载具质的量化评估

媒体接触关注度、干扰度、编辑环境、广告环境、相关性等都可以用指数加以比较，在传统的收视率资料上加入这些质的评估指数，可以更准确地评估媒体效果

(表4-21)：

媒体载具质的量化评估　　　　　　　　　　表 4-21

节目	收视率(%)	关注度指数	干扰度指数	编辑环境指数	广告环境指数	相关性指数	加权收视率(%)
A	60	100	60	90	90	100	29
B	70	80	100	60	80	60	16
C	80	70	80	100	90	80	32
D	90	90	90	60	100	70	30

资料来源：钟颖. 广告媒体组合的影响因素分析及模型研究. 中南大学硕士学位论文. 2003：36.

从表中可见，如果媒体载具的选择仅以收视率为依据，而不考虑质的因素，则D节目的收视率最高为90%，应首选D节目，而加入了质的因素后，按加权收视率来评估媒体，则应首选C节目。

4.3.3　媒体载具量与质的综合评估

媒体的质的方面的考察，从比较项目的设定上，即出现相当的个别性与分歧性，且在比较上，因为大多缺乏量化的数据，因此大多以主观判断为主。媒体人员在实际操作媒体载具分析与评估时，有时会出现量与质的评估互相矛盾冲突的结果。在这种状况下，必须持有的重要观念是，从品牌所处的位置以及所要达成的目标，正确地去辨认各项目量与质上的评估结果，以及各项目对达成品牌目标的重要性，且依其重要性制定比值，以得出综合量与质的指数。并根据此指数选择媒体载具。具体方法如下见表4-22。[21]

媒体载具量与质的综合评估　　　　　　　　　　表 4-22

	量化评估				质化评估					加权数据
	收视率(%)	收视率指数	收视点成本	收视点成本指数	关注度指数	干扰度指数	编辑环境指数	广告环境指数	相关性指数	
重要性		20%		40%	20%	5%	5%	5%	5%	100%
A 节目	30	100	73333	91	100	60	90	90	100	93
B 节目	18	60	66667	100	80	100	60	80	60	83
C 节目	24	80	75000	89	70	80	100	90	80	83
D 节目	9	30	88889	75	90	90	60	100	70	70
E 节目	15	50	100000	67	50	60	80	60	70	60

资料来源：陈俊良. 广告媒体研究——当代广告媒体的选择依据. 北京：中国物价出版社，1997：88.

A 节目的加权指数运算为：

(100×20%)+(91×40%)+(100×20%)+(60×5%)+(90×5%)+(90×5%)+(100×5%)=93

其余节目的加权指数可用相同方式计算。从表 4-22 中可见，A 节目的综合指数最高，在只考虑表 4-22 中所涉及因素的情况下，A 节目应成为首先选择的媒体载具。

链接·视点

不同媒体价值比较的尝试

一、说明

在工作中，常常碰到这样的情况：广告主想知道各种媒体的价值是怎么样的？到底哪一种媒体是最好的？其实，各种媒体之间根本无法比较，只有适合自己产品特性的媒体才是最好的，这是选择媒体的唯一标准。

为了解决不同媒体之间的比较，我们进行了一些简单的尝试，比较的结果就已经很能说明一些问题。

二、广告媒体的"量"与"质"

电视、电台、报纸、杂志、户外这些媒体分别具有不同的特性，在这些特性之中有所谓数量的特性和质的特性。数量的特性大多能明显把握，但也有不易把握的，不易把握的只有仰赖经验。对媒体质的特性，以目前的技术而言，衡量特别困难，但它确是媒体选择的主要标准。

三、指数（Index）与加权指数概念的引入

在媒体的作业过程中，指数是一项被广泛利用的重要运算工具，主要用于比较，它可以更清楚地比较数值之间的差异，或整合数值的单位以利于互相比较。

媒体在操作上，往往必须同时面对多项因素的考察，指数的另一项常用的功能就是为操作多种以上项目的比较提供方便。

一些定义：

平均指数——把两项指数相加在一起除以 2。

中间值——不一定把最高值设定为 100，一般以中间值为 100。

加权指数——在操作众多不等值的项目时，必须先依各项目的重要性给予不一样的权值，每一个项目的指数乘以其指数权值，再将运算结果相加，各项指数重要性的总和必须是 100%。

四、跨媒体的比较

在各种广告媒体中，特别是户外广告一直缺乏一个公正、客观的评估标准，如何尽量剔除户外广告选择中的主观因素一直是广告作业中的难题。以下的跨媒体的评估标准，尽量将影响各种媒体包括户外媒体的各项因素量化，力求客观，但也存在相当的局限性，必须达成一定的先决条件才能使用此工具进行评估。

条件一：在所有媒体的比较中，尽量将与价格有关的任何因素全部剔除。

条件二：尽量从媒体本身的特性去研究。

凡符合以上条件，即可以使用以下标准，并设定相关指数。当然这个工具只是一家而言的尝试，希望对大家有所帮助，也希望大家一起来讨论研究。

五、比较内容

基本参数表 表 4-23

加权系数	分类	编号	内容	电视	报纸	杂志	电台	户外
A=0.2	媒体特性指数	1	受众选择指数	60	60	100	80	40
		2	潜在到达率指数	100	80	60	60	100
		3	受众积累速度指数	100	100	40	80	100
		4	地理适应性指数	100	100	60	100	100
		5	购买时机适应性指数	80	100	40	80	60
		6	媒体强制性指数	100	60	60	80	60
		7	媒体曝露时间指数	40	60	80	40	100
		8	宣传内容全面性指数	80	100	100	80	60
			合计	660	660	540	620	660
		N1	平均指数	82.5	82.5	67.5	77.5	82.5
B=0.2	信任度均值指数	N2	媒体信任度均值指数	79	70	66	71	63
C=0.1	媒体创意表现指数	1	权威性诉求指数	60	100	80	40	20
		2	美感诉求指数	80	40	100	20	60
		3	篇幅尺寸指数	80	60	80	20	100
		4	使用示范指数	100	60	60	40	20
		5	娱乐性指数	100	60	40	80	20
		6	活动告知指数	100	100	40	60	20
		7	剧情故事性指数	100	40	80	60	20
		8	呈现幽默性指数	100	60	40	80	20
		9	悬疑神秘性指数	80	40	60	100	20
		10	秘密性指数	60	40	100	80	20
		11	包装识别指数	60	60	80	20	100
		12	功能比较指数	60	100	60	40	20
		13	引起食欲指数	80	60	100	40	20
		14	音乐性指数	80	20	20	100	20
			合计	1140	840	940	780	480
		N3	平均指数	81.4	60	67.1	55.7	34.3
D=0.25	年增长率指数	N4	年增长指数	67	51	85	40	100
E=0.25	媒体接触指数	N5	接触指数	89	57	33	28	68

INDEX 计算公式 = $N1 \times A + N2 \times B + N3 \times C + N4 \times D^* + N5 \times E^*$

电视 = $83 \times 0.2 + 79 \times 0.2 + 81 \times 0.1 + 67 \times 0.25 + 89 \times 0.25 = 79.5$

报纸 = $83 \times 0.2 + 70 \times 0.2 + 60 \times 0.1 + 51 \times 0.25 + 57 \times 0.25 = 63.6$

杂志 = $68 \times 0.2 + 66 \times 0.2 + 67 \times 0.1 + 85 \times 0.25 + 33 \times 0.25 = 63$

电台 = $78 \times 0.2 + 71 \times 0.2 + 56 \times 0.1 + 40 \times 0.25 + 28 \times 0.25 = 52.4$

户外 = $83 \times 0.2 + 63 \times 0.2 + 34 \times 0.1 + 100 \times 0.25 + 68 \times 0.25 = 74.6$

六、结论与发现

结论一：各种媒体之间不能进行比较，即跨媒体之间不能进行比较。

结论二：同类媒体进行比较，效果最佳，最显著。

发现一：当运用的指数越多，越细化，各媒体之间的差异其实越小，甚至是没有差异。

发现二：各种媒体，从本质上来说，没有好坏优劣之分，只有适不适合自己的问题。

发现三：从媒体的本质来说，它是中性的。

资料来源：池顾良．不同媒体价值比较的尝试．中国营销传播网，2002－06－20．

企业标杆个案5

透析 CCTV 的广告价值：以统一润滑油为标本

统一润滑油自2003年1月起与 CCTV 广告结缘，近三年以来一直以创新的 CCTV 广告策略为先导，快速成长为中国车用润滑油的领先品牌，并连年保持快速增长。这一现象引起了业界的广泛关注，被称为"统一润滑油现象"。

仔细分析统一润滑油成长的每一个步伐，我们可以发现，中央电视台的广告效应在其身上得到了淋漓尽致的展现，无论是高覆盖、高收视所形成的对全国市场的渗透力，还是全国统一网络对时间成本的节省，以及中央台的权威性、可靠性带给品牌的附加价值……央视的各种广告效应在统一润滑油身上我们都可以找到。

【善用 CCTV 影响力，企业形象价值突飞猛进】

今天，传媒的经营已经步入"影响力时代"，如何善用大媒体平台的巨大影响力提升企业形象价值，成为众多企业领导人必须关注的新课题。利用 CCTV 在全国巨大的社会影响力，统一石化长袖善舞、创新不断，为企业赢得了巨大的无形价值。

2003年3月伊拉克战争期间，统一石化以一则"多一些润滑，少一些摩擦"的五秒广告，以200万元广告花费，迅速成为媒体关注的焦点。据估算，仅仅这一次小型广告活动，统一获得的媒体报道总价值就超过了3000万元。

2004年11月18日，统一石化在央视黄金时段招标会上赢得"黄金第一标"。利用全国媒体对于央视招标的关注,成为当时全国媒体关注的焦点。据估算,此次事件为统一带来了将近2000万元的媒体报道价值。统一夺得"黄金第一标"还受到了《华尔街日报》等诸多境外媒体的关注,使得统一石化迅速成为华尔街著名投资公司的宠儿。

2003年起,统一石化总经理李嘉先生作为CCTV的重要嘉宾,频频在各种企业家论坛和媒体专访中露面,大力宣传统一理念,使得统一石化在中国企业界一时声名大噪。

【CCTV——企业强化渠道实力的杀手级应用】

作为一家新兴企业,渠道实力才是真正决定企业成败的"胜负手"。而CCTV广告,也正越来越成为企业在全国市场迅速强化渠道实力的杀手级应用。作为中国最具影响力的媒体,CCTV广告拥有几个天然的标签:实力、品质、诚信、活力。而这些优良的媒体质素,能帮助企业快速赢得经销商的拥护。

营销意义上的渠道实力强化表现在以下三个主要层面:一是渠道量的增长。表现为经销商数量的显著增长;二是渠道质的增长。表现为大经销商的加入和每个经销商的进货量的显著增长;三是渠道信心的增长。表现为经销商经营投入的显著增长。

从统一近年来经销商数量的增长情况可以明显看出,CCTV广告对于推动统一全国渠道实力增长发挥了关键性的作用。2003年,CCTV广告成功推动了统一润滑油一级商的"全国布局",一级商数量实现100%增长,同时带来二级商数量30%以上的迅猛上涨;2004年,统一所实施的二级市场精耕效果卓著,当年二级商数量攀涨26000余家,以52%的增幅一举超过一级商增幅,市场密度大大加强,渠道建设趋于成熟;2005年,由于持续的央视广告刺激,经销商对统一的信心依然高涨:一级商和二级商的数量增长呈现齐头并进态势,预计增幅均将超过30%。

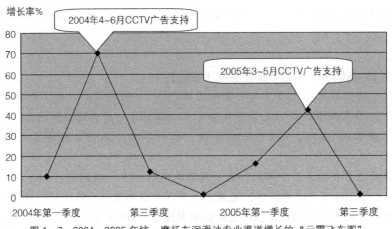

图4-7 2004~2005年统一摩托车润滑油专业渠道增长的"云霄飞车图"

研究统一摩托车润滑油 2004 年以来的专业渠道增长情况，我们发现，作为相对专业和独立的摩托车油销售渠道，历史上的两次暴涨均出现于广告投放当季，呈现出有趣的"过山车式"的波浪增长（图 4-7）。得益于 2004 年、2005 年两次 CCTV 广告投放，统一摩托车润滑油销售渠道在 18 个月间总体增幅达到 326%，带动了总体销量的迅速增长。CCTV 广告支持成为统一渠道增长的关键性推动力。

【CCTV 广告显著缩短新产品上市周期】

新产品推广速度和推广成效，是考验企业营销效率的关键性环节。用于新产品上市的周期越短、成本越低，企业所面临的商业风险就越小。在这方面，CCTV 表现出明显高人一等的竞争优势。观察统一的新产品上市活动，其投放新产品周期平均是两个月（招标段一个单元），并且均取得了理想的投资回报率。

以统一在 2003 年开始大规模广告推广的卡车类润滑油"油压王"投放为例，在两个月的上市广告期内，"油压王"广告 GRP 指标超过 1800 点，广告全国到达率超过 72%，平均接触频次 25.7 次。这样的媒体效果指标在平均水平的市场环境中，已经足够达到启动全国市场的目的（表 4-24）。

统一 30 个月间新产品上市绩效表　　　　　　　　　　表 4-24

平均新产品上市周期	平均上市广告花费	平均销售增量	平均投资回报率
6.0 天	1600 万元	15000 万元	937.5%

推演结果表明，如果选择投放其他全国性频道的组合，在相同花费下达到以上媒体效果，需时将至少要达到 110 天。CCTV 在新产品推广方面的速率明显强于其他媒体。

【CCTV 广告投资回报率高、投资风险小】

作为企业战略的一部分，新产品上市选择 CCTV 的集中投放还是选择分省台的分散投放，成为困扰众多企业领导人的巨大难题。而统一在 CCTV 的若干次新产品上市绩效可能对众多的企业界人士有重要的参考意义。

从 2003 年初至 2005 年上半年的 30 个月间，统一在 CCTV 总计投入了 12 次大型广告投放，其中统一品牌广告攻势 3 次，新产品上市 4 次，新概念推广 2 次，旺季促销活动 3 次。下面仅对已产生完整销售年度（以广告投放开始计算的一个年度）数据的 4 次上市活动（或旺季促销活动）进行详尽数据分析（表 4-25）。

在以上统计的 4 次广告投放中，平均广告投放周期持续时间均为 2~3 个月，但均已达到满意的广告效果。4 次广告投放平均花费 1589 万元，事实上颠覆了目前国内甚嚣尘上的关于新产品上市广告成本已超过 5000 万元的说法。参照相关媒体数据，以 CCTV 招标段为上市产品广告平台，上市广告成本完全有可能控制在 2000 万元以内。

统一 2003~2004 年 CCTV 广告投放数据分析表　　　　表 4-25

广告时间	产品名称	产品类别	广告目标	广告花费（万）	当年投资回报率	投资回报额（万）
2003 年 6~7 月	统一油压王	卡车用油	上市广告	1213	623%	7533
2003 年 9~10 月	统一 9900	冬季用油	上市广告	1250	603%	7541
2004 年 4~6 月	统一摩托车油	摩托车油	上市广告	2413	1344%	32437
2003 年 6~7 月	统一油压王	卡车用油	上市广告	1182	1206%	14258
每次广告投放的平均水平				1589	1033%	16417

数据来源：统一石化

此次完整统计的 4 次广告投放均实现了 600% 以上的投资回报率，远较正常新产品上市回报率要高。每次广告投放平均产生了 1.6 亿元的销售回报，表明在相关市场条件完备的情况下，央视广告的销售推动作用极为明显。

统一 2005 年 CCTV 广告投放数据分析表　　　　表 4-26

广告时间	产品名称	产品类别	广告目标	广告花费（万）	当年投资回报率	投资回报额（万）
2005 年 3~4 月	统一摩油	摩托用油	上市广告	1663	3085%	51306
2005 年 5~7 月	夏粘宝	汽车用油	上市广告	1271	406%	5163

数据来源：统一石化

截止到 2005 年 8 月份的销售数据显示（表 4-26），2005 年统一在央视的投放已取得了非常好的效果。央视广告支持新产品上市效果明显，市场反应速度相当快。统一摩油和夏粘宝投放广告均不到一年，但销售量的增长速度飞快，特别是夏粘宝，在广告投放三个月内，销售量达到 5163 万，投资回报率超过 400%，而统一摩油投放后仅 5 个月，其销售额超过 5 个亿，投资回报超过 3000%。

【长期投放 CCTV 带来品牌累积效应】

事实上，虽然统一广告产品的投资回报率显著，但在统一每年总体销售中，广告产品的贡献比重均不超过 50%。真正支撑统一保持长期快速发展的，是统一通过 CCTV 投放所累积的品牌资产，从而带动了总体销售量的提升。

在 CCTV 广告的强力支撑下，统一年销售额保持连年的快速增长，并在 2004 年一举超越竞争品牌，晋升中国车用润滑油第一品牌。预计 2005 年统一年销售总额将突破 32 亿元。

随着统一品牌力的累积，统一在经销商和目标群体中的品牌影响力迅速加大。分析 2003 年和 2004 年两年统一央视广告投放的投资回报率变化，我们可以明显看出，2004 年投资回报率高于 2003 年整整一倍，表明随着品牌力的不断累积，品牌成功的机率和成长的速度将迅速提高。

【CCTV 的公信力成为新概念推广的不二之选】

任何一次成功的新概念推广，都离不开以下几个关键性因素的巧妙结合：一是与公众心态和消费者欲求的巧妙结合；二是与强大的、深具公信力媒体的巧妙结合；三是与适当时间、适当事件的巧妙结合。

CCTV 以其强大的公信力和权威性作为基础，在新概念产品推广中的作用不言而喻。2004~2005 年连续两年的"3·15"期间，统一因应时势，连续两次成功推广了两大新产品概念，适时完成了大规模的产品升级换代，取得了骄人的销售业绩（表 4-27）。

2004 年"3·15"期间，针对国产润滑油良莠不齐的乱战局面，统一抢先完成旗下产品的大升级，推出了与全球标准接轨的"加氢润滑油"概念，当年加氢概念产品销售即突破 5 亿元。

2005 年"3·15"期间，国际原油价格居高不下、国内成品油价持续上涨，统一适时推出国内首个节能润滑油概念："省燃费润滑油"。省燃费概念与中国消费者高涨的节能需求一拍即合，省燃费概念产品一时炙手可热。

2004~2005 年统一 CCTV 新概念推广活动的绩效　　　表 4-27

投放媒体	新概念	广告费用	新概念产品销售量
2004 年 3·15 期间 CCTV 特别节目	提升品质的"加氢润滑油"概念	113 万元	54029 万元
2005 年 3·15 期间 CCTV 特别节目	倡导节能的"省燃费润滑油"概念	123 万元	78291 万元

数据来源：统一石化

利用 CCTV 一年一度在"3·15"期间强大的全国性影响力进行新概念推广，已经成为统一广告战略中不可或缺的重要环节。

【CCTV 在重大事件报道中的媒体价值千金不易】

CCTV 在重大事件报道中的媒体价值，直到近一两年才被作为一个重要的课题予以关注。而事实上，这部分的媒体价值依然有被低估之嫌。

2003 年 3 月 21 日，伊拉克战争爆发次日，统一即以"多一些润滑，少一些摩擦"的特别版广告投放 CCTV。带来的销售回报是实现月度销量 100% 增长，并一路高歌猛进，最终实现当年销售100%的惊人增幅。

企业能否适时把握住媒体和受众对重大事件的关注进行事件营销，这不仅仅取决于企业市场人员对突发事件的敏感度，更加取决于企业的领导层决策上的高瞻远瞩和快速反应。未来几年一系列可以预见的大事件即将如期上演，如2008年北京奥运会、2010年广州亚运会、上海世博会以及一直广受关注的CCTV春节联欢晚会等。这些事件带来的营销机会将花落谁家，我们不妨拭目以待！

资料来源：昌荣传播媒介研究. 透析CCTV的广告价值——以统一润滑油为标本. 广告大观（综合版），2005（10）：143-146.

个案思考题

1. 作为权威的全国性电视媒体，CCTV的广告媒体价值都体现在了哪些方面？
2. 有人说，摘取CCTV广告"标王"既是广告主财富倍增的加速器，也是一颗"毒药丸"，其中既有宝洁、蒙牛、统一润滑油的成功范例，也有秦池、爱多昙花一现的负面教材，你如何看待和评价这一现象？
3. 广告传播中，如何通过媒体广告价值的挖掘，来为企业的产品销售、渠道建设、新产品推广等营销活动服务？

思考讨论题

1. 媒体具有"二次销售"的特点，在"注意力资源"相对稀缺的今天，媒体如何在与广告主、目标受众（消费者）的三角互动与博弈中挖掘和提升自身的广告价值？
2. 就有效接触频次而言，美国心理学家赫伯特·克鲁格曼（Herbert Krugman）曾有"三度接触"理论的经典论述，你认为应该如何灵活把握有效接触频次的度，从而更好的实现广告传播效果？
3. 作为衡量媒体成本效益的重要指标，CPM和CPRP具有普遍的应用价值，但也不是万能的。如何辨析CPM和CPRP的异同及其局限性？
4. 正如我们在Example7中所看到的，媒体价值评价标准的选择直接影响到最终的媒体决策，当不同标准的价值评估结果发生冲突时，应该如何在媒体目标的导引下作出合理的判断？
5. 某种程度而言，我们正在经历"销售时代"向"品牌时代"的历史转型，是否可以依循媒体品牌资产的线索，建构一套类似表4-20的媒体品牌价值评估体系，使量与质的因素在一个更富逻辑性的全新架构下得到更加和谐的统一？

注释

1. 周秀玲. 关于广告媒体投资评估指标体系的研究. 北京机械工业学院学报，2005（4）：40.
2. 陈俊良. 广告媒体研究——当代广告媒体的选择依据. 北京：中国物价出版社，1997：55.
3. 张晓东. 广告媒体运筹. 长沙：中南大学出版社，2006：110.

4. 夏琼. 广告媒体. 武汉：武汉大学出版社，2002：51.
5. 陈培爱，覃胜男. 广告媒体教程. 北京：北京大学出版社，2005：263-264.
6. 纪华强. 广告媒体策划. 上海：复旦大学出版社，2006：130。
7. 杰克·西瑟斯，罗杰·巴隆. 广告媒体策划. 闾佳，邓瑞锁译. 北京：中国人民大学出版社，2006：268-269.
8. 陈俊良. 广告媒体研究——当代广告媒体的选择依据. 北京：中国物价出版社，1997：55-56.
9. 吴永新. 我国企业广告运作决策研究. 暨南大学博士学位论文，2006：73-76.
10. 朱海松. 国际4A广告公司媒介策划基础. 广州：广东经济出版社，2005：41.
11. 吉·苏尔马尼克. 广告媒体研究. 刘毅志译. 北京：中国友谊出版社，1991：19.
12. 朱海松. 国际4A广告公司媒介策划基础. 广州：广东经济出版社，2005：53.
13. 陈俊良. 广告媒体研究——当代广告媒体的选择依据. 北京：中国物价出版社，1997：78.
14. 樊志育. 广告效果测定技术. 上海：上海人民出版社，2000：105.
15. 纪华强. 广告媒体策划. 上海：复旦大学出版社，2006：146.
16. 陈俊良. 广告媒体研究——当代广告媒体的选择依据. 北京：中国物价出版社，1997：81-82.
17. 陈培爱，覃胜男. 广告媒体教程. 北京：北京大学出版社，2005：273.
18. 钟颖. 广告媒体组合的影响因素分析及模型研究. 中南大学硕士学位论文. 2003：35.
19. 周秀玲. 关于广告媒体投资评估指标体系的研究. 北京机械工业学院学报，2005（4）：45.
20. 佘贤君. 专业化电视频道的广告优势. 中国广告，2001（12）：82.
21. 陈俊良. 广告媒体研究——当代广告媒体的选择依据. 北京：中国物价出版社，1997：88-90.

媒体加油站

答案：

Example4-1："节目B"、"节目C"的收视点 =1/5 =20%。

Example4-3：这支广告实际被送达的家庭数是4个，该广告的到达率（Reach）=4÷5×100% =80%。

Example4-4：有效频次评估分数为108。

Example4-6：总收视点 =30 +20 =50；到达率 =40；接触率 =50/40 =1.25。

Example4-8：（1）按照绝对千人成本，显然B媒体优于A媒体；（2）按照相对千人成本，显然A媒体优于B媒体。

第 5 章　媒体战略环境分析

媒介的问题就是市场的问题。

——阿诺德·M. 巴尔班

媒体环境是天,也是地,所有宇宙间的广告事物。凡是和媒体有关的,都离不开媒体环境。

——周亦龙

开篇引例

战略为王:金六福中秋媒体投放策略

2005 年中秋前,在机场安检处,旅客们惊奇的发现,金六福在利用一种创新的媒介——过安检时存放物品的安检篮,在安检篮里,被贴上了"中秋团圆·金六福酒"的平面广告。与此同时,在高速公路两旁的户外广告牌、全国主要城市的公交灯箱,也都有金六福气势夺人的"中秋团圆·金六福酒"的平面广告。CCTV 一套、湖南卫视的重要时段,也有"中秋回家·金六福酒"的电视广告投放。

那么,是什么力量在决定着金六福此次广告投放的媒体选择呢?

这要回到金六福公司的战略上来。以"福"文化的塑造作为金六福酒品牌战略的金六福公司,在 2005 年,需要采用创新的战术动作,来继续演绎"福"文化战略。通过调查,金六福公司发现,一年中酒类的销售大致可以划分为三个阶段,其中两个阶段是春节和中秋节,另外一个阶段是除了春节和中秋节之外的平常人们有喜事时的日子。按照这个销售的分类划段,金六福公司决定全年开展三场新的品牌运动,这三场品牌运动组合是"春节回家·金六福酒"、"我有喜事·金六福酒"、"中秋团圆·金六福酒"。

在中秋节这场品牌运动中,金六福的媒体投放就是要通过"中秋回家·金六福酒"的主题,继续加强消费者对金六福的"福"文化情感认同,扩展金六福品牌"福"文化的外延,使传统的"福"文化继续嫁接到金六福的品牌中来。

选择什么样的媒介通道,能把金六福所要表达的战略意图传达给消费者呢?也就是说,在中秋这个时节,是一个团圆的时节,时节有了,在何地以什么样的方式能触发游子思念家乡,盼望亲人团聚的那颗敏感的心灵呢?金六福公司选择了上述的媒介通道与消费者进行沟通。

我们不妨设想一下这样的场景:在高速公路奔驰的汽车里,当游子猛一抬头看到"中秋回家·金六福酒"的标语时;在熙熙攘攘的机场安检口,当在空中飞来飞去忙碌劳累的商业旅客不期然看到"中秋回家·金六福酒"的字眼时,将会是怎样一种心灵的震颤……

因为正确的媒体选择,加上品牌运动策略的得当,金六福酒的"福"文化品牌内涵一次又一次的随着中秋传统佳节的气氛被植入消费者大脑,金六福的品牌资产得以累加,金六福酒的销售额也在品牌的驱动下不断的得以提高。

金六福的媒体投放选择无疑是成功的,它背后的决定力量为我们勾勒出了一幅清晰的战略路径,那就是企业品牌战略决定市场营销战略,市场营销战略决定市场的战术活动,战术活动决定着媒体投放,媒体投放要服务于企业的整体战略,和企业的整体战略保持一致。

资料来源:陈亮. 企业媒介战略背后的决定力量. 中国营销传播网(www.EMKT.com.cn),2006 - 12 - 27.

媒体计划建立在商品营销地区的特定媒体环境上,因此营销当地的媒体环境将对媒体计划具有绝对影响,忽略媒体环境限制也将使计划难以执行而使效果大打折扣。[1] 媒体计划人员是广告宣传活动的轴心,各种广告宣传活动的要素都聚集于这个中心点,因此,媒体计划人员在制定广告媒体策略前必须收集、归类和分析大量的相关数据和信息,包括来自营销的、媒体的以及创意方面的(图5-1),正是这些信息构成了广告媒体策略的基础。

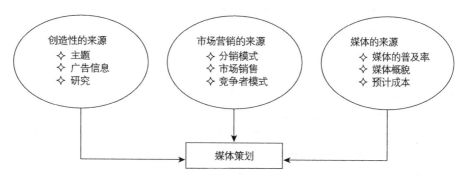

图5-1 媒体策划的信息来源

资料来源:威廉·维尔斯,约翰·伯内特,桑德拉·莫里亚蒂. 广告学原理和实务. 北京:中国人民大学出版社,2004:220.

通过本章的学习，读者应该可以：
- 理解营销、广告、媒体与消费者之间的辩证关系；
- 了解营销环境分析在广告媒体策划中的作用及其基本内容；
- 掌握产品生命周期不同阶段的广告媒体策略特征；
- 理解媒体环境分析在广告媒体策划中的作用与意义；
- 掌握媒体市场内外部环境分析的基本内容；
- 了解中国媒体环境的发展现状及其对广告主媒体策略的影响。

5.1 广告媒体策划的营销环境分析

5.1.1 营销、广告、媒体与消费者的关系

营销、广告与媒体之间的关系，类似三个互相连结、大小不同的齿轮，在动作上必须紧密相扣使力道连贯，为品牌提供最佳产出。从媒体角度，则必须了解其间的互动关系，才能使媒体契合整体运作。

从图5-2可以清晰的看出：营销的主要内容为4Ps，即产品、价格、渠道和促销。促销包含广告，因此广告为营销的一环。广告的主要作业内容为创意与媒体，创意为广告信息，媒体则为信息载具。媒体为广告作业内容之一，是对消费者提供品牌信息的主要手段。现代营销观念视媒体为有力的营销工具，媒体策略成为营销策划项目的核心内容之一。如今，媒体作业的重心已从单纯的"购买"演变成为计划与购买并重，也导致广告媒体作业中媒体计划与媒体购买的分工，且使媒体策略与计划成为营销的延伸。在消费者至上的媒体环境中，更加强调的是消费者的媒体而不是产业的媒体。消费者为品牌的最终决定者，决定对品牌的喜好、购买，也决定品牌的兴亡。在本品牌营销时，竞争品牌也同时在市场上以类似手法争取消费者。[2] 在日益激烈的市场竞争中，极少有广告主会忽视竞争对手的广告宣传活动。在这种情形下，媒体计划人员必须基于竞争强度来作出媒体排期决策，其目标是寻找广告主的声音未被其竞争对手的声音吞没的媒体。这就意味着，广告主的媒体排期应该避开竞争对手的广告干扰。

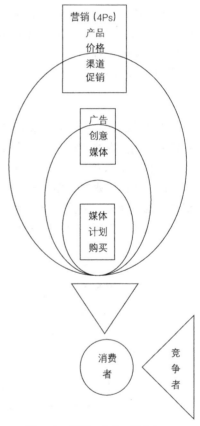

图5-2 营销、广告、媒体与消费者的关系

资料来源：陈俊良. 广告媒体研究——当代广告媒体的选择依据. 北京：中国物价出版社，1997：11.

简而言之，在营销领域中，广告具有触媒的作用，当面对消费者时，媒体担任的则是接触的任务。[3] 媒体是广告最终与消费者接触的渠道，广告因消费者的媒体接触而产生效果，媒体既是广告作业的一部分，也是营销的延伸。[4]

5.1.2 营销环境分析

任何媒体策划活动都离不开精确的营销环境分析，这是媒体策划活动的前提。其中包括：(1) 宏观环境分析（政治的、经济的、文化的、社会的、自然的、技术的）；(2) 行业状况分析；(3) 产业状况分析；(4) 产品分析；(5) 竞争分析；(6) 消费者分析；(7) 渠道分析；(8) 媒体环境分析；(9) SWOT 分析等，为制定正确、科学的媒体策划方案打下基础。

此外，还要充分理解企业的营销、广告计划。媒体活动是企业营销、广告计划中的一部分，是涉及与媒体相关的一切活动的规划。所以整个媒体活动要以企业的营销计划、广告策划为指导（图 5-3）。[5]

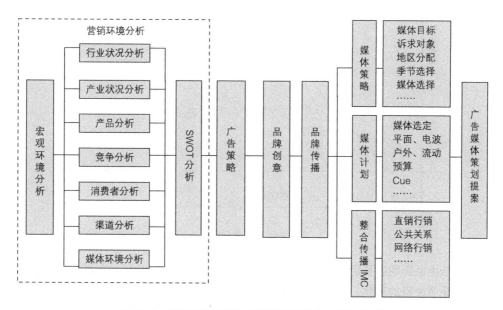

图 5-3　营销环境分析的内容及在媒体策划中的先导作用

媒介的问题就是市场的问题。媒体策划者不能忽视营销组合中的各个要素，包括产品特征、分销渠道、价格政策、促销和包装等，这些因素是进行媒体决策的思考原料。促销是营销计划中与媒体决策人员最相关的因素。媒体计划最终取决于在地区市场的促销、个人销售和广告本身，包括广告目标、产品定位策略和广告创意内容。很明显地，营销组合中有许多变量远远不是媒体策划者所能控制的，虽然这些变量已经被小心地权衡过。企业外部许多不可控的因素都会影响其在市场上的运作，至少有五个因素直接影响媒体策略的制定：(1) 竞争对手的表现；(2) 现实的经济条件；(3) 司法及文化环境；(4) 天气/自然灾害/突发事件；(5) 媒介环境 (Media Environment)。加上这些因素和广告预算所带来的局限性，媒体策略更受制于企业内部的不可控的因素：管理政策和企业形象。虽然这些因素可能对媒体策划造成局限，但头脑清醒的媒体策划人员也会从中发现机会。[6]

营销环境的分析对媒体计划的意义在于评估媒体投资的潜力并协助判断媒体诉求对象的设定正确与否。[7]

5.1.3 产品生命周期对广告媒体策略的影响

产品生命周期 (Product life cycle，PLC) 是指某产品从进入市场到被淘汰退出市场的全部运动过程，受需求与技术的生命周期的影响。产品依其在市场不同的状态和发展态势大约可区分为导入期、成长期、成熟期和衰退期四个主要的发展阶段 (图 5-4)。

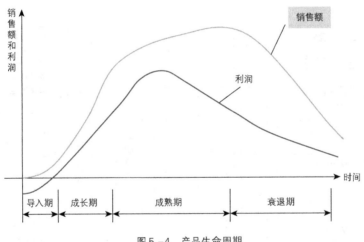

图 5-4 产品生命周期

产品生命周期的长短受到许多相关因素的影响，如产品类别，市场兴衰，宏观和微观经济形势的变化，以及企业为产品的销售、成长所作出的努力等。而且，产品生命周期的各个阶段的长短也极为不一致，使得产品生命周期呈现出千百种不同的态势。[8] 产品在生命周期中的变化决定了广告媒体策略的制定者必须在媒体目标、媒体策略和媒体手段等诸方面作出相应的调整 (表 5-1)。

产品生命周期不同阶段的广告媒体策略　　表 5-1

	导入期	成长期	成熟期	衰退期
销售量	低	剧增	最大	衰退
销售增长	缓慢	快速	减慢	负增长

续表

	导入期	成长期	成熟期	衰退期
成本	高	一般	低	回升
价格	高	回落	稳定	回升
利润	亏损	提升	最大	减少
竞争者数量	很少	增多	稳中有降	减少
营销目标	建立知名度，鼓励试用	最大限度地占有市场	保护市场，争取最大利润	压缩开支，榨取最后价值
媒体诉求对象	创新者	早期使用者	中间多数	落伍者
广告传播重点	教育消费者	建立品牌差异化	以品牌形象、品牌资产为主	维护既有的销售规模
媒体策略	扩大覆盖面，提高消费者对新品类的理解度以及广告说服的深度	对具有较高销售价值的次群体，投以较高的媒体资源比率	基于竞争导向，以品牌之间的相对价值为重点，确定媒体投资的优先顺序和比率	策略性的减少媒体投资

5.1.4 基于市场战略的广告媒体投放策略

广告媒体投放作为广告策划的重要环节，与企业的整体营销战略有着密不可分的联系。广告投放的终极目标是协助企业达成营销目标，而营销的成功也有赖于杰出的媒体计划。因此，媒体战略的决定因素取决于企业计划在市场上想达到一个什么样的目的，以及如何去实现这样一个目标，也就是说，媒体战略是依据企业的市场战略来进行思考和设计的（表5-2）。脱离市场战略的媒体计划将失去本源，模棱两可的市场战略也必将导致模糊的、无计划的广告投放，最终造成资源的浪费。[9]

"5W+1H" 市场战略思想导出的 "5W+1H" 媒体投放策略　　表5-2

	市场战略	媒体战略
Who	目标市场战略： 在营销组合中，广告必须要与目标市场中那些对产品品牌最需要的人群进行沟通，并成为促使目标消费者购买的推动力	广告投放的目标受众战略： 把广告费用投放在目标受众与目标市场的定义相吻合的媒体上面
Where	地域战略： 指营销广告活动的实施地域和目标市场区域，可分为全方位地域和局部性地域	广告投放的地域战略： 根据市场目标确定的区域性，是全国性媒体还是地方性媒体，或者是二者有机结合
When	时间战略： 指根据产品生命周期实施不同的营销计划，如产品推出初期重点是说服顾客，产品推出一定时间后以开拓市场为主，在后期则配合巩固现有市场，阻止竞争对手进入	广告投放的时间战略： 在营销的不同阶段配合不同媒体组合以及不同的时段、进程
Why	目标战略： 分市场渗透、市场扩展、市场保持三种类型，是广告要达到什么样的目的的安排和布置	广告投放的目标战略： 在市场渗透、市场扩展、市场保持等不同类型的营销目标下，采用不同的投放方式

续表

	市场战略	媒体战略
What	产品战略：根据自己的产品特点而实施的战略，比如妇女型产品、儿童型产品、保健品等产品性质的不同往往会有不同的战略安排	广告投放的类别战略：根据产品属性及品质，进行指向明确的媒体类别选择
How	竞争战略：是指根据竞争对手实施广告战略，分针锋相对式、旁敲侧击式、游踪不定式、浑水摸鱼式、瓮中捉鳖式等	广告投放的竞争战略：根据整体竞争战略制定不同的广告投放战略，例如，追随市场领导者的投放与针锋相对地广告投放；或不与领先者正面冲突，而是从遗失补缺地在对手没有触及的媒体上进行投放等

资料来源："4W+1H"广告战略思想：《网络广告方法与技巧》。智商电子商务软件网，本书作者作部分补充。

企业标杆个案 6

CECT 演绎经典时刻：价格大战时代的手机媒体策略

【CECT 中国电子的实践】

根据信息产业部的统计：2003 年 1 月~4 月，国产品牌手机销售 1390 万部，国内市场销售份额首次突破 50%，达到 51.3%。手机厂商的竞争不仅仅是产品市场的竞争，实际上是用户认知的竞争。而这种认知竞争的核心竞争手段之一就是广告。

CECT 中国电子在 2002 年方始进入手机市场，可谓后起之秀。在完成其 2002 年研发策略、营销策略的同时，经过慎重考察，CECT 中国电子确定中视金桥为其整合营销传播领域的主要合作伙伴，为其提供媒体投放策略以及媒体购买服务。图 5-5 是中视金桥总结的 2002 年中国手机产业竞争态势，可以对当时手机市场的竞争状况有一个较为全面的了解。

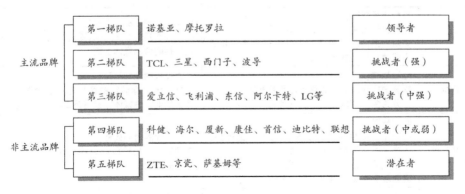

图 5-5 2002 年中国手机产业竞争态势

在如此激烈的市场竞争中，作为后来者，传播的首要问题是如何快速建立品牌知名度，如何树立独特的品牌形象。根据双方的共识，中视金桥为 CECT 中国电子提供了完整清晰的媒体策略。这一策略可以集中表述为：以央视广告投放为媒体组合中的主导；以户外尤其是候车亭广告投放作为补充；以报纸广告作为活动的主要承载。

2002 年 6 月份，是 CECT 中国电子品牌的导入期。在品牌的导入期，必须使用关注度最高的媒体，才能一鸣惊人。此时，正值世界杯进行得如火如荼，是全国上下的瞩目焦点。CECT 思路非常明确，投放央视世界杯期间套餐，同时在央视 A 特段（央视 1 套晚间天气预报节目与焦点访谈节目之间）投放 15 秒企业形象广告。在保证了媒体到达率的同时，为了加大投放频次，强化广告效果，CECT 还选择了央视的 5 秒套播以及荧屏导视 5 秒企业形象广告作为补充。透过此阶段的广告投放，CECT 中国电子建立了全国范围的品牌知名度。而其形象代言人的选择为吴小莉，事实证明也为 CECT 中国电子的品牌形象树立起到了较好的作用。总体来行。"中国的、世界的"这一 CECT 中国电子的广告口号，获得了广泛的认知，CECT 中国电子的手机厂商品牌形象一举建立。

在成功导入品牌之后，CECT 继续维持媒体投放策略，即密切关注并且跟进央视非常规活动，以黄金时段、名牌栏目作为主要投放媒体，以低价格套播作为补充投放。同时透过各种监测以及评估手段，致力于如何进一步提升央视广告效果。一年的经营，CECT 中国电子突破了国际厂商的堵截，在与国内手机厂商的竞争中获得了一席之地，与联想、迪比特、熊猫电子成为手机产业的后起之秀。

【CCTV，国产手机传播的主战场】

广告传播的方式多种多样，但是在中国，中央电视台以其高覆盖率以及品牌提升的效果而成为国产手机厂商的广告主战场。从表 5-3 可以清晰看出国产手机厂商在央视投放广告的竞争激烈程度。

2003 年各国产手机品牌央视黄金时段竞标结果　　表 5-3

手机品牌	招标段	第一单元	第二单元	第三单元	第四单元	第五单元	第六单元	费用（万元）
熊猫	A 特	*	*	*	*	*	*	10889
厦新电子	A 特	*			*			5710
	5″标版		*			*		
南方高科	A 特	*		*				4090
TCL 手机	A 特				*			3750
	5″标版			*			*	
东方通信	A 特					*		1570

注：根据 2003 年央视黄金时段竞标结果整理，不代表厂商央视实际广告投放；

＊代表具体的竞标结果，如熊猫通过竞标获得了 A 特段所有六个单元的广告时段，南方高科获得了 A 特段第一、第三两个单元的广告时段，等等。

为什么会有如此多的手机厂商乐于选择央视投放广告？原因就在于央视具备以下优势：从媒介投入产出比来看，央视全国范围的覆盖率表现为较低的千人成本；央视广告投放相对于卫视以及地方台媒介投放而言，具有较低的管理成本、运作更加规范；从品牌效应角度，选择央视进行广告投放，对于企业的品牌提升也有着显著作用。

而针对手机产业来说，进行央视广告投放可以帮助手机产品迅速建立品牌知名度，对于手机这种高关注度以及高参与度的产品来说，没有知名度意味着缺乏品牌信誉，消费者因此会怯于购买。另外，选择央视进行广告投放，意味着手机厂商的实力。而这对于渠道以及分销商的拓展至关重要。即使在迅速跨越品牌导入期之后，针对不同细分市场进行有所侧重的产品广告投放，央视也是性价比最高的媒体选择之一。

【跨越 2003 的关键点】

踏入 2003 年，又是一轮新的竞争，竞争格局也发生了重大变化。年报显示：波导股份手机连续 3 年取得了国产手机销量第一，但 2002 年的毛利率却下降 20%；TCL 通讯 2002 年销售手机 623.6 万台，毛利率为 27.9%，比上年下降 16%。而 2003 年，以规模扩张弥补利润率的下降将会成为主要策略。利润率的下降只有一个原因——竞争，而竞争有两个关键驱动因素：

1. 主导厂商会祭起价格战的大旗挤掉价格泡沫。从价格战入手清理市场是行业领袖的必然取向。

2. 后进者为了夺得市场份额，也会采用薄利甚至亏本经营的手法进入或者获得市场份额。

从手机厂商的角度来看，竞争战略与传播策略应该一致、统一、协调。避开价格战，或者说获得有利的战略定位应该成为手机厂商 2003 年整体战略的核心，这样才能维持起码的利润率，为 2003 年的竞争积蓄力量。在明确战略定位的基础上，央视媒体广告投放采取相应的策略，目标应该设定为以较少的投入预算获得较大的投放效果。所有人的问题是：很好，花少的钱，办多的事。这不是一切工作的前提吗，的确如此，关键是如何能够做到？结合当前国产手机厂商的传播竞争状况，中视金桥为 CECT 量身定做了两种策略以达到战略目标。

【避强击弱】

CECT 中国电子 2003 年的品牌推广整体策略是在跨入品牌发展期后，以产品广告为主进行促销，并且维护和强化企业品牌形象。这一策略在媒体领域可以演化为以其产品定位的核心消费者为目标受众，针对这一市场进行高频次的广告曝露，从而建立充分的产品认知，形成偏好。CECT 的整体策略并不是盲目扩大预算，而是以目标受众的有效到达率以及有效频次作为媒体计划指标。换句话说，不是预算高于竞争对手，而是目标受众的有效到达率以及频次要高于主要竞争对手，这才是结果导向的媒体投放思考方式。

【以奇致胜】

以奇致胜，在传播领域也就是特殊的叫卖方式。如果一家企业拥有最庞大的广告预算，它能够保证在自己从事产业中绝对控制媒体环境中的主导声音，快速消费品领域的巨人宝洁实质上就具备这种控制地位。但是手机产业的现实竞争状况是，众多手机厂商的传播投入并没有拉开一个明显的差距。当投入近似时，采用创意性的媒体广告形式就能收到更良好的效果。

有一个老故事是对这种策略的最好真释：一个小镇上有一条著名的豆浆街，这条街上的豆浆经营者都绞尽脑汁想获得最大的经营效益。从命名上可见一斑："本市第一的豆浆店"、"本国第一的豆浆店"、"全球第一的豆浆店"。但是有一家豆浆店的人流却是最多的，因为他挂的招牌上清楚地写着"豆浆本街第一"。这种叫卖方式明显地胜出，主要原因是他的叫卖方式给人留下的印象最深刻，也最可信。

这种思路转化为媒体策略，必须考虑采用最能加强用户记忆的形式，比如"夹心式"广告，可以考虑先播放15秒的广告，在栏目之后、广告时段之后再播放15秒、5秒的广告以强化受众记忆，这种方式的效果要远优于将15秒广告拆成3个5秒重复播放，或者仅仅播放一条15秒广告。其诀窍在于控制头尾广告的暴露受众一致。

"长广告"也是媒体形式以奇致胜的战术手段，这种广告形式的极致表现在最近某品牌汽车播出了长达5分钟广告故事。严格来讲，其广告效果可能远小于这一事件的公关效果，但是特殊的广告形式的确有其生命力所在，在手机产品同质化、手机广告类型化的今天，采取特殊广告形式能够有效地帮助企业获得较优的投放效果。

从形式上以奇取胜，在媒体选择上也可以以奇取胜。最近，中视金桥正在与中央电视台国际频道共同论证一种全新的媒体广告合作方式。央视国际频道将以直播突发性新闻事件作为自身的频道节目定位，比如伊拉克战事期间国际频道的系列举措。对于广告客户来说，在突然发生的社会热点新闻、事件中插播广告能够获得极高的到达率。

然而，因为新闻事件的不可预测性，客户事先不可能拿到任何关于新闻事件的广告排期。另外，新闻事件插播广告最具价值的时间是在其发生的最初阶段，可能是几个小时、可能是几天。即使是反应最敏捷的客户，也容易错过最有传播价值的媒体投放机会。针对以上两点，中视金桥帮助CECT开发了"客户广告存款机制"，即客户可以将一笔广告款预先存放在国际频道的广告账户上，预先约定好播放次数以及播放形式。当新闻事件发生，客户确认之后，广告即开始播出。每一笔投放都透过第三方机构加以监测，每一笔投放从客户广告账户内的广告存款支付，客户当然可以选择结算时间以及结算的条件。从媒体策略角度来看，这种媒体产品本身就是一种奇兵。它具备某种程度的独占性,关键是能够获得先机,而在市场的竞争中,一步争先,步步争先,共同获得更大的成功。

资料来源:孙雷,刘旭明. 价格大战时代的手机媒介策略:以 CECT 中国电子为例. 大市场·广告导报,2003(7):33-34.

个案思考题

1. 在品牌发展的不同阶段,CECT 的媒体投放策略各有什么特点与变化?产品生命周期如何影响企业的广告媒体策略?

2. 如何评价央视的广告媒体价值?如何根据市场战略的需要,利用优质媒体资源来提升品牌价值?

3. 在激烈的市场竞争中,如何通过差异化的媒体策略抵消价格竞争的压力并建立竞争优势?

5.2 媒体环境分析

5.2.1 媒体环境分析的意义

媒体环境分析,是制定广告媒体策略的一项基础性工作。从媒体计划的角度来说,如果一开始没有强而有力的媒体调查,那么媒体计划人员就很难对媒体环境直接提出有效的媒体计划报告。反之,空有媒体调查,而没有后继的媒体计划来完成,那么,环境归环境,调查归调查,还是没有一个具体可行办法。台湾知名广告人周亦龙先生将媒体调查、媒体环境与媒体计划这三者的唇齿依存关系形象的美其名为媒体计划的三角恋爱(图 5-6)。

媒体计划既要从一开始就取得媒体的调查资料,和媒体环境发生十分密切的三角恋爱,同时也要从结果去评估媒体购买行情和媒体环境可行的媒体经济效益,这样所构成的媒体的四角关系才能有效维系一个媒体专业公司的整体营运。[10]

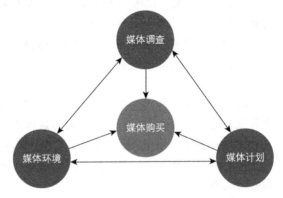

图 5-6 媒体计划的三角恋爱和四角关系

5.2.2 媒体市场外部环境分析

任何事物的发展都存在于一定的环境之中,媒体发展亦然。媒体环境包括外部环境和内部环境,为了分析方便又可把媒体外部环境细分为媒体宏观环境、媒体中观(产业)环境和媒体的国际环境三个层面。具体包括:(1)媒体市场的政治环境;(2)媒体市场的经济环境;(3)媒体市场的社会环境;(4)媒体市场的文化环境;

(5) 媒体市场的科技环境;(6) 媒体市场的国际环境(图5-7)。随着媒体市场的迅速发展和媒体竞争程度的加剧,广告媒体市场的外部环境愈加复杂,具有高度不确定性。[11]

企业媒体计划的实施是建立在目标市场特定的媒体环境之上的,媒体战术的制定和执行首要考虑微观媒体环境,但同时我们也要看到,微观环境是受制于传媒行业整体大环境的影响的,只有准确把握当前整个传媒大环境的动态发展,才能引导媒体计划的正确的制定和准确的执行,对于时时变化的市场环境带来的风险及时作出调整。

图5-7 媒体市场外部环境分析的基本内容

链接·视点

媒体环境动态牵引广告主视线

企业的媒体计划、实施是建立在目标区域特定的媒体环境之上的。但也要看到,媒体战术的制定与执行不仅要考虑微观媒体环境,还受到传媒行业整体大环境的影响。值得注意的是,宏观媒介环境是不断变化着的,种种动态变化可能导致媒体广告效果和媒介成本的变化,故而广告主的媒体战术也不能够一成不变,而应时时予以关注并及时作出调整,否则将使投放计划难以执行而导致传播效果大打折扣。

回顾2003年至今,我国媒体大环境热点频现、变数不断,"17号令"、"数字化"、"集团化"、"媒体联盟"、"央视招标"、"媒介金牛市场"等等一个又一个焦点牵引着广告主的视线。

关键词1:政策

17号令:2003年9月24日,国家广电总局第17号令《广播电视广告播放管理暂行办法》正式出台,规定电视台19:00~21:00之间广告时间不得超过18分钟,并禁止黄金时段电视剧中间插播广告。一方面净化了广告环境,提升了广告主的广告传播效果;另一方面电视台出于经营需要提升广告价格也增加了广告主的负担。

报刊整顿:2003年7月,新闻出版总署加大对党政部门报刊发行的治理力度,将有大量报刊被停办,此外停止审批报纸出版地方广告版,规定今后不再批准以同一报纸中部分版页单独发行的形式出版地方广告版。这场报刊业整治运动的展开将使中国的传媒业面临洗牌,并在一定程度上改变媒体广告结构,从而对广告主在地方性报纸上的广告投放造成一定影响。

数字电视:国家广电总局将2003年宣布为"网络数字发展年",大力推进有线电视数字化、开展付费电视业务。中央电视台以及北京、上海、辽宁、江苏、天津、吉林、山东等地电视台纷纷开辟各自的付费数字电视频道，数字电视和数字电视产业正在蓬勃兴起。而对付费数字电视这一全新的商业模式，媒体与广告主双方都面临着新的调整与资源整合。

关键词2：联合

媒介集团化：近年来广电业、报业、电影业纷纷组建传媒集团打造"航母"，媒体运作日益市场化。2003年1月18日中国内地首家全省性广电集团"南方广播影视传媒集团"成立，此后福建、湖南等省亦不断传出诸多"整合"、"集团化"、"经营上统分结合"等诸多新闻。媒体的合并带来了资源的整合以及经营模式的转变，广告主期待传媒集团能够提供更为多元化的服务。

电视媒体联合：2003年10月18日，"2004年省级卫视整合传播价值推广暨广告征订会"在郑州召开，宣传"省级卫视整合传播"概念，28家省级卫视联手推出最好时段整体进行销售。12月20日，沈阳召开了"全国省会电视台广告招商会"，27家省会电视台联合招商。除此以外，部分省份在省会电视台带领下也在形成城市电视台联合体。2004年3月，安徽影视、山东齐鲁、湖南经视、浙江教育科技等四家省级电视台地面频道联合推出"媒介金牛市场"，倡导理性的广告投放，推介四个频道及其覆盖省份的市场价值。各式各样的电视联合体为全国广告主提供了新的媒介投资选择。

关键词3：营销

招标：2003年11月18日，中央电视台黄金时段广告招标创出44亿天价，这与央视在2003年挥动内容改革和细致客服两把营销利器不无关系，央视逐渐从销售时代走到了营销时代。央视人力推进内容和服务增值，淡化标王概念、细分黄金段位，开发新的标的物、增加标段的附加值，开发统一润滑油等"腰部"品牌顺利启动大客户。由此，央视市场节目资源的优化促进了广告资源的优化，服务观念的强化增加了投放的附加价值，使得央视在日益激烈的媒体竞争下依然保持在广告主心中的霸主地位。

改版：从2003年5月开始，中央电视台改版频频，5月初，一套节目（即新闻综合频道）改版为综合频道，同时，央视新闻频道成立，成为内地第一家新闻专业频道；10月20日，中央电视台二套整体改制为央视经济频道；此外，央视其他频道亦多有调整，如奥运期间中央五套将推出新频道，10月初推出文艺频道。在央视系列频道改版的同时，其他许多省级卫视也先后有或大或小的改版举措。例如，湖南卫视打造"娱乐频道"；贵州卫视提出"西部黄金卫视"；原上海卫视更名为上海东方卫视，以"海派都市频道"的身份登场。众多电视媒体的战略再定位，使得广告主的投放有了更多、更精准的选择机会。

跨区域经营：2003年南方日报报业集团和光明日报报业集团合办的《新京报》强势进入京城报业，开创了我国报业集团跨地区经营的先河。此外，上海第一财经传媒有限公司、浙江电视台经济生活频道和四川电视台经济频道在成都结成战略合作伙伴，在节目交流等方面展开跨地区合作。非本地媒体的进入为广告主的媒介选择打开了更为广阔的空间,媒体间的"竞合"也使广告主得以获得更好的服务。

细分:《销售与市场》联合《中国商贸》合力重推渠道定位,《国际广告》发行《户外广告》,《南风窗》力推《新营销》。营销杂志进入市场细分阶段,充分表现了广告主细分目标受众、进行小众传播的趋势。

资料来源:北京广播学院广告学院企业研究所"广告主研究"课题组.2003~2004广告主广告投放模式全报告.市场观察,2004(4):47-49.

5.2.3 媒体市场内部(微观)环境分析

不断变动的外部环境给媒体带来潜在的内部环境,但同时也给媒体的生存发展带来了巨大的考验。相应地,给媒体的使用者也带来诸多考验,在媒体的策划过程中要综合衡量一个或数个媒体。内部环境主要包括:(1)媒体产品分析;(2)媒体竞争力分析;(3)媒体营销能力分析;(4)媒体资源分析。主要涉及媒体的素质、媒体的具体特性、经济效益、媒体的资源、媒体的口碑等方面。[12]

表5-4提供的是对一个媒体市场内部(微观)环境了解的清单,媒体人员应通过清单的检查,去深入地了解当地媒体市场。

按媒体类型划分广告媒体市场内部环境分析的基本框架 表5-4

1. 电视(广播)媒体环境分析的基本要素:
(1)电视机(收音机)普及率
(2)有线电视普及率
(3)当地电视频道数,接受广告的商业频道数,各频道类型及覆盖率
(4)各时段HUT及频道占有率,HUT全年季节性变化
(5)设定对象在各时段的PUT及频道占有率,PUT全年季节性变化
(6)各频道观众(听众)组合
(7)平均开机(收听)时数,总人口及各个阶层的每天平均开机时数
(8)各频道节目行程安排
(9)各节目的目标受众收视率(收听率)及排名
(10)各节目或时段折扣及单价,包括指定位置及特别节庆等的折扣及加价
(11)各节目的CPM/CPR及排名
(12)广告淡旺季与广告干扰度评估
(13)广告段落安排(节前、节内、标版等),广告段落的数量及每个段落长度,广告秒数规定
(14)购买渠道与机会,即可以通过哪些渠道去购买媒体,有无节目赞助或节目交换广告等机会
(15)购买执行规定:订单期限、确认期限、材料规格、材料缴交期限、付款条件、审批程序等
2. 报纸杂志媒体环境分析的基本要素
(1)市场上报刊数量和分类
(2)各报刊发行量及全年的季节性变化
(3)各报刊印刷品质
(4)主要报刊的各期编辑内容计划

续表

	(5) 各报刊的读者组合 (6) 平均阅读份数、总人口及对象阶层的平均阅读份数 (7) 刊物阅读地点、平均阅读时数 (8) 各刊物的对象阶层阅读率及排名 (9) 各报刊内容中最受读者欢迎的栏目 (10) 各刊物折扣及单价，包括各种版面、版位及尺寸 (11) 各刊物的 CPM 及排名 (12) 各刊物广告干扰度评估，广告页占总页数比率 (13) 广告淡旺季分布 (14) 广告版面安排（封面、封底、内页等）以及版位安排（栏、半版、全版、跨页等） (15) 购买机会，即内文编辑配合机会，扩大发行机会、特殊版面购买弹性等 (16) 购买执行规定：订单期限、确认期限、材料规格、材料缴交期限、付款条件、审批程序等
3. 户外媒体环境分析的基本要素	
	(1) 市场上存在哪些户外媒体，形态地点、尺寸、材质等 (2) 重要地点，即人潮集中地、交通要道等的户外载具评估 (3) 各重要户外载具的购买状况，如供给方资讯、供需状况、价格弹性、价格、最低合约期限、现有合约状况等 (4) 各地区的人流特性，如收入、职业等 (5) 任何建立户外载具的机会地点
4. 其他媒体环境分析的基本要素	
	(1) 市场上是否存在非传统媒体 (2) 非传统媒体的形态、供给方、价格及优缺评估 (3) 运用机会

资料来源：陈俊良. 广告媒体研究——当代广告媒体的选择依据. 北京：中国物价出版社，1997：91. 聂艳梅. 广告媒体分析课程辅导. 上海：上海财经大学出版，2004：125 – 129.

学生实践个案 2

乘风破浪的现代"红头船"：HOME BUS 创业策划案[①]

潮汕俗谚"食到无，过暹罗"记录了当年潮汕地区连年战乱，潮人为生活所迫，结伴离乡"下番"的历史。旧时潮汕先民多乘坐一种被称为"红头船"的商船远赴东南亚谋生，常年难得回乡。每到潮汕少台风的季节，许多红头船便从南洋返乡归港，船头涂有红色漆以便从远处辨认。它摇曳着浓浓的思乡情，载来返乡的侨胞，送来侨批、信件。汕头开埠之后，随着交通运输业的发展，红头

---

① 本案取材于广东外语外贸大学新闻与传播学院 05 广告班钟乐波同学及其团队的创业实践，由钟乐波撰稿。

船被轮船取代而成为一段历史的见证。

时代在变，潮汕人对外发展和开拓、创造的精神没有改变，潮汕外出求学的莘莘学子是家乡亲人心头的牵挂。广州大学城 HOME BUS 学生创业团队为"来自汕头的大学生"这特别的群体打造了一艘现代"红头船"，致力于高校汕头学生返乡包车的服务。每到学生回乡的日子，HOME BUS 到达的站场上不见昔日港口来往的帆影，不变的是家人翘首期盼的热切。

【同饮韩江水，潮音懂你心】

广州大学城远离市内各大客运站，导致大学生往返家校途中会遇到诸多不便，各地同乡会逐渐兴起组织家校点对点的学生返乡包车业务。勇于实践创新策划方案的 HOME BUS 团队经营寒暑假和黄金周的汕头地区学生家点对点的返乡包车、团队旅游业务，覆盖范围以广州大学城为主，辐射到周边城市。价格设定在客运站票价的 70%~80% 之间，品牌定位于"提供家的服务"，强调贴心服务、传递乡情。因为 HOME BUS 知道：赴外地求学的潮汕学子各自怀揣着理想，但一方水土养一方人，他们也许曾在家乡的街道上擦肩而过，抑或会唱同一曲潮音歌谣，不同的面孔下隐藏同一颗烙着乡情的潮汕心。HOME BUS 默默跟随着来自粤东海滨邹鲁的大学生们，在学生四年的求学路上为其保驾护航。

鉴于学生返乡包车业务具有显著的季节性特征，团队成员在业务旺季之前的两个月内就必须下工夫做好前期信息储备。由于学生返乡包车属于重复购买性强的业务，只有读懂汕头学生的需求、提供更人性化的服务方能抓住他们的心。

HOME BUS 运营成本中的较大部分主要投入在了顾客关系管理和广告宣传上。善于沟通、触觉灵敏的 HOME BUS 团队成员都能操一口地道的家乡话，经常浏览高中的 BBS，知道街里巷闻的民生世情，结识学校中学生会主席、班长等学生中的"意见领袖"。团队成员利用积累的丰富人脉资源了解当地学校的学生，包括应届学生的家庭电话、手机号码、QQ 的联系方式甚至 BLOG、宿舍地址等信息并不断完备，以建立各高校内的学生信息总库。待到高考放榜、准大学生们拿到高校录取通知书之时，负责特定高校的 HOME BUS 成员会从学生信息总库中细分出各自高校分类信息库，主动利用电子媒介与潜在顾客有"第一次亲密接触"。例如在学校论坛上发布新生需知、高校简介与业务信息；逛逛准大学生们的 BLOG 后留下包车服务的广告；或在发送业务详细介绍信息给乘客前，就将他们的电话号码存入手机电话簿，以便对方来电或短信咨询定票时可称呼对方的名字，消除电子媒介在人们心中产生的距离感。

【红色？蓝色？都是家的颜色】

品牌印象和客户忠诚度的培养同样有赖于形象一体化系统的建设。HOME BUS 为让乘客最简单迅速地将自己与其他的竞争者清晰的区分开来，率先完成了品牌视觉识别形象的统一：严肃认真的亮黄色方向盘图案嵌入冷骏的海军蓝勾画出的"HOME BUS"字样中，口号"提供家的服务"六字镶于之上，三者组成皇冠状的独特LOGO；统一格式和蓝色风格为主的车体贴膜、工作人员制服、座位表和票据上都明显标示了LOGO。高速公路上行驶着蓝色与黄色相间的HOME BUS为了传递浓浓乡情，穿越了时空，与旧时海上红头船红色热烈闪烁的红漆遥相辉映。利用首因效应，在潜在顾客心目中建立起HOME BUS是学生包车业务中第一品牌的印象。

每年时值霜月，大学新生入学报到的日子，现代"红头船"HOME BUS开始业务旺季的常规运营，陪伴广州的大学生西行赴羊城。新生家人送别的目光又欲穿越粤东大地，500公里一路漫漫追随。

【浓浓乡情，学子当归】

通过积极主动的沟通，高校中的汕头学生在入学前就认识了HOME BUS，并带着其美好的祝福开始大学生活。为了进一步树立品牌形象和提高客户忠诚度、拉近品牌和乘客的距离，HOME BUS广告拒绝成为食堂与宿舍外墙的"牛皮癣"，而特别重视设计应时应景、煽动情绪的广告主题，配合常规媒介（如名片、小传单、招贴）、电子媒介（手机短信、OICQ、Q-ZONE、网上商城）、带广告LOGO的实用赠品等，整合媒介发布计划将正确的广告信息、在正确的时候、传递给正确的受众，将了无边际的战线缩短在最小范围内。

随着高校包车业务的旺季过去，离乡的时光如梭，香醇雅致的工夫茶、薄酥可口的潮汕月为象牙塔内的汕头学子魂牵梦绕。注重亲情的汕头人在中秋佳节特别讲究月圆、人圆，2006年的中秋节恰逢国庆七天长假。抓住这个关键点，HOME BUS确定新一季度的广告发布计划，设计了"中秋·学子当归"为主题的平面广告。平面广告中品牌LOGO的黄色方向盘图案幻化成一轮金黄的圆月，月晕衬托的LOGO旁隐现古印繁体的"中秋·当归"字样。这则广告力求精美，在包车业旺季之前的一个月，被发布在目标乘客集中的同乡QQ群和大学城网上商城等电子媒介上。试问谁能抵挡家乡的呼唤？高校区域主管随后从高校分类信息库中分检出潜在乘客的姓名、手机号码和学生宿舍地址。为维护HOME BUS自身的品牌形象，区域主管并不借此频繁拉拢乘客，只需要亲自将附有包车详尽信息与乘客姓名的广告礼貌地送到对方手上即可；临近出发的日子，区域主管再为每个汕头学生发送一条以"HOME BUS：××你好"开头的手机短信广告。汕头学子盼归的时候，就会为登上HOME BUS这辆真诚的现代"红头船"购买一张蓝色车票，车票的两端会印有乘客的姓名和到达家乡的时间、地点。

传单、车票等用固定风格的模板不断增强乘客对HOME BUS的记忆。区域主管在适当的时间出现，适量反复发布的常规广告信息，将认真细致的工作态度和品牌形象传递给每个潜在乘客。而事实上，许多区域主管都不放过任何细小的机会，与单一的乘客有尽可能的接触：记住乘客的相貌、他同座同伴是谁；记住乘客的特殊要求为其安排座位表；优秀的区域主管甚至能和乘客成为朋友，并让乘客记得他们、喜欢他们。

【过往莫匆匆，爱心加油站】

每年的包车返乡业务运营旺季只有 6~8 次，蓝色的现代"红头船"HOME BUS 并不会停泊在港口无尽的等待，而是化身为维系离散在各地学生之间的纽带，一直陪伴在汕头学生身边。

区域主管经常接到学生寻同乡校友的要求，帮乘客找失去联络的朋友、同窗；许多大学新生初到异地求学，每有学习与工作的疑惑、校内信息咨询需要解决时，大都会联络到第一个认识的学长——也许就是 HOME BUS 的区域主管。区域主管会以 HOME BUS 的名义义务处理该类请求。另外，每到汕头某高中的校庆前日，从该高中毕业被录取到高校的汕头学生都会收到一条以"HOME BUS：××你好"开头的手机短信，提醒他们共同庆祝家乡母校的生日，提醒他们记得家乡的大海、家乡的好友亲朋。爱心这样点点滴滴地汇聚，使 HOME BUS 赢得了乘客的信任与支持。

【前程，HOME BUS 一路同行】

看到往日从汕头迎接的新生渐渐成长、学有所成，是 HOME BUS 与家乡人最大的喜悦。但隐忧同样存在，家校间的路途对应届大学毕业生来说已无比熟悉，他们无须随学生包车往返家校，面对这批流失的乘客，局限于家校包车业务的 HOME BUS 需要扩大乘客范围开拓新的项目。

毕业生和在校大学生为得到实习和工作的机会，会参加广州、深圳举办的大型交易会和应届大学毕业生专场招聘会，这无疑孕育了巨大的商机。HOME BUS 每每到了这个时候，会提前了解到交易会与招聘会举办的时间和地点，经营交易会与招聘会期间的包车业务。HOME BUS LOGO 上亮黄色方向盘图案又幻化成深夜海上耀眼的灯塔，当学生们选择朝未知扬起自己的风帆时，前程会是一片坦途。

今天的 HOME BUS 不但为潮汕的学生肩负着现代"红头船"的使命，而是与所有的象牙塔内的学子在求学和人生的道路上一路同行。

个案思考题

1. 案例中 HOME BUS 融入当地"红头船"传统元素，增强品牌竞争力并与竞争者进行区隔。品牌战略实施者应从哪些方面建立和维持与品牌情感或价值主张相一致的品牌识别？

2. 用系统思维的方法分析企业创建品牌识别系统、为品牌注入独特品牌联想的重要性？

3. 在目标受众明确的市场环境下，应怎样结合不同媒介的属性特点以确定媒体组合策略，达到广告最佳传播效果？

思考讨论题

1. 试着将"图5-2：营销、广告、媒体与消费者的关系"倒过来看一下，在消费者至上的竞争环境下，你是否会有新的启示？
2. 通过考察图5-4的销售额曲线和利润曲线，分析产品生命周期的不同阶段各自具有什么特点，如何根据这种变化适时作出广告媒体策略上的调整？
3. 通过身边的其他案例，进一步理解和印证市场战略是如何引导广告媒体投放战略的？
4. 从媒体计划的"三角恋爱"和"四角关系"中（图5-6），如何认识媒体环境分析的作用和意义？
5. 结合表5-4思考一下，媒体广告价值评估一章中的哪些指标是我们在进行媒体市场内部环境分析时必须重点予以关注的？

注释

1. 陈俊良. 广告媒体研究——当代广告媒体的选择依据. 北京：中国物价出版社，1997：91.
2. 陈俊良. 广告媒体研究——当代广告媒体的选择依据. 北京：中国物价出版社，1997：10-12.
3. 周亦龙. 媒体的做点. 北京：企业管理出版社，1999：43.
4. 陈俊良. 广告媒体研究——当代广告媒体的选择依据. 北京：中国物价出版社，1997：16.
5. 陈培爱，覃胜男. 广告媒体教程. 北京：北京大学出版社，2005：241-244.
6. 阿诺德·M. 巴尔班，斯蒂芬·M. 克里斯托尔，弗兰克·J. 科派克. 国际4A广告公司媒介计划精要. 朱海松译. 广州：广东经济出版社，2005：20-25.
7. 陈俊良. 广告媒体研究——当代广告媒体的选择依据. 北京：中国物价出版社，1997：24.
8. 纪华强. 广告媒体策划. 上海：复旦大学出版社，2006：160.
9. 朱强. 广告媒体战略决策研究. 四川大学硕士学位论文，2006：6-7.
10. 周亦龙. 媒体的做点. 北京：企业管理出版社，1999：29-30.
11. 陈培爱，覃胜男. 广告媒体教程. 北京：北京大学出版社，2005：241-242.
12. 陈培爱，覃胜男. 广告媒体教程. 北京：北京大学出版社，2005：242-243.

第6章 媒体目标的设定

生活的悲剧,不在于没有达到目标,而在于没有想要达到的目标。

——佚名

开篇引例

中国纪录人的翅膀:广州国际记录片大会宣传方案之媒体目标[①]

【楔子】

丹尼尔·贝尔曾惊叹道:"电影作为世界的窗口,首先起到了改造文化的作用。"

而电视记录片不仅是人们生活的记录,或者采用纪实方式对于现世人们生存方式的临摹,它还应通过电视的形象手段表达人们丰富的内心情感世界,以及复杂的思维意识,并尽可能表现过去曾经发生了的、存在过的、如今不复存在的、却依然被我们所传承的文化部分。

纵观记录片发展史,正如其他艺术表现形式一样,越靠近近代,它所反应的问题越是向核心靠拢——个人主义。影视学家称之为"关注人类自身时期"。[1]

加拿大国家电影局制作的《向变化挑战》也许可以被认为是是非影视工作者向影视领域挑战的信号,其目的在于:让印第安人自己去做各种问题的记录片。他们教会印第安人摄像(影)机和编辑机的使用方法,自己选择有兴趣制作的题材,鼓励他们摄制表现本民族生活的记录片。

无独有偶。2007 年,在第五届广州(国际)记录片大会上,我们得到了这样的期盼:我们(国外资深导演、制作人、发行商、买家等)希望通过这次记录片大会,找到一批非常优秀的中国制作人,为他们提供一定的资金,使其能拍出高质量的中国特色记录片,利用我们的国际渠道宣传出去,为外国人了解真正的中国作出一点

[①] 本案取材于广东外语外贸大学新闻与传播学院 05 广告班贾露同学的社会实践,由贾露撰稿并提供。

实质的贡献。我们希望中国的制作人能深入到自己所生活的世界中去，挖掘中华民族深层次的内涵，以记录片的形式展现中华民族的美。

【媒体计划目标】

制定整合资源、优势互补战略，以实现合作多方共同提升知名度和美誉度的"双赢"结果为战略目标。

1. 扩大广州（国际）记录片大会在全国范围内电影、电视制作人，电影、电视工作室，独立制片人之间的知名度和影响力度，吸引更多的中国制片人参加会议。
2. 让中国制作人对记录片大会宗旨有更加深入的了解，拍出高质量的记录片。
3. 吸引电影爱好者观看记录片大会上所展播的记录片。
4. 吸引企业对国际纪录片大会的关注并予以支持。

目标地区：

本次宣传主要在中国境内，按地理划分：华北、华中、华东、华南、东北、西北、西南。

华北：北京，天津，河北，山西，内蒙古；

华东：上海，江苏，浙江，山东，安徽；

东北：辽宁，吉林，黑龙江；

华中：湖北，湖南，河南，江西；

华南：广东，广西，海南，福建；

西南：四川，重庆，贵州，云南，西藏；

西北：陕西，甘肃，新疆，青海，宁夏；

港澳台：香港，澳门，台湾。

其中，华北地区的北京、天津，华东地区的上海、浙江，华中地区的湖北，华南地区的广东，西南地区的云南、西藏，西北地区的陕西等省份皆不作为重点宣传地区，保持第五届宣传力度即可。

香港、澳门、台湾地区暂不划在目标地区内。

目标对象：

1. 国内主流制片，包括：电视台、制片厂、记录片工作室（非学生类）、娱乐公司、文化传播公司、文化传媒公司、艺术实验室、文化传播投资公司等。
2. 国内独立制作（非学生类），包括：迷你主流片厂、标准独立制片、微型独立制片等。
3. 影视学校和学院，包括各地电影学院，如上海戏剧学院、北京广播电视大学等。
4. 记录片销售市场，且以广州为重点城市向北京、上海、武汉、天津、西安等发达城市扩张观众阵容。
5. 企业，如可口可乐、雀巢等饮料公司，可尝试在国际记录片大会所发的资料袋、邀请函上印制企业的LOGO，并以实物赞助的形式支持记录片大会。
6. 中国大陆、港澳台地区及国外一些国家的重点媒体，包括大众媒体、财经媒体、行业媒体及媒体记者。

这是我们从学生原创个案中未加修饰而忠实截取的一段。或许未够全景，且略显稚嫩，但却足以触发我们丰富的联想：案例媒体目标的描述不可谓不详尽，但从保证媒体操作能够更为有效的为整体推广目标服务的角度而言，或许还有一些混沌的方向和模糊的问题有待进一步澄清或加以清晰界定，这无疑是形成后续媒体策略方案的前提与先导。

通过本章的学习，读者可以：
- 理解战略性媒体目标的本质与内涵，及其与营销目标、广告目标、媒体策略的逻辑关系。
- 了解媒体目标设定的影响因素，以及媒体目标报告的基本框架。
- 掌握媒体目标设定的方法与技巧。

6.1 战略性的媒体目标

广告只有和市场营销联动才能成为实现企业目标的工具。因此，必须制定和市场营销目标、战略相一致的媒体目标。[2]

6.1.1 营销目标、广告目标、媒体目标的关联与互动

1. 营销目标、广告目标、媒体目标的区别与联系

媒体目标（Media Objectives），是指根据营销上所赋予广告的任务，具体落实到媒体上的必须达到的目标。媒体目标的设定是整个广告媒体策划中具有方向性作用的重要一环。[3]那么，怎样才能科学地确立媒体目标呢？追根溯源，应该首先分析媒体目标和广告目标、营销目标之间的区别与联系（表6–1）。

媒体目标与营销目标、广告目标的比较　　　　表6–1

	营销目标	广告目标	媒体目标
定义	一个企业在一个特定的期限内要完成的经营任务或经营努力的方向	广告计划期间内，为达到一定的广告目的和要求而制定的，针对具体广告活动的计划完成指标	根据营销上所赋予广告的任务，具体落实到媒体上的必须达成的目标
目标性质	追求的是销售额或利润	寻求的是信息传播效果	信息传播效果
	同步性：注重特定时期里的效果，比较讲求同步	延迟效应：讲求持续性，效果上往往是延迟的	
	有形的：通常能以商品的销售和收益、销售量等有形的变动为结果	无形的：以消费者对产品态度的变化及观念的转变等心理层面来把握	具有无形的特征

续表

	营销目标	广告目标	媒体目标
目标表述	例如：建立提升客户满意度的服务体系、保持市场领先地位、营销渠道多样化、持续提高企业的绿色营销形象、导入加盟店的经营、多元化经营使营销资源利用最大化等	建立知名度、偏好度、美誉度；创造、推动或提高销售；传播企业、产品、品牌形象；树立企业、产品的品牌个性；体现社会效益与经济效益的统一等	广告对象、覆盖的地理范围、广告时间、广告运动持续时间、广告的规模和长度
主要衡量指标	销售额、市场占有率、利润率、投资回报		毛评点、目标受众到达率、有效接触频次

从概念界定、属性特征、常规表述及主要衡量指标等方面对媒体目标与营销目标和广告目标做仔细的辨析，只是全面把握媒体目标本质与内涵的基础。弄清它们三者之间的逻辑互动关系，对广告媒体目标的设定才更具指导意义。因为营销目标、广告目标与媒体目标三者之间的关系正是营销、广告、媒体关系的直接体现（图6-1）。[4]

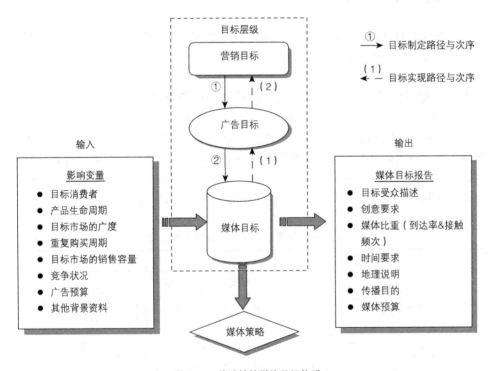

图6-1 战略性的媒体目标体系

从战略性的媒体目标体系中可以清晰的看出，媒体目标和广告目标、营销目标之间你中有我，我中有你，看似纠缠不清，实则互为因果，有主有从。从市场营销的角度看，广告目标是营销战略的要素之一，媒体是广告传播不可或缺的手段。营销、广告、媒体三者间是一个包含与被包含的关系，它们彼此紧密联系，环环相扣，良性互动，共同服务于企业的营销目标和品牌的建立、推广与维护。[5]但需注意的是，营销目标、广告目标、媒体目标在制定次序和实现方向上，是一个逆向的过程。[6]

2. 营销目标、广告目标对媒体目标设定的影响

不同的营销目标与广告角色，将使媒体在目标的设定上有所侧重。从营销目标来看，品牌如果是以既有消费者为主要目标，则媒体诉求对象将以本品牌消费者为主，传达足以让消费者对品牌维持认知与记忆的传送量；如以竞争品牌消费者为主，则媒体诉求对象除本品牌消费者外，还必须兼顾竞争品牌消费者，且在发行量、行程上必须较之竞争品牌具有相对优势；如果是以地区扩张或既有市场的成长为目标，则媒体目标应以扩大投放地区的涵盖面为重点。如果品牌在媒体竞争中采取的是竞争导向的营销策略，则无疑将引导媒体目标在对象设定、地区露出、媒体行程以及到达率与接触频次的设定上往获取竞争优势的方向考虑。在传播上，品牌如果是以建立知名度为主，则在媒体目标设定上将偏向于广泛地区的高到达率；若以理解度为主，则目标设定应偏重于有效接触频次。如果以建立品牌形象、支援铺货或促销活动为营销目的，它们所需的媒体行程与传送量也将有所差异。[7]

简而言之，一切的媒体目标、策略与运作都应以市场目标为依据。

6.1.2 媒体目标对媒体策略的指向作用

媒体策划方案中首先应当对媒体目标进行阐述。[8]但需明确的是，媒体目标不是媒体策略。媒体目标是指媒体活动所要到达的目的，而媒体策略是为达到这一目的所采取的手段。[9]目标构成了媒体策划的基础，一个媒体策划方案，就是从若干可能方法中挑选出来的、能够最好地完成媒体目标的一系列行动（表6-2）。[10]可见，战略性的广告媒体策划中，媒体策略的制定以目标为依据，媒体目标具有显著的指向作用。

媒体目标对媒体策略制定的指向作用 表6-2

媒体目标考虑的重点		媒体策略考虑的重点
作为对竞争对手媒体策略攻势的回应，我们应当采取什么样的行动呢？	→	我们应当和竞争对手采用同样的媒体组合策略吗？我们也应向对手那样考虑媒体预算分配吗？我们是否可以忽略对手的策略？
针对我们的品牌创意策略，我们应当采取哪些行动呢？	→	哪种媒体/载具能最大程度地展现创意策略？需要使用什么特殊手段吗（彩色折页、加插）？在哪个时段投放？
谁是我们的首要和次要目标受众？人口统计特征怎样？	→	是重度/中度/轻度使用者？到达目标受众的最佳媒体是什么？媒体的战略接触频次应达到多少？在哪个时段投放？
需要在到达率和接触频次之间保持什么样的平衡呢？	→	选择何种水平的到达率和接触频次？选择何种水平的有效到达率和有效接触频次？
我们需要全国性媒体还是地方性媒体？	→	全国性媒体宣传份额应该是多少？地方性媒体宣传份额是多少？

续表

媒体目标考虑的重点	媒体策略考虑的重点
我们应当采取什么样的地区投放模式？ →	我们应根据金额还是总收视点（GRP）来衡量？我们应当在什么地方进行重点投放？我们应当在什么时候进行投放（每周/每月）？每个市场的投放比重如何？
需要实现什么样的沟通目标（或有效目标）？ →	我们应当使用什么样的有效标准？
哪种排期更适合我们的计划：连续式、起伏式、还是脉动式。 →	我们应当采用一种还是多种方式？我们该在什么时候加大投放力度？
媒体需要支持促销活动吗？如何进行？ →	该使用多少媒体预算？采用哪种媒体组合？
需要进行媒体测试吗？应如何使用？ →	要在哪些市场进行多少测试？我们该如何进行媒体转换（是要"稍许美国化"，还是"原样照搬"）？
媒体预算金额足够我们完成媒体目标吗？ →	我们需要安排优先事项吗？哪些目标必须达到，哪些可以见机行事？我们需要更多的预算支持吗？

资料来源：改引自杰克·西瑟斯，罗杰·巴隆. 广告媒体策划. 阎佳，邓瑞锁译. 北京：中国人民大学出版社，2006：12；朱海松. 国际4A广告公司媒介策划基础. 广州：广东经济出版社，2005：79-80.

6.2 媒体目标的设定

6.2.1 媒体目标设定的影响因素

影响媒体目标设定的因素很多，但通常主要是考虑以下一些因素：(1) 目标消费者；(2) 产品生命周期；(3) 目标市场的广度；(4) 重复购买周期；(5) 目标市场的销售容量；(6) 竞争状况；(7) 广告预算；(8) 其他背景资料。[11]它们构成了战略性媒体目标体系的输入变量。

6.2.2 媒体目标报告的基本框架

媒体目标从形式上可以有不同的描述方法，通常由一系列相关的小目标组成，共同协助达成营销目标，或与营销策略相连。[12]对于媒体目标的描述口径虽然有所不同，但是最终呈现的媒体内容指标应该是一致的。[13]媒体策划人员可根据具体情况灵活撰写。媒体目标将广告战略转换成可供媒体实施的目标，主要由两大部分组成：(1) 受众目标（Audience Objectives）；(2) 信息分布目标（Distribution Objectives），即要指明应在何时、何处发布广告以及发布的频率应如何控制。[14]

一份相对完整的媒体目标报告，其基本框架主要包括以下7项内容：(1) 目标受众描述；(2) 创意要求；(3) 媒体比重（到达率和接触频次）；(4) 时间要求；(5) 地理说明；(6) 传播目的；(7) 媒体预算。[15]

媒体目标既为媒体计划定位，同时也是广告目标的细化与延伸，因此，每一项媒体目标都应该与一个营销目标和策略相关联。此外，媒体目标也应该是明确的，并尽可能详尽地阐述。[16]在不考虑信息收集成本的前提下，量化媒体目标对媒体计划的实际操作具有特殊的价值。

企业标杆个案7

奶溢飘香：香满楼牛奶广告媒体策划案①

【楔子】

广美香满楼畜牧有限公司是一家外资企业，经营广州市最早的大型奶牛场，生产和销售优质"香满楼"系列品牌牛奶，销售国内多个城市和港澳地区。20世纪80年代初已经进入中国的香满楼，携着香港资本，以及从美国空运几百头世界一流牛种——"荷斯坦奶牛"的优势，每天生产量超过20多吨，"香满楼牛奶香满楼"的广告语流传于广州大街小巷，使香满楼的市场份额在1998年达到了46%，并在广州人的心目中奠定了档次高的牛奶形象。

可是，所有的发展似乎从1998年开始就停滞了。在面对一大批外来的伊利、蒙牛、光明、三元、达能、雀巢等中外奶业巨子的夹逼下，香满楼并没有作出反击。这与香满楼当时缺乏敏锐的市场反应能力有关。尽管当时已经看到香满楼的销售量在下降，但市场信息反馈到香满楼公司总部并作出决策还是花费了过长的时间。就差这个时间，到2000年，广州人"香满楼牛奶香满楼"的记忆已经逐渐被"来自大草原"的广告词所取代。面对在保鲜奶市场降到10%的份额，广美香满楼畜牧有限公司的母公司立基控股有限公司终于作出了加大奶业投资的决定。

【香满楼牛奶的广告媒体投资策略诊断】

1999年1月~2000年6月，香满楼广告总量为19.2万元，占总体广告量的0.5%。香满楼的广告重点投放时期为二月份（图6-2）。

电视媒体是香满楼的重点投放媒体，占88.5%，投放版本为5秒，投放媒体为省有线台；报纸媒体只占11.5%的份额（图6-3）。

香满楼的广告投放地区集中在几个城市，区域很小，其中广州是绝对的重点（图6-4）。

对比分析可以发现，香满楼的市场份额已经严重下滑，并有继续下滑的趋势，而主要竞争对手燕塘、伊利的份额却明显上升（图6-5）。

在其他品牌投入大笔资金开展广告宣传的市场环境下，香满楼以0.5%的广告份额支持其20%的市场份额，力度明显不足（图6-6）。

---

① 本案数据检测时期：1999年1月至2000年6月。区域：广东省地区。数据来源：央视–索福瑞，AC–尼尔逊，新生代市场公司。

媒体目标的设定

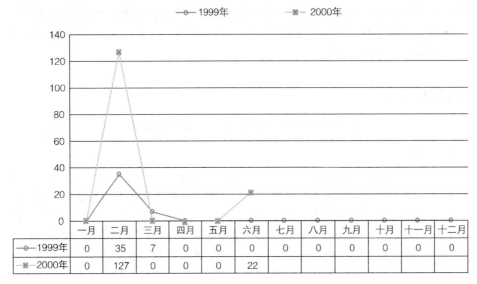

图 6-2　香满楼牛奶广告媒体投放的季节性分析（单位：RMB'000）

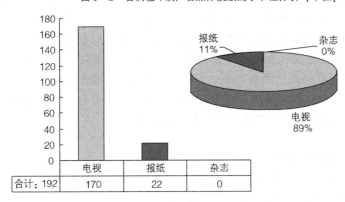

图 6-3　香满楼牛奶广告媒体类型的选择比例（单位：RMB'000）

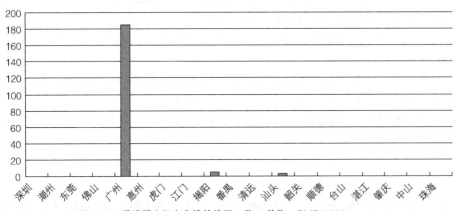

图 6-4　香满楼牛奶广告投放地区一览（单位：RMB'000）

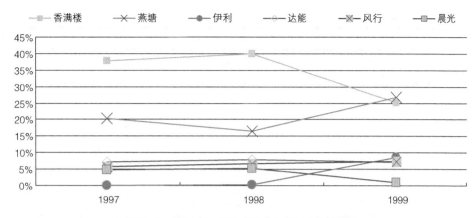

图6-5 1997年~1999年广州牛奶市场份额概况

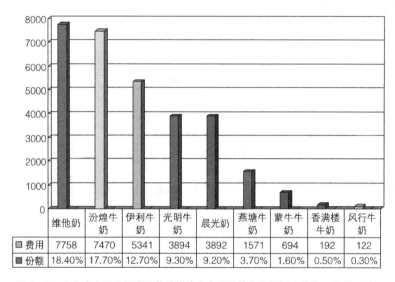

图6-6 广东省主要牛奶类品牌的媒体广告量及其声音份额（单位：RMB'000）

【媒体目标的确定】

有鉴于上述严峻形势，香满楼牛奶将1999年1月~2000年6月这一周期的营销目标界定为：及时阻止香满楼品牌市场份额下降趋势，力争尽快回升至1998年的高位，并力求主导广州市牛奶市场。

配合上述营销目标，进一步的媒体目标可以做如下的阶段性描述：

香满楼媒体目标 表6-3

	导入期（10.1~10.31）	推介期（11.1~12.15）	推广期（12.16~1.31）
形式	高频度重点投放	中频度平衡投放	有密度的重点投放
电视	高密度重点投放（GRP：1600）	平衡投放（GRP：1000）	重点投放（GRP：1400）

续表

	导入期 (10.1 – 10.31)	推介期 (11.1 – 12.15)	推广期 (12.16 – 1.31)
报纸	密集投放 (10s)	少量投放 (6s)	均衡式 (4s)
户外	大小灯箱结合 (27p)	大小灯箱结合 (27p)	大小灯箱结合 (27p)
杂志	1份	1–2份	1份
公关		中型	中型
直邮	报纸夹报20万份		报纸夹报20万份
备注	尽量缩短导入期，以高频次引起收视群体的关注，在对手反击前完成导入前期工作	推介期以应对对手反击为主，应以平衡投放为执行方式，但要保持一定的投放力度	推广期应补充前期快速导入、推介的不足，有重点的投放，争取有效的到达率

【媒体投放的目标受众策略】

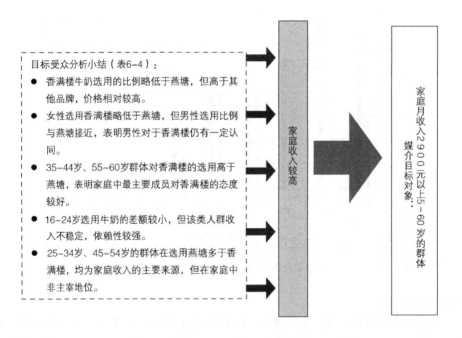

目标受众分析小结（表6-4）：
- 香满楼牛奶选用的比例略低于燕塘，但高于其他品牌，价格相对较高。
- 女性选用香满楼略低于燕塘，但男性选用比例与燕塘接近，表明男性对于香满楼仍有一定认同。
- 35~44岁、55~60岁群体对香满楼的选用高于燕塘，表明家庭中最主要成员对香满楼的态度较好。
- 16~24岁选用牛奶的差额较小，但该类人群收入不稳定，依赖性较强。
- 25~34岁、45~54岁的群体在选用燕塘多于香满楼，均为家庭收入的主要来源，但在家庭中非主宰地位。

家庭收入较高 → 家庭月收入2900元以上5~60岁的群体 媒介目标对象：

广州牛奶市场第一、第二理想品牌比较（样本数 N = 1034） 表6-4

	男性				女性			
	第一品牌	比例 (%)	第二品牌	比例 (%)	第一品牌	比例 (%)	第二品牌	比例 (%)
16~24岁	燕 塘	24.3	香满楼	21.6	燕 塘	31.6	香满楼	27.6
25~34岁	燕 塘	29.5	香满楼	23.2	燕 塘	27.4	香满楼	26.5
35~44岁	香满楼	31.9	燕 塘	22.2	燕 塘	25.2	香满楼	24.5
45~54岁	燕 塘	28.6	香满楼	21.4	燕 塘	28.3	香满楼	20.8

续表

	男性				女性			
	第一品牌	比例（%）	第二品牌	比例（%）	第一品牌	比例（%）	第二品牌	比例（%）
55~60岁	香满楼	26.3	燕塘	21.1	香满楼	25.0	风行	24.3
整体	燕塘	25.8	香满楼	24.8	燕塘	27.5	香满楼	25.4

【媒体投放的地理性策略】

广东省牛奶市场主要集中在广州、深圳、汕头、韶关四个重点城市，牛奶类广告中有3495万元集中在这四个城市，占全省广告总量的83%。广州市牛奶广告额为2206万元，其中汾煌、晨光、维他为投放额居前三位的品牌。深圳牛奶广告额为7478万元，其中伊利、晨光、维他为投放前三位。汕头市牛奶广告额为440万元，其中维他、汾煌、伊利为投放前三位。韶关市牛奶广告额为102万元，其中维他占投放额的45%。维他在每一重点城市都是投放前三位，其他品牌则各有重点区域。

以如下标准为地理性策略的考量因素做加权分析，确定广州市场为香满楼牛奶此次广告推广活动的首选地区，并重点投放（表6-5）。

选择标准：1. 品牌市场销售的目标 ****　　2. 市场的竞争对手的分析 ***
　　　　　3. 市场媒体的成本 ***　　　　　4. 市场的发展指数 ****

香满楼媒体投资市场优先顺序的确定　　　　表6-5

	品牌投放（千元）	市场指数（%）	品类投放（千元）	竞争指数（%）	千人成本（元）	成本指数（%）	市场企图	发展指数（%）	综合指数（%）
加权系数		30%		20%		20%		30%	
广州	185	100	21871	5	25	72	5	100	75.33
深圳	0	0	7478	14	63	29	3	60	26.45
汕头	3	2	4392	23	24	75	2	40	32.14
韶关	0	0	1022	100	18	100	1	20	46.00

重点投放地区：广州

【媒体选择策略】

经过对广州地区15岁以上目标受众的媒体接触习惯调查数据进行分析，确定此次广告推广活动选择的媒体类别为电视、户外（灯箱）、报纸和杂志（图6-7）。

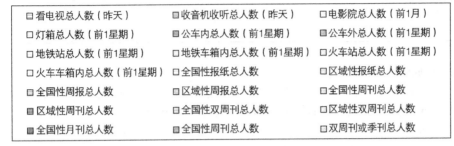

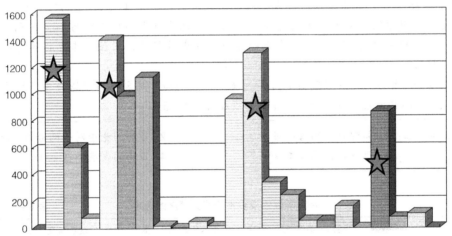

图 6-7 广州地区 15 岁以上接触媒体习惯

【媒体组合策略】

一、电视媒体选择

1. 年龄15岁以上的收视率不低于5%；
2. 相对较长时期内收视率不低于3%；
3. 年龄15岁以上的CPM便宜；
4. 少投干扰度大的电视媒体；
5. 媒体形象好的电视媒体。

- 广州市有线翡翠
- 广东省有线翡翠
- 广州市有线本港
- 广东省有线本港
- 广州电视台

节目选择：剧集前后插播

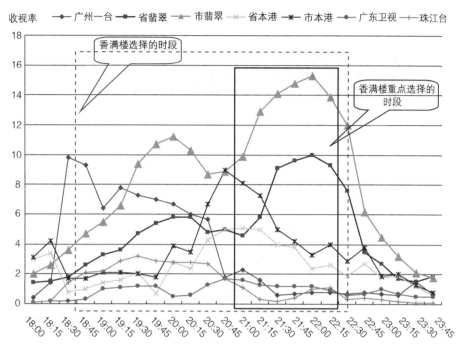

图6-8 香满楼在广州地区电视媒体广告的投放时段选择

数据对象：家庭月收入1000~2900元的5~60岁群体

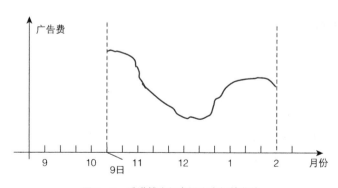

图6-9 香满楼牛奶电视广告投放曲线

二、报纸媒体选择

报纸媒体选择

- 有影响力的大报；
- 投资回报大的报纸（CPM）；
- 阅读率高的报纸；
- 健康版或生活版；
- 媒体形象好的报纸；

→

- 广州日报
- 羊城晚报
- 南方都市报

版本选择：ＡＢ版新闻版面

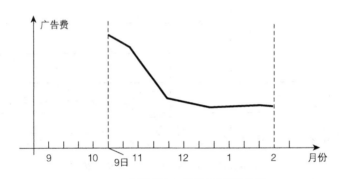

图6-10　香满楼牛奶报纸广告投放曲线

三、杂志媒体选择

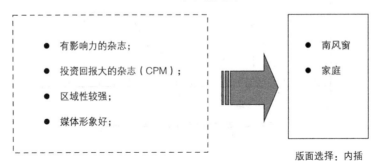

杂志媒体选择

- 有影响力的杂志；
- 投资回报大的杂志（CPM）；
- 区域性较强；
- 媒体形象好；

→

- 南风窗
- 家庭

版面选择：内插

四、户外媒体选择

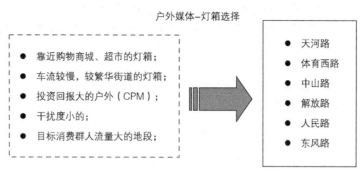

【广告媒体预算】

香满楼牛奶广告媒体预算（单位：千元 RMB） 表 6-6

	导入期 (10.1~10.31)	推介期 (11.1~12.15)	推广期 (12.16~1.31)	小计
电视	980	550	770	2300
报纸	1100	430	300	1830
户外	客户执行	客户执行	客户执行	—
杂志	18	170	18	206
直邮	160	—	160	320
公关	300	—	300	600
合计	2558	1150	1548	5256

备注：以上费用仅为基本预算，由于跨度长和不可预测因素，故本预算非最终数字，按正负5%计，约为500~552万元之间。

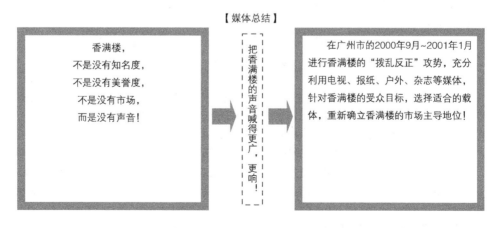

个案思考题

1. 仔细研究案例，体会香满楼牛奶是如何从市场环境、媒体策略、媒体竞争态势等的分析中推导出自己的营销目标及其衍生的媒体目标？

2. 结合表6-3的媒体目标内容及其表述方式，认真领会媒体目标的本质与内涵。进一步思考它与营销目标、广告目标在内容上有何关联，表述上有何差异？

3. 针对媒体目标设定的要求，香满楼牛奶是如何策略性的规划广告媒体方案的？

思考讨论题

1. 营销、广告、媒体具有什么样的逻辑关系？为什么说媒体目标、广告目标、营销目标三者之间的关系是其最直接的体现？

2. 我们在这里给出了战略性的媒体目标体系这一提法，就媒体目标在广告媒体策划中的地位和作用而言，你认为这种战略性的思考方式是否恰当？

3. 请结合第5章的相关内容思考：产品生命周期如何影响媒体目标的设定？

4. 媒体目标的量化可以加强计划执行的有效性。那么，量化媒体目标是否在任何情况下都是可行的？

5. 受众目标也是媒体目标的重要组成部分？请结合第7章思考：受众目标设定及其行为分析的意义与作用何在？

注释

1. 张雅欣. 中外记录片比较. 北京：北京师范大学出版社，1999：49.
2. 清水公一. 广告理论与战略. 北京：北京大学出版社，2005：167.
3. 张晓东. 广告媒体运筹. 长沙：中南大学出版社，2006：136.
4. 纪华强. 广告媒体策划. 上海复旦大学出版社，2006：166
5. 张晓东. 广告媒体运筹. 长沙：中南大学出版社，2006：146.
6. 纪华强. 广告媒体策划. 上海：复旦大学出版社，2006：167.
7. 陈俊良. 广告媒体研究——当代广告媒体的选择依据. 北京：中国物价出版社，1997：121-122.
8. 杰克·西瑟斯，罗杰·巴隆. 阎佳，邓瑞锁译. 广告媒体策划. 北京：中国人民大学出版社，2006：11.
9. 朱海松. 国际4A广告公司媒介策划基础. 广州：广东经济出版社，2005：79.
10. 杰克·西瑟斯，罗杰·巴隆. 阎佳，邓瑞锁译. 广告媒体策划. 北京：中国人民大学出版社，2006：12.
11. 阿诺德·M. 巴尔班，斯蒂芬·M. 克里斯托尔，弗兰克·J. 科派克. 朱海松译. 国际4A广告公司媒介计划精要. 广州：广东经济出版社，2005：52-54.
夏琼. 广告媒体. 武汉：武汉大学出版社，2003：83-87.
12. 朱海松. 国际4A广告公司媒介策划基础. 广州：广东经济出版社，2005：77.
13. 高萍. 广告媒介——寻求传递广告讯息的最佳通道. 长沙：中南大学出版社，2005：91
14. 威廉·阿伦斯. 丁俊杰等译. 当代广告学（第七版）. 北京：华夏出版社，2000：254-255.
15. 阿诺德·M. 巴尔班，斯蒂芬·M. 克里斯托尔，弗兰克·J. 科派克. 朱海松译. 国际4A广告公司媒介计划精要. 广州：广东经济出版社，2005：55-57.
16. 纪华强. 广告媒体策划. 上海：复旦大学出版社，2006：170.

第 7 章 广告媒体受众策略

世界上最遥远的距离不是天涯海角，而是明明我就站在你面前，你的眼中却没有我。

——佚名

开篇引例

70、80大PK："读图时代"的媒体新风向

"中国文化的精神基础是伦理不是宗教。"冯友兰先生在《中国哲学简史》中如是说。可见，中国家庭特别强调等级与服从，强调和谐与团结。但在如今，资讯过度发达的时代，中国的新新人类，20世纪80年代出生的一代却越来越呈现出不同于其他年龄人群的新特点，他们不拘泥于中国传统教育所倡导的伦理道德而张扬出独特的个性。有位哲人说过："想知道我们的未来吗？请看看你身边的孩子。"这里不妨做一个对比，比较一下20世纪70年代（28~37岁）的人群和20世纪80年代（18~27岁）青年人有哪些不同的媒体接触习惯呢？

从新生代的CMMS2005春的数据中，可以发现一个明显的不同，那就是对平面媒体的阅读逐步进入"读图时代"。这一点从这两代人对以文字为主的报纸和以图片为主的杂志的不同阅读偏好上就可见一斑。相对于20世纪70年代的人，20世纪80年代的人更喜欢阅读杂志，而相反，相对于20世纪80年代的人，20世纪70年代的人则更喜欢阅读报纸。有74.2%的20世纪70年代人有每天阅读报纸的习惯，而拥有这一习惯的20世纪80年代人的比例只有64.4%，低了差不多10个百分点；与此相反，有60.9%的20世纪80年代人有每个月阅读杂志的习惯，而有这一习惯的20世纪70年代人的比例只有51.4%，也低了差不多10个点。可见，阅读这一行为已由过去阅读文字时期的严肃行为向以浏览图片为主的休闲行为转变。我们自己恐怕也有同样的状况，比如五一出去玩，看到旅游景点买的书，就喜欢买以图片为主的小画册，看到一大厚本文字的书，自己也眼晕，这就因为我们在休闲时不愿意把阅

读提升到一个严肃的层面，更喜欢以轻松的心态浏览图片，不要给自己太多阅读的压力。

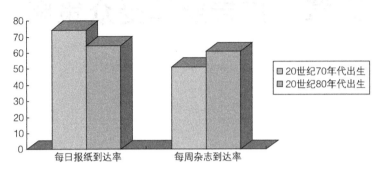

图7-1　70后、80后平面媒体接触状况比较

其实，这就说明了一个变化，就是阅读享乐化的趋势。阅读不再是接受知识，在一种崇高敬畏的心理状态下进行的严肃行为，而转变成娱乐、消遣为主导心理的精神生活方式。这种变化表现在人们越来越选择通俗读物、图文书和休闲读物。阅读由过去严肃和敬畏之心变为轻松的感观享受。在人类的文明发展史中，阅读曾经是特权、地位的象征，生存的手段和改变命运的工具。在神权兴盛的西方社会，文字阅读由最初是与上帝沟通的仪式逐步步下神圣，在世俗化的过程中不断失去它的神圣而成为今天人们一种普遍的精神生活方式。

资料来源：徐鹏. 70年代Vs80年代，阅读趋势的新变化. 新生代市场监测机构. http：//www.sino-monitor.com.cn/sinoweb/news/list.asp? newsid=1251.

媒体世界渐趋复杂，消费者的媒体行为也在相应地发生着变化。过去30年，媒体业的变化已经对消费者的行为产生了巨大的影响。人们认识到媒体的不同形式与人们的所看、所听、所想、所做交织混杂在一起，消费者不是主动选择，而是被淹没在商业广告的汪洋大海里。如何保证我们的信息能够战胜竞争者，到达我们的顾客？我们如何从这纷繁复杂的媒体世界里理出头绪？答案是：选择正确的顾客、正确的地点、正确的时间、正确的信息。[1] 通过本章的学习，读者可以：
- 理解消费者–媒体关系的内涵，媒体消费者行为分析的内容与基本框架；
- 理解媒体受众与市场目标消费群匹配的实质与意义；
- 掌握媒体目标受众界定的基本方法。

7.1　消费者媒体行为解析

7.1.1　消费者–媒体关系

消费者是指购买或使用产品来满足其需求和欲望的人。广告的真正目的是说服消费者去做某些事情，经常是说服其购买某个产品。为了达到这个目的，广告主首先必须设法了解自己的目标消费群。他们必须了解消费者的生活环境、消费者的思维方式以及激励消费者的各种因素。[2] 因为正是消费者行为中各类因素的共同作用，最终决定了广告传播的有效性（图7-2）。

把产品信息传递给目标市场的消费者是媒体策划者的责任，广告主必须通过特定的媒体载具将产品信息传

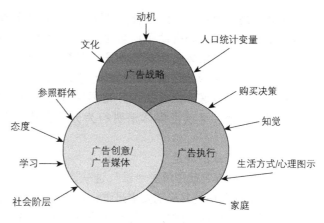

图7-2 消费者行为与有效广告之间的关系
资料来源：译自威廉·维尔斯，约翰·伯内特，桑德拉·莫里亚蒂. 广告学原理和实务. 北京：中国人民大学出版社，2004：110.

送给消费者。可见，消费者所听到的、所看到的信息以及所经历的事物均与媒体不可分离。他们的信念、娱乐、兴趣及愿望，被每天接触的媒体所影响、挑战、增强和满足。然而在现实生活中，消费者接触媒体的目的并不是为了接触广告，而是为了娱乐、新闻或知识等其他目的。顺理成章，消费者对广告信息接收的消极态度所衍生的现象自然是消费者并不会依照媒体计划的安排去接收信息，从而使得计划接触人口与实际接触人口和记忆人口之间存在相当大的落差，迫使媒体人员不仅要利用信息不断地重复来加强消费者的记忆，还要考虑如何在消费者实际接触媒体的现实环境中，寻找出最佳接触时空，使计划的信息传送能够实际进入消费者记忆。[3]

如果广告主想要提高消费者对商业沟通的兴趣和参与，就要保证媒体策略的制定与消费者行为之间保持密切的相关性。从媒体消费的角度而言，广告主需要深入了解消费者怎样选择和使用媒体，需要投入更多努力、时间、资源去进一步了解消费者的态度、需求、信仰，以及相关的媒体消费数据，需要更仔细研究消费者在不同时间对不同媒体的心态和感受。只有这样，才能突破消费者对商业信息的冷漠。[4]

总而言之，广告主有必要在媒体策略制定前，通过对消费者行为的研究来理清消费者-媒体关系，目标是希望掌握充分的消费者媒体使用与态度信息，得出买主的准确形象，找出彼此沟通的共同基础符号。[5]

7.1.2 媒体消费行为分析

为了能使媒体真正地把握消费者，作业中所需要的消费者资讯主要偏重在了解消费者的购买行为及对品牌的态度，包括：（1）市场容量（所设定的消费者人口数）；（2）消费者结构（谁买、谁用、谁影响、谁决定）；（3）购买时机及使用时机；（4）购买决策过程；（5）购买量与购买周期；（6）消费者忠诚度。[6]

上述常规的消费者行为分析，可以为广告媒体受众策略的制定提供基本依据，而媒体消费行为解析则有助于广告主进一步深入理解品牌的目标消费者，并提供消费者行为中有关媒体使用与态度方面的独特认识。更重要的是，如果广告主决定以沟通作为解决营销传播问题的核心手段的话，媒体消费行为就成为消费者生活中一个必须加以深入探究的十分重要的方面。通过详细调查消费者和媒体行为关系的各个方面，可以把媒体消费行为分析聚焦在四个领域：谁、如何、何时、何地。

(1) 目标受众的界定

目标受众的界定就是解决"谁"这一首要问题的过程，需要回答以下三个问题：

1) 广告主品牌的目标消费者是谁，如何准确地识别和界定他们？
2) 目标消费者的媒体消费行为能否对此界定进行修正，并描述它？
3) 媒体消费可否令目标受众得到界定？

界定目标受众的相关问题我们会在下一节作详细的阐述。这里只是想指出，目标受众界定的一个最重要的方法是媒体消费模式，即利用消费者的所读之物、所听之物来定义他们。媒体消费作为一种细分目标受众的手段十分有效，它易于理解，并用一种容易接受的语言剔除了不必要的其他细分消费群的干扰，因而提供了最接近实际的目标受众界定（图7-3）。

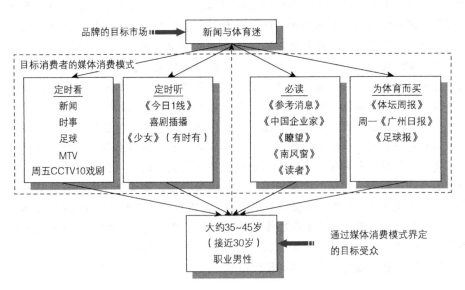

图7-3　媒体消费模式在目标受众界定中的应用

媒体加油站

借助一种叫作"观众媒体网"的方法，可以为我们深入了解目标受众的兴趣、个性提供许多有用的信息，这种方法涵盖了日记法、调研报告和消费者数据库等多种途径，为解析目标受众的媒体消费模式提供了一幅全景的媒体图画。下面就是对某目标受众群媒体消费模式的一段描述：

目标受众："C4 FriGos"

企业媒体选择：周五晚《卫报观察家》、周日晚戏剧

理由：正像人们知道得那样，这是一群典型的工作狂夫妻和单身汉，在漫长的一周工作之后，经常在周五晚上喝上几杯，晚上8~9点回家，陪着同伴坐下，带着外购食品及一瓶啤酒，看他们最喜爱的第四频道。周六上午起床，他们买《卫报》、《独立报》或《泰晤士报》，在早餐闲暇中间读完。他们喜欢娱乐，喜欢运动，喜欢在下午购物。周六晚出门与朋友喝酒、玩高尔夫球、吃饭，周日上午某些人听"Archers"节目，大多数人读《观察家》或《星期日泰晤士报》，周日早餐是真正盛宴，晚上他们坐下来看ITV电视台的高质量戏剧。

(2) 媒体消费行为分析

理解某一品牌目标受众的媒体消费特点（如何、何时、何处）需要艰苦的工作、超常的想像力和深入的调查研究，媒体策划人员需要准备对所有相关的问题进行细致地分析与研究。涉及的问题主要有：

1) 怎样触及目标受众？他们喜欢什么媒体？怎样消费？
2) 可触及多少人？多频繁？
3) 各种媒体怎样相互作用？有多频繁？
4) 目标受众何时、何地、何条件下消费这些媒体？

媒体使用和态度研究（U&A）法应用受众媒体网络来进行分析，为策划人员提供了一个清晰的消费者媒体行为研究架构（表7-1）。

目标受众媒体网络分析 表7-1

目标受众的媒体使用和态度（U&A）考察变量
在一个特定的时间框架内（一天或一周等），他们具有什么样的媒体消费习惯？包括商业和非商业的。
一天中，他们认为什么是"必须听"、"必须看"、"必须读"的东西？
他们如何消费？
他们在什么地点、什么公司上班？
消费者的思维框架何在？
他们是主动搜索还是被动地接受？
他们是时间富裕者还是时间紧迫者？
他们如何看待某种媒体（忠诚、尊敬，还是相信）？
他们为什么使用某种媒体（喜欢还是为了获取信息的需要）？
他们的其他哪种行为是我们感兴趣的？
他们如何打发他们的闲暇时间？
他们在哪购物？出去吃饭吗？
还有其他哪些媒体我们可以利用来接近顾客？传统的还是新潮的？

链接·视点

媒体圈、生活圈,到底谁套住了谁?

电视、网络、报纸、移动电视、楼宇液晶、卖场电视、户外广告……,众多新老媒体组成了一张巨大的网,似乎终于罩住了无所不在的消费者。但是,广告主依旧苦恼:"世界上最遥远的距离不是天涯海角,而是明明我就站在你面前,你的眼中却没有我。"

"生活圈"、"营销无聊"、"强迫性观看",这些词汇的出现给广告带来了新的刺激,却也带来了新的问题。面对这么一个全天候的生活圈,广告主或许不必再操心那50%的广告费浪费到哪里?问题是,上哪里再找500%的费用来覆盖这个巨无霸的媒体圈?

【圈人者亦被人圈】

早年,大众传媒效果研究的魔弹论在经历了产生、流行的高峰后,因为忽略受众主动性的致命伤而被批判。今天,当我们围绕消费者的生活圈构建起一个全天候的媒体圈时,同样不能忘记一点:消费者的选择力。

任何一个借助传媒进行的营销传播活动,必须重视两个方向上的作用力。其一,媒体的影响力;其二,消费者的选择力。

以前者而言,生活圈的概念大体就是媒体影响力方向上的一个延伸。需要关注的是,如今个体行为的不确定性和媒体的多元化大大增强,眼见着纳入生活圈内的媒体日渐庞大,伴随的也是每个媒体平均影响力的下降。

以后者而言,基于"搜索"特征的信息接触方式的兴起,预示着个体主动选择空间的扩大和欲望的增强,增强的选择力让营销传播的复杂性再度升级。

根据新生代对全国城镇居民的一项连续研究(CMMS)显示,从2001~2005年,在媒体消费、快速消费品消费上,人均选择的品牌数量整体呈下降趋势。2001年,人均每年阅读报纸4.7种,2005年为3.3种;2001年,年均购买的洗发水品牌数为3.4个,2005年下降为3个。

城市居民品牌消费数量对比 表7-2

	媒体消费		
	报纸	杂志	电视(每日)
2001年	4.7	4.1	4.9
2005年	3.3	3.2	5.8
	日常消费		
	润肤护肤品(女性)	洗发水	牙膏
2001年	2.4	3.4	3.5
2005年	2.1	3	3.1

数据来源:新生代市场监测机构CMMS2002春~2006春数据。

可以判断，个体生活圈膨胀带来的是个体在每个生活圈裂片中选择的日趋集中。在遭遇消费者的选择力后，规模日渐庞大的媒体圈似乎没有如预期般的圈住消费者，反倒把自己和广告主圈入了一个更复杂的境地，那便是——强者恒强，弱者愈弱。

市场在探求一个答案：媒体的影响力与消费者的选择力到底在哪里发生交集？如果找出这个答案，至少，可以不用担心。

【案例分析：大学生与媒体交集的1/6人生】

依据上述思路，以大学生群体为对象，可以尝试寻找媒体影响力与大学生选择力的一个交集空间。

（一）媒体圈的影响力：一天4小时，1/6的人生轴

根据一项对大学生的最新调查（CUS-2005[①]）显示，大学生每天用于学习的时间为9.3小时，体育运动1.1小时，午休1.2小时，晚上就寝6.9小时，以上合计18.5小时。而他们每天接触五类媒体（报纸、杂志、广播、电视、互联网）的时间总计为218.4分钟，约3.5小时，考虑电影、户外广告的接触，不妨估算为4小时。显然，一个足够大的媒体圈能够覆盖的是大学生生活的近1/6。

大学生每日时间消费　　　　　　　　　　　　　表7-3

活动分配（部分）	平均每天花费时间（小时）	媒体接触（部分）	平均每天接触时间（分钟）
学习	9.3	报纸	29.3
体育运动	1.1	杂志	7.9
午休	1.2	广播	53.6
晚上就寝	6.9	电视	62.5
合计	18.5	互联网	65.1
		合计	218.4

（二）媒体圈的三大支柱

单就媒体影响力考虑，综合日到达率和接触时间两项指标，互联网、电视、广播成为了大学生媒体圈内的三大支柱。特别是互联网，已经成为大学生媒体圈中当之无愧的新星，近八成的大学生每天在互联网中投入1个多小时。

[①] 意指《中国大学生消费与生活形态研究报告（2005）》（CHINA UNDERGRADUATES' CONSUMPTION AND LIFESTYLE STUDY）。

大学生媒体日到达率与日均使用时间　　　　　　　　表7-4

媒体	日到达率（%）	平均每天接触时间（分钟）
互联网	77.8	65.1
电视	63.7	62.5
广播	54.4	53.6
报纸	48.5	29.3
杂志	32.3	7.9
户外媒体	57.8	—
电影	3.6	—

值得一提的是，大学生对互联网的接触率不仅高于城市居民的一般水平15.9%（源自CMMS2005秋数据），甚至高出了新富的平均水平60.7%（源自H3 2005年数据）。

定位了三大支柱，反过来也就是说，任何试图构建一个更加全面的覆盖大学生生活圈的计划，都需要慎重考虑这样三股力量：互联网、电视、广播。

（三）选择力让媒体的影响力发生轨迹偏移

如前所述，消费者的主动选择改变了单一品牌的影响力，媒体也不例外。无论是在被媒体覆盖的1/6的生活圈内，还是在此之外，大学生有着自己的信息选择习惯。

三大媒体在大学生消费信息渠道中的排名位次　　　　　　　　表7-5

媒体	移动产品	电脑/外设	运动产品	休闲服装	护理产品	饮食产品
互联网广告	6	6	8	8	8	11
电视广告	2	2	1	1	1	2
电台广告	12	12	11	11	11	10

注：调查共涉及报纸、杂志、电视、电台、户外、网络、电影、学友推荐、明星代言、文章/论坛/博客、商店/店面推荐、校园活动宣传、优惠促销等13个信息渠道来源。

表7-5是各类广告在大学生消费信息渠道中的排名位次。可以看出，在构成大学生媒体圈的三大支柱中，电视的影响力与大学生的选择力有着较大的交集，是他们重点接触的媒体，同时也是他们主要的信息渠道。而互联网、广播在作为媒体和消费信息渠道的两个职能的位次上，因为大学生的选择力而发生了偏移。互联网尽管是大学生接触的第一媒体，但在消费信息渠道方面的位次多在6位或之后，影响力更偏向于表现在移动产品和电脑/外设等数码科技产品的领域。电台广告的偏移更大，基本处于大学生13种信息渠道的末位。

不仅仅是消费，整个大学生媒体圈的影响力都因为大学生的选择而发生着位移。

例如，大学生对互联网的接触率最高，但电视仍然充当最重要的新闻来源；广播虽然在接触率上弱于互联网和电视，但在医疗保健信息的维度上则被移到更重要的位置上。

三大媒体在大学生信息选择中的比重　　　　　表7-6

媒体	日到达率（%）	新闻	天气预报	医疗保健
互联网	77.8	45.5		6.0
电视	63.7	81.6	22.8	3.4
广播	54.4	70.9	34.6	11.5

（四）侦测：影响力与选择力的交集

与个体生活逐渐多维度同步，媒体选择所参照的指标也必须多元化。互联网也好，电视也罢，市场面临的任务不是要在互联网与电视之间拼出个你死我活，侦测出媒体影响力与消费者选择力的交集才是首要任务。

在此，基于 CUS 数据做一些粗浅的分析，或许可以作为一个借鉴。

以互联网为例，同样是大学生，越到高年级对互联网的接触率越高，大一为 11.1%，大四为 15.6%。另外，对营销而言有这样一个福音：大学生对互联网广告的信任度在上升。数据显示，2004 年，近 50% 的大学生认为"购买商品时，还是有广告的品牌比较可靠"，2005 年，这个比例攀升到近 70%。

在电视方面，新闻类、娱乐类（连续剧、音乐）和体育类占据了主要视野。以体育类节目为例，当结合大学生的运动习惯来看时，可以发现一些新型运动极有可能成为营销的亮点，比如排球、街舞、F1 赛车、网球等，虽然没有篮球、足球、乒乓球这些运动的参与度高，却在眼球上进入了大学生经常观看的运动项目的 TOP10。

附：大学生经常在电视上观看的体育运动 TOP10：篮球、足球、乒乓球、排球、街舞、羽毛球、游泳、田径、F1 赛车、网球。

资料来源：孟丽君.媒体圈、生活圈，到底谁套住了谁？首席市场官. http://www.mie168.com/html-content.asp，2006-6-21

7.2　媒体目标受众的界定

7.2.1　媒体受众与市场目标消费群的匹配

确立目标消费者有助于广告主设计特定的营销策略，从而更有效地配合其市场活动。为了确定广告宣传的重点，广告主必须基于市场细分来确定某一特殊的目标市场。随后，营销意义上的目标市场将被进一步转换和界定为广告传播中的目标受众，即广告试图影响到的个人、群体或组织。然而，并非所有的目标市场都是目标受众（图7-4）。[7] 媒体策划的首要行动步骤之一是要作出决定：是把精力集中在所有用户上，还是锁定一个较窄的产品使用者范围。这主要取决于广告主想要到达的人群。它不仅是一个营销决策，也是一个创意决策和媒体决策。[8]

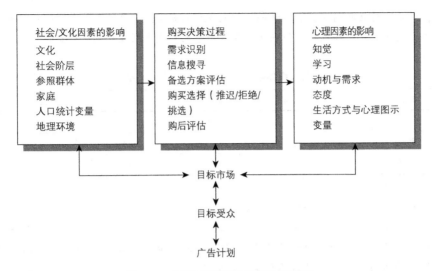

图7-4 目标市场的消费者购买决策过程

资料来源：译自威廉·维尔斯，约翰·伯内特，桑德拉·莫里亚蒂. 广告学原理和实务. 北京：中国人民大学出版社，2004：111.

广告主采用的典型做法是，把注意力集中在产品或服务的当前使用者身上。目的是要找出目标受众——最有可能购买某一产品的人。通常，有4类消费者变量能被用来有效的识别和界定目标观众：(1) 人口统计变量；(2) 社会心理变量；(3) 产品使用情况变量；(4) 购买决策过程（图7-5）。

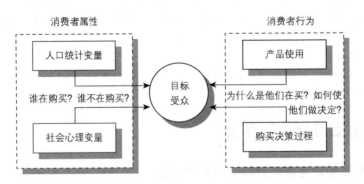

图7-5 可用于识别目标受众的4类消费者变量

与此同时，如果广告主在大众媒体上做广告，就需要选择适合的媒体，所谓适合的媒体就应该是媒体的目标受众与产品的目标市场相吻合，从而达到最佳的广告效果。这种相互对应可以从两个角度来看，一是站在广告主的立场，分析与产品目标市场相匹配的媒体是什么；二是站在媒体的立场，了解不同媒体的目标受众的产品使用特点，进一步分析媒体适应于什么样的产品细分市场。[9]

综上所述，媒体与市场相匹配就是在评估了营销成本和广告创意要求后，最终选择哪种媒体的方法。从操作层面上来看，媒体决策的质量主要取决于目标消费者与媒体受众相匹配的精确性。[10]

7.2.2 消费者市场细分基础

为了更好地理解媒体策划人员是如何使目标市场和媒体受众相匹配的，有必要先回顾一下消费者市场细分的常规方法。一旦我们掌握了这些用于市场细分的基本变量，就可以评估将它们应用于媒体受众决策过程的作用与价值。

消费者市场的细分变量主要有四种类型：（1）地理变量（Geographic Variables）；（2）人口统计变量（Demographic Variables）；（3）社会心理变量（Sociopsychologic Variables）；（4）产品使用变量（Product Usage Variables）（表7-7）。[11] 除地理变量外，其他三类都是媒体策划人员在寻求媒体受众与市场目标受众匹配时常用的基本方法。

消费者市场的主要细分变量 表7-7

变量		细目
地理因素	地区	太平洋岸，高山区，西北区，西南区，东北区，东南区，南太平洋区，中大西洋区，新英格兰
	城市或标准都市统计区大小	小于5000；5000～19999；20000～49999；50000～99999；100000～249999；250000～499999；500000～999999；1000000～3999999；4000000或4000000以上
	人口密度	都市，郊区，乡村
	气候	北方的，南方的
人文因素	年龄	6岁以下，6～11岁，12～19岁，20～34岁，35～49岁，50～64岁，65岁以上
	家庭规模	1～2人，3～4人，5人以上
	家庭生命周期	青年，单身；青年，已婚，无子女；青年，已婚，最小子女不到6岁；青年，已婚，最小子女6岁或6岁以上；较年长，已婚，与子女同住；较年长，已婚，子女都超过18岁；较年长，单身；其他
	收入	少于10000美元；10000～15000美元；15000～20000美元；20000～30000美元；30000～50000美元；50000～100000美元；200000美元和100000美元以上
	职业	专业和技术人员；管理人员、官员和老板；职员，推销员；工匠，领班；操作者；农民；退休人员；学生；家庭主妇；失业
	教育	小学或以下；中学肄业；高中毕业；大专肄业；大专毕业
	宗教	天主教，基督教，伊斯兰教，印度教，其他
	种族	白人，黑人，亚洲人
	代际	婴儿潮，X代
	国籍	北美，南美，英国，法国，德国，意大利，日本
	社会阶层	下下，下上，劳动阶层，中中，中上，上下，上上

续表

变量		细目
心理因素	生活方式	俭朴型，追求时尚型，嬉皮士型
	个性	被动，爱交际，喜命令，野心
行为因素	使用时机	普通时机，特殊时机
	追求的利益	质量，服务，经济
	使用者状况	从未用过，以前用过，有可能用过，第一次使用，经常使用
	使用率	不常用，一般常用，常用
	品牌忠诚度	无，一般，强烈，绝对
	准备程度	未知晓，知晓，已知晓，有兴趣，想得到，企图购买
	对产品的态度	热情，积极，不关心，否定，敌视

资料来源：菲利普·科特勒．梅汝和等译．营销管理（新千年版·第10版）．北京：中国人民大学出版社，2001：317．

7.2.3　基于人口统计变量的媒体目标受众界定

市场营销人员在定义目标市场时不必使用每个人口统计因素。在目标市场定义中每增加一个人口统计因素，目标市场的范围就会被进一步收窄（图7-6）。为了避免目标市场被定义得太宽泛或太狭窄，这两者之间需要进行平衡：目标市场的定义要足以使媒体计划人员在媒体选择中知道到底要寻找哪类目标消费者，但也不能把目标市场定义得太窄，以至于漏掉了本应涵盖在目标市场范围内的消费者。

使目标消费群与媒体受众相匹配最简单的方法就是从人口统计特征着手。媒体策划人员可以直接查寻媒体目标受众的人口统计特征，挑选出那些与目标市场消费者人口统计特征最接近的媒体，从而使媒体与市场相匹配。[12] 具体操作时，指数分析往往是一种实用而有效的方法。

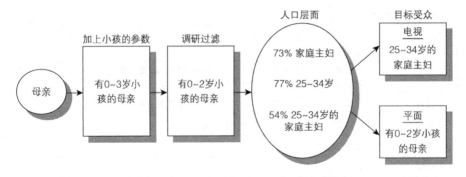

图7-6　基于人口统计变量的目标受众设定与描述

媒体加油站

指数分析在目标受众界定中的应用

在分析数据时，一般会用到三个基数：原始数字、百分比和指数。原始数字最不常用，因为它们太大，也因为不同品牌的测量基数不一样，难以将一个品牌和另一个品牌的原始数据进行比较。百分比是平衡来自若干公司原始数据的一种方式，因此在做比较的时候，人们更喜欢使用它。

指数是两个百分比之间的比率，是用于比较的首选方式。指数是表现两个百分比或两个原始数据之间关系的数字。指数的价值在于，它把销售或产品使用情况和人口统计数字联系在了一起，使人们有了一个便利的比较方法。如果把所有人口的使用情况认为是"平均数"，那么销售指数就是以绝对项的形式，说明高于或低于平均销售量的情况如何。

常用的方法是用每个年龄段的用户百分比，去比较该年龄段占整个统计人口的百分比。从而算出一个指数，方便分析比较所得出的结果。应当选择哪一个人口部分作为媒体到达的目标市场呢？常见的答案是选择销售量最大或用户量最大的人口部分。换句话说，在品牌已经有过成功经验的地方做广告。

计算公式：$$指数 = \frac{用户占人口统计部分的百分比（\%）}{该部分人口占总人口的百分比（\%）} \times 100$$

指数只用于说明群体的整体情况，并不说明群体中的任何个体情况。同样，超过100的指数意味着在该部分群体中使用产品的人数比例，超过了刚好是平均值（100）和低于平均值的部分（任何低于100的指数）。指数高于100的部分并不一定意味着用户的总数量超过其他部分，它们只是所占比例更高。从理论上讲，指数最高的部分代表着最大的使用潜力。

但请注意不要被指数所误导：指数值最高的统计部分并不总代表着最佳的潜力。这首先是因为，一个市场部分也许具备其他一些营销价值高的条件；其次，一个指数值高的市场部分，有可能产品的使用程度低，或是该部分的人口规模小。在这样的情况下，指数最高的市场部分并不意味着具有最佳的持续开发潜力。

我们首先要检查每个统计部分的使用或销售总量，看看从选择媒体目标受众的角度出发，该总量是否具有举足轻重的意义。之后，指数才能用于帮助定位具有良好潜力的目标市场。[13]

指数分析在目标受众界定中的应用　　　　　　　　表7-8

年龄	女性人口百分比（%）	产品X的所有使用者		产品X的重度使用者	
		百分比（%）	指标	百分比（%）	指标
15~24	13	13	100	13	100
25~34	23	25	109	23	100
35~44	17	20	118	25	147

续表

年龄	女性人口百分比（%）	产品X的所有使用者		产品X的重度使用者	
		百分比（%）	指标	百分比（%）	指标
45～54	16	19	119	17	106
55～64	15	13	87	13	87
65+	18	10	56	9	50
总数（'000）	7443	3996		1385	

在表7-8中，借助指数分析可以看出，对于产品X的所有使用者而言，当仅以年龄这一人口统计变量作为媒体目标受众界定的匹配因素时，35～54岁的女性消费者是较适宜的选择。如果进一步考察消费者的产品使用情况，即媒体投资向产品X的重度使用者倾斜，则35～44岁年龄段的目标受众是最佳选择。

品类发展指数（CDI）和品牌发展指数是衡量品类或品牌增长潜力的有效参数（见第9章相关内容）。通过仔细研究BDI和CDI可以深入了解目标市场的人口统计特征，使得媒体计划过程更加有的放矢，保证媒体投放的效果，达成市场目标（图7-7）。[14]

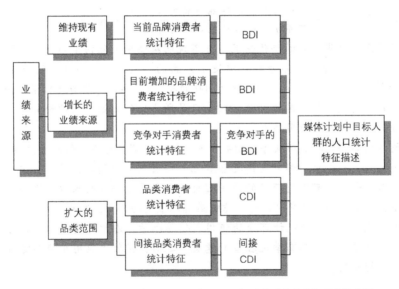

图7-7 BDI和CDI在媒体目标受众与目标市场消费群吻合度衡量中的应用
资料来源：朱海松. 国际4A广告公司媒介策划基础. 广州：广东经济出版社，2005：71.

7.2.4 基于社会心理变量的媒体目标受众界定

人口统计变量精确地描述了目标受众的一般状况，对购买广告媒体来说必不可少。但它们本身只是一些干巴巴的数字，模糊了产品用户的面貌。如图7-8所示，A、B两位消费者虽然人口统计特征相似，但相同的广告媒体策略和广告信息是不能对他们产生同样效果的，因为他们在社会心理层面上还有着非常显著的差异。[15]

	消费者A	消费者B
人口层面描述	男 25~34岁 收入￥84000	男 25~34岁 收入￥84000
社会心理描述	• 外向的 • 独立的 • 是具有冲劲的、有雄心的领导人 • 热情地生活在他的工作空间里，有相对少的闲暇时间。 • 商务上有很多旅行的机会	• 内向的、怕羞的 • 较依靠人，和同类人在一起时自我感觉比较舒畅 • 愿意做一个追随者感受更多的舒适 • 很少加班 • 热衷于享受生活乐趣，如露营、垂钓和划船

图7-8 人口统计描述的局限性

为了增加一些人格色彩，媒体策划人员还有必要分析一下产品用户的生活方式（Lifestyle）——也就是说，他们是如何打发时间、使用金钱的。以下是一些最常用的生活方式分析工具，能帮助策划人更直接的理解受众群体。[16]

（1）生活方式分析

现今，大部分心理细分研究都试图根据三种变量类型的组合来区分消费者——活动（Action）、兴趣（Interests）和意见（Opinions）——即所谓的AIO。为了将消费者划入各种AIO类型，受访者会拿到一份长长的陈述清单，并被要求指出他们对每一陈述的赞同程度。[17]就这样，生活方式被总结成人们如何花费自己的时间（活动），在他们生活的环境中他们认为什么比较重要（利益）以及他们对自己和周围世界的看法（观点）。[18]一些用来定义生活方式的活动、利益和观点见表7-9。

生活方式维度　　　　　　　　　　　　　　　　　　　　表7-9

活动（行为）	利益（兴趣）	观点（意见）	人口统计特征
工作	家属	人际关系	年龄
嗜好	家庭	社会问题	受教育程度
社会活动	工作	政见	收入
度假	社区	商业	职业
娱乐	消遣	经济	家庭规模
俱乐部活动	时尚	教育	住处
社区活动	食品	产品	地理环境

续表

活动（行为）	利益（兴趣）	观点（意见）	人口统计特征
购物	媒体	未来	城市规模
运动	成就	文化	生命周期阶段

资料来源：迈克尔·R·所罗门，卢泰宏.消费者行为学（第6版·中国版）北京：电子工业出版社，2006：201.

(2) 价值观与生活方式系统（Values and Lifestyles System，VALS™）

迄今为止，最受市场营销经理推崇的关于生活方式的应用研究是斯坦福研究所（SRI international）开发的价值观与生活方式系统（图7-9）。

目前VALS2™使用39个项目（35个心理学项目和4个人口统计项目）将美国成年人划分为8个不同的群体：1) 实现者；2) 完成者；3) 成就者；4) 体验者；5) 信仰者；6) 奋斗者；7) 制造者；8) 挣扎者，上述每个群体都有着不同的特质（图7-9）。各个群体纵向上根据个人资源、横向上根据自我导向进行排列。

VALS2™的关键在于构成水平维度的三个自我导向。原则（Principle）导向消费者的消费决策受信念系统指引，而且他们并不在意他人的看法。地位（Status）导向的消费者根据与其地位相同的人的看法作出决策。行动（Action）导向的个体则以购买产品来影响他们周围的世界。[19]

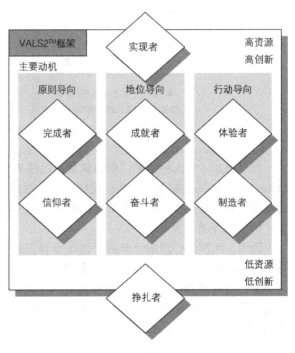

图7-9 VALS2™细分系统

VALS所测量的第二个层面称为资源，反映了个人追求他们占支配地位的自我取向的能力。它涉及心理、体能、人口统计特征和物质手段等各个方面。从青春期到中年阶段个体资源处于上升期，然后保持相对的稳定，随着个人的衰老，资源将逐步减少。

生活方式在营销策略中的最直接的应用就是将VALS2™用于确定细分市场、选择宣传媒体和制定广告策略。Timex公司在为Healthcheck选择宣传媒体的过程中应用到VALS方法。资料表明，成就者和完成者并不花费很多时间看电视，因此，Timex 公司使用了印刷媒体广告。这些群体即使看电视，一般也只看新闻节目。Timex 公司因此没有在黄金时间或白天进行电视广告宣传，而是将介绍性宣传活动设计在早间新闻和晚间新闻期间。[20]

7.2.5 基于产品使用状况的媒体目标受众界定

(1) 使用率

消费者市场也可以按产品被使用的程度被细分成轻度使用者、中度使用者和重度使用者群体。重度使用者的人数通常只占总市场人数的一小部分，但是他们在消费中所占的比重却很大（图7-10）。[21]

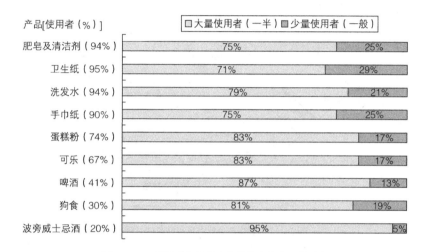

图7-10 普通消费品的大量使用者和少量使用者

资料来源：菲利普·科特勒. 梅汝和等译. 营销管理（新千年版·第10版）. 北京：中国人民大学出版社，2001：324.

当目标市场消费者是根据产品使用特征来定义时，对媒体策划人员来讲就要从两个方面来进行（图7-11）。首先，最直接的做法是找出产品的重度、中度、轻度和从不使用的消费者都暴露在哪个媒体之下。这样媒体策划人员就不必解读所有的人口统计数据，因为消费者的产品使用特征已经足以成为分析目标消费者和媒体受众的基础。

使媒体受众与目标消费者相匹配（根据消费者产品使用特征）的第二个做法是分两步来搜寻相吻合的数据信息：一个是找寻媒体受众的人口统计特征，一个是找寻产品的重度、中度、轻度和从不使用的消费者的人口统计特征。这两个人口统计特征吻合时就互相匹配了。这种间接做法一般是在如下条件下采用的：1）关于产品使用者的媒体使用习惯信息不存在；2）广告创意策略主要是根据目标消费者的人口统计特征来制定的；3）人口统计信息对营销组合的其他要素影响非常明显，比如说销售渠道；4）新上市的产品使用情况不明，媒体策划人员为了使目标消费者与目标媒体受众相匹配，就得把注意力放在产品的总体使用情况上。[22]

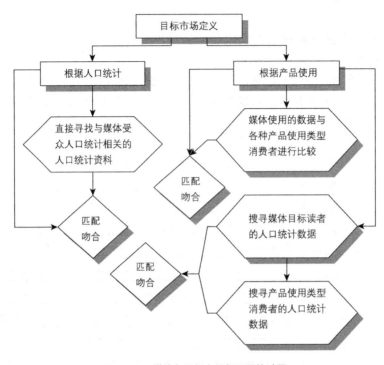

图7-11 媒体与目标市场相匹配的过程

资料来源：阿诺德·M. 巴尔班，斯蒂芬·M. 克里斯托尔，弗兰克·J. 科派克. 朱海松译. 国际4A广告公司媒介计划精要. 广州：广东经济出版社，2005：44.

消费者从重度、中度、轻度到新消费者，在媒体投资效益上呈递减趋势。根据不同的营销需求，在媒体策略上必须指定所要针对的目标受众是所有消费者、重度消费者、中度消费者、轻度消费者，还是新消费者。从投资成本效益考虑，媒体应首先将资源集中于重度消费者，即含金量较高的族群。基于营销扩张的需要，品牌可能必须将目标受众扩及中度消费者，甚至轻度消费者，而以所有既有消费者为诉求对象。在品牌强力扩张的营销策略下，媒体除了针对既有消费者外，同时也将把具有开发潜力的新使用者列入诉求范围（图7-12）。[23]

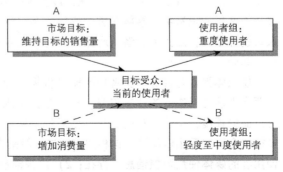

图7-12 基于使用率的媒体目标受众界定

(2) 忠诚度

除了审视产品使用类型外,还可以通过品牌使用类型这一变量来判断目标市场。消费者可能忠诚于某些品牌、某些商店或者其他实体。根据购买者的忠诚程度可以分成四种类型:1) 坚定忠诚者;2) 中度的忠诚者;3) 转移型的忠诚者;4) 善变者(图7-13)。[24]

图7-13 忠诚状况

品牌忠诚度在媒体操作上的意义在于,对忠诚度高的品类,由于吸引竞争品牌的消费者相对较为困难,因此在媒体上必须借助较高的接触频次,才可能达到预期的说服效果。[25]显然,从媒体投资效率的角度而言,高度忠诚者是媒体诉求应该优先考虑的对象。

7.2.6 基于消费者角色的媒体目标受众界定

对许多产品而言,识别购买者是相当容易的。比如,剃须刀一般是男子选择的,紧身内裤是女子选择的。然而,营销者仍旧需要仔细地确定目标决策者,因为购买角色是可以改变的。在一个购买决策中可以区分出五个角色:1) 发起者;2) 影响者;3) 决策者;4) 购买者;5) 使用者(图7-14)。[26]

各种角色在不同的市场,对不同的商品类别,有其不同的重要性。在媒体计划中,一项重要的任务就是必须清楚地界定出谁扮演什么角色,并依照他们在消费行为决定上的重要性区分出主要消费群(Primary Target)及次要消费群(Secondary Target),以此去分

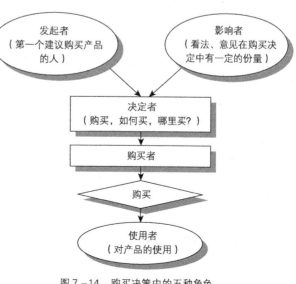

图7-14 购买决策中的五种角色

配合理的媒体传送量。[27] 表 7-10 中，咖啡类产品的购买主要由妻子决定，而男性香水的购买则主要由丈夫决定，显然，媒体诉求对象的优先顺序已经不言自明。

购买影响　　　　　　　　　　　表 7-10

产品/品牌	使用量的份额（%）		购买量的份额（%）		购买影响（%）	
	丈夫	妻子	丈夫	妻子	丈夫	妻子
咖啡	49	51	31	69	32	68
男性香水	90	10	56	44	71	29

学生实践个案 3

花之媒：百日草花艺连锁有限公司媒体策划书[①]

【市场综述】

公司简介

百日草花艺连锁有限公司（以下简称百日草）是新崛起的主营鲜花业务的一家私营企业，其业务范围包括鲜花配送、花篮设计、场地布置等所有涵盖鲜花植物的相关业务，其与国内 80% 以上的礼仪活动策划公司有合作关系，并与政府机构、企业等高层签订有大量的会场鲜花植物专供合约；在广州、上海、北京、长沙、苏州等枢纽城市均建有大型的鲜花生产基地（以温室培育保障产量及产时）。

产品简介

有关鲜花的艺术，从种植到包装售卖、装饰，包括鲜花护理、插花、礼品、花篮、室内室外鲜花布置等。

市场环境

由于鲜花极其鲜明的季节性以及市场行情的多变性和脆弱性，目前国内包揽鲜花全部业务并且营业状况良好，具有长足前景的企业屈指可数。

目前在广州地区，有经营鲜花相关业务的大大小小的店铺几百家，但大都规模小，经营分散，而且没有明显特色，竞争力不大。

但是随着网络的发展，部分花店开展了网络特色服务，百日草在这一方面没能抢占先机，失去了部分的市场份额。

市场需求

鲜花可以作为个人装饰、会场布置、庆贺、礼物等用处，可以说是无处不在，无人不需，现有市场和潜在需求都很大。

目标市场

原本的细分市场：零碎的个人购买型顾客、企业公司型顾客、政府机构性顾客、

---

① 本案由广东外语外贸大学新闻与传播学院 05 广告班廖慧同学撰稿并提供。

非赢利性组织型顾客

新增的细分市场：网络型用户

公司现有资源

1. 门店本身就是极好的 POP 载体。

2. 公司自有刊物《花讯》。用于邮寄，向客户介绍产品资讯，还有相关的鲜花知识。

SWOT 分析

有利因素：与政府、主流媒体、广告公司关系良好。

不利因素：门店数量多，在行动统一、步调一致方面会有点困难；花市本身的季节性和脆弱性；产品的同质性，宣传要点主要突出在服务上。

【媒体策划目标】

此次媒体策划的任务：

1. 提高广州地区门店销售业绩。

2. 全国范围内宣传推广百日草新增的网络业务，凭借宣传和品牌效应抢回部分失去的市场份额。

3. 进一步提升百日草的品牌认知度和忠诚度——这一部分是附加任务，通过前两项任务的完成，自然可以达到一定的效果。

【目标受众分析】

公司的目标客户群：

1. 零碎的个人购买型顾客——这类顾客的购买量一般不大，而且具有极大的随意性，但若形成习惯性购买，将创造出可观的营业额，而且易培养顾客忠诚。

2. 企业公司型顾客——多是由企业的某一人作为代表进行购买，用于公司内部会议会场布置、活动现场布置、代表公司赠送礼品等。特点是量较大，对价格敏感度不高。而且与之培养良好的关系有可能发掘更大更广阔的市场。

3. 政府机构性顾客——与企业公司型顾客类似，但是总量更大，购买更频繁，对价格更不敏感。因为政府机构召开会议时间相对较固定，因此培养这类顾客成为白金顾客，将创造巨大的市场前景和营业额。

4. 非赢利性组织型顾客——除内部会议外，这类顾客举行公益性质活动的可能性也很大，跟他们合作将创造极好的宣传自己，提升品牌知名度和品牌形象的机会。

5. 网络购买型顾客——喜欢网上购物，或者因为其他原因不能实地购买的顾客。这部分顾客对于价格相对会敏感一点，但满足其需求相对容易，而且可以通过增值服务的形式弥补价格方面的差距。

因为本次宣传的重点在于网络业务和门店销售业务，且主要在结合全国营销活动的基础上重点针对广州地区的目标受众。因此，此次媒体策划选择个人购买型顾客和网络购买型顾客为首要目标受众，分别进行详细分析和制造媒体策略。

【针对个人购买型顾客的媒体策划】

受众分析

由于社交、恋爱等人际交往的原因,人们或多或少需要借助于鲜花及相关的商品来表达情意。而年龄介于18~40岁之间的中青年人群喜欢点缀生活,制造情调,其经济消费水平也较高,是鲜花类产品的重点消费群体。

媒体宣传目标

传播目的:提升百日草品牌知名度;提高门店销售量

活动时间:2008年1月~6月

目标到达率:

广州市2006年人口统计总数为1300万,其中18~40岁人口约占60%,则目标受众总体人数为:1300×60% = 780万人。目标视听众人数约600万,则目标到达率为:600÷780×100% = 76.9%。

目标暴露频次:45

区域分布:

在广州市新划分的十大区域中,经济繁荣的A类地区主要有白云区、荔湾区、越秀区、海珠区、天河区、黄埔区,这些区域可以说是广州的中心市区,百日草门店的分布数量也较多;番禺地区为B类次要区;而花都、增城、从化、南沙等因经济、地理位置等原因,只能作为C类更低层次的宣传地区。

各地区所占比重:

A类区域:50%　　　　B类区域:35%　　　　C类区域:15%

媒体策略

1. 以平面媒体为重点载体。
2. 在广告中传达一种温馨、浪漫的情调,表现鲜花点缀生活的理念。

媒体选择

POP:通过别具一格的装饰、宣传展示,店面内部和外部将作为最重要的媒介载体承担提高销售的任务。

杂志:以时尚、饮食、旅游、饰品类杂志为载体。

百日草希望将鲜花打造成为一股新的时尚,杂志的精美印刷、内容的专业化和相关性切合这一定位。

户外:以车身、地铁广告为主。这里包括公交地铁移动视频。

楼宇液晶:各大写字楼,目标是单个个体,提高百日草知名度同时覆盖企业机关负责百日草业务联系的人群,提高忠诚度。

广播:插播于故事性、文学性的节目中,塑造一种生活方式以打动消费者。主要目标是有车一族。

电视:辅助性媒介,倾向于企业形象和理念的宣传。

媒体组合

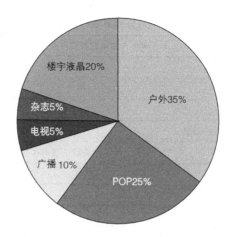

图 7-15 各媒体类别的分配比重

创意策略
POP：鲜花生活理念，店面形象，产品介绍和产品信息
户外：车身站牌广告：生活理念，企业形象和文化
　　　车载移动视频广告：鲜花知识，产品介绍和产品信息
楼宇液晶：生活理念，企业形象
电视杂志：理念和形象广告
广播：鲜花故事，产品告知广告
媒体行程

媒体行程表　　　　　　　　　　　　　　表 7-11

媒体	广告类型		1月	2月	3月	4月	5月	6月
电视	形象广告							
POP	理念形象							
	产品信息							
杂志	理念形象							
户外（包括地铁和公交）	车身广告	理念形象						
	车载视频	产品介绍						
广播	理念广告							
楼宇液晶	理念和形象广告							

注：灰色为排期。

媒体预算

媒体预算表   表 7 – 12

媒体		区域范围	预算
电视		全市	100000
POP		全市	150000
杂志		全市	50000
户外	地铁	全部四条线路	150000
	公交车身	流动于天河、越秀、海珠、荔湾、黄埔、番禺之间的公交车辆	150000
广播		全市	80000
楼宇液晶		天河、海珠、越秀、荔湾	100000
合计			780000

注：全国范围的营销活动中，电视杂志广告已经有所覆盖，广州地区的媒体策划也不将这两种载体作为重点，因此分配的预算比较低。

效果预估

1. 预计此次宣传的覆盖面将达到 60% 的广州个体市民，品牌知名度提升到 80%，第一品牌提及率 50%。
2. 广州门店销售量整体提高 25%。
3. 在市民心目中初步建立起一种鲜花有助于塑造温馨情调，装点美丽的理念。

【针对网络购买型顾客的媒体策划】

受众分析

CNNIC2007 年 6 月发布的《中国互联网络使用状况调查分析报告》数据显示，中国网民具有的特点是：18～40 岁的年轻网民占大多数，其中又以企业工作人员、机关事业单位工作人员和学生居多；网民收入多在 2000 元以下，为低收入人群。在性别方面，男性比重大于女性，之间的差额渐渐在缩小。

这样的人群正是百日草网络业务的目标：年龄、职业相符，低收入市场正好与现有的中高收入市场组合形成全方位的市场分布。问题是，男女对鲜花消费观念不一，如何发掘潜在需求，促进购买？

媒体宣传目标

传播目的：

1. 推广百日草网上购买渠道，争取网络客户。
2. 争取网上营业额三个月内达到总营业额 5%，同时全国范围盈利 30 万。
3. 开发初期阶段，主要目标为打响知名度，盈利要求不高。

活动时间：2008 年 1 月～3 月

宣传范围：全国

目标到达率：告知消费者百日草开通网上商店的信息，信息传达率85%。

媒体策略

1. 主要通过网络媒体进行宣传。

2. 以告知性广告为主，将产品信息传达受众。

媒体选择

网络、DM、POP

媒体组合

媒体分配比重：网络75%、DM15%、POP10%

广告类型与媒体的结合：

1. 网络广告：

（1）搜索引擎广告：置于搜索引擎页面，点击可以进入网上商店

（2）关键词广告

（3）鼠标指针、屏保广告

（4）论坛广告：通过信息征求、解决方式，在特定论坛发放帖子，借以传达信息

（5）游戏广告：设计包含品牌和产品信息的免费小游戏，发布到各大网站

（6）按钮广告：主要投放到门户网站和专业网站

媒体载具选择：

（1）搜索引擎广告：百度、Google、搜狐

（2）关键词广告：百度、Google

（3）按钮广告：新浪、雅虎、搜狐、网易、花卉专门网站

（4）其他：投放到相应的相关网站

2. DM：将《花讯》和宣传单一起直接投递到用户手中。包括普通邮件和电子邮件（发送电子版）。

3. POP：在店面醒目处向消费者提示网站开通的信息

媒介行程说明：

1. 由于网络信息传递和更新速度快，网络投放的广告需要及时更新。1～3月全期排满。

2. DM广告每月月初和中旬定期发放。另外若有发现新的可接触顾客，随时发送。

3. POP提示将持续3个月。

媒体预算

预算：总共投入60万

其中网络媒体55万。POP费用归入个人购买型客户项目的预算，DM为公司长期固定支出，也不需要计入此次媒体投放计划的预算范围。5万元为灵活使用资金。

媒体预算表（单位：万元） 表7-13

	百度	Google	雅虎	新浪	搜狐	网易	花卉网	其他	小计	备注
关键字词购买	10	8							18	单个字词计费，购买量大
引擎广告	3	3	3						9	包月计费
按钮广告				5	3	5	5		18	
其他								10	10	
小计	13	11	3	5	3	5	5	10	55	

效果预估

1. 信息传达率80%，挖掘3千万名网络用户，掌握其相关信息和资料。
2. 网络商店3月后日均流量5万人次。
3. 网点营业额3个月全国总量50万，广州地区总额12万元。

【广州地区媒体策划总览】

　　1. 个人购买型客户和网络购买型客户在地域范围内互有一定程度的交叉重叠，因此实际的信息到达强度和频率会略高于计划目标。
　　2. 两大目标市场媒体投放预算为媒体投放费用133万元，其他流动资金17万元，总预算额150万。
　　3. 本次媒体投放强度大、密度高，执行也有一定的难度。
　　4. 各部门、各连锁门店必须保持步调一致，严格执行计划，注重细节体现。
　　5. 媒体投放效果的测量将在2008年3月~6月进行。

个案思考题

　　1. 我们知道，当产品/品牌的目标消费群与所选媒体的目标受众吻合时，对保障传播效果是最有利的。请思考：百日草基于消费者细分后的媒体策划是否已经达到或接近这一理想状态？
　　2. 你认为，就提高媒体传播效果而言，是否有进一步对个人购买型顾客和网络购买型顾客细分主、次的必要？这样的界定对整体媒体策略又将产生什么样的影响？
　　3. 针对不同的目标消费者开发具有差异化的媒体策划方案是否可行？不同的方案间可能存在协调成本、资源分配冲突、媒体目标失衡等矛盾，应该如何克服？

思考讨论题

　　1. 消费者既是广告活动的终点，也是广告活动的起点。你如何评价媒体消费行为分析在媒体策划中的作用与意义？
　　2. 目标市场并非都是目标受众，这句话应该如何理解？
　　3. 指数是一种有效的分析工具与方法，但它的应用同时也是有局限性的。使用过程中应该注意哪些问题？

4. 媒体目标受众界定的几种方法都各有特点，如何才能在实务工作中灵活、科学地加以应用？

5. 广告投放应该选择合适的媒体，从消费者－媒体关系的角度而言，应该如何理解这句话？

注释

1. 莱斯利·巴特菲尔德. 杜玲等译. 英国 IPA 广告培训教程. 北京：中国三峡出版社，2001：247-264.

2. 威廉·维尔斯，约翰·伯内特，桑德拉·莫里亚蒂. 广告学原理和实务. 北京：中国人民大学出版社，2004：109.

3. 陈俊良. 广告媒体研究——当代广告媒体的选择依据. 北京：中国物价出版社，1997：19.

4. 莱斯利·巴特菲尔德. 杜玲等译. 英国 IPA 广告培训教程. 北京：中国三峡出版社，2001：247.

5. 威廉·阿伦斯. 丁俊杰等译. 当代广告学（第七版）. 北京：华夏出版社，2000：129.

6. 陈俊良. 广告媒体研究——当代广告媒体的选择依据. 北京：中国物价出版社，1997：108-112，23.

7. 威廉·维尔斯，约翰·伯内特，桑德拉·莫里亚蒂. 广告学原理和实务. 北京：中国人民大学出版社，2004：110-111.

8. 杰克·西瑟斯，罗杰·巴隆. 闰佳，邓瑞锁译. 广告媒体策划. 北京：中国人民大学出版社，2006：148.

9. 黄京华. 平面媒体广告价值分析：目标受众与细分市场的对应. 市场观察，2003（2）：64.

10. 阿诺德·M. 巴尔班，斯蒂芬·M. 克里斯托尔，弗兰克·J. 科派克. 朱海松译. 国际4A广告公司媒介计划精要. 广州：广东经济出版社，2005：46.

11. 菲利普·科特勒. 梅汝和等译. 营销管理（新千年版·第10版）. 北京：中国人民大学出版社，2001：317.

12. 阿诺德·M. 巴尔班，斯蒂芬·M. 克里斯托尔，弗兰克·J. 科派克. 朱海松译. 国际4A广告公司媒介计划精要. 广州：广东经济出版社，2005：28-29.

13. 杰克·西瑟斯，罗杰·巴隆. 闰佳，邓瑞锁译. 广告媒体策划. 北京：中国人民大学出版社，2006：153-154.

14. 朱海松. 国际4A广告公司媒介策划基础. 广州：广东经济出版社，2005：71.

15. 阿诺德·M. 巴尔班，斯蒂芬·M. 克里斯托尔，弗兰克·J. 科派克. 朱海松译. 国际4A广告公司媒介计划精要. 广州：广东经济出版社，2005：35.

16. 杰克·西瑟斯，罗杰·巴隆. 闰佳，邓瑞锁译. 广告媒体策划. 北京：中国人民大学出版社，2006：155.

17. 迈克尔·R·所罗门，卢泰宏. 消费者行为学（第6版·中国版）北京：电子工业出版社，2006：201.

18. 何佳讯. 广告案例教程（第二版）. 上海：复旦大学出版社，2006：89-90.

19. 迈克尔·R·所罗门，卢泰宏. 消费者行为学（第6版·中国版）北京：电子工业出版社,2006:203-204.

20. 何佳讯. 广告案例教程（第二版）. 上海：复旦大学出版社,2006:86.

21. 菲利普·科特勒. 梅汝和等译. 营销管理（新千年版·第10版）. 北京：中国人民大学出版社,2001:323-324.

22. 阿诺德·M. 巴尔班,斯蒂芬·M. 克里斯托尔,弗兰克·J. 科派克. 朱海松译. 国际4A广告公司媒介计划精要. 广州：广东经济出版社,2005:45.

23. 陈俊良. 广告媒体研究——当代广告媒体的选择依据. 北京：中国物价出版社,1997:128.

24. 菲利普·科特勒. 梅汝和等译. 营销管理（新千年版·第10版）. 北京：中国人民大学出版社,2001:324-325.

25. 陈俊良. 广告媒体研究——当代广告媒体的选择依据. 北京：中国物价出版社,1997:112.

26. 菲利普·科特勒. 梅汝和等译. 营销管理（新千年版·第10版）. 北京：中国人民大学出版社,2001:212-213.

27. 陈俊良. 广告媒体研究——当代广告媒体的选择依据. 北京：中国物价出版社,1997:124.

第  章　竞争品牌媒体投资分析

对手是帮手。

——埃德蒙·伯克

开篇引例

"首都在线"竞争品牌媒体投资档案解密

这是一份尘封八年的媒体档案，它是"首都在线"对竞争品牌媒体投资状况的历史记述，让我们将之解密以飨读者。

档案密级：绝密

档案收藏：首都在线（www.263.net）

数据来源：AC Nielsen 亚太市场调研公司

监测媒介：电视、报纸、杂志

建档周期：1999年至2000年1~6月

覆盖范围：全国

竞争品牌：东方网、FM365、新浪网、搜狐网、网易、中华网、人人网、东方网景、世纪互联网、新网……

【谁是我们的对手】

ICP类投资最高的前十个互联网品牌[①]　　　　　　　　　　表8-1

	1999年投资额 (RMB：千元)	1999年占有率（%）		2000年1~6月投资额 (RMB：千元)	2007年占有率（%）
新浪网	10703	32	东方网	18256	14

---

① ICP为Internet Content Provider的缩写，即在互联网上提供内容服务与提供电子商务的厂商。

续表

	1999年投资额 (RMB: 千元)	1999年 占有率 (%)		2000年1~6月投资额 (RMB: 千元)	2007年 占有率 (%)
人人网	5102	15	FM365网	14140	11
中华网	3776	11	脉搏网	13287	10
搜狐网	2607	8	人人网	10900	8
我的网	2298	7	中华网	10614	8
热点网	1954	6	鲨威体坛	8898	7
我到啦网	1593	5	亿唐网	6784	5
首都在线	926	3	中国人网	5816	4
中华网	778	2	TOM网	4181	3
广州视窗	738	2	搜狐网	4155	3
其他（12个）	3075	9	其他（41个）	36870	28
合计	33550	100	合计	133901	100

【他们的传播功夫和软肋在哪】

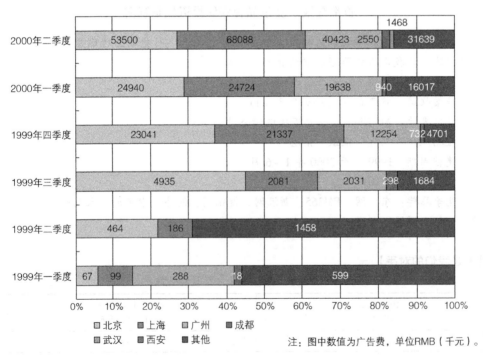

图8-1 广告花费的季节性（以市场为轴心）

竞争品牌媒体投资分析

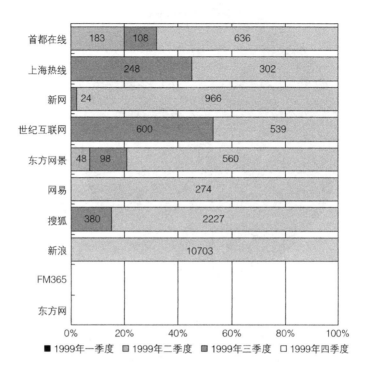

图 8-2 广告花费的季节性（以品牌为轴心）

注：图中数值为广告费，单位 RMB（千元）。

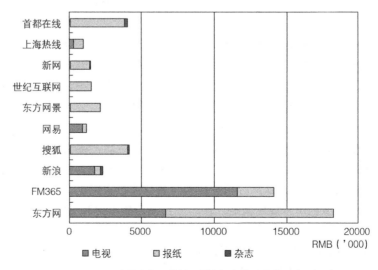

图 8-3 主要竞争品牌基于媒介组合的广告费用分配

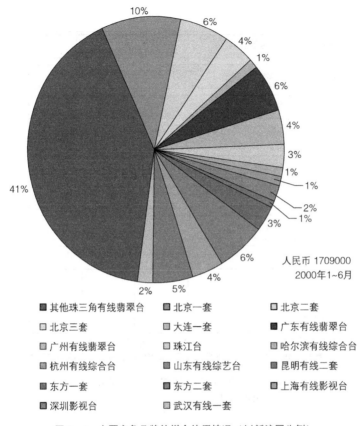

图8-4 主要竞争品牌的媒介使用情况（以新浪网为例）

这是一个虚拟的情境，但案例中的人物和数据都来自真实的媒体调查，读者可从"首都在线"的竞争品牌的媒体投资数据中分析出各种各样的信息。如果你对竞争品牌媒体投资分析的作用和价值还没有确实的体认的话，那就请再次细细品味一下"对手即帮手"这句饱含辩证性思维火花的至理箴言吧！

在目前的市场环境中，很少存在某一品牌独占某一类产品天下的局面，几乎每一品牌都会面临着同类产品的竞争。在品牌之间的营销战中，最为激烈的莫过于广告大战。而在广告大战中，认真分析竞争对手的媒体投资策略，真正做到"知己知彼"，方能制定有效的广告媒体策略，从而做到"百战不殆"。[1]通过本章的学习，读者可以：

- 掌握竞争品牌的界定及其甄别方法；
- 理解竞争品牌媒体投资分析的作用和价值；
- 了解竞争品牌媒体投资数据的来源、类型及其应用方向；
- 掌握竞争品牌媒体投资分析的主要方法与核心思想。

8.1 竞争品牌媒体投资分析基础

8.1.1 竞争品牌的甄别

1. 竞争品牌分析范畴的界定

从狭义到广义,竞争品牌可以有三种不同层次的界定:(1)品牌竞争者,为同一品类中价格与定位相似、铺货路线重叠的品牌;(2)行业竞争者,即同类中的所有品牌;(3)形式竞争者,指任何有取代作用的品牌(图8-5)。

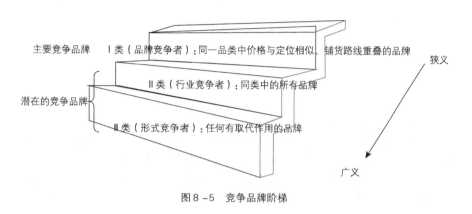

图8-5 竞争品牌阶梯

上述层次定义的重要意义在于,竞争品牌的确定,必须清楚地了解品牌既有位置与发展企图。[2]

依据阿瑟·D·利特尔咨询公司的观点,一个公司在其目标市场中占据着6种竞争地位中的一种:(1)主宰型(Dominant);(2)强壮型(Strong);(3)优势型(Favorable);(4)防守型(Tenable);(5)虚弱型(Weak);(6)难以生存型(Nonviable)。[3]

对于市场占有率相当有限的品牌,如果把竞争范畴定义在所有类别,将不具有实质操作意义。反过来说,市场占有率已经非常高的垄断性品牌,如果仅仅只把竞争范畴定义在同一品类中价格类似、定位类似、铺货重叠的品牌上,则将限制品牌的发展。[4] 可见,竞争品牌分析范畴的界定是一个随着市场环境的变化而动态调整的过程。

媒体加油站

市场竞争中有许多的生死对头、欢喜冤家,商业竞技场上正因为有了他们的倾情演绎,才能如此慑人心魄、荡气回肠。让我们带着崇敬的心情再次回顾这些商业名人堂中的佼佼者们:

竞争品牌媒体投资分析

	甲方（竞争品牌 A）	乙方（竞争品牌 B）	所属行业
1	可口可乐	百事可乐	饮料
2	索尼	松下	家电
3	通用	福特	汽车
4	柯达	富士	胶卷
5	P&G	联合利华	日用护理
6	阿里巴巴	?	电子商务
7	?	盛大网络	网络游戏
8	扬子集团	?	家电
9	?	华为	电讯
10	卡特彼勒	?	工程机械

识别上面空缺的竞争品牌具有一定的挑战性，那就请你试着补上吧！（答案在本书中找）

2. 竞争品牌识别模型

商场上如果不知道谁是你的真正竞争对手，是很危险的事情。运用竞争品牌识别模型（图8-6），有利于我们找准竞争对手。竞争品牌识别模型的特点在于"三近四同"。即生产规模、产品形式、价格接近，销售界面、定位档次、目标顾客、拓市努力程度相同。只要一个企业在七项条件对比中达到"三近四同"，那么，它就是你的竞争对手。[5]

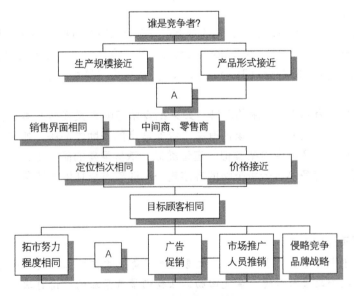

图8-6　竞争品牌识别模型

资料来源：杨青山. 找准竞争者. 销售与市场, 1999（1）: 26.

根据该模型，我们可知表 8 - 2 中所列的重庆希望、重庆隆生、重庆通威、重庆国雄、涪陵通威这五家企业是远见饲料公司的主要竞争对手。[6]

远见饲料公司的主要竞争品牌　　　　　表 8 - 2

企业名称	远见公司	重庆希望	重庆隆生	重庆通威	重庆国雄	涪陵通威
地址	江北区	渝北人和	江北大石坝	永川双石	沙坪坝上桥	涪陵红兴桥
市场区域	40 个县市区	无限制	无限制	无限制	无限制	无限制
公司性质	中外合资	民营	股份制	私营	民营	私营
投资总额	7400 万元	4500 万元	5000 万元	4000 万元	2500 万元	600 万元
年产能（T）	26 万	18 万	18 万	30 万	12 万	6 万
设备情况	美国、丹麦	国产	美国 UPC	国产膨化机	国产膨化机	国产
员工人数	215 人	160 人	150 人	120 人	140 人	68 人
品牌数	3 个	5 个	4 个	2 个	3 个	2 个
促销策略	人员推广 口碑宣传	人员推广 口碑宣传	人员推广 口碑宣传	人员推广 口碑宣传	人员推广 口碑宣传	人员推广 口碑宣传

资料来源：唐贻林．远见饲料公司发展战略研究．重庆大学硕士学位论文，2002：29．

3．市场份额在竞争品牌甄别中的注意事项

在竞争品牌的甄别过程中，市场份额是一个简单、有效而常用的变量。但正如我们所看到的，市场份额所反映出的竞争地位强弱只是众多甄别要素中的一个构面，而不是唯一。否则，就有可能陷入"竞争者近视症"的陷阱。

从市场竞争地位的角度而言，在一般情况下，每个企业在分析它的竞争者时，必须分析三个变量：(1) 市场份额；(2) 心理份额；(3) 情感份额。它们的涵义具有显著的差异（表 8 - 3）。

市场份额、心理份额和情感份额的概念解析　　　　　表 8 - 3

变量	概念解析
市场份额	竞争者在有关市场上所拥有的销售份额。
心理份额	这是指在回答"举出这个行业中你首先想到的一家企业"这一问题时，提名竞争者的顾客在全部顾客中所占的百分比。
情感份额	这是指在回答"举出你喜欢购买某产品的企业"这一问题时，提名竞争者的顾客在全部顾客中所占的百分比。

资料来源：菲利普·科特勒．梅汝和等译．营销管理（新千年版·第 10 版）．北京：中国人民大学出版社，2001：268．

实践证明，在心理份额和情感份额方面稳步进取的品牌最终将获得市场份额和利润（表 8 - 4）。[7] 正如数据所显示的那样，真正值得关注的竞争对手可能不是目前的市场领导者（品牌A），也不是市场落后者（品牌C），在市场占有，乃至消费者心理以及情感份额上均稳步成长的品牌B或许才真正预示了市场未来的主导者。

竞争品牌的市场份额、心理份额和情感份额比较　　　　表8-4

	市场份额（%）			心理份额（%）			情感份额（%）		
	2005年	2006年	2007年	2005年	2006年	2007年	2005年	2006年	2007年
竞争品牌A	50	47	44	60	58	54	45	42	39
竞争品牌B	30	34	37	30	31	35	44	47	53
竞争品牌C	20	19	19	10	11	11	11	11	8

资料来源：菲利普·科特勒．梅汝和等译．营销管理（新千年版·第10版）．北京：中国人民大学出版社，2001：269．

8.1.2 竞争品牌媒体投资分析的作用与价值

对竞争品牌进行分析可以有许多不同的视角，如从营销角度分析其行销策略，从创意角度分析其创意意图，而在媒体角度上则主要分析竞争品牌的媒体投资策略。引申的意义是，由于媒体行为的延续，媒体策略的分析也可以协助了解竞争品牌的行销企图。对竞争品牌媒体策略的分析主要是通过定时的资料分析了解整体品类的媒体投资状况，最重要的是寻找竞争品牌的弱点（或强点），以提供本品牌媒体投资策略的发展方向。[8]《媒体决策》（Media Decisions）的研究人员对竞争品牌媒体投资分析的用途与价值进行了系统总结（表8-5）。

竞争品牌媒体投资分析的用途与价值　　　　表8-5

序号	竞争品牌媒体投资分析的用途与价值
1	支出数字能够告诉你广告支出的区域性和周期性，以及所有竞争品牌和潜在的竞争品牌面对这些因素作出了什么样的改变
2	数据能够根据不同的市场，告诉你确定的预算规模和媒体组合情况
3	可以使用数据对新产品进行现场测试，跟踪新品牌的首次推广情况
4	可以通过广告支出所花的地方，推断出竞争者如何看待自己的目标受众，他们对自己品牌的大概态度，以及他们在你的市场中的自我定位
5	可以观察对手的支出模式——电视播出周期、电台轮换情况、杂志上的位置安排，或是在每周的哪一天刊登报纸广告
6	一旦对竞争者即将采取的行动了如指掌，你就能够作出更好的决策：从哪个地方正面迎击他们，在什么时候从侧翼包围他们
7	在有关新产品和生产线扩展的规划中，支出分析是进行估算的基础：打入某一市场需要多少资金，谁已经进入了该市场，在新产品的市场范围内，哪类竞争产品增长速度最快

资料来源：杰克·西瑟斯，罗杰·巴隆．闫佳，邓瑞锁译．广告媒体策划．北京：中国人民大学出版社，2006：131．

链接·视点

谁教他们中国功夫？——透视国际品牌的广告投放策略

在跨国公司刚刚进入中国市场的那几年，他们并没有意识到全国性电视媒体对于扩张中国市场的重要性，从而给了许多民族品牌以机会，也导致了自身的发展受阻。随着中国市场经济的发展，近年来，许多国际品牌已经认识到，中国是全球成长最快、最有特色的市场，沿用在欧美等西方成熟市场的策略，可能就意味着水土不服，意味着错失发展良机。适应中国市场和媒体的现实，一些国际品牌的传播与广告策略正在得到调整。

2004年以来，在华跨国公司一步步加快了对中国高端媒体传播资源"抢占"的步伐，宝洁、联合利华、肯德基、NEC等国际品牌正在通过抢占电视广告资源来扩张中国市场。

【跨国公司后觉后发，占据央视黄金广告时间】

目睹了太多中国本土企业的成功案例后，跨国公司逐渐认识到中央电视台作为国家级最强势传播平台的威力，加大了合作力度。这种合作的加强，也是建立在跨国公司对过去一些认识的修正与改变的基础上。

其一：在西方科学的渐进式推广策略，在中国市场显得过于保守。国际品牌在投放广告时往往立足于配合区域市场，先从地方媒体开始投放，要在非常长时期才能实现全国市场覆盖。而本土企业常常以高端媒体传播带动面上的市场扩张，以高端媒体广告吸引全国渠道迅速增长，充分利用了全国性媒体的强大动力。

其二：只重视大城市的消费者，低估了中国广大市场的消费潜力。正是这种低估，直接导致很多国际品牌重点在上海、北京、广州等大城市进行广告投放，结果逐步失去了迅速发展的中国市场的绝大部分。

其三：看重数据评估，却忽略了媒体品质在传播力上的巨大差异。在中国市场的特殊背景下，一些严重依赖数据的广告运作在广告实效上遭遇困惑。不顾媒体品质的"唯收视率主义"将节目收视率等同于广告收视率，也不顾相同的数据在不同品质媒体上的不同价值，结果不但投入与效果出现偏差，而且错过了很多回报极佳的事件传播机会。

在传播策略本土化与媒介资源排他性占有两大利益动机的驱动下，越来越多的国际品牌认识到中央电视台巨大的传播优势，很快出现了广告向央视集中的趋势：从2004年开始，宝洁、高露洁、肯德基、福特汽车等纷纷出现在中央电视台黄金广告时段；雅芳、丰田、联合利华等众多知名国际品牌纷纷与央视直接沟通，与其建立战略性伙伴合作关系；摩托罗拉、诺基亚、三星、丰田等也都加大了在央视的广告投放。

【国际品牌蜂拥而上，加快抢占央视资源步伐】

央视市场研究公司的广告监测数据显示，2005年4月份，在中央电视台最黄金的时段——《焦点访谈》后两分半钟的广告里，国际品牌的广告就占了2分钟，其中宝洁45秒、丰田30秒、高露洁30秒、肯德基15秒。

2001年以来，越来越多的国际企业在中央电视台有广告投放，品牌数增长明显，同时投放额也大幅增长，2003年相当于2001年的两倍。

2004年11月18日结束的中央电视台黄金时段广告招标，作为跨国公司的宝洁以3.8515亿元拿下中央电视台"标王"称号。除宝洁以外，联合利华、高露洁、NEC、肯德基、丰田汽车等中标的跨国公司达到11家，而上一年则只有宝洁一家公司中标。另外，跨国公司的中标总额也从上年的1.8亿跃升到7.5亿。

国际品牌不仅在中央电视台的广告投放额正在呈迅速上升之势，而且他们的广告投放还呈现另一个垄断性的特点，那就是在广告片的时长上也要比民族品牌的长，一般的民族品牌以投放5秒、15秒广告为主，国际品牌则经常投放30秒钟和一分钟的广告，更长的达到5分钟。

另外，除了广告总量与广告时长之外，跨国公司还善于利用央视的特别节目来抢占消费者的心智资源，积极致力于开发与创新央视的媒体资源。以高露洁和宝洁为例，2004年3月21日，由高露洁独家特约播出的《千秋奥运》在CCTV-1播出，《千秋奥运》是一个知识性的日播节目，从3月一直持续到7月底，它提供给高露洁的广告方式不仅有特约播映的标版，还有巧妙硬广告。《千秋奥运》这一策略性广告投放为高露洁提供了与消费者深度沟通的机会。

2005年3月8日，宝洁公司赞助了CCTV-1播出的"三八"特别节目，一场90分钟的晚会，宝洁通过该节目传达了"360度美丽呵护"的主题，参与的子品牌包括飘柔、潘婷、玉兰油、护舒宝、佳洁士，传达出能给消费者特别是女性消费者全方位呵护的理念，传播效果十分突出。

无论从投放额度、广告片时长还是投放创新的策略来看，跨国公司都已开始利用中央电视台的权威性和高公信力来大力打压民族品牌。

【沟通日常化，跨国公司高层频频约会央视广告部】

2005年5月19日，《财富》全球论坛闭幕的第二天，宝洁就走进了中央电视台的大门，与央视广告部及节目部门一起召开了一场别开生面的"头脑风暴会议"。本次"头脑风暴"的主题，就是如何把宝洁的需求与央视的资源良好地结合起来，为宝洁量身定做广告传播方案。

5月25日，北京君悦大酒店，可口可乐中国区高层与中央电视台广告部进行沟通，就双方年内的广告合作进行磋商。

7月29日，中央电视台广告部与著名国际广告公司——实力传播在上海进行深入沟通，包括通用汽车、强生制药、百安居、欧莱雅、SONY、中国移动、蒙牛、南孚等在内的实力传播的12家客户，以及实力传播亚太区首席执行官Philip Talbot和实力传播中国区高层共80余人参加了沟通会。

尤其值得注意的是，2005年5月16日，世界上最大的广告公司之一、负责几十个国际品牌广告投放的 WPP 集团 CEO 专门在北京拜会了中央电视台台长赵化勇,双方就未来合作进行了深入探讨。

之所以这么多国际品牌一次又一次地与央视沟通,一方面是因为他们对中央电视台传播价值的认识越来越深刻,另一方面,也是因为近年来央视加大了对民族品牌的扶持力度,引起了国际品牌的重视。频繁的沟通,正是加大合作的前兆。不难想像,在不久的将来,一场国际品牌加大央视广告投放的高潮就要到来。

资料来源:谁教他们中国功夫?——透视国际品牌的广告投放策略,广告大观(综合版),2005(10):148-150.

8.2 竞争品牌媒体投资分析

8.2.1 竞争品牌媒体投资数据的收集

1. 竞争品牌媒体投资数据的来源

一旦策划人理解了营销策略,并以此确定媒体的参与情况,就应当考虑媒体的种类,以及竞争对手使用它们的方式。有时竞争者太多,策划人必须整理出本地、本地区和全国层次的不同竞争对手。策划人的首要工作是了解谁是竞争者;其次要了解竞争者对销售的影响程度。

如果广告客户或广告公司订阅了专门提供这类信息的联合调研资料,那么在获取信息上就不存在什么问题。但如果没有购买调研服务,找出竞争者就是个大问题。有时通过行业刊物的新闻,可以获得一些有关竞争者媒体支出的信息,但要掌握生产的产品和各地区的销售状况却比较困难,尤其是那些做广告不太多的产品。地方媒体推销员、媒体代表、地方媒体调研部门和公司自己的销售员,是另外一些信息来源。[9]

2. 竞争品牌媒体投资的数据类型

一般而言,媒体策划人员主要是以市场或品牌为主线,通过上述渠道着重收集以下两个方面的数据:(1) 市场或品牌的媒体投放量、投放量成长率、占有率;(2) 投放季节性的变化等(表8-6)。这些数据的获取,将为后续的竞争品牌媒体投资分析创造条件。

表8-6 竞争品牌媒体投资分析所需采集的数据类型

分析项目	需要采集的数据及今后的资讯应用方向
品牌投资额、成长率、占有率及地区性分布	全国及各市场的主要投资品牌(排名前5或前10位的品牌),其投资额及占有率
品牌投资季节性	竞争品牌中哪些品牌为全国性品牌,哪些为地区性品牌,各品牌的投资重点市场
	竞争品牌所涵盖市场的变化,涵盖市场数的增加(或减少),既有市场及新增加市场以及所显示的投资重心转移或市场扩张企图
	主要竞争品牌的投资成长率,是成长品牌还是衰退品牌

续表

分析项目	需要采集的数据及今后的资讯应用方向
品牌投资季节性	竞争品牌的成长是来自地区扩张还是既有市场的加强投资，衰退品牌是否提供本品牌投资机会
	主要品牌的媒体投资占有率（Share of Spending）与市场占有率（Share of Market）的对比及市场企图评估
	品牌的投资季节性、整体投资季节性与销售曲线是否相符
	本品牌在各市场的媒体投资占有率是否与销售占有率相符
	品牌投资策略应针对竞争品牌重心市场攻坚，还是应采取迂回策略
	从竞争角度评估本品牌在各市场的投资额是否足够，在重点市场的投资占有率（SOV）是否具有竞争力，如为新品牌，则必须投资多少金额才能占有适当的 SOV

陈俊良. 广告媒体研究——当代广告媒体的选择依据. 北京：中国物价出版社，1997：103 – 104.

8.2.2 竞争品牌媒体投资分析方法

1. 以市场或品牌为轴心的竞争品牌媒体投资分析

一个企业一旦确定了它的首要竞争者，它就必须辨别竞争者的特点，分析它们的战略、目标、优势与劣势，以及反应模式。[10]在竞争品牌确定后，即可以进行竞争品牌媒体投资分析。在媒体运作中的竞争品牌分析可以围绕两条主线展开：(1) 以市场为轴心；(2) 以品牌为轴心。[11]

以各个市场为基础比较某一品牌及其竞争品牌的媒体投资情况，是分析竞争品牌营销策略和媒体策略的有效方法之一（表 8 – 7）。它能够表明哪个市场对竞争品牌来说最为重要，同时，它也是衡量特定市场媒体力度的基础。

表 8 – 7 春兰冰箱主要竞争品牌的广告投放情况

市场	主要竞争品牌						其他	合计（千元）
	1		2		3			
上海	西门子	22%	荣事达	19%	伊莱克斯	19%	40%	28335
长春	西门子	33%	新飞	16%	海尔	13%	38%	1756
重庆	海尔	16%	科龙	12%	LG	11%	61%	4312
南宁	海尔	17%	西门子	14%	松下	12%	57%	973
济南	海信	17%	海尔	18%	澳柯玛	14%	50%	7530
南京	新飞	18%	科龙	14%	西门子	11%	57%	6790
杭州	华日	24%	西门子	15%	美菱	12%	49%	6539
长沙	华菱	23%	新飞	14%	海尔	9%	54%	5715
天津	伊莱克斯	28%	西门子	21%	LG	13%	38%	5288
无锡	松下	28%	海尔	24%	三星	16%	32%	1875

续表

市场	主要竞争品牌						其他	合计（千元）
	1		2		3			
苏州	三星	36%	西门子	14%	容声	13%	38%	1366
常州	容声	58%	荣事达	36%	新飞	5%	1%	223

数据来源：AC 尼尔森。

以品牌为轴心研究竞争者的媒体年度投资情况是另一种有用的分析方法（表8-8，图8-7，图8-3，图8-4），这些分析对竞争品牌的媒体活动提供了整体概貌。

酷派 688 智能手机主要竞争品牌的广告载体　　　表 8-8

	MOTO A760	索爱 P802	多易随 e868	TCL e757	联想 ET180
影视			√		
杂志	√	√	√		√
报纸				√	√
户外	√		√		√
网络	√	√	√	√	√

数据来源：慧聪媒体监测 2002 年 4 月~10 月。

图 8-7　春兰冰箱主要竞争品牌的广告投放情况

数据来源：AC 尼尔森

竞争品牌媒体投放的季节性分析也很重要（图8-1，图8-2）。大多数品牌都有销售高峰季节，媒体策划人员往往参照这种季节性特征来调整广告比重，从而指导自己安排好选中媒体的广告排期和进度。

最后，还有一类分析方法是比较某一品牌及其竞争者在每种媒体上的花费，再把它和广告信息传递的受众数据联系起来。这种技术能够快速分析竞争品牌媒体投资的相对信息传递效率。要对一个品牌的到达率和频率作出安排，常常要依靠这种分析。[12]

2. 基于广告媒体策略框架的竞争品牌媒体投资分析

借鉴广告媒体策略的基本框架，我们还可以从以下5个方面分析竞争品牌的媒体投资情况：1）诉求对象阶层分析；2）媒体选择分析；3）地理性分布分析；4）媒体行程分析；5）媒体比重分析（表8-9）。[13]

竞争品牌媒体策略分析　　　　　　　　　　　表8-9

竞争品牌媒体策略	竞争品牌媒体活动
诉求对象	品牌通过媒体载具的涵盖去接触消费对象，而每一个载具本身亦有其特定涵盖对象，因此分析竞争品牌在媒体载具上的选择，可以了解竞争品牌所企图接触与说服的对象阶层。例如，选择载具以戏剧节目为主的品牌，其设定对象为年轻及中年女性；选择戏剧为主，儿童节目为辅的品牌，其主要诉求对象应为妈妈，次要对象为儿童；载具选择以新闻为主的品牌，所诉求对象应为中上教育及收入的成年人，且偏向男性
媒体选择	从竞争品牌的媒体类别选择，可以了解各主要品牌在媒体选择上的习性，即分析各品牌在电视、报纸、广播等媒体上的投资额以及所占的比率，以及在各媒体类别中习惯使用的载具。从每个载具为一个战场的角度来看，了解竞争品牌在媒体上的使用习性，可以提供本品牌攻击或防守的媒体方向
地理性分布	分析竞争品牌在各地区的媒体投资可以了解品牌的地区投资策略及市场扩张发展情况。一般的扩张路线大多是从一线都市开始，再扩张到二线及三线都市，品牌的生产或公司所在地通常也是投资的重点地区。品牌在各市场的投资占品类总投资的比率及投资市场数增加的速度，可以显示该品牌在地区扩张策略上是以面的广度为主，还是以各既有市场的深度为主。在媒体载具的选择上，也可以看出地区扩张的企图，媒体选择以全国或省台为主，显示品牌营销区域扩张的企图，反之以市台或市有线台为主，则显示深耕的企图。从投资的角度分析，品牌投放市场数及在各地区媒体投资的成长率，反应品牌在该市场的销售状态
媒体行程	籍由竞争品牌的媒体排期分析，可以了解其年度媒体投放所采取的模式是全年连续性投放，还是间歇性投放，起始时间、结束时间与投放持续时间、季节性投放变化、每阶段投放量等
媒体比重	分析竞争品牌对各市场的全年投放量、每阶段投放量、投放广度、频次等，可以了解该品牌在资源运用上的策略。在提供收视率及阅读率的市场，可以通过媒体调查资料了解竞争品牌在媒体策略上是以诉求的涵盖面为主，还是针对较小目标群传送较高的频次。对未能提供媒体资料的市场，则分析竞争品牌的媒体使用以了解其在策略上的偏重。品牌使用大涵盖面的媒体、选择多种不同的载具，则显示在广度上的偏重；反之，选择较小涵盖面的媒体且固定在少数载具上，则是以频次为主，强调的是深度。比重的分析必须注意品牌对一级市场与二、三级市场投资上的差异，对新上市商品或新的创意也可能有不同的投资策略

资料来源：陈俊良. 广告媒体研究——当代广告媒体的选择依据. 北京：中国物价出版社，1997：104-106.

8.2.3 竞争品牌媒体投资分析结果的应用

忽略了竞争者的企业往往成为绩效差的企业，效仿竞争者的企业往往是一般的企业，而获胜的企业则往往在引导着它们的竞争者。[14]

要评估竞争品牌媒体方案的效果，并且设计战术与这些效果进行抗衡，关键是要了解每个竞争者和广告客户的品牌相比，各占据了多少市场份额。领先的品牌，或紧跟在广告客户之后的品牌，都可视为一种威胁。而媒体策划方案要考虑的首要问题是：我们应当使用跟竞争品牌相同的媒体吗？或是为了获得特殊效果而使用不同的媒体？另一个问题是，我们应当在市场中投放多大的广告量，用以抵消竞争对手的广告效果？

广告客户的营销目标，以及估计竞争品牌会采取什么措施防止客户实现目标，在很多程度上决定了上述有关竞争品牌问题的答案。每一种形势都各有不同，但必须秉承的基本原则是：找出哪种媒体或媒体组合能够最有效地到达愿意购买广告客户品牌的目标受众，比是否使用和竞争品牌相同的媒体更为重要。广告客户的媒体策略可能跟竞争品牌雷同。作为媒体策划人，虽然也要考虑到竞争对手的情况，但无需仅仅因为它们占有的市场份额大，就一味地加以模仿。

媒体策划人应当努力分析竞争品牌媒体策略中的弱点。也许竞争品牌没有恰当地利用某一媒体，或是把广告费分散在了过多的媒体上，或是错过了一个重要的细分市场。这些错误意味着广告客户在媒体选择和使用上存在机会，应当对其加以利用。媒体策划人员对竞争品牌的行动及其获得的效果进行分析，并不是为了复制竞争品牌的策略，而是根据营销目标评估它的优势和弱点。竞争品牌的媒体投资分析完成之后，媒体策划人员应当坚持的核心思想是：实现目标的计划应当建立在问题和机会共存的基础之上。[15]

企业标杆个案 8

帕萨特与广州本田市场投放的媒体策略比较

【楔子】

有一位西方经济学家曾经预言，当一个国家的年家庭平均收入超出10000美元时即预示汽车家庭化时代的到来。20年的改革开放使得中国步入了工业化加速阶段后期，在中国经济发达地区，人均家庭收入早已超出那位预言家的基数，即便在内地城市也已经有5%的家庭率先走上了致富之路。有位国际友人曾说过，21世纪看世界汽车工业发展一定是在中国。的确如此，世界最强的汽车公司早已驶入中国，就像其他行业跨文化交流一样，中国的汽车工业早已同西方婚配，并诞生了许多可爱又美丽的混血儿，帕萨特与广州本田便是其中的佼佼者。

帕萨特与广州本田的问世曾在中国掀起了强劲风潮，帕萨特与广州本田在中国市场促销中采取的媒体投放策略也成为了中国广告业的经典之作。

【帕萨特与广州本田市场投放区域比较】

从经济中心和政治中心来说，商家如果打中国市场，必然先打北京、上海、广州和深圳。这类市场可以称为中国的一类市场。有了一类市场的立足才可以向经济发达的东部省市扩张，以致占领全国市场。

帕萨特在全国市场的媒体投放费用基本上是广州本田的 2 倍以上。从各自的所在区域的投放比例看，广州本田在广州的投放额高达 589 万元，是其投放在上海的 2 倍，显然是要固守本土，外求发展；与此相反，帕萨特在广东的投放额高达 820 万元，是其在上海本土投放额的 1.2 倍，是广州本田在广州投放额的 1.4 倍，帕萨特在北京的投放费用是广州本田的 2.6 倍，其目的是迎头打压广州本田在中国经济中心及政治中心城市的发展势头。

中国东部的天津、山东、辽宁、浙江、江苏等几个省市是中国汽车发展的二类市场。帕萨特与广州本田在此区域的投放额皆高达百万元以上。在策略上，帕萨特与一类市场保持了同步性，投放额也是广州本田的 2 倍。不同的是在此类市场中广州本田放弃了四川和湖北市场，强化了辽宁为首的东北市场。

帕萨特与广州本田在中国的江苏、安徽、福建、重庆、河南、黑龙江等三类市场，吉林、河北、云南、山西、陕西、广西等四类市场的投放策略差异很大。帕萨特在三类市场的投放额依然保持在 80~150 万元，在四类市场投放额约在 30~50 万元；广州本田在三类市场的投放额仅保持在 50~80 万元，在四类市场投放额仅在 15~30 万元。

由帕萨特和广州本田在全国各大中城市投放的费用来看，2000 年帕萨特和广州本田的投放费用相对比较接近。但是到 2001 年，两者的差距开始拉大，帕萨特的投入费用约是广州本田的 1.9 倍。由于帕萨特媒体高投放以及其价位低的优势，其渗透战略在全国市场取得了明显的成效。

【帕萨特与广州本田专业杂志投放分析】

帕萨特和广州本田的价格定位和消费定位仍然是中高档的商务车为主，这些由双方投放的汽车专业杂志即可略窥一斑。双方比较集中地投放在《世界经理人》、《环球企业家》、《汽车杂志》、《车迷》等杂志上。作为大众型的杂志《车迷》，帕萨特投放的广告量是广州本田的近 4 倍；《世界经理人》和《环球企业家》杂志与国内其他媒体投放持平；帕萨特在《商业周刊》投放了大量广告，而广州本田则放弃了该媒体。《商业周刊》是国内外企业家经常阅读的专业杂志，广州本田放弃该媒体有背于其市场定位的基本原则。

从帕萨特和广州本田在国内投放的最大几家杂志看，除《车王》杂志外，双方在杂志投放的差异性媒体策略上非常明显。帕萨特投放最高的是《北京周报》，广州本田投放最高的是《车王》杂志；在《财富》、《中国汽车画报》、《新民周刊》、《英才》杂志上，帕萨特和广州本田双方差异较大，采用了错位投放策略。

【帕萨特与广州本田专业报纸投放分析】

帕萨特和广州本田在国内报纸媒体的投放策略与其整体市场营销策略形成了映衬。2001年,帕萨特在国内报纸投放费用最大的媒体依次是《深圳特区报》、《广州日报》、《北京青年报》、《今晚报》、《解放日报》、《周末画报》、《新民晚报》等;同年,广州本田在国内报纸投放费用最大的媒体依次是《北京青年报》、《广州日报》、《解放日报》、《羊城晚报》,《深圳特区报》、《天津日报》、《辽宁晚报》等。

从帕萨特和广州本田报纸投放策略可见,帕萨特力求稳定上海和北京市场,相继用强盛的媒体投放打压广州本田在广州的本土市场;广州本田在北京和广州市场的守卫战打得异常坚决,双方费用投放相差不大。

从帕萨特和广州本田在报纸投放的增长率看,2001年帕萨特增长率最高的是《天津日报》、《深圳法制报》、《楚天都市报》、《扬子晚报》、《周末画报》等,其分别比2001年增长了32倍、25倍、11倍、9倍;广州本田增长率最高的是《今晚报》、《深圳特区报》、《华商报》、《辽沈晚报》、《扬子晚报》等,其分别比2000年增长了6倍、6倍、5倍、4倍。这种高增长率从侧面反映了帕萨特和广州本田在上述报纸所在市场抢夺市场的决心。

从帕萨特和广州本田近两年在国内投放的报纸广告总量看,2001年帕萨特投放为5156万元,广州本田为2733万元。报纸媒体的投放次数看,帕萨特2001年投放次数为5546次,比2000年增长了1.5倍;广州本田2001年投放次数为1566次,比2000年增长了2.2倍。尽管广州本田的投放次数比帕萨特增长得快,但是从双方投放费用和投放次数的绝对额来看,2001年帕萨特报纸投放费用的总量是广州本田1.9倍。帕萨特投放的频率也大大高于广州本田,2001年帕萨特报纸投放的频率是广州本田的3.5倍。

帕萨特和广州本田在报纸媒体上的竞争明显高于在杂志媒体方面的竞争。双方在此领域的投入费用与双方各自在杂志媒体上的费用之比分别为1:3.8和1:6.2。

【帕萨特与广州本田报刊广告版色和版块分析】

广告的版色和版块对广告主来说有特殊的意义。通常讲,彩色版色和整块版块对消费者冲击力强,也能很好地展示企业形象和商品形象。

从版色上看,在套色和黑白版块上投入较为接近:在彩色版块上帕萨特比广州本田在媒体投放大。广州本田彩色投放为327万元,套色为362万元,帕萨特的上述投放分别是广州本田的4.5倍和4.3倍。从增长看,帕萨特在彩色版块上投入费用的增长率达220.4%,广州本田彩色投入费用的增长率为20.9%。彩色上广州本田的增长率高,而帕萨特只有35.85%。这种投放策略是基于经费也兼顾了套色。

从版块上看,帕萨特和广州本田采用半版、1/6版和1/2版的投放策略较多。在整版媒体策略上,帕萨特的投放费用明显高于广州本田,约为广州本田的6.3倍;在1/6版以下的媒体策略上,帕萨特的投放费用明显高于广州本田,约为广州本田的3倍。

【帕萨特和广州本田媒体类型投放比较】

媒体的选择与产品的定位有紧密联系。国内曾有一家权威调研机构宣称帕萨特和广州本田定位相同，主要是商用车为主。但是帕萨特和广州本田从2001年开始，双方的市场定位已经发生了变化，2001年帕萨特和广州本田加强了对家庭用车的宣传，开始在《扬子晚报》、《新民晚报》、《今晚报》、《时尚先生》、《时尚伊人》、《商业周刊》、《车迷》和《汽车》杂志等大众型杂志投放广告，其增长率明显高于专业和行业报刊。

帕萨特2001年在全国的大众型媒体的投放费用已达5540万元，广州本田投放费用只有2827万元。从投入费用的增长率看，在行业媒体的投放上帕萨特和广州本田都出现了负增长：帕萨特在专业媒体投放上的增长速度低于其平均增长速度21.9%，而在大众媒体的投放上则高于平均增长速度11.1%；广州本田在专业媒体投放上的增长速度低于其平均增长速度8.1%，而在大众媒体的投放上也低于平均增长速度21.9%。此项说明广州本田在向大众化定位的转移中，其宣传力度不如帕萨特。

由于无法了解帕萨特和广州本田在各自媒体投放区域的销售业绩，以及它们销售各项指标的增长状况。因此，在分析帕萨特和广州本田的媒体策略时只能作策略上的分析而无法作媒体投放效果的相关分析，这也许是一点遗憾。

资料来源：乔均. 帕萨特与广州本田市场投放的媒体策略比较. 中国广告，2002（2）：67-68.

个案思考题

1. 假设你就是广州本田的总经理，当你看完这份报告后，将如何思考下一步的媒体策略以应对帕萨特的挑战，并实现向大众化定位转型的市场目标？

2. 假设你是帕萨特和广州本田以外的另一家汽车生产商的媒体策划人员，将如何针对以上分析，从地域性、媒体选择、预算分配等方面来规划自己的媒体策略？

3. 结合后续相关章节请思考，如果有相关数据的支持，如何对本案例中帕萨特和广州本田的媒体投放效果进行评估？

思考讨论题

1. 有人说，竞争品牌分析范畴的界定是否精当，直接关系到企业广告媒体目标乃至营销目标的实现，你是否认同这一观点？

2. 理清市场份额、心理份额和情感份额等概念的内涵，对于你重新认识竞争者分析有何启示？

3. 以市场或品牌为轴心的竞争品牌媒体投资分析，基于广告媒体策略框架的竞争品牌媒体投资分析，它们各自从哪些领域为我们打开了洞察竞争者媒体策略方向的窗口？

4. 营销大师菲利普·科特勒曾说：忽略了竞争者的企业往往成为绩效差的企业，效仿竞争者的企业往往是一般的企业，而获胜的企业则往往在引导着它们的竞争者。结合你对竞争品牌媒体投资分析价值的理解，谈谈你对这番论述的看法。

注释

1. 钟颖. 广告媒体组合的影响因素分析及模型研究. 中南大学硕士学位论文. 2003：47-48.
2. 陈俊良. 广告媒体研究——当代广告媒体的选择依据. 北京：中国物价出版社，1997：96.
3. 菲利普·科特勒. 梅汝和等译. 营销管理（新千年版·第10版）. 北京：中国人民大学出版社，2001：267-268.
4. 陈俊良. 广告媒体研究——当代广告媒体的选择依据. 北京：中国物价出版社，1997：96.
5. 杨青山. 找准竞争者. 销售与市场，1999（1）：26.
6. 唐贻林. 远见饲料公司发展战略研究. 重庆大学硕士学位论文，2002：28.
7. 菲利普·科特勒. 梅汝和等译. 营销管理（新千年版·第10版）. 北京：中国人民大学出版社，2001：269.
8. 陈俊良. 广告媒体研究——当代广告媒体的选择依据. 北京：中国物价出版社，1997：96，107.
9. 杰克·西瑟斯，罗杰·巴隆. 闫佳，邓瑞锁译. 广告媒体策划. 北京：中国人民大学出版社，2006：121.
10. 菲利普·科特勒. 梅汝和等译. 营销管理（新千年版·第10版）. 北京：中国人民大学出版社，2001：266.
11. 陈俊良. 广告媒体研究——当代广告媒体的选择依据. 北京：中国物价出版社，1997：97.
12. 杰克·西瑟斯，罗杰·巴隆. 闫佳，邓瑞锁译. 广告媒体策划. 北京：中国人民大学出版社，2006：128-130.
13. 陈俊良. 广告媒体研究——当代广告媒体的选择依据. 北京：中国物价出版社，1997：104-106.
14. 菲利普·科特勒. 梅汝和等译. 营销管理（新千年版·第10版）. 北京：中国人民大学出版社，2001：259.
15. 杰克·西瑟斯，罗杰·巴隆. 闫佳，邓瑞锁译. 广告媒体策划. 北京：中国人民大学出版社，2006：121-122.

媒体加油站

答案：6. EBAY；7. 巨人网络；8. 美菱集团；9. 中兴；10. 小松

第9章 广告媒体投放的地理性策略

在鱼儿游的地方下饵准没错。

——杰克·西瑟斯，罗杰·巴隆

开篇引例

农村包围城市：网游《征途》的"史氏"推广法

2007年11月1日，巨人网络董事局主席兼首席执行官史玉柱在纽约证券交易所敲响了当日的开盘钟声，宣告巨人网络成功登陆纽约证券交易所。作为第一家在纽交所上市的本土IT类企业，巨人网络受到了国内外媒体的广泛关注。

从来没有一个人能够像史玉柱这样拥有惊涛骇浪般的事业轨迹，从不名一文的深圳打工仔到拥有数亿资产的"巨人集团"老总，后来忽然不见踪影。几年后，他又镇定地躲在"脑白金"后面，操纵着令无数广告媒体厌烦的"今年过节不收礼，收礼就送脑白金"的广告轰炸。在"脑白金"中赚得盆满钵满的时候，他又带着他的网络游戏"征途"赶赴纽交所上市，颇有点"王者归来"的味道。

史玉柱是毛泽东思想的狂热崇拜者，在营销战中他一贯痴迷于采用毛泽东的作战思想，其中最关键的一条就是"集中优势兵力，各个突破"。"史氏营销法则"中有6条，其中三条都与之有关：

第一条是"第一法则"：做一个产品必须要做第一品牌，否则很难长久，很难做得好，不做第一就不能真正获得成功；

第二条是"重点法则"：在营销手段的使用上必须有一个重点，必须加大人力、物力、财力，做重点地区，使用重点手段，做深做透。一个企业资金实力再雄厚，也只能在几个重点行业、重点地区、重点产品上下功夫，如果没有重点平均用力，必然会失败。

第三条是"品牌延伸法则"：一个产品一个品牌，品牌不能乱延伸。

由此可见史玉柱对集中优势兵力原则的重视。在脑白金的营销上，这条原则更被运用得淋漓尽致。比如，在脑白金最先启动的江阴市场，史玉柱先做一个县，花了10万元广告费打江阴市场，很快产生了热烈的市场效应，选择江阴是为了更好地把农村和城市市场衔接起来，而10万块钱在上海打广告还不够做一个版的报纸广告。正是这种营销思路使脑白金在保健品的红海里作出了"营销蓝海"。

在网络游戏《征途》上，史玉柱的"海陆空"军队又开始倾巢而出，沿袭着特有的"史氏"务实而又出奇制胜的营销风格。一般人通常会把网游的市场定在城市，而史玉柱却偏偏把它定义为农村市场和中小城市市场。他在全国设立了1800个推广办事处，一年之间将推广队伍扩充到2000人。农村网吧土气，是被人忽视的角落，有商家上门免费送张贴画，网吧老板们自然乐呵呵地接过《征途》游戏海报，在网吧显眼处张贴。史玉柱还给这些农村网吧定期"包机"——将网吧内所有机器全部包下来只允许玩《征途》游戏。全国5万个网吧同时参加活动，一个月的费用上百万。农村网吧上座率低，包场当然是求之不得的天大好事。史玉柱还推出了网吧分享卖《征途》点卡的10%的折扣。几大措施下去，一下子形成了星火燎原之势。

史玉柱同样没有忘记他的玩家，打出了和脑白金一样俗气的广告："给玩家发工资"。只要玩家每月在线超过120小时，就有可能拿到价值100元的"全额工资"。工资虽以虚拟货币的方式发出，但玩家可以通过与其他玩家的交易而获得现金。

高密度高强度的推广活动让《征途》在短时间内享有非常高的知名度，几乎对所有的网吧都进行了地毯式的"入侵"。随便走进一家网吧，《征途》的招贴画、小漫画必然能在醒目位置出现，甚至门把手上、厕所里都不放过。

俗话说，好钢用在刀刃上。在企业营销推广资金有效的约束下，"农村包围城市"的"史氏"推广法，无疑是史玉柱的《征途》能够冲出竞争"红海"，成功登陆NASDAQ的又一记"杀手锏"。

资料来源：班丽蝉. 史玉柱三大杀手锏. 市场观察. 广告主，2007（11）：22.

品牌究竟应该集中在什么地方投放广告？有没有销售不力的市场？怎样评价这些市场？是在品牌销售情况好的地区市场做广告，还是在销售不尽如人意的地方做广告比较好呢？品牌销售是否在一些市场里有不成比例地改变？你是否要做全国性的广告？这些问题的答案构成了广告媒体投放地理性策略的主线，而它们也正是媒体投资效益的重要基础与保障。通过本章的学习，读者可以：
- 理解广告媒体策略涵盖地理性评估的初衷与现实；
- 掌握广告媒体投放市场获利能力评估的原理与方法；
- 掌握广告媒体投放市场选择与资源分配的基本流程与方法。

9.1 广告媒体投放市场的获利能力评估

9.1.1 广告媒体投放地理性考量的背景与现实

1. 广告媒体投放市场价值的地理性差异

对于媒体策划人员来说，在制定广告媒体投放的地理性策略前必须明确：地域市场到底指的是什么？从营销学的角度而言，所谓市场（Market），指的就是一组生活在某个地区，有可能购买特定产品或品牌的人群。而本章所说的市场，则专指能接收到某种广告信息的地理区域，其范围大至整个国家，小至一个地方市场（如市、区、县、乡等）。[1]

对于跨区域经营的企业来说，各个区域市场以销售潜力和获利能力等指标为表征的相对价值总是有差异的。否则，就没有必要从媒体投放的战略高度出发，通过地理加权的方式向某些重点区域增加额外的广告力度。影响市场价值的因素广泛而复杂，甚至销售人员所提供信息的质量，也会影响到对市场获利能力的评估（图9-1）。

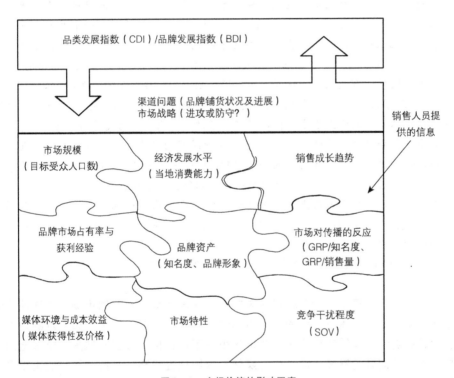

图9-1 市场价值的影响因素

由于市场价值地理性差异的客观存在，对于在全国市场从事产品推广的品牌来说，它在各个地区的发展状况肯定不同，广告媒体的投资也就不能在各个地方平均分配，而要考虑广告投放的优先顺序，这是广告媒体投资分析必须进行地理性考量的首要依据。[2]

2. 市场机会、铺货分布与媒体投资的匹配度要求

实践发现，市场机会、产品铺货状况与广告媒体投资之间存在内在的关联性。仅就媒体投资出发而言，当媒体资源的地域分配失当时，将导致以下三种情况：（1）将媒体投资到较不利的地区，导致投资效率降低；（2）未与铺货配合，导致购买率降

低；(3) 广域的平均分配，造成各地区投资都不够。上述情况的发生，都有可能错过稍纵即逝的市场机遇。

表9-1是市场机会、铺货状况、媒体投资之间互动与博弈的三种基本态势。从企业永续经营的角度而言，无疑最理想的是状况A，即产品铺货因循市场机会，然后媒体投资以铺货分布为依据，这时的投资回报最可观。但现实中，铺货状况与市场机会的匹配并非常态，最可能出现的往往是以下两种状况：(1) 铺货与市场机会偏离，而媒体投资符合铺货分布，即状况B；(2) 铺货与市场机会偏离，而媒体投资符合市场机会，即状况C。媒体资源如何分配，需要通过计算二者的投资回报来加以取舍。

品牌铺货状况及进展　　　　　　　　　　　表9-1

市场	市场机会	状况A			状况B			状况C		
		铺货(1)	媒体分布	投资回报	铺货(2)	媒体分布	投资回报	铺货(3)	媒体分布	投资回报
A	30	30	30	27.0	25	25	18.8	25	30	22.5
B	25	25	25	15.6	10	10	2.5	10	25	6.3
C	20	20	20	8.0	30	30	18.0	30	20	12.0
D	15	15	15	3.4	20	20	6.0	20	15	4.5
E	10	10	10	1.0	15	15	2.3	15	10	1.5
合计				55.0			47.5			46.8

数据来源：陈俊良. 广告媒体研究——当代广告媒体的选择依据. 北京：中国物价出版社，1997：146-147.

值得注意的是，企业的市场战略将使媒体投资与市场机会、产品铺货之间的关系进一步复杂化。铺货与媒体投资的合理关系是：市场的铺货因素为媒体投资的前提，而非必然因素，即市场必须具有完整的铺货才具备媒体投资的条件，但具备完整铺货的市场则不一定必须投资媒体。两者差异的原因在于营销计划的主动程度。[3] 在推行"防守性战略"的区域市场上，媒体策划人员将倾向于根据铺货水平来分配媒体资源；而在实施"进攻性战略"的市场上，媒体分布以市场机会为依据应该更受策划人员青睐。

3. 全国性媒体投放对覆盖面与市场销售潜力匹配度的客观要求

有时全国性媒体投放对每个地区不同程度的覆盖，也会使媒体的区域考虑变得进一步复杂化。[4] 购买了全国性媒体的广告客户常常会发现，媒体方案实现的总印象(Gross Impression) 并不与各地的销售潜力相匹配。一些有着良好销售潜力的市场，从全国性媒体得到的媒体曝光量相对较低；而其他销售潜力差的市场，却获得了不必要的高曝光量。[5] 有鉴于此，为拥有较强销售潜力，由于位置、地域或其他原因的市场给予相较于其他市场而言更大的媒体投资力度,具有自然的合理性,这也正是广告媒体投放地理性考量的又一个出发点和重要原因。

4. 地理性策略的内容

广告媒体投放的地理性策略属于具有相当投资导向功能的重要策略项目,其内容主要涉及广告媒体在投放地区上的选定以及各地区的预算分配。从单纯的投资利润的角度上看,市场的选择,基本上是取决于市场的获利能力,媒体的地理性选择也是通过对图9-1中影响市场获利能力的诸因素逐一分项加权后,从投资角度去评估市场的获利能力,然后加以分级,并制定各市场的优先顺序与投资比率。地理性策略的制定主要包括下列三项作业内容:(1)各市场获利能力的评估;(2)决定投资市场及投资优先顺序;(3)各市场的预算分配比例(图9-2)。[6]

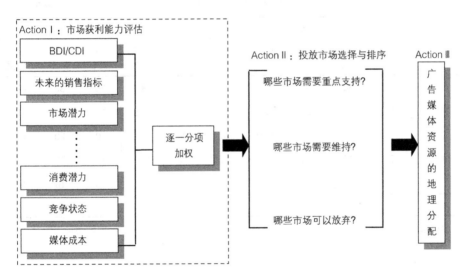

图9-2 广告媒体投放的地理性策略分析模式

在哪里做广告?这是地理性策略最本质的问题。要回答在哪里做广告的问题,策划人要研究各市场的渠道、销售记录,或者品牌和产品的使用情况等项目(表9-2)。[7]通过上述媒体资料的分析,可以了解整体市场及个别市场与品牌的媒体投资状况,主要的目的是在资讯收集齐备后,能加以解释或判断,从而为制定广告媒体投放的地理性策略提供重要参考。[8]

地理性策略分析的基本项目及运用方向　　　　　　　表9-2

分析项目	需要收集的资讯及分析运用方向
• 全国总投资量 • 投资量成长	1. 整体品类投资规模、金额以及档数。整体投资规模标示品牌所处的媒体环境,是高度竞争环境还是低度竞争环境

续表

分析项目	需要收集的咨讯及分析运用方向
• 广告品牌数量 • 广告品牌数的成长 • 媒体投资季节性变化	2. 从整体投资额及成长趋势的角度，预估在下一个阶段竞争环境的变化。 3. 品类投资成长趋势，是高度成长、低度成长还是负成长。 4. 成长的原因是来自地区性扩张还是个别市场投资的提高，它们显示的意义，地区扩张显示战线的延长，个别市场的投资提高意味品牌进入市场阻力的提高。 5. 如为负成长，原因怎样，是否显示市场投资价值的降低。 6. 广告品牌的数量，所呈现的趋势为增加还是减少。 7. 广告量的趋势是往大品牌集中，还是分散到各品牌；品牌所面临的竞争是少数的大品牌还是多数的小品牌。 8. 评估自身品牌预算编列是否适当，品牌预算制定是否应根据整体投资趋势调整，或者逆势操作。 9. 全国媒体投资季节性（金额、档数或GRP）、月平均、最高月份、最低月份。 10. 投资季节性是否与销售季节性相符。 11. 投资季节性的变化趋势，往少数月份集中或是扩散至全年。 12. 季节性的变化趋势是否提供任何可能的利用投资机会以创造销售
• 个别市场的投放量、成长率占全国比率以及变化，广告品牌数及成长率 • 个别市场的投资排名	1. 了解各市场的投放量、品牌数及竞争情况。 2. 各市场成长趋势，为成长市场还是衰退市场。 3. 各市场投资排名前5位或前10位的主要品牌、主要投资品牌所占有该市场投资比率及呈现的成长趋势，主要品牌投资的成长可能显示该市场的潜力，反之，衰退则可能显示过度投资。 4. 个别市场占全国投资的比率及变化，哪些市场是投资重点市场。 5. 投资趋势是否显示投资重心的转移；转移的方向为由一线都市往二、三线都市，还是由南往北，抑或由东往西等。 6. 个别市场的媒体投资比率与销售比率是否相符，各市场投资价值与机会判断。高销售比率、低媒体投资的市场显示投资机会，低销售比率、高媒体投资则意味市场开发比较困难。 7. 品牌投资策略是否符合整体品类地区扩张趋势，是否必须先于竞争品牌进入中、低度开发市场。 8. 各市场的广告品牌数。品牌数量的快速增加，意味着各市场的成长期，品牌的减少则可能显示该市场逐渐形成主要品牌。 9. 个别市场媒体投资季节性（金额、档数或GRP）、月平均、最高月份、最低月份；各市场季节性的差异及造成投资季节性的原因，如气候、节庆或生活习惯等。 10. 投资季节性是否与销售季节性相符。 11. 投资季节性的变化趋势是集中还是扩散。 12. 季节性的变化趋势是否提供可能的投资机会

陈俊良.广告媒体研究——当代广告媒体的选择依据.北京：中国物价出版社，1997：101-103.

9.1.2 市场获利能力的评估方法

对产品销售、使用情况和一般销售潜力的分析，再加上对营销目标的考量，是回答在什么地方做广告这个问题的基础。[9]

1. 市场规模与品牌占有率

研究产品的市场规模与品牌占有率，可以帮助了解品类及品牌投资状况，为媒体预算的制定提供参考。[10] 产品的市场规模与品牌占有率变动情况如图9-3所示。

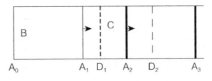

图9-3 品类市场规模与品牌占有率示意图

资料来源：赵永谦. 企业广告媒体组合优化及评估研究. 天津大学工程硕士学位论文，2004：9.

其中，$A_0A_2 = B + C$ 为品类的消费量，即品类的市场规模；$A_0A_1 = B$ 为品牌的消费量，即品牌的市场规模；$A_0A_1/A_0A_2 = B/(B+C)$ 为品牌的占有率。当 B 占有率为各品牌之冠，成为该品类领导品牌时（如图9-3所示），销售扩张的主要来源将是 A_0A_2 的扩张（A_2 右移），即吸引非本品类既有消费者。此时媒体针对的诉求对象，除了巩固既有的本品牌和本品类消费群外，更重要的是互有替代性的其他品类的消费者，以期使 A_0A_2 部分不断扩大，连带使占有率最大的 B 也随之扩大（A_1 右移）。

如果 B 已经囊括大部分品类消费（如图9-4（1）所示），而 A_0A_2 部分呈现停滞现象，表示品牌及品类成长都已经到达一定的极限，媒体投资的主要目的将在于巩固既有市场，因此媒体诉求对象主要是既有消费者。

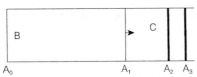
（1）品牌及品类成长达极限时B的变化示意图

（2）品牌在品类内仍有成长空间时B的变化示意图

图9-4

资料来源：赵永谦. 企业广告媒体组合优化及评估研究. 天津大学工程硕士学位论文，2004：9-10

如果 B 的占有率有限，特别是品类 A_0A_2 成长有限时（如图9-4（2）所示），表示品牌在品类内仍有成长空间（A_1 右移），此时销售的扩张将主要来自同品类的竞争品牌，媒体诉求对象主要是竞争品牌消费者。[11]

2. 购买力指数

使用购买力指数是评估地区市场获利能力，进而决定在哪里做广告的另一种快速且有用的工具。这些指数帮助策划人评估特定地区的销售量、产品使用量或一般销售潜力。购买力指数包括品牌发展指数（BDI）、品类发展指数（CDI）、加权品牌/品类发展指数，以及购买力指标。一方面，上述指数帮助策划人确定每个市场的相对价值，这些价值反过来又可以用于确定广告预算或媒体宣传力度。需要注意的是，BDI 与 CDI 为比较性工具，与品类规模大小及品牌占有率并没有绝对的关系。

（1）品牌发展指数（Brand Development Index，BDI）

品牌发展指数（BDI）是评估衡量品牌在特定区域目标消费群的销售状况指标。

媒体加油站

计算公式：$BDI = \dfrac{品牌在某地区的销售量占全部销售量的比率（\%）}{该区目标受众人口占地区全部人口的比率（\%）} \times 100$

以100为基准，BDI的评估标准为：

$BDI \approx 100$，表示此品牌在该地区的发展处于全国平均水平左右；

$BDI > 100$，表示此品牌在该地区的发展处于全国平均水平之上；

$BDI < 100$，表示此品牌在该地区的发展处于全国平均水平之下，市场发展潜力小。

Example9-1：以表9-3所给数据计算各城市以15~64岁城市人口为目标受众的BDI。

表9-3 BDI的计算示例（15~64岁）

省份	城市	城市人口数（千人）	百分比（%）	品牌消费量	百分比（%）	BDI
广东	广州	4697	6	40687	15	234
北京		7889	10	60123	21	205
上海		9548	13	48727	17	138
江苏	南京	3794	5	23364	8	166
浙江	杭州	4204	6	8409	3	54
湖南	长沙	3956	5	7487	3	51
重庆		10922	14	7865	3	19
河南	郑州	3914	5	7973	3	55
四川	成都	7002	9	22321	8	86
陕西	西安	4466	6	14155	5	85
广西	南宁	1773	2	4307	2	65
福建	福州	3682	5	9803	3	72
云南	昆明	2526	3	6811	2	73
安徽	合肥	2670	4	2466	1	25
辽宁	沈阳	4462	6	15592	6	94

由计算所得BDI可知，广州、北京、上海和南京4个城市，是该品牌在目标受众人群中销售表现最好的地区。

（2）品类发展指数（Category Development Index，CDI）

品类发展指数（CDI）是衡量该品牌同类产品（或行业）在目标地区的销售状况指标，即测试一个品类在特定人口阶层的销售表现。[12]

媒体加油站

计算公式：$CDI = \dfrac{品类在某地区的销售量占全部销售量的比率（\%）}{该区目标受众人口占全部目标受众人口的比率（\%）} \times 100$

以 100 为基准，BDI 的评估标准为：
CDI ≈ 100，表示此品类在特定该地区的发展处于全国平均水平左右；
CDI > 100，表示此品类在特定该地区的发展处于全国平均水平之上；
CDI < 100，表示此品类在特定该地区的发展处于全国平均水平之下。
Example9－2：延续 Example9－1 的线索，计算该品牌所属品类的 CDI。

CDI 的计算示例（15~64 岁）　　　　　　　　　　表 9－4

省份	城市	城市人口数（千人）	百分比（%）	品类消费量	百分比（%）	CDI
广东	广州	4697	6	17.39	16	258
北京		7889	10	12.73	12	112
上海		9548	13	8.91	8	65
江苏	南京	3794	5	14.46	13	265
浙江	杭州	4204	6	6.18	6	102
湖南	长沙	3956	5	8.04	7	142
重庆		10922	14	2.30	2	15
河南	郑州	3914	5	5.46	5	97
四川	成都	7002	9	2.26	2	22
陕西	西安	4466	6	6.62	6	103
广西	南宁	1773	2	5.33	5	209
福建	福州	3682	5	4.54	4	86
云南	昆明	2526	3	5.78	5	159
安徽	合肥	2670	4	6.60	6	172
辽宁	沈阳	4462	6	1.83	2	29

由计算所得 CDI 可知，广州、北京、南京、杭州、长沙、西安、南宁、昆明和合肥 9 个城市，是该品类在目标受众人群中销售表现最好的地区。

CDI 可以解释为该市场的先天环境，而 BDI 则是品牌后天努力的结果。[13] 但需要注意的是，最高的发展指数不一定就代表着最大的市场潜力。不了解这一点，有可能会被误导（表 9－5）。

被误导的 BDI 指标　　　　　　　　　　表 9－5

市场	成年人总数（%）	白兰地饮用者（%）	BDI
A	24	22	92
B	39	39	100
C	16	35	219
D	20	4	20

品牌和品类发展指数与人口基数有关，比如非常高的发展指数可能意味着目标市场的规模非常小（如市场 C），这样就不能凭此作为唯一衡量指标；反之，一个相对较小的发展指数可能意味着一个大的市场份额（如市场 A 和 B）。总体来说，发展指数一般平均在 90～110 较合理（图 9-5）。[14]

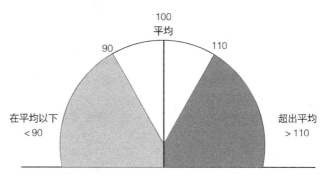

图 9-5　BDI 和 CDI 指标的适宜范围

(3) BDI 与 CDI 的交叉分析

通常，BDI、CDI 并不单独使用，而是两者结合起来，作交叉的评估，即所谓的矩阵分析。具体方法是以横坐标为品类发展水平，纵坐标为品牌发展水平，根据各地区 BDI 与 CDI 高低的不同，划出 4 个象限，即 4 类具有不同销售潜力的市场：(1) "明星"市场；(2) "金牛"市场；(3) "问题"市场；(4) "瘦狗"市场（图 9-6）。[15]

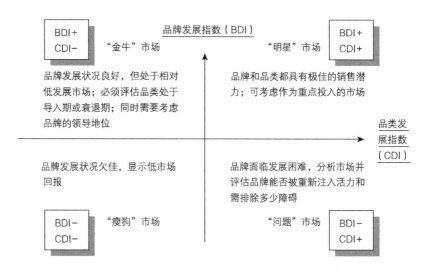

图 9-6　BDI 和 CDI 的交叉分析矩阵

BDI 与 CDI 的交叉分析矩阵中，每个象限的特性是不同的，因而可为媒体决策提供相应意见（图 9-7）。

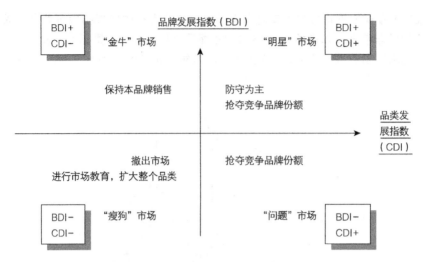

图9-7 基于BDI/CDI交叉分析的媒体策略

媒体加油站

Example9-3：延续Example9-1的线索，做该品牌的BDI/CDI交叉分析。

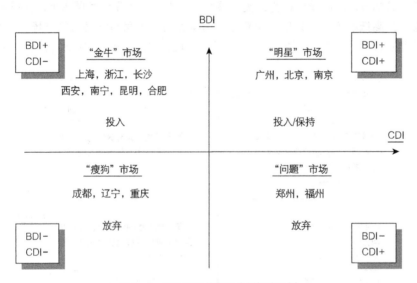

图9-8 BDI/CDI的交叉分析矩阵示例

由BDI/CDI交叉分析矩阵可以看出，"明星"市场的3个城市将是今后保持或者加大媒体宣传力度以保持既有优势的重点地区，"金牛"市场的6个城市是值得重点进行媒体资源投入以推动品类发展的地区。

（4）BDI 与 CDI 的加权

在地理性策略的制定过程中，策划人有多种使用各个市场 BDI/CDI 数据的方法。除了可以分别为 BDI 和 CDI 各任意设立一个合理的评估基准外，另一个选择市场的有效方法是对 BDI 和 CDI 值进行加权，使之组合成为一个单独的复合指数。不过，在进行加权之前，必须先制定好相应的营销策略，以便指导媒体策划人员对这两个指数进行正确的加权。

一般而言，大部分品牌的 BDI 和 CDI 权指大约设定在 30:70 到 70:30 的范围。BDI 与 CDI 的重要性将因不同的营销态势而有不同的权值：

1）品牌在进攻性营销策略的驱动下，所追求的将是市场扩张，在此情况下，CDI 的重要性将高于 BDI；

2）品牌在防御性营销策略的指引下，所追求的将是固守既有市场，因此 BDI 的重要性将高于 CDI，即固守品牌较占优势的市场，对于品类较占优势的市场则相对忽略。[16]

此外，在 BDI 与 CDI 加权的基础上，还可以采用任何必要的方式对影响市场获利能力的其他因素进行加权，以便更好地了解每个市场的相对价值。[17]

（5）购买力（Spending Power）

一个市场的经济发展水平及其当地的购买力是显示该市场销售潜力大小的主要因素。尽管这一数据所涵盖的范围较广，但它对衡量市场的获利能力是非常有帮助的。将这一数据结合销售数据，可为市场的重要性排序提供有效的依据。

媒体加油站

Example9 – 4：延续 Example9 – 1 的线索，计算各城市 15~64 岁城市人口这一品牌目标受众的购买力指标。

购买力计算示例（15~64 岁）　　　　　表9 – 6

省份	城市	城市人口数（千人）	百分比（%）	平均工资（元）	百分比（%）	购买力
广东	广州	4697	6	12259	11	175
	北京	7889	10	9820	9	84
	上海	9548	13	10952	10	77
江苏	南京	3794	5	8415	7	149
浙江	杭州	4204	6	8751	8	140
湖南	长沙	3956	5	6129	5	104
	重庆	10922	14	5632	5	35
河南	郑州	3914	5	6521	6	112
四川	成都	7002	9	6789	6	65

续表

省份	城市	城市人口数（千人）	百分比（%）	平均工资（元）	百分比（%）	购买力
陕西	西安	4466	6	5560	5	84
广西	南宁	1773	2	6271	6	237
福建	福州	3682	5	6600	6	120
云南	昆明	2526	3	7301	6	194
安徽	合肥	2670	4	6220	6	156
辽宁	沈阳	4462	6	5339	5	80

由计算所得购买力指标可知，广州、南京、杭州、郑州、成都、南宁、福州、昆明和合肥9个城市，是目标受众人群具有相对较强购买力的地区。

9.2 广告媒体投放的市场选择与资源分配

9.2.1 广告媒体投放的市场选择与排序

如图9-2所示，广告媒体投放市场选择的基本流程主要包括两个步骤：(1) 确定影响区域市场媒体投放价值的影响因素及其权重；(2) 通过获利能力评估，确定各市场的投资优先顺序及投资比例。市场获利能力评估的方法与工具我们在上一节已经解决，这里讨论另外两个与市场选择与排序密切相关的问题：(1) 截止点的确定；(2) 市场的重要性排序，即市场清单的确定。

1. 截止点的确定

区分选取市场和落选市场的分界点，叫做"截止点"。确定截止点的方法主要有：(1) 任选一个点作为选取市场的基础，这个数字通常是10、25或50的倍数，这是本行业的一种普遍做法。(2) 以媒体预算金额或所需总传送量（GRPs或总印象）为基础进行加权，确定最佳市场该分配到多大比例的广告媒体资源，从而按照区域市场的预计销售量比例或总印象的高低依次分配广告费，直到把它用完，这样就自动确定了截止点，这是一种相对更为合理的做法。这种加权通常以一个市场所需的最少媒体投资作为基础，如果某市场的发展潜力无法证明这笔投资的合理性，那么也许就不值得在这个市场做广告。

2. 市场重要性排序

事实上，通过上述市场获利能力的综合评估及其指数加权运算以后，区域市场的重要性排序已是水到渠成。以表9-7、表9-8为例，根据指数运算结果可知，市场投资的优先顺序应为：E、A、B、C、D。从而为媒体策划人员提供了一份清晰的市场清单。

地理性考虑各因素统计　　　　　　　　　　　　　　　　　　表 9–7

市场	CDI	BDI	对象人口	人均收入	市场成长	市场占有	既有知名	知名度成本	CPM	竞争广告量
A	120	140	356	1200	0.35	0.32	0.55	1600	250	80
B	75	120	487	800	0.20	0.21	0.60	1200	115	45
C	110	65	651	1150	0.25	0.15	0.45	1450	187	65
D	60	85	245	750	0.15	0.08	0.65	800	95	23
E	90	110	596	1050	0.45	0.12	0.70	1000	103	63

资料来源：陈俊良.广告媒体研究——当代广告媒体的选择依据.北京：中国物价出版社，1997：152.

地理性考虑各因素加权指数　　　　　　　　　　　　　　　　表 9–8

市场	CDI	BDI	对象人口	人均收入	市场成长	市场占有	既有知名	知名度成本	CPM	竞争广告量	合计
权值	25	15	10	5	10	5	5	5	10	10	100
A	25	15	5	5	8	5	4	3	4	3	76
B	16	13	7	3	4	3	4	3	8	5	68
C	23	7	10	5	6	2	3	3	5	4	67
D	13	9	4	3	3	1	5	5	10	10	63
E	19	12	9	4	10	2	5	4	9	4	78

资料来源：陈俊良.广告媒体研究——当代广告媒体的选择依据.北京：中国物价出版社，1997：152.

总而言之，市场清单和截止点的建立基础，既有主观因素，也有客观标准。最重要的标准是每个市场的销售目标和实现它们所需的广告费。经验、折衷和某些任意因素，有时也会影响到该过程。[18]此外值得注意的是，广告媒体投资市场选择应兼顾既有市场与新市场开发之间的平衡。

9.2.2　基于地理加权的广告媒体资源分配

1. 广告媒体资源分配的基本流程

基于地理加权的广告媒体资源分配流程如图 9–9 所示。

2. 广告媒体资源分配的基本方法

基于地理加权的广告媒体资源分配方法主要有两种技术。

（1）"金额分配技术"（Dollar Allocation Technique），即按照比例为发展潜力相对较佳的区域市场分配较多广告费。也就是说，如果 A 市场占了总销售量的 10%，它就应该得到 10% 的广告媒体预算。这是最简单的媒体资源分配方式，但缺点是没有考虑到广告投资在媒体成本及效益等方面所存在的地域性差异，而这种差异并不一定和区域市场的销售潜力有关，从而容易造成地区间广告力度与销售量的不协调。这也正是有必要通过地理加权调整区域市场媒体投资力度的决定性因素。

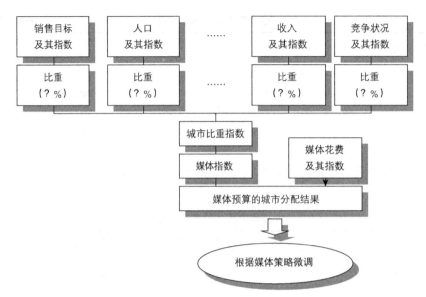

图9-9 基于地理加权的广告媒体资源分配流程

(2)"总印象加权法"(Gross Impression Weighting),它考虑了媒体投资的多样性。它以需要的总印象作为分配预算的基础:为了获得更多的接触人次,较好的市场会得到较多预算;较差的市场,总接触人次少,预算也较少。[19]

相对而言,以媒体传送量分配媒体资源较符合传播需求;而以金额分配则较符合各市场的收支平衡(表9-9)。

金额分配与"总印象"分配的区别　　　　　　　　　表9-9

金额分配与"总印象"分配的区别
金额分配趋向产生: • 在低成本市场上有更经济效益的"总体印象"。 • 在高千人成本市场上或较低效益市场上有相对少的"总体印象"。 • 直接与销售值相关,使媒体投资额复合市场获利能力,对于好的市场会产出更大的市场潜力,因为这些市场有着更多的"总体印象",或换句话说,即有可能实现更多的销售。 • 相对忽略潜在市场的开发,在广告力度对销售量的比率上存在些微的不平衡
"总体印象"分配趋向产生: • 在不计算成本的情况下,存在相应比例的传播压力。 • 在销售潜力上平衡到达率和频次,意味着好的市场会比差的市场获得更多的到达率和频次。 • 对于好的市场会产出更大的市场潜力,因为这些市场有着更多的"总体印象",或换句话说,即有可能实现更多的销售。 • 在广告量对销售量的比率上存在些微的不平衡,各市场媒体投资金额可能偏离销售量

表9-10进一步比较了两种媒体资源分配方法的区别。可以看出,尽管A、B两个市场的销售潜力相同,但由于A市场的每千人成本较低,10%的预算在A市场买到的总印象比B市场多。金额分配技术不考虑传播需求,从而让B市场每年获得的

总印象比 A 市场少。为了补偿 A 和 B 之间的总印象差异，媒体策划人员将更倾向于采用总印象分配法。

调整比重方法的比较　　　　　　　　表 9-10

总销量		金额比重调整		总印象调整		
		CPM（美元）	广告费的10%（千美元）	10%广告费买到的总印象（百万人次）	10%的总印象（百万人次）	10%总印象的费用（千美元）
A 市场	10%	2.50	100	40	32	80
B 市场	10%	3.75	100	26	32	120
总计			200	66	64	200

资料来源：杰克·西瑟斯，罗杰·巴隆. 闫佳，邓瑞锁译. 广告媒体策划. 北京：中国人民大学出版社，2006：182.

事实上，上述两种媒体资源分配方法各有不同的价值，而无绝对的优劣之分。决定使用哪种加权方法时，策划人应当考虑的是：哪种技术能最好地实现营销目标。在很多场合下，人们认为总印象加权法更好一些。因为它更直接地牵涉到传播目标。广告媒体策划的中心目标是在一定次数的重复中，到达大量的目标受众人数。在预算有限的条件下，总印象加权法能够最好地完成这一目标，因为它考虑到了媒体开支。而在金额分配法中，虽然广告费是直接按照销售量分配的，但受众仍有可能没有获得足够的接触频率，或是覆盖面还不够大。[20] 需要再次强调的是，市场的开发并不是单纯依靠媒体就可以达成的，必须有整体营销策略的配合。因此，广告媒体投资的地理性策略制定好后，还应回头检视是否符合各市场营销计划的需求。[21]

媒体加油站

Example9-5：延续 Example9-1 的线索，以 BDI、CDI、购买力、销售增长率、声音份额（Share of Voice, SOV）和媒体成本为地理加权的影响因素（表 9-11），进行媒体资源分配。

广告媒体资源分配示例　　　　　　　　表 9-11

加权系数	30%	25%	10%	25%	10%							
城市	BDI(1)	CDI(2)	购买力(3)	销售增长率(4)	SOV(5)	权重指数(6)	最终指数(7)	预算分配(8)	媒体成本		最终权重指数(11)	最终预算分配(12)
									CPM(9)	指数(10)		
广州	234	258	175	11%	79	160	100	13%	118	61	8	19%
南京	166	265	149	13%	97	141	88	12%	60	31	4	9%
北京	205	112	84	20%	92	107	67	9%	111	58	5	12%

续表

加权系数	30%	25%	10%	25%	10%				媒体成本		最终权重指数 (11)	最终预算分配 (12)
城市	BDI (1)	CDI (2)	购买力 (3)	销售增长率 (4)	SOV (5)	权重指数 (6)	最终指数 (7)	预算分配 (8)	CPM (9)	指数 (10)		
南宁	65	209	237	3%	86	104	65	9%	83	43	4	9%
昆明	73	159	194	1.20%	73	88	55	7%	79	41	3	7%
合肥	25	172	156	0.80%	75	74	46	6%	11	6	0.3	1%
上海	138	65	77	34%	91	74	47	6%	60	31	2	5%
长沙	51	142	104	1%	96	71	44	6%	103	54	3	7%
西安	85	103	84	2%	92	69	43	6%	77	40	2	5%
杭州	54	102	140	3%	81	64	40	5%	47	24	1	3%
福州	72	86	120	1%	81	63	39	5%	92	48	3	6%
郑州	55	97	112	2%	79	60	37	5%	87	45	2	5%
沈阳	94	29	80	2%	91	53	33	4%	84	44	2	4%
成都	86	22	65	5%	98	48	30	4%	62	32	1	3%
重庆	19	15	35	1%	100	23	14	2%	192	100	2	4%
合计	100	100	100	100%			749	100%			43	100%

以广州市场为例：

权重指数 (6) = (1) × 30% + (2) × 25% + (3) × 10% + (4) × 25% + (5) × 10% = 160

预算分配 (8) = 最终指数 (7) ÷ 749 = 100 ÷ 749 = 13%，其中

$$最终指数 (7) = \frac{本地区的权重指数 (6)}{所有地区中最大的权重指数 (6)} \times 100 = \frac{160}{160} \times 100 = 100$$

最终权重指数 (11) = 媒体成本指数 (10) × 预算分配 (8) = 61 × 13% = 8，其中

$$媒体成本指数 (10) = \frac{本地区的 CPM (9)}{所有地区中最大的 CPM (9)} \times 100 = \frac{118}{192} \times 100 = 61$$

最终预算分配 (12) = 最终权重指数 (11) ÷ 43 = 8 ÷ 43 = 19%

企业标杆个案 9

向左走，向右走：春兰冰箱广告媒体投放的地理性选择难题

这里给大家呈现的案例，是我们基于地理性策略的考察视角，从春兰冰箱曾经的一份媒体策划书中为大家截取的一段精彩瞬间。

【广告客户】春兰集团

【推广产品】春兰冰箱

【广告目标】提高品牌知名度
【广告时期】2001年11月15日~12月31日
【投放市场】重庆/南宁/南京/济南/常州/长沙/上海/苏州/杭州/天津/无锡/长春
【目标人群】良好教育,中高收入的人群
【媒体预算】300万
【媒体组合】电视(15″);其他媒体待定。

仔细审视春兰冰箱此项年底推广活动的简报可以发现,就经验而言,如果将有限的300万元广告媒体预算在全部12个市场进行投放,要想保证广告传播对促销效果的有效性,则费用将远超预算。在预算约束的前提下,如何将有限的预算投入到回报最高的市场呢?这是摆在媒体策划人员面前待解的难题。通过本案两种广告媒体区域性市场选择及其媒体资源分配方法的介绍,或将予您以新的收获与启迪。

【方法一:以市场集中度①/计划购买人数进行选择】

以市场集中度和计划购买人数为考察指标进行交叉分析,建立理论模型(图9-10),它是对拟投放广告的区域性市场进行价值评估及其分类的基础。

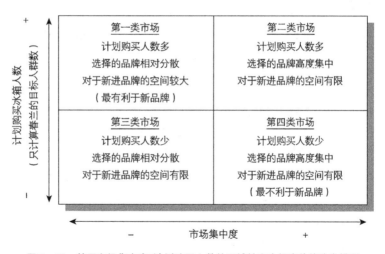

图9-10 基于市场集中度/计划购买人数的区域性广告投资价值分类模型

经市场与媒体调查,得到春兰冰箱12个拟投放广告城市相应的市场集中度和计划购买人数数据(图9-11、图9-12)。

利用分类模型对数据进行交叉分析,可以描绘出12个区域性市场相对的广告媒体投资价值(图9-13)。

---

① 行业集中度一般以某一行业排名前四位的企业的销售额占行业总的销售额的比例来度量。比例越高,说明这一行业的集中度越高,市场竞争趋向垄断竞争;反之,比例越低,市场竞争趋向完全竞争。

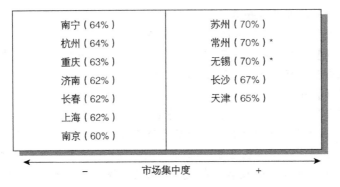

图 9-11 拟投放城市的市场集中度数据
备注：常州、无锡两城市的市场集中度、计划购买人数按苏州的比例预估。

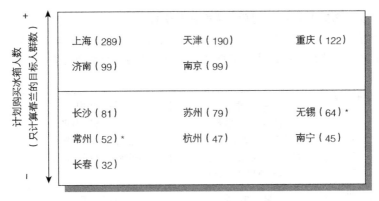

图 9-12 拟投放城市的计划购买冰箱人数调查数据
备注：常州、无锡两城市的市场集中度、计划购买人数按苏州的比例预估。

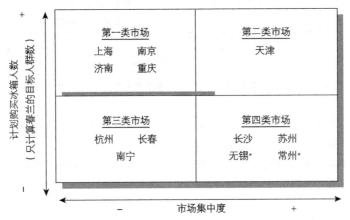

图 9-13 拟投放城市的区域性广告投资价值等级
备注：常州、无锡两城市的市场集中度、计划购买人数按苏州的比例预估。

鉴于春兰冰箱此次促销，主要是向市场主推自己的一款新产品，因此考虑优先选择一类市场。结合预算实际，决定此次广告媒体重点投放于上海、重庆和南京市场（表9-12）。

广告媒体投放市场选择结果（1） 表9-12

市场分类	市场	春兰目标受众群人数（千人）	人数（%）	电视费用（万）	报纸费用（万）	总投放费用（万）	费用比例（%）	累计费用（万）	计划销售比例（%）
第一类市场	上海	128	24	178	36	214	23	214	6.7
	重庆	54	10	33	15	48	5.2	262	11.5
	南京	44	8	96	23	119	12.8	381	7.3
	济南	44	8	46	12	58	6.2	439	4.2
第二类市场	天津	84	16	82	36	118	12.7	557	10.3
第三类市场	杭州	21	4	42	19	61	6.6	618	9
	长春	14	3	35	16	51	5.5	669	7.3
	南宁	20	4	30	7	37	4	706	12.1
第四类市场	长沙	36	7	62	18	80	8.6	786	11
	苏州	35	7	18	7	25	2.7	811	4.8
	无锡*	28	5	57	15	72	7.7	883	4.8
	常州*	23	4	39	6	45	4.8	930	11
总计		531	100	719	211	930	100	930	100

备注：常州、无锡两城市的市场集中度、计划购买人数按苏州的比例预估。

【方法二：以计划销售比例高低进行选择】

换一个思路，如果媒体策划人员倾向于参照各市场既有的销售量数据，以计划销售比例作为分配广告媒体资源的依据，则将得到全新的地理性策略组合，优先选择进行广告投放的城市将是：南宁、重庆、常州、长沙和天津（表9-13）。

广告媒体投放市场选择结果（2） 表9-13

市场	电视费用（万）	报纸费用（万）	总投放费用（万）	费用比例（%）	计划销售比例（%）	累计费用（万）
南宁	30	7	37	4	12.1	37
重庆	33	15	48	5.2	11.5	85
常州	39	6	45	4.8	11	130
长沙	62	18	80	8.6	11	210
天津	82	36	118	12.7	10.3	328
杭州	42	19	61	6.6	9	389
南京	96	23	119	12.8	7.3	508

续表

市场	电视费用（万）	报纸费用（万）	总投放费用（万）	费用比例（%）	计划销售比例（%）	累计费用（万）
长春	35	16	51	5.5	7.3	559
上海	178	36	214	23	6.7	773
苏州	18	7	25	2.7	4.8	798
无锡	57	15	72	7.7	4.8	870
济南	46	12	58	6.2	4.2	930
总计	719	211	930	100	100	930

两种方法各有胜长，也自有其合理内核，但哪种方法与策略更符合市场实际并保障企业营销目标的实现呢？媒体策划人员犯难了。向左走，向右走？我们把这个难题留给您……

个案思考题

1. 案例介绍的两种方法各有何优点与不足？如果你就是决策者，将作出何种选择，为什么？

2. 结合案例思考，除了案例涉及的内容，影响广告媒体投放地理性策略的其他因素还有哪些？

思考讨论题

1. 无论是确定 BDI 与 CDI 的权重分配，还是考察市场机会、铺货状况与广告媒体投资的指尖匹配度，我们都可以看到营销策略的影子，你如何理解营销策略在媒体投放地理性考量中的地位与作用？

2. 有观点认为，广告媒体投资市场选择应兼顾既有市场与新市场开发之间的平衡，如果你面临的正好是这两种不同的市场环境，将如何规划自己的地理性策略？

3. 仅仅考察 BDI 和 CDI 的概念内涵，我们或许会下意识的认为这两个指数越大越好，在进行市场发展潜力评估时，应该如何辩证地看待这一问题？

4. 仔细辨析金额分配技术与总印象加权两种预算分配方法的特点与区别，思考如何针对营销目标和媒体目标要求来灵活加以选择？

5. 通过本章案例的学习，你可能会有这样的感受：选用不同的市场价值评估方法与技术，所得到的市场选择结果与资源分配结论往往很难一致。那你认为协调这一矛盾的关键在哪？

注释

1. 杰克·西瑟斯，罗杰·巴隆. 阎佳，邓瑞锁译. 广告媒体策划. 北京：中国人民大学出版社，2006：163，389.

2. 朱海松. 国际 4A 广告公司媒介策划基础. 广州：广东经济出版社，2005：69.

3. 陈俊良. 广告媒体研究——当代广告媒体的选择依据. 北京：中国物价出版社，1997：147–148.

4. 阿诺德·M. 巴尔班,斯蒂芬·M. 克里斯托尔,弗兰克·J. 科派克. 朱海松译. 国际4A广告公司媒介计划精要. 广州:广东经济出版社,2005:66.

5. 杰克·西瑟斯,罗杰·巴隆. 闫佳,邓瑞锁译. 广告媒体策划. 北京:中国人民大学出版社,2006:180.

6. 陈俊良. 广告媒体研究——当代广告媒体的选择依据. 北京:中国物价出版社,1997:142.

7. 杰克·西瑟斯,罗杰·巴隆. 闫佳,邓瑞锁译. 广告媒体策划. 北京:中国人民大学出版社,2006:161.

8. 陈俊良. 广告媒体研究——当代广告媒体的选择依据. 北京:中国物价出版社,1997:101.

9. 杰克·西瑟斯,罗杰·巴隆. 闫佳,邓瑞锁译. 广告媒体策划. 北京:中国人民大学出版社,2006:173.

10. 陈俊良. 广告媒体研究——当代广告媒体的选择依据. 北京:中国物价出版社,1997:25.

11. 赵永谦. 企业广告媒体组合优化及评估研究. 天津大学工程硕士学位论文,2004:9-10.

12. 朱海松. 国际4A广告公司媒介策划基础. 广州:广东经济出版社,2005:69.

13. 陈俊良. 广告媒体研究——当代广告媒体的选择依据. 北京:中国物价出版社,1997:143.

14. 朱海松. 国际4A广告公司媒介策划基础. 广州:广东经济出版社,2005:71.

15. 何佳讯. 广告案例教程(第二版). 上海:复旦大学出版社,2006:295.

16. 陈俊良. 广告媒体研究——当代广告媒体的选择依据. 北京:中国物价出版社,1997:144-146.

17. 杰克·西瑟斯,罗杰·巴隆. 闫佳,邓瑞锁译. 广告媒体策划. 北京:中国人民大学出版社,2006:171.

18. 杰克·西瑟斯,罗杰·巴隆. 闫佳,邓瑞锁译. 广告媒体策划. 北京:中国人民大学出版社,2006:173-174.

19. 杰克·西瑟斯,罗杰·巴隆. 闫佳,邓瑞锁译. 广告媒体策划. 北京:中国人民大学出版社,2006:181-182.

20. 杰克·西瑟斯,罗杰·巴隆. 闫佳,邓瑞锁译. 广告媒体策划. 北京:中国人民大学出版社,2006:182-183.

21. 陈俊良. 广告媒体研究——当代广告媒体的选择依据. 北京:中国物价出版社,1997:155-156.

第10章 广告媒体的选择与组合

> 媒体组合是一场投资与浪费的博弈。
>
> ——包·恩和巴图

开篇引例

Altoids品牌在纽约市的广告媒体创新

Altoids品牌的母公司菲利普·莫里斯烟草公司因为受到各种法规的限制，几乎不能进行任何大众广告和公关赞助活动，但这也使得它成为了一个经验丰富的游击营销公司。Altoids的游击营销计划由Starcom广告公司负责。Starcom广告公司认为大手笔、规模豪华的广告活动有时候不仅在目标消费者中毫不必要，甚至有可能对品牌起到反作用，因为越来越多的消费者开始讨厌"强行推销"（Hard Sell）的手段，Starcom广告公司为Altoids制定了各种出奇制胜的游击营销策略。

Altoids营销团队对于传播媒体的选择，是Altoids游击营销战术中最大的亮点，他们也由此当选了《媒体周刊》（Media Week）杂志"2000年度最佳户外策划"大奖。他们非常善于自己创造富有特色的、价格低廉的传播媒体，如他们在纽约市场进行的游击营销，其成功的核心就是创造了自己独特的传播路径。众所周知，纽约的媒体购买费用非常昂贵，于是Altoids索性放弃了在纽约市场的媒体购买计划，自己来创造新的媒介。

Altoids营销团队在纽约组织了一支三轮脚踏车团队，他们穿梭在纽约的小街道和一些著名风景区，路人可以搭乘这种三轮脚踏车游览纽约街景，车夫还会充当顾客的导游，告诉他们最时髦的景点和最好的餐厅。每辆三轮脚踏车上都装饰了Altoids品牌的广告和Logo，车尾还悬挂了巨幅广告看板，车夫也身着Altoids品牌服装。在消费者看来，这些车夫新鲜又友善，甚至连最疲累不堪的纽约客坐上车后都会心情为之轻松。而这些车夫也正是"力量"、"健康"和"新奇"的代表。难怪大部分消费者在邂逅了一位有趣的 Altoids 三轮车夫后,都对 Altoids 赞不绝口,更多的游客还将这段非凡的邂逅传播到了美国和世界各个地区。

资料来源:杨文京. 让你的广告更有效——浅谈广告的环境媒体. 中国营销传播网, 2005 - 10 - 24.

现代广告中,媒体的选择余地越来越大。不同媒体具有不同的特性,为了达到预期的广告效果或者营销目标,在进行广告策划时,应该在众多媒体中选择最符合市场策略、产品定位策略、诉求策略的媒体,并将其合理配置、整合。无疑,媒体的选择、组合与创新是广告媒体策略决策中的一项核心内容。通过本章的学习,读者可以:

- 理解广告媒体选择的本质、策略重点、影响因素及操作程序。
- 理解广告媒体选择方法的定性、定量基础及思考逻辑。
- 理解广告媒体组合的意义与价值、影响因素与操作流程。
- 了解广告媒体组合的基本原则、策略及常见的组合形式。

10.1 广告媒体选择策略

10.1.1 广告媒体选择的影响因素

1. 广告媒体选择的本质及策略重点

广告媒体选择的目的是通过各类媒体的特征,找出适合广告主或企业广告目标要求的媒体,使得广告信息通过这一媒体渠道,可以传递有关信息到广告主的目标市场。[1]

媒体选择依次包含三个不同层次的主题:(1) 媒体类别的选择与分配;(2) 各类别中不同性质的媒体载具选择;(3) 节目/版面类型的选择。以上三个层次是层层深入和降序包含的关系(图 10 -1)。[2]

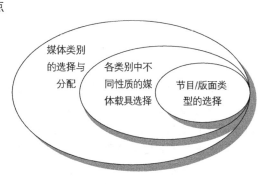

图 10 -1　广告媒体选择的核心主题

总而言之,媒体选择的主要任务就是制定媒体在类别与载具上的选择方向。但需要澄清的是,策略性的广告媒体选择,并不是真正地要去选出媒体类别或者媒体载具。对具体的媒体加以评估并真正地选出所要使用的媒体类别与载具,属于媒体执行方案的作业内容。与执行方案中的媒体选择作业偏向量与质的综合计算与评估不同,策略性的媒体选择侧重于质上的考虑。一方面,从广告整体说服效果的角度,思考媒体如何为创意提供最佳的演出舞台与空间,从而使广告对消费者产生最佳说服效果;另一方面,从避免品牌形象及广告效果被稀释的角度,思考媒体在选择与使用上应避免投入的环境。[3]

2. 广告媒体选择的影响因素

影响媒体选择的因素是多种多样的，在漫长的经营活动中，人们总结、归纳出在对广告媒体进行选择时所要考虑的 15 个基本因素（图 10-2）。无论对哪一种广告媒体进行比较、选择，都是以这 15 个因素作为基本参照标准来加以考虑的。[4]

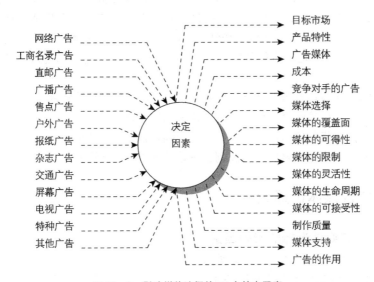

图 10-2 影响媒体选择的 15 个基本因素

资料来源：夏琼. 广告媒体. 武汉：武汉大学出版社，2003：101.

从策略性的角度而言，影响广告媒体选择的主要因素有：(1) 品类关心度；(2) 广告活动类型；(3) 品牌形象与个性；(4) 创意策略的语调与态势；(5) 消费习性；(6) 竞争态势等。[5] 而从具体的媒体选择作业上来看，则既要符合产品的特性，又要针对产品不同发展阶段的特点，不仅要从媒体本身的功能进行考虑，更要适合营销策略的需要，从而促使我们从前述的 15 个基本因素中提炼出四个方面的核心要素予以重点关注：广告预算；目标对象；媒体特性；产品特点。

10.1.2 广告媒体选择的程序与方法

1. 广告媒体选择的程序

一般情况下，合理的广告媒体选择程序包括四个阶段，十六个步骤（图 10-3）。[6]

2. 广告媒体选择的方法

选择广告媒体时，策划人员通常需要遵循以下原则：(1) 根据目标市场选择媒体；(2) 根据产品性质选择媒体；(3) 根据传播时机选择媒体；(4) 根据支付能力选择媒体；(5) 根据媒体评估选择媒体；(6) 根据"消费趋潮"选择媒体。所谓"消费趋潮"，指的是某种产品的消费过程在时空上的变化和发展趋势，它对从事日用消费品生产和销售的厂商尤为重要。[7]

```
┌─────────────────────────────────────┐    ┌─────────────────────────────────────┐
│ Stage I：调查研究阶段                │    │ Stage II：确立目标阶段               │
│                                     │    │                                     │
│ Step1：分析媒体的性质、特点、地位、作用 │    │ Step5：分析媒体目标                  │
│                                     │───▶│                                     │
│ Step2：分析媒体传播的数量与质量       │    │ Step6：确定媒体                      │
│                                     │    │                                     │
│ Step3：分析受众对媒体的态度           │    │ Step7：确定媒体组合方案              │
│                                     │    │                                     │
│ Step4：分析媒体的广告成本             │    │ Step8：确定广告表现形式              │
└─────────────────────────────────────┘    └─────────────────────────────────────┘
                                                            │
                                                            ▼
┌─────────────────────────────────────┐    ┌─────────────────────────────────────┐
│ StageIV：组织实施阶段                │    │ Stage III：方案评估阶段              │
│                                     │    │                                     │
│ Step13：与广告主签订媒体费用支付合同  │    │ Step9：对媒体方案进行评议并听取广告主意见 │
│                                     │◀───│                                     │
│ Step14：购买广告媒体的版位、时间和空间 │    │ Step10：修正或调整方案               │
│                                     │    │                                     │
│ Step15：推出广告并监督施行            │    │ Step11：对方案进行决策并取得广告主认可 │
│                                     │    │                                     │
│ Step16：收集信息反馈并对传播效果作出评估 │ │ Step12：确定媒体组合所支付的费用      │
└─────────────────────────────────────┘    └─────────────────────────────────────┘
```

图 10-3　广告媒体选择的程序

面对日益宽泛的媒体选择，策划人员需要回答的核心问题是：哪些媒体类型能够传递品牌的沟通目标？电视、广播和印刷媒体都正在分裂成更多现实可利用的载体，以适应人们的个性化休闲模式和购物需求，使得媒体的选择更具标准化。一般而言，媒体选择大多是在主观和客观的基础上进行比较，通过两步来完成的：

第一步，是应用媒体的传播性能与"创意的合适性"来筛选适合媒体战略的媒体类别或载具，去掉其中明显不合适的。恒美国际广告公司（DDB Needham Worldwide）总结了一套媒体评估标准，并将之作为一种选择信息和媒体的方法（表 10-1）。

跨媒体的属性比较　　　　　　　　　　　　　　　　　　　　表 10-1

	电视	杂志	报纸	广播	户外	场所	DM	公关	售点	事件营销	包装
权威性	S	S	S	G	G	G	A	G	A	G	A
美感度	S	S	A	A	S	A	A	A	A	G	G
企图心	G	G	G	A	S	G	A	G	A	S	A
可信度	G	S	G	G	G	A	A	S	A	G	S
示范性	S	G	A	S	A	A	G	S	S	S	A
戏剧性	S	G	A	G	S	G	S	S	A	S	A
教育性	S	S	G	G	A	A	S	S	A	G	G
精美度	G	S	A	A	G	A	G	G	A	G	G
情感度	S	G	A	G	G	A	G	G	A	A	A

续表

	电视	杂志	报纸	广播	户外	场所	DM	公关	售点	事件营销	包装
娱乐性	S	G	A	S	S	G	G	A	A	S	A
刺激性	S	G	G	G	G	G	G	S	A	S	A
灵活性	G	G	A	S	A	S	A	G	A	G	A
幽默感	S	G	G	S	S	A	G	A	G	A	A
想像力	S	G	A	S	G	S	G	A	A	A	A
及时性	G	A	S	S	G	S	S	S	S	G	A
信息度	G	S	S	G	A	G	S	G	G	A	S
影响力	S	G	G	A	A	A	G	S	A	G	A
创新性	G	G	A	G	G	S	G	G	S	S	A
熟悉度	G	S	G	S	A	S	A	G	A	G	A
侵扰性	S	G	A	G	G	S	S	G	S	G	A
新闻性	S	G	S	G	A	A	S	G	G	G	G
品　质	S	S	G	A	A	A	S	A	A	G	G
持久性	A	S	G	A	G	G	A	G	A	A	A
价　格	G	A	S	G	A	A	G	A	S	A	G
配合度	G	S	G	A	A	G	S	A	S	S	S
官能性	S	G	A	S	G	G	G	G	A	S	G
展示力	G	S	A	A	S	G	A	G	S	S	G
档　次	G	S	G	A	G	A	A	G	A	G	G
新奇性	G	S	A	S	S	G	A	G	A	S	G

注：S - 非常好（Superior）；G - 好（Good）；A - 可接受的（Acceptable）

资料来源：Bruce G. Vanden Bergh, Helen Katz. Advertising Principles: Choice, Challenge, Change. Lincolwood: NTC Business Books, 1999: 288.

第二步，是假设保留的可供选择的主要媒体有两种或更多时，而且每一种都符合创意合适性的要求，这就要求策划人员从中选出相对成本来说可以提供最大的目标视听众到达率的媒体作为首选媒体。[8] 通过前述章节对到达率、接触频次、总收视点（GRP）、千人成本（CPM）等媒体基本概念的了解，在进行媒体选择时，其定量基础和思考逻辑从图10-4的流程中即可看出。

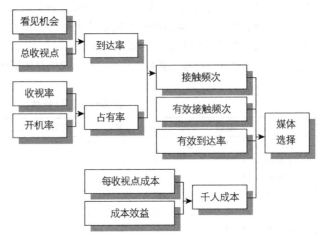

图10-4 媒体选择的定量基础

资料来源：作者译自朱海松. 国际4A广告公司媒介策划基础. 广州：广东经济出版社，2005：72.

链接·视点

基于品牌认知和品牌态度的广告媒体选择

媒体是将创意信息传递给目标受众以实现广告活动的沟通目标的工具。媒体选择的基本要求是：选择的媒体必须有能力将广告活动的创意内容以一种能够实现沟通目标的方法传递出去。在这里，存在着两种普遍的沟通目标：品牌认知和品牌态度。决定媒体选择的主要因素是创意内容以及实现这两个沟通目标的频率策略。正如创意策略一样，媒体战略必须适合于品牌的沟通目标。

表10-2是我们列出的广告媒体选择表，它建立在针对两种类型的品牌认知（品牌识别和品牌回忆）和四种类型的品牌态度战略的创意内容和频率策略基础上，这些沟通目标在很大程度上决定着对媒体的选择。

1. 以品牌认知为基础的媒体选择

（1）品牌识别。其创意内容和频率的策略通常是：

1）运用图像内容展示品牌的包装、商店标识以及便于以后能识别的名称。

2）运用色彩内容进一步辅助品牌识别。

3）相对简短的反应时间。

4）相对低的频率。

从表10-2中的品牌识别一栏我们可以清晰的发现，一般电视和有线电视是一种适合于建立品牌识别的媒体。广播由于不能展示图像内容，因此它不是一种合适的媒体；报纸有一定的局限性，因为报纸的印刷效果很难达到要求；杂志和户外广告也是合适的媒体。

品牌识别要求有图像、有色彩的媒体。因此当以品牌识别为目标时就基本不考虑广播，报纸也尽量不要选择。如果报纸的全彩广告复制效果可以做得非常出色，在这种情况下，报纸就可以作为品牌识别的一种选择。现实情况中，有两点往往限制了对报纸媒体的选择，其一是国内大多数报纸很难提供价格昂贵的全彩四色广告，尤其是一些小报；其二是即使有些能够提供四色广告的报纸，在印刷中色彩复制的质量也不稳定。因此，要使用报纸做彩色广告的话，广告主必须确信有好的可靠的色彩保证。

基于品牌认知和品牌态度的广告媒体选择　　　　　　　　　　表10-2

主流广告媒体	品牌认知		品牌态度			
	品牌识别	品牌回忆	低度介入/信息型	低度介入/转变型	高度介入/信息型	高度介入/转变型
电视	是	是	是	是	否	是
有线电视	是	是	是	是	是	是
广播	否	是	是	有局限（vis）	否	有局限（vis）

续表

主流广告媒体	品牌认知		品牌态度			
	品牌识别	品牌回忆	低度介入/信息型	低度介入/转变型	高度介入/信息型	高度介入/转变型
报纸	有局限（c）	是	是	有局限（c）	是	有局限（c）
杂志	是	有局限（f）	是	有局限（f）	是	是
户外	是	有局限（tf）	是	有局限（tf）	有局限（tf）	是

注：是＝该媒体适合于给定的目标或战略；否＝该媒体不应用；有局限＝该媒体可能适用但是有一定局限性；c＝色彩方面的局限性；f＝频率方面的局限性；vis＝视觉方面的局限性；tf＝移动频率方面的局限性

（2）品牌回忆。其创意内容和频率策略通常是：

1）运用词语内容（书面或口头词汇）来传达品牌名称。

2）没有色彩要求。

3）相对简短的反应时间。

4）在购买周期内通常需要高的频率，使品牌名称与类别需求之间的关联得以频繁地重复。

纵观表10-2的品牌回忆一栏，我们看到电视和有线电视是合适的媒体；广播和报纸也是合适的媒体；杂志和户外广告是有局限的，杂志的局限性在于它的发行周期较长，而户外广告则体现在移动频率不足上，虽然户外广告对于经常往返于两地之间的人或购物的人可以提供高的接触频次，但针对其余人群，户外广告传递频率则是非常慢的。

品牌回忆要求的是允许有经常重复的词语和高频率的媒体。对于新产品而言，由于需要了解的是一个新的品牌名称，所以品牌回忆是必需的；而对于已有的产品而言，品牌回忆也是重要的，此时是保护该产品不受竞争品牌回忆的影响。如果产品购买周期特别长，那么采用频率较低的杂志和户外广告媒体也可以提供足够的重复率。但对于购买周期较短的产品来说，这时针对品牌回忆的主要媒体就应该是电视、广播和报纸（日报）。

（3）品牌认知的两种类型。在某些情况下既要求品牌识别也要求品牌回忆，这时媒体选择就提供了一种"双重选定"的职能。例如对一种新的、计划购买或考虑购买的品牌，这种品牌将在一种品牌繁多的零售店中销售，因此这场广告活动必须满足品牌识别和品牌回忆的双重要求，换句话说，也就是在表10-2中的品牌认知栏中均须出现"是"，我们会发现在一般情况下唯一合适的媒体就是电视和有线电视。

2. 以品牌态度为基础的媒体选择

品牌态度是广告活动的第二个沟通目标，品牌态度的四种战略选择进一步决定着媒体的选择（表10-2）。

（1）低度介入/信息型。当广告活动的品牌态度目标是通过低度介入/信息型态度战略实现时，创意内容和频率策略通常是：

1）运用词语内容传达信息型效用承诺。

2）没有色彩要求。

3）相对简短的反应时间，因为低度介入时焦点只是一两项效用承诺。

4）相对低的频率，因为信息型效用必须在一次或两次展露中就被了解。

从表10-2中我们看到，所有的媒体都适合。任何主流广告媒体都可以传播简短的、显示这类广告活动特征的词语主张。当信息型效用承诺要求展示出来时，电视由于能够进行动态展示而成为最佳选择。如果展示的内容可以用一两个图例来描绘的话，那么报纸和杂志也能作为较为适合的媒体，例如表明产品"使用前后的对比"的图例。

（2）低度介入/转变型。当广告活动的品牌态度目标是通过低度介入/转变型态度战略实现时，创意内容和频率策略通常是：

1）运用图像内容使受众获得感官满足或社会认可。

2）色彩同样地增强感官满足和社会认可。

3）相对简短的反应时间。

4）在购买周期内通常需要高的频率，因为转变型品牌态度的建立较慢而且购买周期也比较短。

为该类型品牌选择所做的广告，会受到更多的媒体选择限制。从表10-2中我们可以看到，电视是唯一合适的媒体，其他几种媒体都有自身的局限性，在选择上都会有所不足。

（3）高度介入/信息型。当广告活动的品牌态度目标是通过高度介入/信息型态度战略实现时，创意内容和频率策略通常是：

1）运用词语内容传达信息型效用承诺。

2）没有色彩要求。

3）通常要求长的反应时间，以便目标受众可以对复合的效用以及对承诺的可靠性作出反应。

4）相对低的频率，因为信息型效用必须在一次或两次展露中就被了解。

从表10-2中我们可以看到，电视是不适合的媒体，这主要是因为电视商业广告的时长无法满足这类产品的信息传达。但有线电视可作为一种选择，电视购物广告就是我们常见的一种形式，不过长时间的商业广告需要很高的成本，所以电视并不是理想的媒体选择。报纸和杂志能充分满足信息的传达，而且成本相对于电视来说要低得多，因此是该类型品牌最佳的媒体选择。

（4）高度介入/转变型。当广告活动的品牌态度目标是通过低度介入/转变型态度战略实现时，创意内容和频率策略通常是：

1）运用图像内容使受众获得感官满足或社会认可。

2）色彩同样地增强感官满足和社会认可。

3）相对简短的反应时间，如果高度介入/转变型战略也必须提供信息，那么就需要较长的反应时间。

4) 相对低的频率,因为尽管转变型态度建立起来较为缓慢,然而对于该类产品,其购买周期一般都相当长,这样只需较低的频率就足够了。

从表10－2中我们看到,电视、杂志及户外广告是合适的媒体。而广播由于缺乏图像,报纸的色彩局限导致它们不能对该类产品作出有效的沟通目标。但是这里有一点要受到重视,即如果当该战略也必须提供足够的信息时,我们的选择就有一些限制条件,例如,对于新车使用常规电视广告和户外广告就有局限了,因为播出时长和表现手法上它们都无法满足信息传达。因此,这时就需要一种附加媒体来处理信息型的内容元素,它可以是一种印刷媒体,而在多数情况下,这种信息职能是由人员销售这种"非广告"媒体来实现。在新车销售例子中,这里人员销售经常被用来"完成"高度介入/转变型产品的销售。而对于有线电视来说,其实已经有不少人员销售了,当然这种销售并不是严格意义上的人员销售。不过潜在顾客可能需要通过电话询问更为具体的广告信息,从而要求更多的个人销售来完成销售过程。

资料来源:朱强.广告媒体战略决策研究.四川大学硕士学位论文,2006:15－19.

10.2 广告媒体组合策略

10.2.1 广告媒体组合的意义与价值

在制定广告媒体策略时,策划人员必须首先决定是使用单一媒体还是多种媒体。如果使用超过一种以上的媒体,我们就称之为一个媒体组合(Media Mix),即方案混合了多种媒体来到达特定的目标受众。[9]更广义的理解则认为,在广告发布计划中,不只限于在一定的时间段里应用两种以上不同媒体这种组合形态,在同一媒体应用两种以上不同的发布形式、不同的发布时间的组合状态,也属于媒体组合的范畴。[10]

显然,媒体组合存在两种最基本的策略:(1)集中式的媒体组合策略(Concentrated Media Mix);(2)分散式的媒体组合策略(Assorted Media Mix)。它们具有各自不同的理论内核与适用性(表10－3)。

集中式与分散式媒体组合的定性比较　　表10－3

	集中式媒体组合	分散式媒体组合
定义	集中式媒体组合是将全部媒体发布费集中投入某一媒体。其理由是,这种做法可以对特定的细分受众产生巨大的作用,高度集中的媒体组合可以使品牌获得大众的接受,尤其是那些接触媒体有限的受众	分散式媒体组合是采用多种媒体到达目标受众。分散式媒体组合有助于广告主与多个细分市场进行沟通。借助不同媒体的组合,广告主可以在不同的媒体中针对不同的目标受众发布不同的信息
优点	可以在某一种媒体上占有绝对优势 可以提高品牌的熟悉度,尤其是对接触媒体种类较少的目标受众	可以针对每个目标市场在产品类别或品牌方面的特殊兴趣,制定专门的信息,用这些信息到达不同的目标受众

续表

	集中式媒体组合	分散式媒体组合
优点	只在非常显眼的媒体发布广告（如黄金时段的电视节目或一流杂志的大型广告版面），可以使流通渠道产生热情，形成忠诚。对于采用高度集中式媒体亮相的品牌，分销商和零售商也可能在库存或店内成列方面给予照顾	不同媒体中的不同信息到达同一个目标，可以巩固这个目标的接受效果
		相对于集中式而言，分散式媒体组合投放可以提高信息的到达率
	相对分散式而言，可以节省费用	分散式媒体组合更有可能到达那些接触不同媒体的受众

资料来源：王媛．整合营销传播的战略设计与媒介选择：基于长信数码连锁网络文化家园的案例分析．天津财经大学硕士学位论文，2006：32－33．

在定性比较的基础上，表10－4进一步比较了在同一媒体预算下，集中式与分散式两种媒体组合的投放，以及这两种投放方案在到达率、平均接触频次上的传播效果表现。从中可以看到，分散式媒体组合可以平衡单一媒体类型的使用，适当的媒体搭配一般能更好地达成对目标消费者高覆盖的媒体目标。[11]由于到达率具有这样的特点：在投放初期增长速度较快，之后增长速度逐渐减慢。因此，有的学者认为在单一媒体投放70%的到达率是相对容易实现的，如果希望更高的到达率，则需要借助媒体组合来完成。[12]

集中式与分散式媒体组合传播效果比较　　　　表10－4

	到达率和接触频次（女性，25～54岁）			
	方案A（只有电视）		方案B（电视和杂志）	
	到达率	接触频次	到达率	接触频次
电视	74.9%	4.3	72.8%	3.3
杂志	—	—	53.8%	3.3
所有媒体	74.9%	4.3	87.2%	3.9
总GRPs	322		340	

资料来源：阿诺德·M．巴尔班，斯蒂芬·M．克里斯托尔，弗兰克·J．科派克．朱海松译．国际4A广告公司媒介计划精要．广州：广东经济出版社，2005：74．

表面上看，就广告传播本身而言，适当运用媒体组合有如下优势：扩大影响力；提高冲击力；增强持久力。[13]而从更深层的意义上来理解，显然媒体组合具有更丰富的应用价值：

(1) 扩张媒体方案中的到达率，增加在单一媒体中得不到曝光的目标受众；
(2) 压低接触频次分布状态，使得目标受众被一种媒体曝光的次数更平均；
(3) 增加总收视点（假定第二或第三种媒体的费用划算）；
(4) 通过不同的刺激，强化信息，或帮助受众记住信息；

(5) 按照生活方式和人口分类的区分,到达不同的受众;
(6) 根据每一种媒体的不同特征,在强调不同的利益时掌握独有的优势;
(7) 能够实现不同的创意。[14]

10.2.2 广告媒体组合的影响因素与操作流程

1. 广告媒体组合的影响因素

广告媒体组合的影响因素可以区分为两类不同的来源:外生影响因素和内生影响因素。

广告媒体组合策略的外生影响因素就是对广告媒体组合的目标、内容、方式等具有规定性、限制性影响的各种源于广告媒体之外的因素。主要包括:营销战略、营销环境、产品性质、媒体受众、竞争品牌媒体策略、广告创意、媒体供需状况、广告预算等(图10-5)。这些因素形成了广告媒体组合的外部限制框架,可以在此框架内确定符合企业整体发展战略要求的媒体组合策略,并且对于评估媒体投资的潜力和判断媒体诉求对象的设定正确与否具有重要意义。[15]

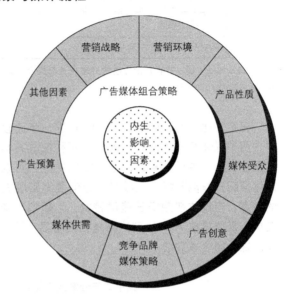

图 10-5 广告媒体组合策略的影响因素
资料来源:赵永谦. 企业广告媒体组合优化及评估研究. 天津大学硕士学位论文,2004:6.

广告媒体组合策略的内生影响因素是指广告媒体本身所具有的特质,这种特质使之对不同类型广告信息的承载表现出不同的适切性,从而为广告媒体组合优化提供了内在依据。主要包括媒体类别的特性、媒体载具质和量的特点等。[16]

综上所述,选择媒体组合,要根据产品市场目标、市场策略以及广告媒体策略,然后从各式各样的媒体中进行选择及搭配运用。而一个适当的媒体组合,理论上是希望以最少的预算,得到最高的经济效益。因此,在确定媒体组合之前还要做以下四个方面的信息搜集准备工作:(1) 产品信息;(2) 竞争对手信息;(3) 市场及媒介简报;(4) 媒体特性。[17]

2. 广告媒体组合的操作流程

在上述媒体组合内部、外部影响因素分析的基础上,可以建立如下操作流程对广告媒体组合进行优化:(1) 确定媒体目标;(2) 选择媒体类别;(3) 选择每一类别下的媒体载具;(4) 对每一类别下的媒体载具进行组合(图10-6)。[18]

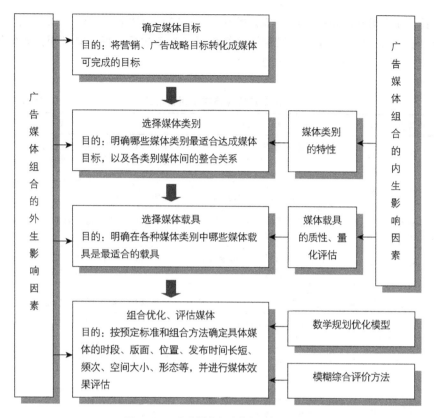

图 10-6 广告媒体组合优化的操作流程

资料来源：赵永谦. 企业广告媒体组合优化及评估研究. 天津大学硕士学位论文，2004：47.

10.2.3 广告媒体组合策略

1. 广告媒体组合的基本原则

进行广告媒体组合，一般应遵循以下五条原则：（1）互补性原则，即追求点面效应互补、媒体传播特性互补、时效差异互补和时间交替互补；（2）有效性原则；（3）可行性原则；（4）目的性原则；（5）效益最大化原则。

2. 广告媒体组合的策略

广告媒体组合的策略有：（1）视觉媒体与听觉媒体的组合策略；（2）瞬间媒体与长效媒体的组合策略；（3）媒体覆盖空间组合策略，包括全面覆盖、重点覆盖、特殊覆盖、渐次覆盖和交叉覆盖五种类型；（4）可控制媒体与不可控制媒体组合策略；（5）"跟随环绕"消费者的媒体组合策略，即随着消费者从早到晚的媒体接触，安排各式媒体以跟随方式进行随时的说服。[19]

3. 广告媒体常用的组合形式

广告媒体组合一般应根据媒体的不同特点进行组合，尽量利用媒体各自的优势及组合后形成的新优势，为企业的发展、营销战略提供良好环境和竞争优势。广告媒体组合主要有三种类型：(1) 媒体类别组合；(2) 媒体载具组合；(3) 媒体单元组合。在广告实践活动中，经过验证已经积累了许多效果较好、较常用的媒体组合形式（表 10–5、表 10–6、表 10–7）。

常用的广告媒体类别组合形式　　　　表 10–5

序号	常用组合形式	特　点	效　果
1	电视 + 报纸	电视传播速度快、冲击力强，报纸信息量大、目标消费者集中	使品牌认知和产品功能得到同步发展，有利于整体形象的突出和提升，促进销售
2	电视 + 广播	电视传播速度快、冲击力强、影响力大；广播收听群体集中	提高品牌认知和消费者的兴趣，强化产品特性，吸引注意力
3	电视 + 户外媒体	电视传播速度快、视觉冲击力强，户外媒体具有醒目、强化效果	使电视媒体效果得到延伸，增强销售上的提醒、强化功能
4	电视 + 杂志	电视视觉冲击力强、形象好；杂志目标消费者集中	树立品牌形象，全面说明产品功能，影响潜在消费群，延续产品生命力
5	电视或报纸 + POP	电视视觉冲击力强、形象好；POP 广告具有较强的直观性，可激发消费者的购买欲望	营造销售气氛，提醒消费者购买已有印象或已有购买欲望的产品
6	电视或报纸 + 直邮	以直邮广告为开路先锋，做试探性的广告宣传，再利用电视或报纸广告做强力推销	先弱后强、分布推出广告，可以取得大面积的成效
7	报纸 + 广播	使各种不同文化程度消费者都能接受广告信息传播	扩大目标消费群体，提升受众购买兴趣和欲望
8	报纸 + 杂志	利用报纸的影响力，配合杂志广告稳定市场；或利用报纸进行地区性信息传播，借助杂志广告做全国性信息传播	直接推动销售，形成相对稳定的目标群体，影响潜在消费群体

资料来源：赵永谦．企业广告媒体组合优化及评估研究．天津大学硕士学位论文，2004：49．

常用的广告媒体载具组合形式　　　　表 10–6

序号	常用组合形式		特　点	效　果
1	电视载具	中央级 + 区域级	中央台为主媒体，省市台为辅助媒体。区域销售达一定规模，产品需向全国推广时考虑使用	中央台告知品牌及产品，地方台在产品诉求及消费者购买提升上进一步定位
			中央台和地市级台平衡组合。产品进入成长期时考虑使用	保持品牌形象，扩大市场占有率，促进销售
		区域间的组合	重点省电视台为主媒体，一般省市台为辅助媒体	重点突出，扩大品牌传播范围
			重点省市级电视台与一般省市台平衡组合	有利于品牌迅速推广，扩大目标消费群

续表

序号	常用组合形式		特点	效果
2	报纸载具	全国发行报+区域晚报	全国性报纸发行量大，权威性强；地方性报纸特点突出，易为当地人接受	全国性报纸发表消息或结果，区域性报纸重点介绍内容。权威性与详细性兼备
		全国发行报+区域体育、文化娱乐报		
		全国发行报+区域行业报		
3	杂志载具	全国发行组合	组合战线时间长，控制难，适合无淡旺季产品	可以对品牌进行广泛传播，造成好的口碑
		区域发行组合	以几个重点区域的杂志与重点杂志组合，较容易控制	区域销售效果明显
		全国+区域发行组合	以一种或几种全国性覆盖杂志与重点区域的杂志或重点杂志组合	全国普遍开花，又能对产品集中地区做到重点宣传
4	广播载具	中央台+区域台	中央台政治性、新闻性较强；地方台娱乐、评论性强，收听群体细分	中央台以品牌为主，地方台以促销为主
		区域台间组合	可针对农村市场产品如农药、饲料、农机、保健用品等进行组合	强化品牌形象及认知，针对目标消费群诉求，增强效果
5	户外媒体	重点区域组合	几个具有代表性的重点区域之间的组合	着眼于形象宣传，传播良好的品牌形象
		一般区域组合	多个具有代表性的一般区域之间的组合	增强产品在一般区域的品牌形象
		重点+一般区域组合	重点区域户外广告作为枢纽，统领一般区域的户外广告	建立起一条市场形象推广链，使区域性品牌深入人心
6	网络载具	搜索引擎类网站+专业性网站	搜索引擎类网站是日访问量大，具有众多消费者的综合门户网站；专业性网站是具有明显的行业特征的网站	一般在搜索引擎类网站打品牌，在专业性网站做销售

资料来源：赵永谦. 企业广告媒体组合优化及评估研究. 天津大学硕士学位论文，2004：50-51.

常用的广告媒体单元组合形式　　　　　　　　表10-7

序号	常用组合形式		特点	效果
1	电视单元	时段组合	电视台的时段分为黄金时段、一般时段和特殊时段。组合方式一般有：黄金时段+一般时段、黄金时段+特殊时段两种。在产品的初始阶段，一般选择黄金时段做产品诉求，一般时段做品牌诉求；在产品成熟阶段，则选择黄金时段做品牌诉求，一般时段做产品诉求	充分合理利用黄金时段、一般时段和特殊时段的有效组合，一方面可以达到预期目的；另一方面也可以有效节省资源
		栏目组合	一般有同台（频道）、多台（频道）的栏目组合。如同一台（频道）的多栏目组合、多台（频道）相关栏目的组合、多台（频道）不同栏目的组合。栏目组合的重点在于针对消费者的选择	一方面尽量影响潜在消费群体，一方面加强对目标群体、特殊目标群体的影响，可使广告投放有的放矢，达到更理想的效果

续表

序号	常用组合形式		特 点	效 果
1	电视单元	广告长度组合	广告长度一般分为5种：30秒以上广告一般宣传全面明确的企业特点、产品功效、品牌形象；30秒广告一般简洁地宣传企业特点、产品功效、品牌形象的主要方面；15秒广告只强调企业特点、产品功效、品牌形象的某一方面诉求；10秒广告侧重某一方面的重点说明；5秒广告重点突出某一点（品牌名或口号等）的说明	在产品的初始阶段，需要时间长的广告使消费者对产品有深入了解，时间组合一般选择30秒或30秒以上为主，15秒、10秒、5秒为辅进行广告投放；在产品成熟阶段，则选择15秒、10秒、5秒广告为主，30秒或30秒以上为辅，主打产品品牌和形象
2	报纸单元	版面组合	大尺寸版面（整版或半版）与中尺寸版面组合	通过大版面确定品牌，提升品牌的卖相和品位
			中尺寸版面与小尺寸版面组合	在产品诉求阶段，多为理性产品采用
		版面+版位组合	热门版位于中尺寸版面的组合。如会议期间的头版，世界杯期间的体育版等，一般以1/2或1/4的热门版面与一般版面组合	热门版面多是提升形象与促销活动时采用，因为此时期注意度较高
			一般版位与小尺寸版面的组合	适合告知信息、培训、医疗、招聘、商品的一般综合信息

注：杂志的单元组合与报纸的单元组合相似，广播的单元组合与电视的单元组合相似，不再赘述。
资料来源：赵永谦. 企业广告媒体组合优化及评估研究. 天津大学硕士学位论文，2004：52.

原则上，企业可以灵活的选择上述多种广告"套餐"，但需注意，无论选择哪种方式，关键还是看媒体组合是否符合企业战略要求、产品特点、以及目标消费者的媒体接触习惯等。[20]

学生实践个案4

"可乐"的奥运年：可口可乐2008广告媒体策划案[①]

【媒体计划概要】

针对可口可乐的品牌老化问题和百事可乐的挑战，利用"2008北京奥运TOP10计划"提出体育营销策略、音乐营销策略和感性诉求策略，在保住市场份额的同时进一步扩大市场占有率和提高可口可乐在消费者心目中的第一提及率。

配合营销和广告策略，2008年的媒体投放主要选择与体育和音乐相关的渠道，除了选择电视媒体接触普通家庭外，还选择网络和户外媒体接触重度消费者——学生以及上班族（这些人群平时接触电视的时间比较少，而他们生活的三大主题就是：体育、音乐和网络），再配合POP广告做最后的购买提醒。

---

① 本案由广东外语外贸大学新闻与传播学院05广告班苏跃同学撰稿并提供。教学自编案例，与企业实践未尽一致，特予说明。

【品牌分析】

优势

1. 全球最大的软性饮料业巨人，拥有大厂优势及强大的全球竞争力。
2. 强势的营销能力、管理体系及企业广告。
3. 品牌形象深入人心，已成为消费者生活的一部分。
4. 核心产品的神秘配方极度保密，使其流行100年而不衰。
5. 通路建设相当完整（尤其是自动贩卖机之设置），并拥有快餐业（以麦当劳为首）的强大销售通路。
6. 作业流程标准化。
7. 市场占有率高，产品为市场的领导品牌。
8. 产品拥有便利性（随处可得）、独特风味（神秘配方）及价格公道等特色。

劣势

1. 组织庞大、控制不易。
2. 可乐内含有咖啡因等成分，且易造成肥胖等健康问题，给消费者留下"不健康饮料"的负面印象。
3. 主要消费族群（年轻族群）的产品认同感略逊于百事可乐。

问题

1. 品牌的老化。
2. 百事可乐的挑战。
3. 非可乐饮料的竞争。

竞争对手分析——百事可乐的营销及广告策略

1. "集中优势兵力重点突破"策略。在中国市场，可口可乐凭借其"拉网式"的市场攻略，全国布网，层层推进。百事可乐抓住可口可乐"满天撒网"战略的弱点，集中优势兵力实施中心突破，重点将人力、财力和物力集中在几个重点城市，大肆开展立体式的广告宣传进攻，并在上海、成都、重庆、武汉、深圳等城市的"两乐"之争中胜出。比如在重庆，百事就占据着当地碳酸饮料市场的绝对霸主地位，其市场份额达到70%左右，远高于可口可乐的33%。

2. "产品生动化"策略。这是销售业务代表在零售点内为使百事产品让消费者更可见、更可获、更方便和更具有吸引力所做的努力。百事经过调查发现，全球范围内50%以上的百事产品都是因消费者冲动而购买的。所以百事公司的销售业务代表在生动化方面作出最大的努力，确保消费者能看到、得到他们所陈列的百事产品，从而使百事可乐以方便而富有吸引力的方式提供给消费者。

3. "市场细分"策略。百事细分出年轻人市场，并且有针对性地对其进行营销和广告攻势。

【营销/广告策略】

营销目标

1. 扩大可口可乐在主要消费族群（年轻族群）中的市场占有率。

2. 利用"2008 北京奥运 TOP10 计划"，实现销售量比 2007 年同比增长 33% 的目标。

3. 巩固边际收益正在递减的中心城市，进军城镇、农村市场，实现在二、三级城市和周边乡镇城市 60% 的年销售量增长率（1999 年以来每年的增长率都大于 50%）。

广告目标

1. 树立经典而又充满活力的品牌形象。

2. 建立品牌与体育、音乐的联系点，增强年轻族群对品牌的认同感与偏好度，推动产品销量的增长。

3. 加强品牌提醒，提高品牌联想的深度和广度，成为消费者心中"可乐"产品的第一提及品牌。

体育营销策略

针对北京 2008 年的奥运会，通过奥运营销决胜市场，运用体育营销的长期战略和长线手法，将"奥运精神、品牌内涵、消费者联系"三点连成一线。

音乐营销策略

将音乐元素引入品牌，利用音乐的感染力和音乐明星的感召力增强品牌联想的独特性、偏好性和强度。

感性诉求策略

广告内容以感性诉求为主，着眼和根植于受众情感，以引起共鸣。

【媒体目标】

1. 瞄准主要消费族群（年轻族群）。

2. 保持全年广告印象的持续性。

3. 将广告火力主要集中在城市地区，这些地区的消费水平较高。

4. 达到高到达率与高接触频次的效果。

【媒体策略】

媒体受众策略

以 15~40 岁的消费群体为主，其中，中学生和大学生为重度消费者。

媒体区域策略

覆盖全国，以大都市为重点区域，扩张到二、三线城市。

媒体选择策略

电视：覆盖面广，冲击力强，适合感性诉求。

网络：接触年轻消费群体特别是大学生等少有机会接触电视媒体的群体。

户外：起提醒、强化作用，有助于接触上班族等消费者。

POP：在直接能够接触到消费者的零售点内提供最后的广告，以提醒消费者和促成冲动性购买。

媒体组合策略

（1）媒体种类的组合：电视+户外+网络+POP

通过传统媒体与网络媒体的互动，保持线上、线下广告的联系性与一致性，突出媒体整合的有效性。

利用电视传播速度快、冲击力强的特点，将品牌传播到家庭当中；利用户外广告的提醒、强化作用，使电视媒体的效果得到延伸，也达到不同媒体交叉覆盖的效果；利用户外广告和网络接触平时较少接触电视的年轻消费者（住宿学生、上班族等）；利用POP广告来直接接触进行购买决策中的消费者，以达到提醒购买和激发冲动性购买的目的。

（2）媒体载具的组合

1）电视载体的组合：中央级与区域级的组合

以中央电视台和收视率高、覆盖率较广的电视台（凤凰卫视、湖南卫视、广东卫视）为主媒体，再配合其他地方性电视台，以达到整体覆盖、交叉覆盖和重点进攻的目的。

2）网络载体的组合：综合性门户网站+专业性网站

3）户外载体的组合：重点区域组合

主要选择大学密集的地方做车站站牌广告，如广州大学城、北京中关村等；

主要选择写字楼等上班族密集的地方做电梯广告；

主要选择步行街等人流量大、受众心情放松的地方做楼宇广告。

4）POP的组合：海报+价格牌+促销牌+冷饮设备贴纸+餐牌。

（3）单元的组合（侧重选择与体育、音乐、娱乐有关的节目）

1）电视单元的组合：

中央电视台：《天天奥运会》

奥运会前期：2008.1.1~8.7

项目执行期的投放行程（2008.1.1~5.3） 表10-8（1）

播出频道	播出节目	播出时间	频次
奥运频道	《你好，2008》中	06:30~08:30	7次/周
	《奥运ABC》中	12:45~12:55	6次/周
	《奥运经典回顾》中	14:35~16:00	5次/周
	《奥运ABC》（重播）中	19:15~19:25	5次/周

项目执行期的投放行程（2008.5.4~8.7）　　　表10-8（2）

播出频道	播出节目	播出时间	频次
奥运频道	《你好，2008》中	06:30~08:30	7次/周
	《奥运晋级之路》中	10:00~10:55	5次/周
	《奥运ABC》中	12:45~12:55	6次/周
	《奥运经典回顾》中	14:35~16:00	5次/周

奥运会期间：2008.8.8~8.24

①15秒广告在8月8日与8月24日奥运会开、闭幕式直播节目前、后各播出1次。

开、闭幕式直播节目播出安排：2008年8月8日、8月24日20:00；直播频道：CCTV-1、2、3、4、5、新闻频道。

②8月8日~24日期间，《我的奥林匹克》栏目内播出企业15秒广告，1次/期，共计14次。

《我的奥林匹克》播出安排：CCTV-1晚间18:50左右播出。

奥运会后期：2008.8.24~12.31

15秒广告在《奥运档案》节目内播出，1次/期，共计12次。

《奥运档案》播出安排：2008年10月份CCTV-5播出，共计12期。

注：广告形式

A. 25秒宣传片：记录奥林匹克赛场的经典画面，回味奥林匹克永恒的拼搏精神，奥运前（1月1日~8月7日期间）为往届奥运会经典回顾内容，奥运后（8月25日~9月30日期间）为2008年奥运经典回顾内容。

B. 5秒标版：紧接25秒宣传片播出，画面出现企业名称及标识，并配口播语："记录经典，回味永恒，可口可乐邀您共赏"。

中央电视台：《音画时尚》（每周四7:30、周日10:40，冠名播出）

选择原因

①符合可口可乐"音乐营销"的策略。《音画时尚》是以个人演唱会为主的电视综艺节目，集娱乐性、参与性和欣赏性于一身。

②强档栏目、黄金时间。首播时间周四晚19:30的黄金时段，重播为周末的22:40，符合人们周末晚上看电视较晚的习惯，开机率高达39.5%，错开了周日20:00~22:00诸多频道、栏目烦杂，竞争大的现状，从而一枝独秀。《音画时尚》相当于2次首播。

③媒体广告环境纯净。中央台黄金段位节目时长60分钟，插播2档广告，各1分钟，仅占节目时长的5%，在同级媒体上是罕见的。可以保证达到节目高收视率，广告高到达率。

④栏目受众与品牌目标消费者相吻合，栏目观众群中20~45岁的中青年观众占大多数。

⑤覆盖全国。

湖南卫视：《娱乐无极限》（每天 17:55~18:25，插播 2 次，15 秒 + 10 秒）

选择原因

①覆盖率高：湖南卫视已经实现全国 31 个省会（除台湾省以外）、直辖市完全覆盖，稳居全国省级卫视中心城市入户率第一名，目前已覆盖全国 329 个地级城市，覆盖率达到 98.8%，其中样本城市覆盖率达到 92%。同时，湖南卫视也重视对乡镇的覆盖，覆盖率达到 91.5%，能够满足可口可乐进军乡镇市场的需要。

②湖南卫视以其娱乐性在消费者心目中有较好的口碑。

③节目娱乐性质强，能制造轻松愉快的广告氛围。

④节目受众多为年轻人，即品牌的重度消费者。

凤凰卫视：《世界奥运行》（周六 13:00，10 秒 + 5 秒）

选择原因

①配合社会热点——奥运，服务于体育营销策略。

②凤凰卫视在塑造品牌方面效果显著。

③覆盖率高。

④目标受众为三高人群：高学历、高消费能力、高社会影响力。

广东卫视公共频道（全年天天播出，总共播出时间为 90 秒，218 万）

选择原因

①覆盖面广。

②受众主要为广东沿海地区特别是广州地区，广州地区受众消费水平较高。

上海、成都、重庆、武汉、深圳地区的本土电视台（每天的黄金时间）

选择原因

①这五个地区是百事可乐的强势地区，可口可乐刚好利用"2008 北京奥运 TOP10"的契机在该地区投放与奥运主题相关的广告，以期通过广告与市场运作相配合，收复失地。

②选择本土电视台，针对性强，同时费用相对较低。

2）网络单元的组合

新浪网首页：浮动图标广告

新浪奥运站首页：按钮广告

雅虎：电邮页面广告

选择原因

①大学生、上班族等平时少有时间接触到电视媒体，而由于工作、学习和交际的需要，他们经常登陆电子邮件页面收发邮件。

②电子邮件页面广告干扰度小。

③超大流量，性价比高；每日浏览量高达 10000000，近似为首页浏览量的两倍。

④广告表现：平均每日获得点击数为 4000~10000。

体育网站、音乐网站和游戏网站（游戏网站选择在学生假期投放广告）

百度：关键字广告（关键字：体育名词如奥运、足球、篮球等等；音乐、娱乐等名词，保证搜索这些关键字的消费者能够看到"可口可乐"，从而起到提醒作用）

选择原因

①百度是中国搜索引擎网站的第一名。

②大学生、上班族等平时少有时间接触到电视媒体，百度是他们搜索信息必用的工具。

③费用相对低廉，对于可口可乐这样知名度高的品牌，只要"可口可乐"显示在搜索结果的页面上让消费者看到，就算不被点击也能提到品牌提醒的作用，而对于处于成熟期的可口可乐，提醒是广告所要达到的重要目标之一。

3）户外单元组合

北京中关村、广州"番禺大学城"、上海淞江大学城、湖南"岳麓山大学城"、河南"郑州大学城"、湖北"黄家湖大学城"等学生密集的地方投放公车站牌广告。（除暑假和寒假外全年做广告）

选择原因

①学生特别是大学生是可口可乐的重度消费者，他们平时较少接触到电视，公交车是他们外行的交通工具，因而公车站牌是他们能够经常接触到的广告媒体。采用这些媒体有效到达率高，接触频次也高，可以有效地起到销售提醒的作用。

②写字楼的电梯广告。

③商业步行街的楼宇广告。

4）POP组合

海报＋价格牌＋促销牌＋冷饮设备贴纸＋餐牌

媒体排期策略

"事件销售"时机策略，均衡式与集中式相结合策略

（1）在2008年7月、2008年8月（奥运会在2008年8月8日举办）、2008年9月配合奥运热点集中进行广告宣传攻势。

（2）在央视、湖南卫视、广东卫视和上海、成都、重庆、武汉、深圳地区的本土电视台做全年广告（起提醒作用）。

（3）在央视、凤凰卫视加播音乐节目和体育节目的广告（时间集中在周末，起品牌塑造作用和促销作用）。

2008年全年媒体排期表　　　　　　　　表10-9

媒体种类	媒体载体	1	2	3	4	5	6	7	8	9	10	11	12
中央电视台	CCTV-1								—				
	CCTV-2								—				
	CCTV-3								—				
	CCTV-4								—				

续表

媒体种类	媒体载体	1	2	3	4	5	6	7	8	9	10	11	12
	CCTV－5								—	—	—	—	—
	CCTV－体育	—	—	—	—	—	—	—			—	—	—
	CCTV－新闻								—				
	CCTV－音乐	—	—	—	—	—	—	—	—	—	—	—	—
卫视	湖南卫视	—	—	—	—	—	—	—	—	—	—	—	—
	凤凰卫视	—	—	—	—	—	—	—	—	—	—	—	—
	广东卫视	—	—	—	—	—	—	—	—	—	—	—	—
本土电视台	上海	—	—	—	—	—	—	—	—	—	—	—	—
	成都	—	—	—	—	—	—	—	—	—	—	—	—
	重庆	—	—	—	—	—	—	—	—	—	—	—	—
	武汉	—	—	—	—	—	—	—	—	—	—	—	—
	深圳	—	—	—	—	—	—	—	—	—	—	—	—
网络	新浪网首页	—	—	—	—	—	—	—	—	—	—	—	—
	新浪奥运首页												
	雅虎电邮页面	—	—	—	—	—	—	—	—	—	—	—	—
	体育网站												
	音乐网站	—	—	—	—	—	—	—	—	—	—	—	—
	游戏网站	—	—	—	—	—	—	—	—	—	—	—	—
	百度（关键字）	—	—	—	—	—	—	—	—	—	—	—	—
户外	公车站牌	—	—	—	—	—	—	—	—	—	—	—	—
	电梯	—	—	—	—	—	—	—	—	—	—	—	—
	楼宇	—	—	—	—	—	—	—	—	—	—	—	—
POP	POP	—	—	—	—	—	—	—	—	—	—	—	—

媒体预算

2008 年广告媒体预算　　　　　　表 10－10

媒体种类	媒体预算费用
中央电视台	奥运节目：总计 3800 万/年 音乐节目：59600 元/周×52 周 = 309.292 万元
湖南卫视	15 秒：17000 元×365 天 = 620.50 万元 10 秒：12100×365 天 = 438.020 元
凤凰卫视	10 秒：9290 元×52 周 = 48.3080 万元 5 秒：6370×52 周 = 33.1240 万元

续表

媒体种类	媒体预算费用
广东卫视	218 万/年
本土电视台	将费用灵活控制在 1500 万以内
网络	新浪网首页浮动图标广告：10 万/天 ×365 天 = 3650 万 新浪奥运首页按钮广告：96000 元/月 ×3 个月 = 20.80 万 雅虎电邮页面广告：15000 元/天 ×365 天 = 547.5 万 其他网站：费用灵活控制在 1000 万以内
户外	公交车站牌：约为 648 万 楼宇广告与电梯广告：约为 1000 万
POP	约为 500 万
总计	1.4333724 亿元

个案思考题

1. 可口可乐的奥运媒体计划是如何制定媒体选择与组合策略的？媒体种类、载具及其单元组合的编制依据是什么？

2. 媒体目标是营销目标和广告目标的细化与延伸。案例制定的媒体策略是否能够很好的服务于可口可乐在奥运年的营销战略与目标？

3. 案例对竞争品牌百事可乐的分析局限于营销的视角，如何从媒体投放的角度进一步对竞争品牌的投放策略进行监测，才能更好的保障广告媒体策划的传播效果？

思考讨论题

1. 试举例辨析媒体策略中的媒体选择与执行方案中的媒体选择有何差异？媒体选择策略的思考重点聚焦于哪些方面？

2. 媒体选择与媒体组合往往是我中有你，你中有我，如何理解它们之间的关系？

3. 与采用单一媒体的广告投放策略相比，分散式的媒体组合趋向压低接触频次分布状态，使得目标受众被一种媒体曝光的次数更平均。你如何理解这一现象？

4. 篇首箴言如是说：媒体组合是一场投资与浪费的博弈。请谈谈你的理解与体会。

5. 基于品牌认知与品牌态度的媒体选择方法是否为你重新审视既有的传统理论思想打开了新的视野？试从品牌、营销、广告、媒体的关联中思索未来理论与实践的发展方向。

注释

1. 夏琼. 广告媒体. 武汉：武汉大学出版社，2003：100.

2. 王媛. 整合营销传播的战略设计与媒介选择：基于长信数码连锁网络文化家园的案例分析. 天津财经大学硕士学位论文，2006：32.

3. 陈俊良. 广告媒体研究——当代广告媒体的选择依据. 北京：中国物价出版社，1997：157.

4. 夏琼. 广告媒体. 武汉：武汉大学出版社，2003：101.

5. 陈俊良. 广告媒体研究——当代广告媒体的选择依据. 北京：中国物价出版社，

1997:157.

6. 夏琼. 广告媒体. 武汉:武汉大学出版社,2003:106-107.
7. 陈培爱,覃胜南. 广告媒体教程. 北京:北京大学出版社,2006:293-296.
8. 朱强. 广告媒体战略决策研究. 四川大学硕士学位论文,2006:15.
9. 杰克·西瑟斯,罗杰·巴隆. 闫佳,邓瑞锁译. 广告媒体策划. 北京:中国人民大学出版社,2006:236.
10. 纪华强. 广告媒体策划. 上海:复旦大学出版社,2006:206.
11. 阿诺德·M. 巴尔班,斯蒂芬·M. 克里斯托尔,弗兰克·J. 科派克. 朱海松译. 国际4A广告公司媒介计划精要. 广州:广东经济出版社,2005:73.
12. 严平. 基于接触度分析的纳爱斯牙膏电视广告传播效果评估研究. 中南大学硕士学位论文,2005:25.
13. 赵永谦. 企业广告媒体组合优化及评估研究. 天津大学硕士学位论文,2004:45-46.
14. 杰克·西瑟斯,罗杰·巴隆. 闫佳,邓瑞锁译. 广告媒体策划. 北京:中国人民大学出版社,2006:238.
15. 赵永谦. 企业广告媒体组合优化及评估研究. 天津大学硕士学位论文,2004:6.
16. 钟颖. 广告媒体组合的影响因素分析及模型研究. 中南大学硕士学位论文,2003:11.
17. 王媛. 整合营销传播的战略设计与媒介选择:基于长信数码连锁网络文化家园的案例分析. 天津财经大学硕士学位论文,2006:33.
18. 钟颖. 广告媒体组合的影响因素分析及模型研究. 中南大学硕士学位论文,2003:52-53.
19. 纪华强. 广告媒体策划. 上海:复旦大学出版社,2006:211-214.
20. 赵永谦. 企业广告媒体组合优化及评估研究. 天津大学硕士学位论文,2004:4.

第11章 广告媒体比重设定与排期模式选择

> 媒体计划只有在决定了不同时间段的广告预算分配比例后才能得到真正的执行。
> ——阿诺德·M. 巴尔班

开篇引例

小兵立大功：策略性媒体排期做出大文章

策略性的媒体排期可使同样的媒体投资获得更多的回报。而这种回报并不是因为改善了媒体购买，或通过拿更多的折扣来获得的。飞利浦剃须刀在印度原月媒体投放额为650万卢比，而此剃须刀在市场的知名度已达88%，但原月销售量仅为1300个剃须刀。问题在哪？经过市场调研分析显示，高知名度、低销售量的原因在于消费者对电动剃须刀的两个误解：一是感觉会使皮肤粗糙，二是剃不干净。而广告创意并没有针对这两个误解。后来公司对广告的排期策略进行了改进，将原先的持续式排期改为脉冲式排期，并且通过进行产品演示来消除消费者对电动剃须刀的误解。安排40天的高密度产品演示，用报纸首页广告来传递演示的信息，并列出演示点的详细地址，所有媒体都集中投放在从周五晚上到周日早上的时间。在广告花费基本不变的情况下，新的媒体排期策略使销售增长了10倍，投资回报率比过去提高了5倍。

我们再来看另一个例子。伦敦的汉堡王为伦敦第二大快餐连锁店，市场趋于饱和，即使增加媒体投资也很难促进销售的增长。销售衰退的分析显示：每周的销售与广告的第一次播放有密切关系，广告效果一般能维持10天，之后就迅速衰退。原来的媒体排期策略，一年的广告期为19周。后来对排期策略进行了改进，将原先的起伏式排期改为持续式排期。新的排期将媒体目标曝光率减低，将广告周期从原来的19周延长至39周，广告的间隙期不超过10天，以持续地维持广告效果，保持媒体的总投放额不变。改进后的效果显示在饱和的市场环境下，其他的竞争者在勉强维持销售，而汉堡王没有增加任何媒体投资，即获得了6%的年度销售增长。

我们再来看几个国内的例子。喜之郎果冻布丁是投放广告量很大的品牌之一，2001年2月在全国29个城市的60个频道中投放广告，广告费用为914万元，播出广告1659次，时长27503秒，占同类产品广告总投入的27.78%。喜之郎的广告费用主要投放在中央台和卫视台以增加广告的覆盖面，再通过各地的有线网和地方台提高产品的认知度。喜之郎的广告投放排期采用的是脉冲式，在过年时加大广告投放量，突出其喜庆的特点，而在平时则注重对广告形式的变化，如有针对小朋友的果冻布丁，还有针对青年人的水晶之恋。广告不能说很有创意，但至少还算生动，不像有的广告如同说教。

反观国内另外一些投放量巨大的广告巨头，像脑白金、哈药等，其投放策略却不太合理。对那些已经有了很高知名度的企业，关键是要提高企业的美誉度。如果还是一味地在中央台和各大媒体进行那种单调的、没有任何创意的狂轰乱炸，那可真是浪费了钱财，收获了谩骂。

从以上案例可以看出，广告效果的决定性因素不一定是投放量的大小，在媒体总投资和比重不变的情况下，策略性地安排排期和比重可获得更佳的广告效果。

资料来源：侯海涛. 如何在排期、重复及投放中定位广告发布？湖南包装，2005（2）：34-35.

媒体计划的真正威力在于媒体策略。这个策略具体表现在如何决定媒体载具的到达率和接触频次？如何决定媒体发布的持续性？如何决定受众的重复水平？以及如何决定广告的长短和大小。好的媒体比重设定与排期决策可以使发布在中选媒体上的信息产生最大的冲击力。通过本章的学习，读者可以：

- 理解广告媒体比重设定的内涵与程序；
- 掌握有效接触频次、有效到达率、总收视点等媒体比重指标的设定原理和方法；
- 掌握广告媒体排期的基本模式及各种条件下的排期组合策略。

11.1 广告媒体投放的比重设定

11.1.1 广告媒体比重设定的内涵与程序

1. 到达率、接触频次与持续性的置换关系

媒体计划的制定涉及到各种各样的参数（表11-1）。对于每一个广告主来说，他们需要决定如何花费媒体预算，因此制定媒体计划的经理或主管必须抓住三个基本参数：(1) 到达率；(2) 接触频次；(3) 年度广告周期数（持续性）。本质上看，其他的高级参数实际上是到达率和接触频次这两个基本参数的扩展。

媒体计划参数一览　　　　　　　　　　　　　　　　　　　表 11-1

术语	定义
到达率 (Reach)	一个广告周期中,广告展露给目标受众个体的数量。如果可以清楚地确定目标受众个体的基数,那么到达和有效到达则可以用百分比来表示,即我们常说的到达率。
有效到达 (Effective Reach)	一个广告周期中以有效频率水平到达目标受众个体的人数。
个体连续性 (Individual Continuity)	在计划阶段内贯穿几个连续广告周期的、针对典型目标受众个体的展露时间分布。
到达模式 (Reach Pattern)	为了在计划阶段使有效达到实现最大化而进行的针对目标受众个体的个体连续性的分布。
时机选择 (Timing)	选择媒体,以使广告尽可能地靠近目标受众个体的类别需求或决策点的短期个体连续性策略。
接触频次 (Frequency)	一个广告周期中,每个个体目标受众成员所收到的展露次数。
有效接触频次 (Effective frequency)	一个广告周期中,能使目标受众最大化采取行动的展露次数。有效接触频次一般被表述为最低有效频率(MEF),其上限被称为最高有效频率(MaxEF),超过这个最高有效频率的展露反而会使顾客的行动减少。
暴露 (Exposure)	在已知或预计目标受众会看见、听见或读到的一个媒体上做广告;与看见机会(OTS)相同。暴露使目标受众注意到广告的机会,而不是指实际的关注。
暴露分布 (Exposure Distribution)	一个广告周期中的接触频次分布,表述为到达比例;由于包括了未到达的情况,因此比例接触频次合计达目标受众的100%。
优胜 (Dominance)	频率策略,按照这个策略所确定的最低有效接触频次高于最大的或主要竞争对手。(LC, the largest or leading competitor)所使用的频率(在最低有效接触频次的公式里被称为 LC + 1)。
广告周期 (Advertising Cycle)	广告期间的一个广告的投入。它的两个极端是连续型时间安排和间断型时间安排,在前者中有一个与整个广告时间等长的长广告周期,而后者中,广告周期可以短至1天甚至1小时。
购买周期 (Purchase Cycle)	一般目标受众成员的类别购买之间的平均时间长度,也称为购买之间的间隔。
总收视点 (GRPs)	又称"权重"。一项媒体安排的总收视点是一个广告周期内每次插入的广告的到达比例之和。总收视点为1,意味着插入的广告到达了1%的目标受众,以次类推。它适用于所有的广告和媒体,而且普遍地拥有相同的定义。
有效收视点 (ERPs)	是以展露分面为基础的有效收视点,仅计算有效接触频次水平到达的比例。因此它是对"总有效收视点"的一个估计值,而且它也是用百分比表示的有效到达。
看见机会 (OTS)	看见(或听见)广告的机会。它可以用做单数或者复数。单数时,看见机会与一次"展露"相同;复数时,看见机会与频率相同。

资料来源:朱强. 广告媒体战略决策研究. 四川大学硕士学位论文,2006:27-28.

　　简而言之,媒体比重就是轻重和大小的组合。主要借助三个参数来描述:(1)到达率;(2)接触频次;(3)总收视点。到达率(Reach)用于解释一个媒介或一份排期表所涵盖的面的大小;而接触频次(Frequency)则指重复接触同样信息的次数的"多少"(图11-1)。总收视点(GRPs)是收视率的总和,也是到达率与接触频次相乘的结果。在预算不变的状况下,所能购买到的 GRPs 固定,但到达率与接触频次的组合无限多。

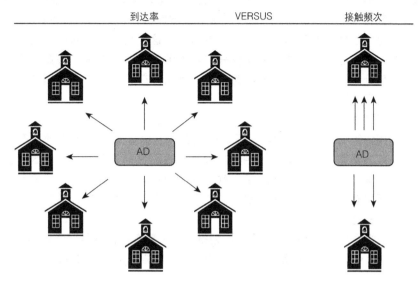

图 11 -1 到达率与接触频次的概念区别

资料来源：Bruce G. Vanden Bergh, Helen Katz. Advertising Principles: Choice, Challenge, Change. Lincolwood: NTC Business Books, 1999: 294.

图 11 -2 展示了到达率、接触频次和年度广告周期数（或持续性）这三个媒体计划基本参数之间的置换关系,我们将之形象的比喻为"媒体气球"。

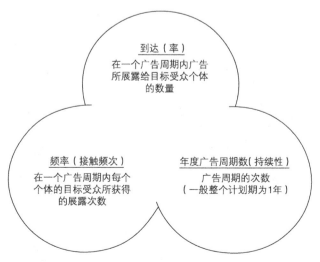

图 11 -2 "媒体气球"

资料来源：朱强. 广告媒体战略决策研究. 四川大学硕士学位论文, 2006: 26.

如果气球固定大小（即固定媒体预算），管理者就不可能再挤压"媒体气球"的其他两个部分来增大第三部分（如企图通过减少达到率和接触频次来增加广告周期数）。如果管理者能将气球充大到任何想要的尺寸（即媒体预算不受限制），那么其他三个部分都将被扩大，在这种情况下，管理者就能够作出理想的媒体计划。然而，现实的情况是"媒体气球"将有一个固定的尺寸，这个尺寸要受到广告活动中媒体预算的限制。也就是说，成本控制同样是广告主考虑的核心因素。预算的限制使媒体气球三个部分之间的平衡和协调成为必要。因此，在媒体计划中必须做好三个基础参数相互之间的平衡和协调。[1]

2. 到达率与接触频次的权衡

优秀的媒体策划既是一门科学，又是一门艺术。媒体策划人员必须以有限的预算获得最有效的暴露。到达率、接触频次和持续性的目标呈反比关系，因此，要达到更大的到达率，就要牺牲一定的接触频次或持续性。调查显示，这三者都至关重要。但因为经费有限，必须要有所取舍。那么，哪个最为重要？这是广告圈内争论最激烈的一个命题。[2]

作为一般性原则，只要是在市场上计划推出什么新东西，就需要强调到达率。只要销售策略的重点是重复而不是广泛散布，就应该着重强调接触频次（表11-2）。[3]

在何种情况下强调到达率或接触频率　　　　表11-2

强调到达率的情况	强调接触频次的情况
新产品	竞争者强大时
扩张中的品类或行业	产品信息复杂时
副品牌	经常购买的产品
竞争力强的品牌的加盟	品牌忠诚度弱时
广泛的目标市场	目标市场狭窄时
不经常购买的产品	消费者对品牌或品类抗拒时

在GRPs一定的情况下，到达率与接触频次的一般成长过程如下（表11-3）：

到达率与接触频次在媒体排期执行过程中的变化规律　　　　表11-3

媒体排期的执行阶段	消费者广告信息接触状况	到达率与接触频次的变化
未执行前	所有的消费者皆未曾接触品牌广告	到达率与接触频率皆为0
执行初期	消费者对品牌广告的接触次数大部分为少数几次，即接触频次从0次开始累积到少数的1~3次	媒体露出主要偏重在到达率的建立上（消费者的媒体接触从0次到1次或以上，即代表接触频次的成长）
执行一定期间后	大部分消费者皆已接触过商品广告	到达率的成长缓慢下来，媒体的露出主要造成消费者频次上的累积，即接触频次较低的消费者渐渐减少，而接触频次较高的消费者渐渐增加

续表

媒体排期的执行阶段	消费者广告信息接触状况	到达率与接触频次的变化
执行后期	大部分消费者皆已接触过商品广告	媒体越持续露出，到达率越接近极限，此时媒体露出所造成的将只是提高接触频次累积的次数

当然，在实际运作过程中，由于受到目标消费群的媒体接触行为、媒体种类及其载体的使用情况等许多因素的影响，到达率与接触频次并非一成不变的按照上述过程发展。但至少到达率与接触频次的上述成长过程会带给媒体操作以如下启示：尽量通过媒体选择减少低于或高于有效接触频次的比率，使数据向设定的有效接触频次集中。[4]

3. 广告媒体比重的设定程序

广告媒体比重的设定大致可以分为两个步骤：(1) 推算最佳媒体比重；(2) 寻求最佳的成本效益。主要涉及三项实务性活动：(1) 界定所需有效接触频次；(2) 制定有效覆盖模式；(3) 计划总收视点（图11-3）。有效接触频次直接关系着广告效果，在运作上，通常以设定有效接触频次为优先考虑，再思考到达率，即以有效为前提，再寻求广度的涵盖。当然，最佳成本效益也是广告客户在实现营销目标和传播效果的同时，所竭力追求的核心诉求。

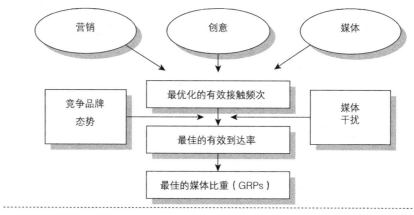

图11-3 最佳媒体比重设定模式

11.1.2 广告媒体投放的比重设定

广告主常常面临着增加到达率而牺牲接触频次，或提高接触频次而牺牲到达率的矛盾，这个矛盾的核心其实就是有效接触频次和有效到达率的设定问题。

1. 有效接触频次的设定

到达率、接触频次、年度广告周期数这三个基础参数之间相互影响，构成了一种三维的博弈关系。其中，有效接触频次是其影响的关键因素。我们知道，有效接触频次（Effective Frequency）是指在广告主的传播目标和销售效果实现以前，目标受众应该接触到信息的次数。如果一个需要看到10次的广告只被看到一次，那么这一次的广告非但没有效果，反而是浪费，因为它未能超过受众的感觉阈限；如果看到12次以上，那么这2次也是浪费，甚至还会引起消费者的厌烦情绪。

一般来说，消费者从接触广告到最终产生购买行动通常要经历以下的层级反应过程，即所谓从知名、理解，到喜爱、偏好，最后产生购买。由此可见，购买的促成有赖于广告频次的累积，即必须累积到一定的频次才能促使效果的产生。那么，对一个品牌来说，究竟多大程度的广告量才算适当？Krugman博士在1972年提出了"三打理论"企图来解决这一难题。他认为，人们普遍相信的"广告需要不断强化才能防止受众忘却的"观点是片面的，广告不断暴露，并不如广告发布最初的2~3次有效。他的核心观点是：消费者第一次看广告时知道是什么产品，第二次看广告时则了解产品的特征。第三次接触时对产品是否符合自己的需求就可以明确了解，以后再看多少次，其效果都是一样的。这3次，就是Krugman博士认为达到了的"饱和点"。关于"三打理论"的争论很多，至今尚无定论。[5]

事实上，不同的品类、市场、竞争、媒体环境及创意等，皆会影响它的界定。例如，竞争激烈的品类自然比竞争缓和的品类所需要的有效接触频次要高，新品牌与已经成功建立的品牌所需的接触频次也不会相等。[6] 很明显，由于受到预算的限制，当我们在制定媒体计划时，往往首先考虑的是能将购买意向上升到行动临界点必需的最低接触频次。

有效接触频次设定的研究很多。其中以约瑟夫·奥斯洛（Joseph Ostrow）1982年在广告调研基金会举办的频次研讨会上提出的建议最被广为接受，甚至在很多顶尖广告公司里跨入了策划哲学的行列。奥斯洛的建议详细说明了对有效接触频次设定造成影响的三个主要因素：（1）营销因素，如品牌发展阶段、市场占有率大小、品牌忠诚度高低、购买周期长短等；（2）创意因素，如创意素材的新旧、信息复杂程度、形象或产品、广告单位的大小等；（3）媒体因素，如广告干扰度、注意程度、排期模式等（表11-4）。"对媒体方案来说，正确的接触频次就是能够实现有效沟通的那个点"，比如说，"让消费者理解信息；帮助消费者对产品（或服务）变得更为积极，或是直接影响消费者的购买决定。"[7]

影响有效频次的因素 表 11-4

因素	所需频次				注释
媒体重复的机会多 媒体重复的机会少	较低 较高				某些媒体提供了更多更好的重复会，因此可以使用较低的频次
A. 营销因素	−0.2	−0.1	+0.1	+0.2	
1. 已经建立的品牌	□	□	□	☑	新品牌
2. 市场份额高	□	□	□	□	市场份额低
3. 市场优势品牌	□	□	□	☑	较小、知名度较低的品牌
4. 品牌忠诚度高	□	□	□	□	品牌忠诚度低
5. 购买周期长	□	□	□	☑	购买周期短（大宗消费品）
6. 日用产品	□	□	☑	□	偶尔使用的产品
	□	□	□	☑	需要打击竞争者
	□	□	□	□	面向年纪较大者或孩子的广告
B. 创意因素					
7. 简单的文案	□	□	□	☑	复杂的文案
8. 和竞争者相比，文案更独特	☑	□	□	□	和竞争者相比，文案更普通
9. 连续的推广活动	□	□	□	□	新文案活动
10. 产品销售文案	□	□	□	□	图像形式的文案
11. 单一形式的信息	□	□	□	□	不同种类的信息较多
12. 为了避免广告疲劳：新信息	□	□	□	□	稍旧的信息
13. 单位广告量较大	□	☑	□	□	单位广告量小
C. 媒体因素					
14. 广告干扰度低	□	□	□	☑	广告干扰度高
15. 和宣传环境相一致	□	☑	□	□	没有相一致的环境
16. 注意度高	□	□	□	□	注意度低
17. 连续式广告	☑	□	□	□	脉冲式或起伏式广告
18. 使用的媒体较少	□	□	□	☑	使用的媒体较多
19. 媒体重复的机会多	☑	□	□	□	重复的机会少

资料来源：杰克·西瑟斯，罗杰·巴隆．闫佳，邓瑞锁译．广告媒体策划．北京：中国人民大学出版社，2006：202．

链接·视点

媒体战略中最低有效接触频次的估算

构成有效接触频次这个概念基础的理念是，一个品牌的广告为了对购买产生影响，必须至少展露给个体潜在顾客多少次。实际上，有效频率包括最低有效频次和可能的最高有效频次之间的一系列展露。此范围内的展露将个体购买品牌的安排提高到实际的最大值。

媒体计划中的有效接触频次主要取决于经理估计最低有效接触频次的能力，这些暴露正是在广告周期内针对一般目标受众能有效地实现沟通目标。最好的估算方法是通过实验法来进行，但是成本太高，而且即使有这个财力去做也未必没有问题。因此，从逻辑上估算每个购买周期内最低有效频率的方法对于所有的媒体计划都是必需的。

在估算广告活动的有效接触频次时，我们主要感兴趣的是最低有效接触频次，这种频次是将购买活动提高到采取行动这个界限所必需的，因为广告主都希望用最少数量的广告（成本最低的方式）使购买安排达到界限。最容易理解的情况是，如果广告是针对于品牌忠诚者时，最低有效接触频次为1就足够了，而且有时在一或两个周期内该频率可能低于1，甚至降为0，即不做广告。造成这种情况的原因有二：(1) 如果上一个广告周期内的沟通效果很强，足以"延续"一个或接下去的多个购买周期，那就无需进行持续的广告展露。(2) 口碑影响可以把广告所需的最低有效接触频次暂时降至0。在针对忠诚度较低的顾客，例如品牌转移者，此时每个广告周期的最低有效接触频次将大于1。另外竞争品牌的存在，也将使所需的最低有效接触频次高于1次展露。

简言之，我们将考察决定最低有效接触频次的因素（包括媒体注意力、目标受众、沟通目标和个人影响程度），而且将说明如何估算在任何广告情形下的最低有效接触频次（表11-5）。下面我们将列出一个综合运用了几个修正因素而得到的公式，可为任何一种广告情形估算一个最低有效接触频次。这个公式如下：

$$MEF/c = 1 + VA\ (TA + BA + BATT + PI)$$

其中：MEF/c = 最低有效接触频次（c，每个广告周期）

　　　　1 = 1次暴露这个的初始水平

　　　　VA = 载体注意力修正因素

　　　　TA = 目标受众修正因素

　　　　BA = 品牌认知修正因素

　　　　$BATT$ = 品牌态度修正因素

　　　　PI = 个人影响修正因素

在这个公式里，每个广告周期的最低有效频率（MEF/c）是由1算起，按照注意力媒体、需要对品牌有更多了解的目标受众、品牌回忆的沟通目标、转变品牌态度的沟通目标这个几个因素向上调整；然后，如果品牌有幸拥有个人影响，则按此因素向下调整。尽管这种逻辑上的计算方法并不确切，然而它却肯定能帮助广告主在决定如何安排广告频率时有正确的思路。[8]

最低有效接触频次（MEF/c）估算因素和它们的校正数值　　表11-5

因素	校正值（从每个广告周期中暴露1次开始）				
	-1	0	+1	+2	LC+1①
载体注意力			高注意度	低注意度	
目标受众			品牌忠诚者	品牌转移者	其他品牌转移者，其他品牌忠诚者	产品类别的新用户
			品牌识别		品牌回忆
传播目标			对信息型品牌的态度		对易转变型品牌的态度
个人影响	高（平均接触≥0.25②）	低（平均接触<0.25）			

资料来源：约翰. R. 罗西特，拉里. 泊西. 康蓉等（译）. 广告沟通与促销管理. 北京：中国人民大学出版社，2004：591-598.

2. 有效到达率的设定

到达率计算中的一个问题是，到达率这个数字并未考虑暴露的质量。虽然不达到一定的到达率所投放的广告对客户是没有意义的，但追求过高的到达率却会造成媒体预算的浪费。毕竟，有些人虽然接触到了这个媒体，但并未注意到这条信息。因此，从表面上看，到达率并不是衡量媒体成功与否的最佳尺度。于是，媒体人员用有效到达率（Effective Reach）来描述暴露质量，衡量接收到足够暴露，并确实接收到信息的人数百分比。它是在达到有效接触频次的基础上，最有效果的目标对象覆盖率。有一些研究人员认为，四周有三次看见机会一般已足以到达一位受众。[9]

一般的经验发现，媒体排期计划所传送的 GRP 较小时，所得到的接触频次分布将集中在较低的频次上，当传送的 GRP 达到适当水平时，接触频次分布往中等频次的 5~8 次集中，而希望消费者的接触频次往较高频次集中时，则相对必须投入较高的 GRP。最重要的是制定适宜的 GRP 目标，以实现最大的有效到达率（表11-6）。[10]

---

① 如果是市场份额的领导者，用 +2 次的暴露；如果不是市场份额领导者，用最大竞争者的平均暴露频次 +1（简称 LC+1）。LC+1 项的附加方式是只加在 1 上，比如一个广告运动要获得产品类别的新用户，传播目标是获得品牌回忆和对易转换使用型品牌的态度，就必须使用 LC+3。

② 在一个广告周期中，每四个被广告到达的人中，至少有一个会与其他人接触。因为这个接触的效果与广告比起来可能是双倍的，而且这个效果可以扩散，所以实际上它可以代替一次暴露。因此，这个数字在最低有效接触频次的计算中就成为减少1次（即 -1）的理由，当人际接触系数小于 0.25 时就不需要再作校正了。

有效到达率分析　　　　　　　　　表 11-6

GRPs	有效接触频次（3+）			有效接触频次（5+）			有效接触频次（8+）		
	Reach	Reach/GRP（%）	效率（%）	Reach	Reach/GRP（%）	效率（%）	Reach	Reach/GRP（%）	效率（%）
100	20	0.20	100						
200	36	0.18	90	13	0.07	59			
300	51	0.17	85	34	0.11	100	7	0.02	34
400	55	0.14	69	41	0.10	93	19	0.05	69
500	62	0.12	62	48	0.10	87	29	0.06	84
600	71	0.12	59	55	0.09	83	40	0.07	100
700	75	0.11	54	57	0.08	74	45	0.06	96
800	78	0.10	49	64	0.08	73	45	0.06	93
900	80	0.09	44	67	0.07	68	48	0.06	87
1000	80	0.08	40	70	0.07	64	53	0.06	85
1100	82	0.07	37	73	0.07	60	56	0.06	81
1200	82	0.07	34	77	0.06	58	60	0.05	79
1300	82	0.06	32	77	0.06	54	63	0.05	76
1400	84	0.06	30	79	0.06	51	64	0.05	71

3. 最佳媒体比重的推算

在有效接触频率及到达率制定后，媒体比重推算的基本策略方向就已经确定。针对目标受众绘制到达率曲线（Reach Curve），同时结合成本效益曲线进行综合考虑，可以推算出最佳的总收视点（图 11-4）。

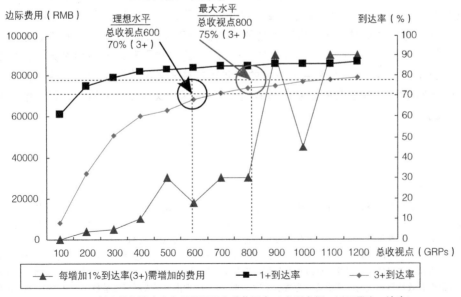

图 11-4　某品牌每波次广告理想及最大总收视点（广州市场，以四周为一波次）

表 11-7 是不同类型市场状况下的媒体比重经验值，作为 GRPs 设定时的参照依据。

不同类型市场的媒体比重推荐　　　　　　　　表 11-7

市场重要性	有效接触频次	有效到达率（%）	总收视点（GRPs/4 周）		
			旺季	淡季	促销
特别重要市场	5+	50%	800	400	500
重要市场	4+	50%	700	300	400
主要市场	3+	50%	600	300	400
次要市场	3+	40%	400	—	300
维持性市场	2+	40%	300	—	—

资料来源：Zenith 相关材料整理。

11.2　广告媒体投放的排期模式选择

媒体在全年由露出与间断所组成的露出方式称为媒体排期模式或行程模式。讨论排期模式主要的目的，是为品牌依营销与传播的需要，以及遗忘曲线的差异，在固定资源的情况下，制定最有效的资源分配方式。[11]媒体排期是媒体计划中的最后一环，是媒体购买人员的媒体购买依据，也是广告以何种方式露出的蓝本。科学的媒体排期对媒体计划起到事半功倍的作用。[12]

11.2.1　广告媒体排期的基本模式

1. 广告媒体排期的基本模式

如何建立广告媒体排期的时间策略是媒体计划人员要面对的又一个技术问题。这项重要的时间性决策与持续性有关。所谓持续性（Continuity），指的是广告信息或广告活动在指定时间段内的寿命。接触频次对引起记忆很重要，持续性则对维持记忆很重要。此外，由于人们每日在市场中出入的目的是为了寻找商品或服务。因此，持续性能在人们最需要信息的时候为他们提供资讯。在购买环节中能击中目标的广告，其效果会更好，所需要的接触频次也较少。[13]

广告投放的持续性通常有三个关键问题要考虑：媒体投放何时开始，何时结束，以及采取何种投放排期模式。[14]选择广告时间的一个重要原则，就是让它能够出现在最有利的销售时期。时间安排的主要目标，是利用年度流程表编制广告时间，使得广告出现的时候，能够控制它的时间模式。[15]一般而言，共有三种常用的媒体排期形式：(1) 连续式；(2) 起伏式；(3) 脉冲式（图 11-5）。简而言之，这几种广告投放的时间性策略是为"广告主期望广告信息何时被传递到目标市场"而服务的。[16]

(1) 连续式排期（Continuous Scheduling），指在一段时间内匀速投放广告的形式（图 11-5a）。比如，连续 4 周每天在某肥皂剧的播映时间内插播一次广告，这种投放形式就是连续式。与此相似，全年在每期读者杂志上都刊登一页广告也属于连续式排期。

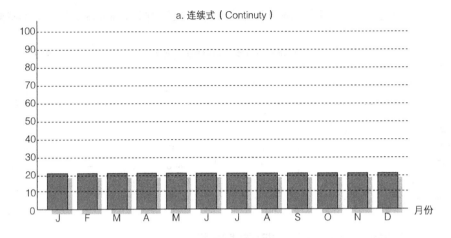

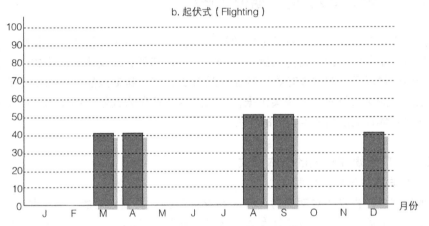

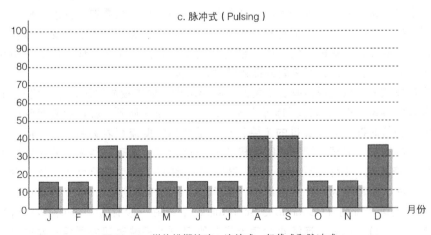

图 11-5 媒体排期策略：连续式、起伏式和脉冲式

资料来源：Bruce G. Vanden Bergh, Helen Katz. Advertising Principles: Choice, Challenge, Change. Lincolwood: NTC Business Books, 1999: 291.

(2) 起伏式排期 (Flighting Scheduling)，是在一段时间内大量投放广告 (通常为期两周)，然后在一段时间内停止全部广告，然后又在下一段时间内大量投放广告 (图 11-5b)。起伏式常用于支持季节性销售或新产品上市，或用于反击竞争对手的活动。使用起伏式排期可以获得经济上的好处；另一方面，由于大量投放广告，广告可以重复亮相，为品牌或产品建立知名度，从而取得有效的传播效果。

　　(3) 脉冲式排期 (Pulsing Scheduling)，就是将连续式排期技巧和起伏式排期技巧结合到一起的一种媒介排期策略，广告主在连续一段时间内投放广告，但在其中的某些阶段加大投放量 (起伏式) (图 11-5c)。

　2. 广告媒体排期模式的特性比较

　　三种主要广告媒体排期模式的优、缺点及适用性比较见表 11-8。

三种媒体排期模式的特性比较　　　　　　　表 11-8

排期模式	优点	缺点	适用性
连续式	■ 广告持续地出现在消费者面前； ■ 不断地累积广告效果，防止广告记忆下滑； ■ 持续刺激消费动机； ■ 行程覆盖整个购买周期	■ 在预算不足情况下，采取持续性露出，可能造成冲击力不足； ■ 竞争品牌容易挟较大露出量切入攻击； ■ 无法应品牌季节性的需要而调整露出	■ 竞争较缓和品类； ■ 高关心度品类； ■ 购买周期较长，或周期不固定的品类； ■ 明显的消费季节性的品类； ■ 预算受到较大限制的品牌； ■ 促销广告活动
起伏式	■ 可以依竞争需要，调整最有利的露出时机； ■ 可以配合铺货行程及其他传播活动行程； ■ 可以集中火力以获得较大的有效到达率； ■ 集中大批量地购买媒体，可以得到折扣； ■ 机动且具有弹性	■ 广告空档过长，可能使广告记忆跌至谷底，增加再认知困难度； ■ 有竞争品牌以前置方式切入广告空档的威胁	■ 竞争剧烈品类； ■ 关心度较低品类； ■ 购买周期较短且周期明显的品类； ■ 明显的消费季节性的品类； ■ 预算受到较大限制的品牌； ■ 促销广告活动
脉冲式	■ 持续式累积广告效果； ■ 可以依品牌需要，加强在重点期间露出的强度	■ 必须耗费较大量的预算	■ 全年销售比较稳定，但又有季节性需求的产品，如服装

资料来源：陈俊良. 广告媒体研究——当代广告媒体的选择依据. 北京：中国物价出版社，1997：212-213.

媒体加油站

　　Example11：以 12 周，1200 总收视点 (GRPs) 的固定投资额为例，三种不同的露出模式为 (图 11-6)：

　　(1) 连续式：每周以 100GRPs 的连续方式露出，12 周的总收视点为 1200。

　　(2) 起伏式：以 4 周组成的广告波段，间以广告空档方式露出，12 周累积总收视点仍为 1200。

(3) 脉动式：12周持续露出，但每广告波段所投入GRPs具有显著的差异，12周总收视点为1200。

三种模式的投入资源皆为1200个收视点，但在记忆建立与遗忘曲线上则有所差异。

3. 广告媒体排期模式选择及其设定的考虑因素

在制定广告媒体投放的时间性策略时，无论采用哪种广告排期模式，连续式也好、起伏式或脉冲式也好，都必须考虑以下几个因素：(1) 广告信息记忆与遗忘；(2) 预算；(3) 产品销售与消费的季节性特点；(4) 消费者购买决策类型及重复购买周期；(5) 产品生命周期；(6) 竞争对手的广告模式和水平；(7) 广告到达率和接触频次的目标；(8) 期望使用哪类媒体(相对于竞争者而言)；(9) 品牌营销目标及策略；(10) 促销活动的影响；(11) 广告活动类型；(12) 媒体特性考量；(13) 创意考量；(14) 媒体执行层面上的考量。[17]

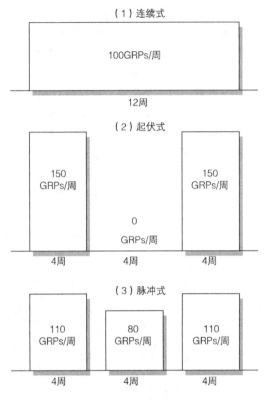

图11-6 对相同GRPs总量的三种不同排期

资料来源：威廉·阿伦斯. 丁俊杰等译. 当代广告学（第七版）. 北京：华夏出版社，2000：272.

11.2.2　广告媒体投放的排期组合策略

1. 广告媒体投放的时间段模式

电波媒体广告投放一般有两种基本的时间段刊播模式：(1) 横带型；(2) 纵带型（图11-7）。

(1) 横带型投放（Horizontal Spot），是指在每天同一个时间段插播电视广告的媒体投放策略。水平式的电视投放计划通常可以达到一个比较好的成本效益（最低的收视点成本），虽然不能获得最高的到达率，但可以有很高的接触频次。

(2) 纵带型投放（Vertical Spot），是一种在每天不同时间段插播电视广告的媒体投放策略。垂直式的电视投放计划通常可以达到一个较好的到达率，使接触频次减少并提高收视点成本，但要考虑媒体目标及策略，平衡两者的比重。[18]

除了以上两种基本类型，还有数十种不同的时间段插播投放方式可供选择。如横带型和周日纵带型的组合形式称为倒L字型，从周一早上到周日晚上斜着投放的

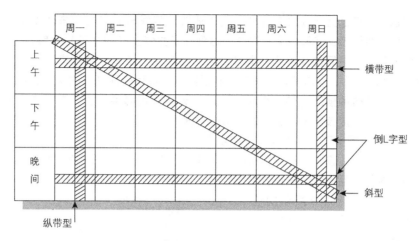

图 11-7 电波媒体广告的插播投放类型图解
资料来源：清水公一. 胡晓云，朱磊，张姮译广告理论与战略. 北京：北京大学出版社，2005：181.

方式和相反的从周一晚上到周日早上斜着投放的方式叫作斜型。究竟哪种投放方法更有效，根据各自不同的广告目的不能一概而论，但 GRPs 成本可以作为一个比较指标来使用。[19]

2. 基于刊播频率与投放时机组合的广告媒体排期模式

频率和时机通常是配合使用的，如在旺季来临前、新产品投放市场前、展销会开始前等一般均强调高频率，而在其他情况下以维持低频率为主，只强调到达率。

关于刊播频率与时机相组合的广告媒体排期类型，以 P·柯特拉刊播模式最具代表性（图 11-8）。

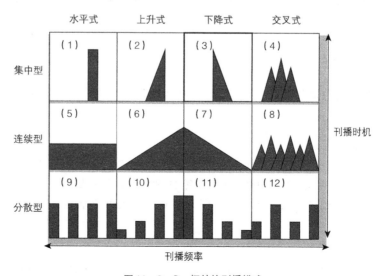

图 11-8 P·柯特拉刊播模式

一般认为，产品处于成熟期时水平式较适宜。节假日的产品广告适用于上升式频率，广告由少到多，在节日来临时广告达到高峰并停止（如2型）。递减频率的下降式是由多到少，最后慢慢停止，文艺广告、新产品上市或优惠酬宾的促销广告适用此频率（如7型）。递增递减的交叉型刊播频率，适用于预算少的企业安排季节性及流行性商品广告的播出（如8型或12型）。无论采用哪种模式，广告在一天中的刊播频率与时机，应该根据消费者的生活形态来确定。[20]

3. 多种广告类型下的广告媒体排期组合

媒体策划人员在设定行程时，有时必须要处理主题广告与SP活动的配合，或者品牌下拥有多项商品时的行程组合问题。

假设考虑如图11-9所示的主题广告与SP活动配合时的排期组合，则消费者对广告信息的接触可能出现A、B、C三种状况。

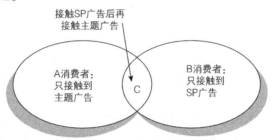

图11-9 主题广告与SP广告的排期组合示例

这里存在的矛盾是，一旦排期不慎，那么主题广告与SP活动的搭配很难实现"1+1>2"的整合效应。因为以目前的状况而言，A消费者显然缺乏SP适时的购买刺激；而B消费者则缺乏商品利益诉求的支撑；即便C消费者，在接触SP广告后，主题广告刊播的意义也将大打折扣。这些都有可能成为广告传播效果向销售实现转化时的障碍。有鉴于此，在媒体排期安排上，应考虑不重叠方式安排，且采取先主题广告后SP的媒体组合，或将主题与SP结合在一起同时刊播。这样较符合广告对消费者的说服程序，即先强调商品利益，再以额外优惠刺激购买，从而达成最理想的媒体接触状况。[21]

学生实践个案5

"温柔的力量"演绎完美风暴："高洁丝"卫生巾广告媒体策划①

【市场综述】

市场状况

1. 在中国，卫生巾属于"舶来品"。卫生巾于1982年进入中国市场，在中国市场的普及率，1985年是2%，1997年已达到41.8%，而当时在全国四个直辖市渗透率已达到100%。到了今天，无论城市还是乡村，卫生巾的市场渗透率也几乎达到了100%。

---

① 本案由广东外语外贸大学新闻与传播学院05广告班吴婷同学撰稿并提供。教学自编案例，与企业实践未尽一致，特予说明。

2. 在中国的卫生巾市场上,广州宝洁公司(中国)有限公司有"护舒宝",上海尤尼佳公司有"苏菲",强生(中国)有限公司有"娇爽"。除了这三个排头兵。另外,上海花王的"乐而雅"和北京金佰利个人卫生用品有限公司的"高洁丝"也占有一定市场份额。

3. 卫生巾的主要使用群体为 11~50 岁的妇女。卫生巾几乎不可被其他物品取代,已成为现代适龄女性的必用品。

企业与品牌

"高洁丝"隶属于全球健康卫生护理产品巨头美国金佰利公司,1920 年诞生于美国,是世界上第一个妇女卫生巾品牌。其着眼于高端卫生巾市场,拥有较为全面的产品线,近期以"温柔、纯白"为主要定位,走青春时尚路线,其产品宣传主调目前也以明快的纯白、亮紫、纯绿、粉蓝为基调,凸现青春色彩。

1994 年金佰利曾收购"舒而美",并携"高洁丝"进入中国卫生巾市场。但因其对中国市场的独特性认识不够,定位于高端人群,策略严重偏离了"舒而美"的产品指向,市场占有率一路下滑。这使得金佰利暂时放弃了自身妇女护理产品"高洁丝"品牌的推广,对"舒而美"进行改革。2006 年 11 月 16 日,金佰利公司在北京召开了旗下知名女性卫生护理用品品牌"高洁丝"的上市发布会,宣布"高洁丝"正式在北京亮相。至此,金佰利旗下的"舒洁"、"好奇"及"高洁丝"三大主力品牌齐聚中国市场。

竞争对手

高洁丝竞争品牌概览   表 11-9

护舒宝	苏菲	娇爽	乐而雅
广州宝洁公司(中国)有限公司	上海尤妮佳公司	强生(中国)有限公司	上海花王公司

主要市场问题

1. 各个品牌的产品之间就使用特性方面而言几乎毫无区别。而每个品牌在每一种细分产品上的种类十分雷同。价格也相差不大。

2. 安全问题成为讨论焦点。大量事实证明,使用普通卫生巾不安全,据统计,有 38% 的健康妇女因为使用了不洁卫生用品而患病,世界卫生组织的官员甚至称:全世界有 50% 的妇女是因使用了不洁卫生用品而得上了妇科疾病。

3. 1994 年曾在中国市场推出,但策略失误。此次重新推出,在定位以及品牌塑造方面必需谨慎行事。

【广告运作目标】

目标1：巩固"高洁丝"在高端卫生巾市场的定位。

目标2：深化"高洁丝"的品牌知名度，强化其"温柔、纯白"的品牌理念。

目标3：大力推广"高洁丝""青春时尚"的品牌形象，增加"高洁丝"的产品销量。

【目标对象】

"高洁丝"主要消费人群是18～23岁的在读大学生，以及23～35岁的都市丽人。她们具有以下特征：

她们，处于18～35岁的黄金年龄段，高学历、高收入、高消费是她们的显著特点。

她们，主要来自上海、北京、广东等地区，华东、华北和华南相对密集。

她们是中国最庞大的时尚女性群体，并且规模在不断扩大。

她们乐于接受新鲜事物，习惯多样化新媒体生活且依赖性强。

她们在不懈追求美丽，拥有浓厚的时尚情结。

她们乐于分享，勇于表现，能够带动大众时尚潮流和消费！

她们生活质量高、品位超然，愿意为美丽买单，对品牌认知度高。

18～25岁的学生及白领女性中的网络及无线消费行为　　　　表11-10

消费行为 Behavior	周期 Period	状态或金额 Staus or Amount	人数百分比 Percentage
上网 Net surfing	每周	超过20小时	75%
手机增值服务	每月	10元左右	61%
网上购物 Internet Shopping	每月	至少一次	45%
博客 Blog	N/A	1个（超过2个）	70%（45%）

18～25岁的学生及白领女性中的日常生活消费行为

（Consumption in Daily Life）　　　　表11-11

消费行为	周期	状态或金额	人数百分比
购物	每月	2000元左右	51%
购买服装服饰	每月	1000元左右	54%
变换发型	每三四个月	一次	70%
购买化妆品	每月	500元以上	65%
健身	每月	300～500元	45%
旅游	每年	3000元以上	56%
美容院皮肤护理	N/A	定期	45%
信用卡	N/A	透支额5000元以上	65%

【创意策略】

2006年11月16日金佰利公司宣布，其旗下全球著名品牌"高洁丝"系列女性护理产品正式在北京上市。此次上市活动以"温柔的力量"为主题，承诺以温柔的呵护作为白领女性展现自信和能力的坚实后盾，并延续了金佰利拓展高端产品的总体市场策略。

金佰利（中国）有限公司总裁邵青锋表示，随着中国消费能力的提高，女性消费者的个性化消费意识也在不断增强，拥有一定经济实力的白领女性开始追求生活品质。因此，"高洁丝"此次上市将目标对准中高收入的白领女性，主打高端市场，以避免同质化竞争。

品牌信息：根据对目标人群的洞察，高洁丝将此次活动思想定位为"温柔的力量"。

品牌风格：温柔，纯白。

广告形式：

15秒和30秒食品广告各4部。分别以"温柔"、"纯白"以及男性、女性四者交互配合为主题拍摄视频广告。

平面广告2个系列。分别以"温柔"和"纯白"为主题，各创造平面广告3份。

创意策略：

（1）"温柔"：如今，都市女性大都能够独当一面，但女人始终是水做的，所有女性都有温柔的一面。什么是"温柔"呢？母亲的胸部最是温柔了。"高洁丝"能够带给你的是如母亲胸怀的柔软与温馨。

（2）"纯白"：纯净、白皙是现代女性追求的简洁形象。她们希望展现在人前的是干净的形象。白云为什么白？因为它有蓝天的映衬。在忙碌的生活中，都市女性也需要如白云一样，偶尔能够自在地徜徉，带着白皙柔软的身躯在微风中起舞。

（3）"男性"："女人也能撑起半边天"，现代男性不再因循守旧，对待女性也有了应有的平等态度。男人的心思也可以细致入微。在女伴不方便的几天，男人也学会了观察，学会了关怀与呵护。

（4）"女性"："我的世界，我做主"。无论多忙，总有几天心情不好。怎么办？对自己好一点。做自己想做的事，轻松自在地享受欢乐。感受温柔，体验纯白。要干净，要舒适，才有好的心情，才能享受美好的事物。

【其他交流传播】

1. 2008年4月将在北京、上海、广州三地举办第二届"高洁丝千人瑜伽派对"。届时现场跟瑜伽大师一起体验最健康时尚的女性养生之道！成功参加，现场马上获得时尚瑜伽垫，还有丰厚大礼包！

2. 2008年春节后及学期开学初，在北京、上海、广州三地的屈臣氏店内，以及各大高校女生宿舍派发高洁丝"纯白体验"和"温柔宣言"产品试用装。

【媒体策略】

推广时间：2008年2月25日~4月25日

"高洁丝"媒体投放总体方案（2008年2月25日~4月25日） 表11-12

媒体		时间	投放形式	投放比例	预算（元）
电视	华娱卫视	3月15日~ 4月15日	视频广告	30%	643500
	凤凰卫视中文台			50%	927040
	凤凰卫视资讯台			20%	222960
杂志	《瑞丽》	3月刊，4月刊	平面广告	65%	160000
	《都市丽人》			35%	130000
地铁	上海地铁	2月25日~ 4月25日	超级灯箱、特制灯箱、墙面、楼梯、内包车等	78.6%	1336000
	北京地铁			5.9%	100000
	广州地铁			15.5%	264000
网络	瑞丽女性网	3月1日~ 4月15日	疯狂视频广告	60%	540000
	都市丽人女性网			40%	460000

推广方式：

与瑞丽女性网合作，举办第二届"高洁丝千人瑜伽派对"。

（1）"千人瑜伽派对"活动前期宣传。

2月25号开始的广告宣传中，发表第二届"高洁丝千人瑜伽派对"活动宣言，开始召集活动参加者。并同时开展试用装派发活动，在北京、上海、广州三地的屈臣氏店内，以及各大高校女生宿舍派发高洁丝"纯白体验"和"温柔宣言"产品试用装。

（2）"千人瑜伽派对"配合店内促销活动。

2月25日~4月25日间，在北京、上海、广州三地各大超市内进行高洁丝促销活动：购买"纯白体验"和"温柔宣言"套装即赠送"千人瑜伽派对"入场券。"千人瑜伽派对"活动进场时，大会派发"温柔女人，纯白体验"优惠券，到各个屈臣氏店内，凭优惠券购买高洁丝"纯白体验"或"温柔宣言"系列产品可获8折优惠。

（3）4月中旬，在北京、上海、广州三地举办第二届"高洁丝千人瑜伽派对"。

与瑞丽女性网合作，推行女性健康活动。在北京、上海、广州三地体育中心举办千人瑜伽活动。活动面向全市，男女均可参加，但主推女性。届时现场跟瑜伽大师一起体验最健康时尚的女性养生之道！成功参加者，现场马上获得时尚瑜伽垫，还有丰厚大礼包！

【媒体种类，安排与媒体支出】

投放媒体：电视、杂志、地铁、网络

媒体费用支出总额：约480万元

"高洁丝"媒体投放排期（2008年2月25日~4月25日）　　表11-13

媒体		栏目/位置	具体投放时间	投放形式	规格	投放比例	预算
电视 37.47%	华娱卫视	华娱剧场	见表11-14	视频广告	15S	30%	14300×45=643500
	凤凰卫视中文台	云桥云裳等之前	见表11-14	视频广告	15S	50%	(27270+30670)×16=927040
	凤凰卫视资讯台	情缘派对等之前	见表11-14	视频广告	15S	20%	18580×12=222960
杂志 6.09%	《瑞丽》	第一内插跨页	3月刊、4月刊	平面广告	285mm×438mm	65%	80000×2=160000
	《都市丽人》	第一内插跨页	3月刊、4月刊	平面广告	285mm×438mm	35%	65000×2=130000
地铁 35.53%	上海地铁	人民广场站	2月25日~4月25日	墙面广告	54.3m^2	35%	288000×2=576000
		徐家汇站		楼梯	26.3m^2	25%	160000×2=320000
		陆家嘴站		内包车	—	40%	220000×2=440000
	北京地铁	复兴门站		超级灯箱	13.2m^2	55%	280000×2=56000
		建国门站		内包车	—	45%	220000×2=44000
	广州地铁	公园前站		特制灯箱	15.9m^2	70%	88000×2=176000
		体育中心站		特制灯箱	6.9m^2	20%	35000×2=70000
		杨箕站		特制灯箱	2.4m^2	10%	9000×2=18000
网络 20.91%	瑞丽女性网	首页及A类频道	3月1日~4月15日	疯狂视频广告	30S	60%	(150000+120000)×2=540000
	都市丽人女性网	首页及A类频道	3月1日~4月15日	疯狂视频广告	30S	40%	(130000+100000)×2=460000

个案思考题

1. 结合案例思考一下，广告媒体排期应如何配合产品推广活动计划，方能达到最佳的传播效果？

2. 细致的目标受众消费者行为及其媒体接触习惯分析，在制定有针对性的广告媒体排期中具有什么样的地位与作用？

3. 案例的电视广告投放排期（表11-14）或许还有不够完善的地方，请你分析后尝试进一步对其进行优化，以提高产品推广活动的传播效率。

"高洁丝"电视广告投放排期表（2008年3月15日~4月15日） 表11-14

频道	栏目名称	播出时间	版本	3月份 15 三	16 四	17 五	18 六	19 日	20 一	21 二	22 三	23 四	24 五	25 六	26 日	27 一	28 二	29 三	30 四	31 五	4月份 1 六	2 日	3 一	4 二	5 三	6 四	7 五	8 六	9 日	10 一	11 二	12 三	13 四	14 五	15 六	次数
华娱卫视	华娱剧场	首播：周一至周日21:30	15秒	1	1	1	1	1	1	1	1	1	1	1	1	1	1	1	1																	16
		重播：周一至周日03:15		1	1	1	1	1	1	1	1	1	1	1	1	1	1	1	1																	16
		周一至周五15:30 周六、周日15:03		1	1	1	1	1	1	1	1	1	1	1	1	1	1	1	1																	16
凤凰卫视中文台		周一19:28 娱乐串串秀前	15秒																				1							1					1	3
		周二19:28 相约凤凰台前																						1							1				1		3
		周三19:28 鲁豫有约前								1															1							1				3
		周四19:28 名人面对面前					1									1										1							1			3
		周五19:28 云桥对谈前			1											1											1							1		3
		周六19:28 美丽加油站前				1							1								1							1							1	3
凤凰卫视		周一14:08 世纪大讲堂前	15秒													1							1							1						3
		周四14:45 情缘派对															1									1							1			3
		周四14:45 凤凰大放送前																	1													1				2
凤凰卫视资讯台		周一至周五16:25 小资话题前							1	1	1	1	1			1	1	1	1				1	1	1	1	1			1	1					15
		周六23:00 小莉看世界																										1						1	1	3
		周一至周日07:30 唯嘉非常男女前							1	1	1	1	1	1	1	1	1	1	1	1			1	1	1	1	1	1		1	1	1	1	1		17
		周日07:00 凤凰太空站前													1														1							2

思考讨论题

1. 这是一个媒体创新的时代，请思考：在广告主们都对黄金时段媒体资源趋之若鹜的背景下，是否可以通过媒体比重设定与排期模式创新（如非黄金时段的交叉覆盖）赢得差异化的竞争优势？

2. 有效接触频次是否意味着处于这一频次门槛以下的广告信息露出都是没有价值的，你如何看待这一问题？

3. 接触频次与到达率是否可以跨媒体类别进行计算？如果可以，需要注意什么问题？

4. 请辨析，媒体的曝光率和在其上刊播的广告的曝光率是否等同？基于你对此问题的判断，在权衡到达率与接触频次时，什么样的策略考量更可行？

5. 影响媒体排期的因素非常复杂，它们各自会从哪些方面对广告投放的时间性策略产生影响？

注释

1. 朱强. 广告媒体战略决策研究. 四川大学硕士学位论文，2006：26-27.
2. 威廉·阿伦斯. 丁俊杰等译. 当代广告学（第七版）. 北京：华夏出版社，2000：258.
3. 杰克·西瑟斯，罗杰·巴隆. 闾佳，邓瑞锁译. 广告媒体策划. 北京：中国人民大学出版社，2006：193-195.
4. 陈俊良. 广告媒体研究——当代广告媒体的选择依据. 北京：中国物价出版社，1997：185-187.
5. 朱强. 广告媒体战略决策研究. 四川大学硕士学位论文，2006：31.
6. 陈俊良. 广告媒体研究——当代广告媒体的选择依据. 北京：中国物价出版社，1997：171.
7. 杰克·西瑟斯，罗杰·巴隆. 闾佳，邓瑞锁译. 广告媒体策划. 北京：中国人民大学出版社，2006：199.
8. 朱强. 广告媒体战略决策研究. 四川大学硕士学位论文，2006：42-44.
9. 威廉·阿伦斯. 丁俊杰等译. 当代广告学（第七版）. 北京：华夏出版社，2000：258.
10. 陈俊良. 广告媒体研究——当代广告媒体的选择依据. 北京：中国物价出版社，1997：187.
11. 陈俊良. 广告媒体研究——当代广告媒体的选择依据. 北京：中国物价出版社，1997：208.
12. 李军辉. 广告媒体策略研究漫谈. 广告人，2005（Z1）：188.
13. 威廉·阿伦斯. 丁俊杰等译. 当代广告学（第七版）. 北京：华夏出版社，2000：258.
14. 朱海松. 国际4A广告公司媒介策划基础. 广州：广东经济出版社，2005：108.
15. 杰克·西瑟斯，罗杰·巴隆. 闾佳，邓瑞锁译. 广告媒体策划. 北京：中国人民大学出版社，2006：203.
16. 阿诺德·M. 巴尔班，斯蒂芬·M. 克里斯托尔，弗兰克·J. 科派克. 朱海松译. 国际4A广告公司媒介计划精要. 广州：广东经济出版社，2005：67.
17. 陈俊良. 广告媒体研究——当代广告媒体的选择依据. 北京：中国物价出版社，

1997：191 -208.

18. 朱海松. 国际4A广告公司媒介策划基础. 广州：广东经济出版社，2005：111.

19. 清水公一. 胡晓云，朱磊，张姮译广告理论与战略. 北京：北京大学出版社，2005：181.

20. 余明阳，陈先红. 广告策划创意学. 上海：复旦大学出版社，2005：185.

21. 陈俊良. 广告媒体研究——当代广告媒体的选择依据. 北京：中国物价出版社，1997：213.

第12章 广告媒体预算的编制与分配

> 理想的广告宣传活动应该是以最小的投入取得最大的广告效果,当广告效果达到一定效果时,追加的广告投入就是一种资源的浪费。
>
> ——肯尼斯·朗曼(kenneth longman)

开篇引例

打怪兽游戏

【目标】以最小的花费打死至少80%的怪兽

【规则】1. 现在有六只怪兽,它们的死门会按不同的时间出现在身体不同的地方(图12-1a);

2. 怪兽被打中两次就会死亡;
3. 如果在不同时间攻击不同的地方则需要不同的子弹,价钱也会不一样(图12-1b);
4. 每颗子弹只可使用一次,不可重复使用;
5. 每一颗子弹都可同时攻击六只怪兽。

【问题】请你设计一个能以最小的花费打死至少80%怪兽的最佳方案(答案在本书中找)。

广告媒体预算的编制与分配主要涉及到三个方面的问题:(1)广告投放与商品销售及利润的关系;(2)媒体预算制定的角度;(3)媒体预算制定的方法。[1] 通过本章的学习,读者可以:

- 了解广告预算费用的项目构成,预算编制的常规方法、基本原则及影响因素;
- 理解广告投放与商品销售增长及利润之间的关系特征;
- 掌握广告媒体预算编制与分配的基本原理和方法。

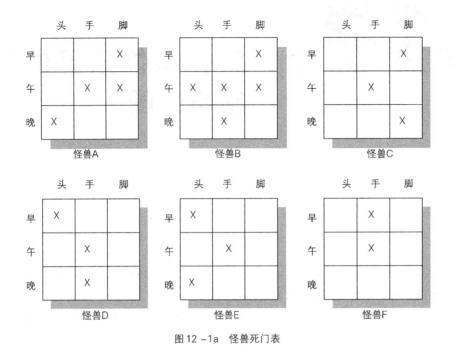

图 12-1a 怪兽死门表

图 12-1b 子弹价格表（人民币）

12.1 广告预算编制的基本原则和方法

12.1.1 广告预算概述

企业在决定要投广告的时候，通常首先会考虑一个问题：广告预算。多少钱才是合适的？怎么用最少的钱做最好的广告？

广告预算是企业和广告部门对广告活动所需费用的计划和匡算，它规定了广告计划期内广告活动所需的费用总额、使用范围和使用方法。作为广告计划的重要组成部分，广告预算承担着对广告活动费用的预测、分配、控制和协调功能。[2] 广告预算可以按不同的标准分类。按广告计划期长短可分为长期广告预算和短期广告预算；按广告计划期限范围大小可分为总的广告预算和单一商品的预算；按产品所处生命周期阶段，可以分为新产品广告预算和成熟产品广告预算；另外，按不同广告媒体、不同广告地区，还可以划分多种不同种类的广告预算。

1. 广告费用项目

目前国际上公认的广告费用开支表，是由美国最权威的广告刊物之一《印刷者墨汁》(Printer's Ink,现已停刊) 于 1960 年刊出的（表 12 -1）。1981 年，美国的查尔斯·帕蒂和文森特·布拉斯特通过对 100 家著名广告公司的调查，验证了该表。

广告媒体购买费是广告预算编制的重要部分，通常占总预算的 80%，因此在媒体作业中，媒体人员必须为品牌制定合理的媒体预算。

广告费用一览表　　　　　　　　　　表 12 -1

分类		主要费用
白表	可以作为广告费用支出	
	购买广告媒体及其他广告的费用	广播、电视、报纸、杂志媒体、户外广告、POP 广告、直邮广告、商品目录、宣传小册子、电影、幻灯、交通广告等
	管理费用	广告部门有关人员的工资，办公费用，付给广告代理和广告制作者以及顾问的手续费，差旅费用
	广告制作费用	美术设计、文字编辑、印刷制版、纸型、照相、录象、录音、包装设计等
	其他费用	广告材料的运送费用（如邮费及其他投资费），陈列橱窗的安装服务费用，涉及白表各项活动的杂费
灰表	可以作为广告费用的支出，也可以不作为广告费用的支出	样品费，示范费，客户访问费，推销表演费，商品展览费，广告部门的存货减价处理费，电话费，广告部门的其他各项经费，推销员的推销费用，宣传汽车费用，有关广告协会和广告团体费用，商品目录费用，研究及调查费用
黑表	不能作为广告费用的支出	免费赠品，社会慈善，宗教，互助组织的捐献品和费用，旅游费，包装费，标签费，新闻宣传员的酬金，报刊杂志费，行业工会费，接待费，陈列室租金，推销会议费，推销样本费，工作人员的生活福利费，娱乐费，潜在顾客接待费

资料来源：清水公一．胡晓云，朱磊，张姮译广告理论与战略．北京：北京大学出版社，2005：114.

2. 确定广告预算的传统方法

企业有一系列的方法来决定应该在广告上花费多少，如销售百分比法、利润百分比法、销售单位法、竞争对抗法、市场份额法、目标/任务法（表 12 -2）。这些常用的方法大多很容易理解，计算起来也较快。在理想的状况下，不同方法算出的预算水平应该大致相当。[3]

确定广告预算的方法　　　　　　　　　　　　　　　　　表 12－2

预算制定方法	方法描述
销售百分比法	按头年销售额、来年预定销售额或二者结合拨出一个百分比的方法来确定广告预算，百分比大小一般按照行业平均数或企业经验或任意方式来确定
利润百分比法	依照头年或来年的利润划分出一定的百分比
销售单位法	又叫分摊率法，按每箱、每盒、每件、每桶等计量单位分摊一定数量的广告费用。主要用于横向联合广告或贸易协会广告成员之间分摊费用
竞争对抗法	又叫自卫法，根据主要竞争对手的广告费数量来确定自己的广告经费
市场份额法/广告份额法	按广告在整个行业中占有的与市场份额相对应或超出此量的一定的百分比划拨广告经费。常用于新产品上市阶段
目标/任务法	又叫预算累进法，分为三步：确定目标，明确战略，预计实施该战略的成本
试验调查法	企业在广告预算各不相同的市场进行经验性试验，然后确定一个最佳预算限度
精确定量模型法	一般大型广告主和广告公司采用此法。依靠计算机，采用精确的数据、史料和假设
任意法	一种走着瞧的方式，一般资金有限，又准备推出新产品或服务的小公司会用此法

资料来源：威廉·阿伦斯．丁俊杰等译．当代广告学（第七版）．北京：华夏出版社，2000：238.

欧美市场的相关研究发现，仍有近三分之二的广告客户是在目标/任务法或销售额百分比法的基础上，配合市场现状来进行广告费用预估的，他们主要是以往日经验为依据来制定广告预算（表 12－3）。国内广告客户在媒体预算的制定上大多采用销售额百分比法（比例一般在 3%～10% 之间，因行业而异），这是国内企业最常用的媒体预算制定方式。再就是根据前一年的广告媒体费用作参考。[4]

最顶尖的 100 家广告客户用于制定广告预算的方法　　　表 12－3

制定预算的方法	使用这种方法的公司数	占总数的百分比（%）
目标/任务法	61	32
量力而出法	41	21
预计销售额百分比法	32	17
去年销售额百分比法	10	5
销售单位法	9	5
竞争性相对支出法	25	13
竞争性绝对支出法	13	7
总计	191*	100

样本基数：100 份完整的问卷（加拿大，36 份；美国 36 份；英国，28 份）。

*总数超过 100 是因为有 52 家公司同时采用了多种广告预算的制定方法。

资料来源：杰克·西瑟斯，罗杰·巴隆．闰佳，邓瑞锁译．广告媒体策划．北京：中国人民大学出版社，2006：330.

12.1.2 广告预算编制的基本原则及其影响因素

编制广告预算时,除了确定广告费用的范围,明确广告预算的内容外,在确定广告拨款前,广告经理还必须考虑影响预算编制的一系列因素。首先是企业的政治、经济、社会和法律背景,这些因素影响着整个行业的销售状态和企业的销售利润,其次是企业的制度环境和竞争环境。

尽管我们无法完全按照科学的方法确定预算的规模,但通过衡量一系列可能对预算造成影响的因素来完成这一任务,却不失为明智之举。这种确定预算的方法,也叫作"原子论"。影响预算的因素很多,主要的有:(1)广告任务;(2)长期或短期目标;(3)利润空间;(4)产品使用的地理范围;(5)到达目标市场的难易度;(6)购买频率;(7)销售增长量对产品成本的影响;(8)介绍新产品;(9)竞争性活动(图12-2)。策划人员单独思考每一个因素的作用,然后把它们结合起来形成一个最终的预算数字。[5]综合衡量以上各种各样影响因素的同时,策划人员还要注意遵循三条广告预算编制的基本原则:(1)量力而行原则;(2)科学市场调研为主,经验应用为辅原则;(3)适时调整原则。

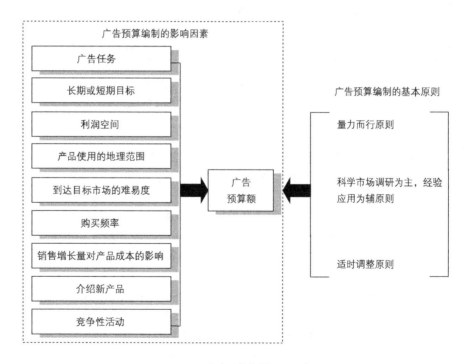

图12-2 广告预算编制"原子论"

12.1.3 广告投放与商品销售及利润的关系

修建厂房或者分销仓库的成本是企业对未来生产和分销产品能力的一种投资,同样,广告作为传播组合的组成部分,也是对未来销售的投资。虽然广告常被用来激发直接销售,但它最大的威力还在于其积累的、远期的巩固效应。因此,虽然广告眼下是一种账面上的支出,但它也是一种长远的资本投资。[6] 不过,对于那些视广告为投资的经营者,在他们制定媒体预算前必须了解广告投资、销售成长与利润之间的关系(图12-3)。

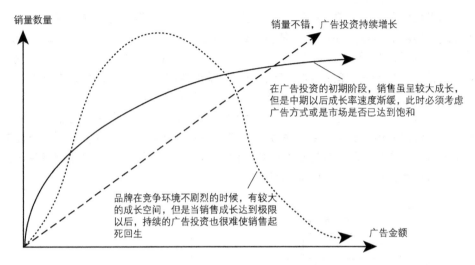

图12-3 广告投资与销售成长及利润之间的关系

资料来源:陈俊良.广告媒体研究——当代广告媒体的选择依据.北京:中国物价出版社,1997:233.

许多内在的和外在的变量都会影响到企业营销与广告努力的效果,测量广告投资、销售成长与利润之间关系的方法尚不健全。不过,大量的调查确实支持以下几点:

(1) 广告与销售成正相关,但具有边际效益递减的趋势。

(2) 品牌在广告投入较少,且拥有较大回报率的阶段,所获得的利润较高。当广告继续投资,但销售并未成等比率上升时,销售量虽然提高,但利润则渐渐下降。

(3) 销售在到达一定极限后即不再成长(即市场占有率不可能达到100%),广告继续投资,终将使利润下降到亏本的程度,因此占有率最高的品牌不一定是利润最高的品牌,利润最高的品牌也通常并非占有率最高的品牌。[7]

(4) 广告对销售的影响程度会因不同的品类或品牌而有所不同。

(5) 广告经过一段时间可以引起销售反应,但广告的持续性很短,因此广告主必须不断投入,这一点很重要。

(6) 广告投入有最低线,未达到此线,广告支出不会对销售产生影响。

(7) 即使不发布广告,也可能会有一些销量。

(8) 广告存在着由文化和竞争引起的饱和限度,超出这个限度,广告再多也不会增加销售。[8]

　　即便不考虑花费的时间和精力，确定广告需要用多少钱最合适，也是广告和媒体策划人员所面临的一件最艰巨的任务。确定预算规模存在的主要难点是，没有人确切地知道，花在广告上的钱会对销量或其他营销目标造成什么样的影响。媒体专家赫伯特·曼纳洛福格（Herbert D. Maneloveg）对这个问题作了如下的总结：

　　我认为，我们的主要问题，是我们根本不知道多少广告才够用。我们没有尽力去找出答案。至少到现在还没有过。如果有人问，需要多少广告才能推动潜在消费者去了解某个品牌的优点，我们只是摸索了又摸索。如果有人问增加或减少广告预算有什么根据，我们就摸不着头脑了，因为没有人说得清增加或减少预算所带来的后果：如果销售量提高了，我们会归功于广告做得好；如果销售量下降了，我们就责怪定价、分销和竞争对手。[9]

12.2　广告媒体预算的编制与分配

12.2.1　广告媒体预算的编制方法

1. 广告媒体预算编制的角度

　　在广告媒体预算的设定上，存在两种不同的视角：(1) 营销角度；(2) 媒体投资角度（Return On Incest, ROI）。从营销的角度来看，媒体投资的目标建立在营销传播上，媒体预算也是营销预算的一部分；而从媒体投资角度而言，媒体预算还有塑造品牌价值的任务，媒体投资更侧重品牌建设（表12-4）。

营销角度与媒体投资角度的媒体预算方法比较　　　　表12-4

	营销角度	媒体投资角度
由谁告知	广告主	广告公司
优点	由营销层面加以制定，符合营销需求，在预算上较不至于偏离营销现实	根据传播效果的需求制定，比较可以确保传播产出
缺点	根据营销及销售制定的广告预算，可能忽略媒体竞争环境及传播所需	可能忽略销售与利润的现实层面

资料来源：作者整理自陈俊良. 广告媒体研究——当代广告媒体的选择依据. 北京：中国物价出版社，1997：233-234.

　　对于媒体的广告投放，客户、广告公司和媒体三者之间有不同的期待，这三种期待对媒体预算都有深刻的影响（表12-5）。[10]

广告客户、广告公司及媒体对广告投放的不同期待　　　表12-5

对媒体广告投放的不同期待	
广告客户	期望广告能被经销商看到、使用者看到,使他们产生购买行为,建立品牌的知名度、美誉度与偏好度,增加实际销量,确立行业声望
广告公司	期望在不超出总预算的情况下,买到最多的人群收看机会,覆盖面与销售面吻合,投放时间与销售阶段吻合
媒体	关心总收视点、黄金时段的平均收视率、主要时段的收视点成本、各年龄段的到达率

资料来源:作者整理自朱海松. 国际4A广告公司媒介策划基础. 广州:广东经济出版社,2005:124.

综合各方面因素可以看出,相对更合理的做法是整合两种方式,以确认品牌的媒体投资,即根据营销目的与策略传播所负任务,同时评估媒体环境,提出品牌建设所需的媒体花费,再根据销售现实加以调整。[11]

2. 广告媒体预算编制的方法

广告媒体预算的编制方法主要有三种:(1)媒体投资占有率/市场占有率法;(2)GRPs法;(3)媒体投资对销售比值法。

(1)媒体投资占有率/市场占有率法(SOV/SOM)

SOV(Share of Voice)/SOM(Share of Market)是从与市场占有率相对应的角度去制定媒体投资占有率,然后计算出所需要的预算。本质上而言,它是基于竞争的角度,从占有率出发来拟定所需媒体预算。

媒体加油站

(1)概念辨析

媒体投资占有率(SOV):一个品牌/产品的媒体投资额,占整体品类媒体投资额的比率。

市场占有率(SOM):一个品牌/产品销售额(量)占整体品类的比率。

(2)所需媒体预算的计算

占有率媒体预算制定方法的理论是:某一品牌在媒体投资上占有多大比率的份额,就能在消费者心目中占有大致相当的分量(Share of Mind);而由心理占有率所引发的购买行为,又将造成大致相当的市场占有率。在此陈述架构下,

表达公式为:$X/(A+X):B = C\ (SOV/SOM)$

其中,A值:竞争品牌媒体投资量。

B值:广告主所设定的品牌占有率目标。

C值:根据品牌所处环境制定的调整比值,一般在0.6~1.8之间。

X值:所需的媒体预算。

在前述A、B、C值固定后,即可计算出X值,即品牌所需的媒体预算。A值可以通过竞争品牌分析加以推算,B值则由广告主提供,因此作业的重心为C值的设

定。在 C 值的设定上必须考虑以下因素：新品牌/既有品牌、品牌占有率、品牌企图、品牌目前的形象地位、竞争品牌状况（品牌数量、有无垄断性品牌）、品牌忠诚度、购买周期、广告对销售的影响度等（表 12-6）。

C 值设定时的考虑因素　　　　　　　　　　　　　表 12-6

C 比值考虑因素	影响内容	+	-
新品牌/既有品牌	新品牌需要比值较高；旧品牌所需比值较低		
品牌占有率	品牌占有率较高，需要比值较低；品牌占有率较低，需要比值较高		
品牌企图	品牌设定的占有率成长目标越高（攻击型策略），需要越高比值；品牌设定的占有率成长目标越低（防守型策略），需要越低比值		
品牌目前形象地位	品牌地位与形象较佳，需要较低比值；品牌形象尚未建立，需要较高比值		
竞争品牌状况	竞争品牌越多，消费者选择越分歧，需要比值越高；市场上存在垄断性品牌，需要比值也较高；如本品牌为垄断性品牌，则需要比值较低		
品牌忠诚度	攻击型营销策略在忠诚度较高品类，需要较高比值，在忠诚度较低品类，需要较低比值；防守型策略面对忠诚度较高品类需要较低比值，面对忠诚度较低品类需要较高比值		
购买周期	商品购买周期长，需要较低比值；反之比值较高		
广告对销售的影响度	销售起伏受广告强烈影响的品类需要较高比值；反之比值较低		

资料来源：陈俊良. 广告媒体研究——当代广告媒体的选择依据. 北京：中国物价出版社, 1997: 235-236.

SOV/SOM 的预算制定方法以竞争为导向，因此竞争品牌的媒体投资量将严重影响预算的制定，在竞争品牌广告量的预算上，必需特别注意竞争范围的定义。一般来说，竞争者为相同品类中具有取代作用的品牌，即如果 A 与 B 都可以满足消费者同样的需求欲望时，则 A 与 B 互为竞争品牌。但品牌的归类应该基于消费者的角度出发，以品类扩张为目标的品牌，可以将竞争者确定为自己所欲取代品类中的主要品牌；以防御策略为主的品牌，则主要以本品类中的直接竞争品牌为竞争者。[12]

(2) GRPs（媒体传播量）法

广告的运作是借由将创意信息清楚的传递给目标消费者，从而造成消费者对品牌的认知和态度的转变。在此作用中，媒体所扮演的角色偏重于传递的精准性，而在信息精准传递之后，消费者是否发生所谓的态度转变，则主要依赖创意信息的说服力。

GRPs 法就是从信息认知的角度拟定媒体预算，主要是根据不同的品牌相关变量，估算出造成消费者对广告信息认知所需要的媒体传播量，再将传播量换算成金额，得出媒体所需预算（图 12-4）。因为每人选择的媒体时间、种类乃至接触习惯都不尽相同，所以 GRPs 法会迫使媒体策划人员不断思考：广告是给谁看的（使用者、购买者，还是经销商）？到底谁在看广告？他们什么时候会看广告？显然，GRPs 法需要通过更精准地确定目标受众来选定广告时段。在确定目标受众次序后，再估算所需要的费用；也可由预计的销售额度目标来反算 GRPs 值，从而依照销售目标，对主要目标受众完成一次传播、二次传播或重复传播的任务。[13]

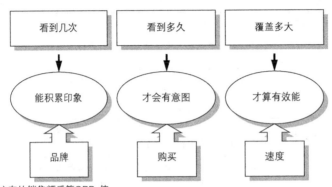

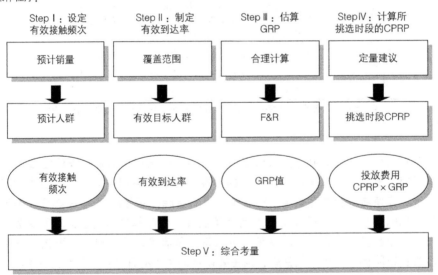

图 12-4　GRPs 法的理论基础与操作程序

资料来源：朱海松. 国际 4A 广告公司媒介策划基础. 广州：广东经济出版社，2005：129.

基于信息认知的 GRPs 法是从传播量的角度来制定媒体预算，可与上述竞争导向的占有率比值法进行相互的交叉使用。在作业上，可以以一种方式估算，再用另一种方式检视，以确认预算的合理性。也就是说，在 GRPs 法的运用中，为考虑与竞争品牌的媒体比重相适应，必须将投资较大和市场占有率较大的竞争品牌列为 GRPs 制定时的参照。

(3) 媒体投资对销售比值法（S&S）

媒体投资对销售比值法是从销售产出（Sales）来制定各市场的媒体投资预算（Spending）。其理论依据为：将个别市场视为单一市场，当某市场可以产出较佳的销售时，即代表该市场具有开发潜力；反之，当某市场的销售产出不佳时，即代表该市场潜力有限。因此，各市场的媒体预算应该根据该市场的销售产出制定。[14]通过一套规范的操作程序，可以得到各市场的媒体预算，进而加总算出全国所需的媒体预算总额（图12-5）。

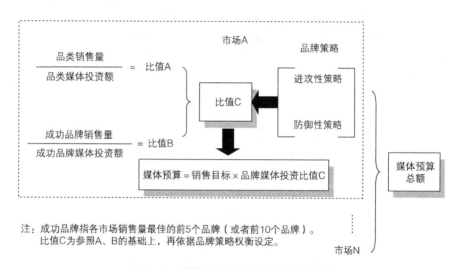

图12-5 媒体投资对销售比值法的操作程序

(4) 媒体预算编制方法的组合应用

以上三种媒体预算编制方法各有优点与不足（表12-7）。

三种媒体预算编制方法的比较　　　　　　　　　表12-7

	SOV/SOM	GRPs	S&S
优点	与销售紧密结合；竞争导向操作；灵活调整预算；操作简单	传播效果导向，可以确保广告效果的实现；主要依据品牌经验、调查与收视资料，较为客观准确；可以节约有限预算	操作简单；符合企业营销行动原则；符合各地区市场上营销的实际业绩
缺点	忽略对传播效果上的要求；品类成熟度会影响传播广告信息的稳定性；往往忽略广告创意本身和媒体投放的策略作用	只顾及媒体受众的接收机会，可能偏离营销层面的机会；忽略竞争品牌在媒体策略上的运用；忽略销售现实，各市场投资比率可能形成不均	忽略各个单一市场上营销条件可能存在的差异；可能丧失对新兴市场的开拓机会；以反应方式制定预算，较为被动，欠缺主导性

资料来源：陈俊良. 广告媒体研究——当代广告媒体的选择依据. 北京：中国物价出版社，1997：237-240.

国际 4A 广告公司制定广告媒体预算的方式讲究实用性和因地制宜,不会只采取一种固定的方式,而会设立一种在大部分情况下都适用的基准。无论是否利用计量模式,广告主都需要运用主观判断作出最后的决策。[15]可见,编制广告媒体预算时,更合理的方式将是应用多种方法进行恰当的整合评估,以设定相对合理的预算区间(图 12-6)。

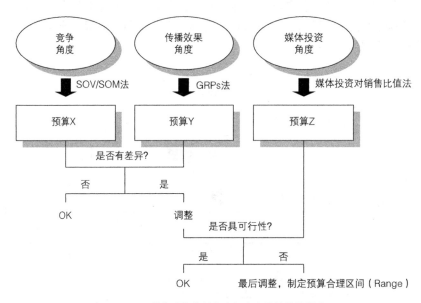

图 12-6　媒体预算编制方法组合应用的操作程序

12.2.2　广告媒体预算的分配

大多数企业主管愿意在广告上花费更多资金,只要他们确信广告会给他们带来更多利润。但在制定广告预算的过程中,这个均衡点却很难预料。[16]究竟是分配 25% 的到达率给户外广告,75% 分配给电视广告,还是又从电视广告的份额中抽取 2% 的到达率分配给旗帜广告,到底怎样的到达分配可以收到最好的媒体传播效果?企业往往有类似的疑惑。所以,企业在确定广告媒体费用总额后,应进一步落实如何将经费分配到每一项具体的广告活动中,使消费者购买欲望增加,认知度提高,进而达到营销目标。如果你回过头去看本书关于媒体计划中广告排期方面的内容,你会发现它们互相的关系很微妙:广告媒体排期的制定需要媒体预算做后盾,而媒体预算的数额要根据媒体计划的内容来确定。[17]一般来说,我们把分配原则简化为这样的思路:何时—何地—什么媒体。广告媒体预算的分配,主要有三种方法:(1)按广告时间分配;(2)按市场区域分配;(3)按传播媒体分配。

(1)按广告时间分配

按时间分配是指按照广告各项活动的时间安排,有所侧重的分配广告媒体经费。它又可以分为两种情况:

1）按广告活动期限进行经费分配。不同的广告活动，对时间长短有不同的要求。长期的广告活动，有年度广告媒体经费的分配；中、短期的广告活动，则有季度、月度的广告媒体经费分配。

2）按广告信息传播时机进行经费分配。许多产品的销售经常随着时间和季节的变化而变化，尤其是服装、空调、冰箱、热水器、冷饮等季节性产品。对这类产品，合理的把握广告投放时机是抢占市场制高点的关键。因此，广告媒体经费的分配要满足市场销售时机的要求。

（2）按市场区域分配

按市场区域分配是指企业将整个目标市场分解成若干部分，而后按各个区域来分配广告媒体经费。一般来说，广告媒体经费在产品销售有基础的地区要比在新开发地区少，在人口密度大的地区要比在密度小的地区多，全国性市场的广告媒体经费要大于地方性市场。当然，由于各地区情况不同，企业在每一地区的广告目标也有所区别。因此，最基本的广告媒体预算分配要以保证企业在该地区预计实现的广告目标为基础，其最低界限不应少于维持产品在该地区域竞争地位所需要的基本费用。

（3）按传播媒体分配

按传播媒体分配就是根据广告计划所选择的广告媒体以及媒体刊播频次计划，分配广告媒体经费的方法。这种预算分配的目的在于使用综合的传播媒体，来实现广告规划所预期的信息传播范围和效果。这种分配方法一般有两种形式：其一，传播媒体之间的分配。即根据广告计划所选定的各种媒体进行广告费用的分配。其二，是传播媒体之内的分配，即根据对同一媒体不同时期的广告需求来分配广告经费。

按传播媒体分配广告费用，要根据产品的种类和定位、产品的销售区域、媒体的使用价格等综合考虑，在广告预算中，首先应该保证的是广告媒体的使用经费。

学生实践个案 6

"同一个星球"：2008 中国（广州）国际纪录片大会广告媒体策划[①]

【市场综述】

全球纪录片节概况

全球纪录片交易市场以荷兰阿姆斯特丹国际纪录片电影节为首，有加拿大 HOT-DOCS、德国莱比锡 DOK、波兰克拉克夫纪录片节、法国阳光纪录片节等八大纪录片节，其中欧洲的纪录片节经过发展已形成了较为成熟的运营模式。中国纪录片目前

---

① 本案取材于广东外语外贸大学新闻与传播学院 05 广告班钟乐波同学的社会实践，由钟乐波撰稿并提供。

正站在时代需求、国家需求和国际需求的交合点上。

目前，中国纪录片市场进入了一个新的发展阶段：中国政府越来越重视和关注中国纪录片的存在和发展，其他国家也渴望通过影像来了解当代中国。在这样的背景下，波兰纪录片节与中国（广州）国际纪录片大会这一后起之秀签订了3年的合作协议，旨在通过合作提升和助推中国纪录片寻找自己的方位。

GZDOC 背景

1. GZDOC 是中国（广州）国际纪录片大会（Guangzhou International Documentary Film Festival, China）的简称，由国家广电总局和广东省人民政府主办，广州市人民政府和广东省广播电影电视局承办，广州新闻出版和广播电视局、广州电视台执行承办。每年12月初举行，有评优、交易、观摩和研讨等环节，已逐步成为中国专业的国际纪录片交易平台，为中国纪录片市场和纪录片制作人提供有效服务。

2. GZDOC 组织纪录片商店、纪录片展播周、主题纪录片评优活动，邀请包括亚洲探索频道、国家地理国际频道等国际买家参与。每年有超过30个国家的百余部作品参加展播。另为促进中外文化、中外纪录片的交流，大会同时举办各种丰富多彩的国际交流活动。

3. GZDOC 举办期间，在广州展开学术交流与展播活动，吸引传播媒体、高校大学生和广州市民等群体对国际及中国纪录片的关注。

国际与国内环境

中国纪录片的显著特点是观察性、实录性强。2008中国奥运年的到来使"中国热"在全球蔓延，中国题材的影片正受到全球的关注与喜爱。GZDOC经过5年发展已成长为国际性的纪录片交流场所，但仍存在压力。GZDOC的发展压力主要存在于两个方面：

一是外部方面：波兰、德国、法国等国家能生产出优秀与成熟的纪录片，且有多年纪录片节成功的操作经验。中国纪录片仍跟不上国际的脚步，亟待通过学习与交流提高 GZDOC 的影响力，完善运营模式。

二是内需方面：中国现有公共节目套数2899套，付费节目99套，卫星电视节目94套，互联网电视节目103套。现在全国拥有电视机5.6亿台。不管是广告市场，还是付费收看的节目市场，纪录片的市场需求还是巨大的。

中国有金鸡百花电影节、上海国际电影节、长春电影节等大型的电影节，但纯粹针对纪录片的活动较少，要求建立一个更专业的展示平台，将更好的电视纪录片作品带到更广泛的受众中去。

主要的市场问题

1. 中国官方在影视产业内需和外需关系认识上的不足与无序。中国纪录片市场尚处在发育期和培育期。纪录片市场存在认识上的缺陷，存在不重视市场回报，市场效益低下，纪录片盈利模式尚不适应纪录片市场的发展等问题。

2. 与成熟的国际纪录片节相比，GZDOC 的运作安排仍缺乏总体的战略把控，在宣传方面存在的无序和混乱，导致知名度有待提高。

【运作目标】

广告目标

重在 GZDOC 形象传播，提高 GZDOC 知名度和在大众心目中的影响。在广州，形成对纪录片产品的有效需求，吸引市民前往观展；形成纪录片学术文化讨论的氛围，吸引媒体进行报道。

媒介目标

旨在树立大会的良好形象，在国际与中国影视行业内提高大会知名度，扩大影响力。2008GZDOC 的媒体宣传目标分两方面：

1. 行业内信息覆盖（80%以上的到达率）

争取通过国家广电总局的配合，在 2008 年 9 月～10 月期间向全国主要电视和相关媒体、国家重点相关院校进行宣传，鼓励中国行业内单位/人士提供优秀作品，参加 GZDOC 年度评优活动或方案预售等环节。2008 年 10 月期间，向国际 7 大纪录片节常设组织宣传 2008GZDOC 具体事宜，同时，向国际制片人、导演等潜在买家发送邀请函。

2. 大众媒体曝光率（80%以上的曝光率）

2008 年 11 月在广州地区全面启动 GZDOC；12 月于广州举行 2008GZDOC"同一个星球"系列活动做常规宣传，创造纪录片学术文化的良好氛围。通过利用电视、报纸专栏、专业杂志等大众媒体，区域移动媒体技术与路演活动宣传相配合的方式，频繁曝光大会形象，宣传 2008GZDOC"同一个星球"系列活动的日程和具体内容。

【目标受众】

2008 年 GZDOC 的主要宣传对象主要包括两方面：

广大收视群众

一是对电影、电视纪录片有消费潜力与需求的广大的收视群众。他们年龄介于 20～45 岁，有一定的学历水平，生活态度积极、工作热情高涨，对纪录片、电影等文化形式有巨大的需求。

主要宣传力度放在有举办展播活动条件的城市（如广州、上海等一线城市）与院校，并向周边地区辐射。

国内外媒体

二是行业内国际与国内纪录片制作人与导演、媒体/频道。他们年龄跨度较广，有对影视行业敏锐的触觉和热情，对中国甚至全球的纪录片及市场有长期的关注与了解，是影视行业与传媒行业的权威和资深人士。

主要宣传力度放在活跃的国际纪录片节和与其有合作关系的具有影响力的媒体。

【创意策略】

GZDOC 的评优题材经历 2003 年～2007 年《历史与文化》、《青少年儿童》、《今日的女性》、《关注贫困》与《奥林匹克之路》的发展，确定了 2008 年评优主题为

《同一个星球》。邀请世界各国提供全球历史上有关自然环境、野生动物、疾病与战争等题材的纪录片。

活动主题

2008GZDOC"同一个星球"系列活动

创意表现

2008年GZDOC以"同一个星球"的评优主题与纪录片展播来吸引广大受众对国际纪录片的认识和强化GZDOC作为中国纪录片交易、展播平台的知名度。以公益、环保、爱护野生动物等主题的纪录片表达GZDOC与国际制片人、导演的独特视角及其社会责任感。推出"同一个星球"运动。

传统媒体结合第四媒体互联网门户网站、第五媒体"手机",根据推广主题,将2008GZDOC的核心主张蕴含在群众知识竞赛,以及其他交流体验式的推广活动中来与目标人群进行沟通。通过新媒体的结合,树立2008GZDOC敏感、走在公益、环保认识前列的形象。大众与媒体互动的广告创意形成对目标人群高度的卷入度,提高活动的认可程度。

活动信息

通过公益、环保这一主题的知识传播和相关主题的优秀纪录片展播,与目标人群进行实时互动的沟通交流,达到信息传播和提高参与程度的目的。

通过电视节目、门户网站传播有关地球公益、环保等题材的栏目与纪录片,设立专题讲座等吸引公众参与活动讨论,以树立正确理解地球环境与生态现状,改变错误的观点和看法。

设立"地球环境知多少"、"我爱这星球"、"我的眼睛看世界"等题材与活动,呼吁目标人群提高对身边公益、环保事物的关注,鼓励其将喜爱的事物或关注的事件编辑成纪录片脚本,参加网络推广和信息投票。前5名得胜者的作品能以"最有潜力民间方案"的资格,推荐参加2008GZDOC国际纪录片方案买卖市场。

活动基调

温情、互动、交流、关爱

【执行细节】

媒体排期与媒体活动行程

2008GZDOC"同一个星球"系列活动媒体排期　　　　表12-8

媒体	日期	中旬	下旬	上旬	中旬	下旬	上旬	中旬	下旬
大众媒体	电视台				◎	◎	◎		
	报纸媒体				◎	◎	◎		

续表

媒体 \ 日期		中旬	下旬	上旬	中旬	下旬	上旬	中旬	下旬
户外媒体	交通媒体		◎				◎	◎	
	院线联盟			◎	◎	◎	◎	◎	
新媒体	网络媒体	◎	◎	◎	◎	◎	◎	◎	◎
	手机媒体			◎		◎		◎	

宣传执行细节

第一波：

推广时间：2008年11月1日~2008年12月1日

推广媒体：广州电视台、门户网站与活动主题网站

推广方式："GZDOC地球环境知多少"科普月

在主要电影院线区域与商圈设立"GZDOC地球环境知多少"科普月户外广告，发布活动详情。在广州电视台与门户网站设立2008GZDOC专题栏目，在播放有关主题的节目后插播问答环节，观众可以通过手机信息、电话和信件等方式参与问题的解答和发表个人意见。

幸运观众可以得到优秀纪录片展播期间各电影院线相应场次的2008GZDOC"同一个星球"纪念版门票。

第二波：

推广时间：2008年12月1日~2008年12月6日

推广媒体：广州电视台、南方都市报、主题网站

推广方式：大众参与2008GZDOC"同一个星球"开幕式与纪录片市场

邀请大众参与12月1日举行的2008GZDOC大型开幕式，及12月1日~6日的纪录片市场，一睹喜爱的制片人、导演的风采，并通过网站留言版参与交流。

第三波：

推广时间：2008年11月1日~2005年12月20日

推广媒体：新媒体（手机信息、服务终端）

推广方式：2008GZDOC"同一个星球"纪录片展播，"地球环境知多少"竞猜有奖游戏

好易终端、钱库优惠券发布终端直接购买2008GZDOC"同一个星球"纪念版门票，或通过观看演示的2008GZDOC"同一个星球"活动信息，并回答简单的相关问题，就可以得到展播期间指定院线2008GZDOC"同一个星球"纪念版门票购买优惠权。

【媒体种类与支出】

媒体选择

电视台

广州电视台：新闻栏目在11月有计划的发布关于GZDOC的信息，伴随"GZDOC地球环境知多少"科普月节目播放往届得奖纪录片。

报纸媒体

南方都市报：在11月25日、12月1日、12月8日的城市版A05、A07、A09版，以1/3版的篇幅连续投放大会及展播的详尽信息。

交通媒体

世通华纳公交视频：以其密闭空间独特强制的传播环境，紧紧锁住出行中的受众。选择经过展播院线周边的公交路线，利用传统媒体的传播空白，开辟展播信息的TVC，形成了与传统媒体的互补。

院线联盟

华纳、飞扬、蓝宝石三院线：11月中旬至12月中旬周边巨型户外广告牌呈现。

高校展播厅、大学城影院：11月中旬至12月中旬周边巨型户外广告牌呈现。

网络媒体

门户网站新闻频道

钱库网终端：利用年轻受众喜爱的中国最大的手机优惠券发布中心强大的覆盖网络，吸引受众主动查找与接受信息。

好易网终端：利用广州便利的好易自助缴费终端网络发布大会及展播信息。

手机媒体

分众无线：借助分众手机信息定点投放平台，在电影院线、各大商圈区域范围内，于11月（中下旬各一次）、12月（上中旬各一次）将大会及展播信息通过手机信息精准传递给潜在受众。

媒体预算分配

2008GZDOC"同一个星球"系列活动媒体预算　　　　表12-9

媒体	时间跨度	内容	频次	价格
广州电视台	三周	5秒TVC	4次/天	80000
南方都市报	一个月	平面广告	3次/月	30000
德高户外	两个月	信息展板	—	8000
世通华纳	两个月	5秒TVC	24次/天	27000
钱库、好易网终端	两个月	5秒TVC	24次/天	10500
分众无线	一个月	展播信息	4次/月	9800
合计				165,300

注：媒体预算分配不包括媒体、记者招待费用。

【媒体效果评估】

信息报道量化指标

信息覆盖率达到展播区域与具体商圈人口的1/5；

电视媒体新闻不少于5家，其中广州电视台4次；

报纸媒体新闻不少于10家，其中南方都市报5篇；

网络媒体新闻频道不少于10家（添加大会活动网站链接），其中门户网站报道不少于10篇。

大众媒体量化指标

2008GZDOC "同一个星球"系列活动媒体传播效果预估　　表12-10

评价指标	媒体计划目标	计划执行效果	计划完成度
到达率	30%	45%	100%
接触率	25%	30%	70%
广告回忆率	6.0%	50%	85%

【相关事项说明】

本建议书系拟办之2008中国（广州）国际纪录片大会与展播活动的媒体方案，有些细节难免疏漏，尚待双方将媒体活动总体思路确定后再进一步细化与修正。

类似2008中国（广州）国际纪录片大会与展播这样的大型专题活动，一般前期筹备工作需要3~4个月。目前距12月仍有一段时间，但希望主办单位能尽快审核总体方案以期投入前期工作。

本媒体策划公司是由Up2U集团投资组建的专业媒体策划机构，长期以来一直具有良好的政府关系与媒体关系，以及大型会议活动策划、事件后期管理等处理经验，并已成功与深圳双选会、广交会等组织和一批企事业单位合作。如蒙委托，当竭尽全力，不负厚望。

公司地址：广州市东西路南北街ABC大厦123室

联系电话：020-3932-1234

电子邮件：meiticehua@gdufs.com.cn

联系人：钟乐波小姐

个案思考题

1. 策划书按传播媒体类型对广告媒体预算进行了粗略的分配，请你延续案例线索与思路，尝试结合媒体排期与活动行程，规划、编制更为合理和更具操作性的媒体预算。

2. 根据你的经验，策划案的总体预算规模是否合理？是否还有更科学的媒体预算编制方法可资应用？

3. 案例将普通收视群体和业内相关受众作为活动的重点沟通对象，你认为在这两个目标受众对象上是否有进一步细分主、次的必要？如果下一步准备利用 GRPs 法进行媒体预算编制，你认为跟上一步的讨论有何关联，该如何选择？

思考讨论题

1. 广告客户、广告公司及媒体对广告投放有不同的期待，这在媒体预算编制与分配上可能会产生冲突，该如何解决这一矛盾？

2. 营销角度与媒体投资角度各自的理论出发点在哪？它们与三种媒体预算编制方法的关系是什么？

3. 实践中，为什么常将三种广告媒体预算方法组合起来加以使用？它们各自有何优、缺点？

4. 认真体会赫伯特·曼纳洛福格的那段总结论述，结合实践分析广告投放与销售增长及利润之间的辩证关系，这些思考对您今后从事媒体预算编制有何启示？

5. 媒体预算的问题，就是"为解决某个营销传播问题，必须花费多少媒体费用？"的问题，你是否同意这一说法？

注释

1. 朱海松. 国际 4A 广告公司媒介策划基础. 广州：广东经济出版社，2005：124.
2. 纪华强. 广告媒体策划. 上海：复旦大学出版社，2006：225.
3. 杰克·西瑟斯，罗杰·巴隆. 闰佳，邓瑞锁译. 广告媒体策划. 北京：中国人民大学出版社，2006：329.
4. 朱海松. 国际 4A 广告公司媒介策划基础. 广州：广东经济出版社，2005：125.
5. 杰克·西瑟斯，罗杰·巴隆. 闰佳，邓瑞锁译. 广告媒体策划. 北京：中国人民大学出版社，2006：334 –336.
6. Gregg Ambach and Mike Hess. Measuring of Management and Applications. American Marketing Association, 2000（Summer）：23 –30.
7. 陈俊良. 广告媒体研究——当代广告媒体的选择依据. 北京：中国物价出版社，1997：232.
8. 威廉·阿伦斯. 丁俊杰等译. 当代广告学（第七版）. 北京：华夏出版社，2000：236.
9. 杰克·西瑟斯，罗杰·巴隆. 闰佳，邓瑞锁译. 广告媒体策划. 北京：中国人民大学出版社，2006：328.
10. 朱海松. 国际 4A 广告公司媒介策划基础. 广州：广东经济出版社，2005：124.
11. 陈俊良. 广告媒体研究——当代广告媒体的选择依据. 北京：中国物价出版社，1997：234.
12. 陈俊良. 广告媒体研究——当代广告媒体的选择依据. 北京：中国物价出版社，1997：237.
13. 朱海松. 国际 4A 广告公司媒介策划基础. 广州：广东经济出版社，2005：128 –129.
14. 陈俊良. 广告媒体研究——当代广告媒体的选择依据. 北京：中国物价出版社，1997：239.

15. 朱海松. 国际 4A 广告公司媒介策划基础. 广州：广东经济出版社，2005：128 –131.
16. 威廉·阿伦斯. 丁俊杰等译. 当代广告学（第七版）. 北京：华夏出版社，2000：237.
17. 张晓东. 广告媒体运筹. 长沙：中南大学出版社，2006：228.

开篇引例

答案：

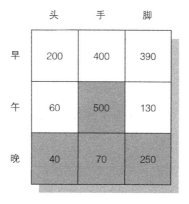

图 12 –7　打怪兽游戏的最佳方案
　　　　总费用：RMB860

第13章 广告媒体的购买执行与效果评估

> 媒体，不能只靠价格；价值，才能有好效益。媒体，不能只靠精密度；好的企划加上强力执行，才能一气呵成。媒体，不能只靠直发稿；代理，才能帮你把住关。
>
> ——周亦龙

开篇引例

"囚徒困境"中寻觅"双赢"契机

博弈论经典的"囚徒困境"游戏大家或许都曾尝试过，那么聪明、智慧的你，再来试一下这道题吧！

【游戏规则】

1. 把五十个人分成两队（每队为二十五人），然后把他们隔离在两个房间。
2. 每队每次可以出"黑牌"或"红牌"，但必须集体决定，如有一人持不同意见则不能出牌。

【计分办法】

分数如下：

我方		对手	
出牌	可得分数	出牌	可得分数
红	−10	黑	+10
红	+20	红	+20
黑	+10	黑	+10
黑	+10	红	−10

计分说明:

(1) 如果我方集体决定出"红牌"的同时,对手出的是"黑牌",则我方得分为"-10",对手得分为"+10";如果对手出的也是"红牌",则双方得分均为"+20"。

(2) 如果我方集体决定出"黑牌"的同时,对手出的是"红牌",则我方得分为"+10",对手得分为"-10";如果对手出的也是"黑牌",则双方得分均为"+10"。

【比赛目的】设法取得最高分数(答案在本书中找)。

【问题】

我们天天在谈判,每一个人都是谈判者,而且时时刻刻在谈判。与老板谈判增加工资幅度;与太太谈判周末的安排;VIACOM(维亚)与 CBS(哥伦比亚广播公司)谈判合并的安排;龙永图与巴尔舍夫斯基谈判中国入关的条件……不同人物、地点、层次都与谈判息息相关,如达成协议则可导致双方各自寻找的目标。

这个游戏中,你需要与团队成员谈判,或许也需要与对手谈判,那么,怎样才是最有利的谈判策略?是否有皆大欢喜"双赢"的可能?

结果……

好的媒体计划有赖于科学合理地执行,这个执行包括媒体的购买、谈判以及执行过程中的检测等内容。作为执行的主体——媒体购买人员显得尤为重要。他首先要根据自己所了解和掌握的信息帮助媒体策划人员制定出详实可行的媒体计划,再运用良好的专业技能与丰富的经验进行媒体的谈判与购买,最后依赖其敏锐的市场洞察力,对实施过程进行监测,并对变化迅速作出反应。[1] 媒体计划的修正依据来自对执行结果的评估,其主要监测的项目包括竞争品牌媒体投资的动态分析,以及对媒体计划实施效果的检定,从而形成广告媒体策划作业的循环模式(图13-1)。

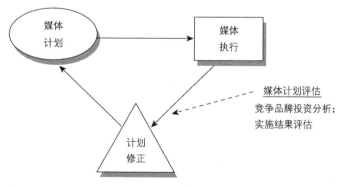

图13-1 媒体计划、媒体执行与计划修正的循环关系及媒体效果评估的作用

通过学习本章,读者可以:
- 了解媒体购买的基本职能、一般程序、主要策略及战术;购买谈判的技巧及行为模式;
- 理解媒体效果评估的内容及意义;
- 掌握媒体效果评估的主要方法及衡量指标;
- 了解媒体效果评估的主要理论模型及其思想。

13.1 广告媒体的购买执行

一旦所有的营销战略、广告战略以及媒体策划活动完成,创意方面也明确之后,广告人便可以着手进行实际媒体排期与媒体购买的具体战术操作,到电视台、广播台、报纸、杂志社购买时段和版面。在媒体上发布广告是广告活动中最大的费用支出,因此,如果媒体购买操作得力的话,广告主的资金便可以得到最大效益的利用。[2]

13.1.1 广告媒体购买策略

1. 媒体购买的职能

广告媒体的购买即购买排期指定的印刷或电子媒体,是对媒体广告单位使用时间和付费成本的一种预约和交换。[3] 为了完成品牌的营销目标,媒体策划人员要处理时段、总收视点、到达率、接触频次、时间安排和地区比重等问题。但媒体策划方案只是界定了要以"这么多"的钱购买"那么多"的总收视点。至于决定购买哪些节目承载广告,则是职业采购者的工作。采购者负责把广告安置在节目中,按照指定的预算传递所需要的总收视点。[4]

负责媒体购买的一般是广告公司的媒体购买人员,由于大型媒体购买公司的兴起,媒体购买工作有时也托付给媒体购买公司来完成。媒体采购员主要负责与媒体进行谈判、签订合同。由于单个的媒体购买人员往往精于一种媒体,因此,广告业界有印刷媒体采购员、插播电视媒体采购员、网络媒体采购员等职位。媒体购买人员要熟悉整个媒体市场的情况,如各类广告价格,广告预约时间,某个时间段的节目安排和各种媒体数据等。一般情况下,媒体购买人员在广告媒体策划中将主要承担以下6项基本职能(图13-2):

(1)为媒体策划人员提供内部信息。媒体购买者紧跟媒体的普及性和定价的变化,能为媒体计划人员提供连续的内部信息。

(2)选择媒体载具。媒体购买的一项基本职能是选择最好的媒体载具,从而配合目标受众的缝隙(目标受众最易接受信息的时间及地点)。媒体计划人员制定指导方针,而购买者负责选择具体的载具。

(3)协商媒体购买价格/授权购买。除了发现与缝隙相关的目标受众以外,在媒体购买中最重要的就是以尽可能低的价格购进媒体。由于购买时间和空间的费用在整个广告预算中的所占的份额最大,因此有持续的压力要求尽可能降低这项成本,为了达到这个目的,购买者常常忙于讨价还价。

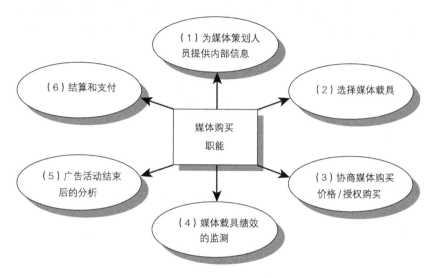

图 13-2　媒体购买的 6 项职能

资料来源:William Wells. John Burnett. Sandra Moriarty. Advertising Principles and Practice(six edition). 中国人民大学出版社,2005:259.

(4) 媒体载具绩效的监测。在广告活动的排期中,载体的理想表达是达到或超过预期计划。同样,每一则广告和商业广告海报都应该达到预期的效果。事实上,广告业绩低下问题和排期问题经常出现。购买者必须迅速果断地对这些问题作出反应,应该替换业绩低下的媒体或者调整成本预算。制作和排期的错误必须及时纠正,反应迟钝将会影响品牌的销售。

(5) 广告活动结束后的分析。一旦广告活动结束,计划人员的责任就是比较预期计划和实际结果。计划是否达到了总视听率、到达率、接触频次和每千人成本的目标?报纸和杂志的刊登位置是否到达了预期的效果?这些分析对以后的媒体计划具有一定的指导意义。

(6) 结算和支付。各种媒体的账目清单接踵而来,最后应由广告主支付这些费用。然而,广告代理可能按合同支付初始清单;或者,由于代理公司和所选媒体之间各种各样的讨价还价,也许代理公司先向媒体进行支付然后向客户收款的方式对其比较有力。记录发票和支付清单需要媒体计划人员与会计部门协同负责。[5]

2. 媒体购买的一般程序

广告媒体计划一经确定之后,购买预定广告发布渠道的重任便交托给了媒体采购员。媒体采购员基本的职业技能、对目标媒体特性的事前了解、谈判、灵机应变能力,在购买预期媒体的过程中起着决定性作用。在购买媒体时段或版面期间,广告主和广告代理商应全力协助媒体采购员,以实现最大程度的预期媒体购买。广告媒体的购买是一个复杂的过程,需要广告主或媒体购买人员进行一系列的调查、研究和决策。这个过程是媒体购买的基本流程,也是成功的广告媒体购买的必经阶段(图13-3)。

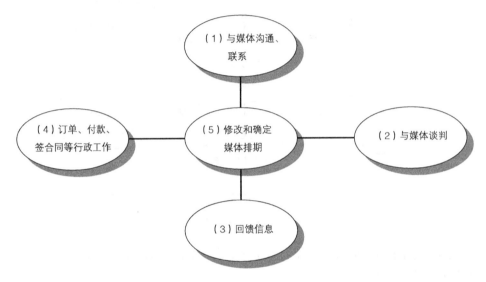

图13-3 媒体购买的一般程序

(1) 与媒体沟通、联系。电视预定在15~45天之前,要预付广告费;材料提前7~14天上交,需审查。报纸的版面需在10~45天提前预定;材料提前4~10天上交,需审查。杂志的版面,需提前1~12个月预定;材料提前2~6个星期上交,需审查。当然这只是一般情况,具体操作还要看具体情形,及时作出合适的调整。

(2) 与媒体谈判。以电视台为例,电视台定期公布自己的广告时间销售价目表,不过由于电视台总是以最佳程度估算电视观众人数,所以媒体采购员要在价格上与电视台代表进行谈判。采购人员在谈判之前应向电视台的销售代表说明广告主所要求的传播效果和CPM效果。在谈判时可运用多种购买策略,运用自己的购买技巧和谈判技能,与电视台代表进行协商,以尽可能低的价格买到尽可能多的媒体时段。

(3) 回馈信息。及时向广告主反馈媒体购买的进程,调整购买方针,在条件许可的情况下,制定多种购买策略,力争最优的媒体组合传播效果。

(4) 购买实施,即完成订单、付款、签合同等行政工作。签署合同之前,媒体采购员必须仔细研究合同,合同应说明广告的播出日期、播出次数、播出节目、广告片长、每次播出的费用以及广告费总计,合同背面则为付款条件及广告主、广告公司返回一份经签字和公正的执行证明书,要说明何时播出了广告,以及广告主或广告公司可要求什么赔偿条件,确保广告以双方同意和满意的形式播出。[6]

(5) 修改和确定媒体排期。修改和确定媒体排期是媒体购买活动中的最后一环,媒体计划中最重要的部分,也是广告最终将以何种方式露出的蓝本。因此,在最后的关头,媒体购买人员、媒体广告部、广告代理商、广告主,应结合媒体购买人员与媒体广告部达成的最终购买结果,依照整个媒体计划,围绕本次广告活动的最终目的,对媒体排期进行最后的修改和完善,最大程度地实现广告媒体投放效果。

3. 媒体购买的策略与战术

从媒体计划和媒体购买的衔接关系来看,可分成购买策略和购买战术两部分。其中,购买策略是指媒体购买者从计划思考的角度,去衡量"质"方面的考虑,以确保把握长期的购买行情变动,设计出多利的方法;或者从短期的角度,提出应变的策略。[7]常用的媒体购买策略主要有:

(1) 非黄金时段的购买。某些非黄金时段有时也能达到黄金时段的传播效果,甚至会产生更好的效果,同时节省不少费用。

(2) 批量购买。当广告购买量较大时,媒体的优惠是必然的。广告公司多采用这种方式购买,再分配给不同的广告客户。

(3) 贴片购买。即对某一节目中的广告时间进行购买,使该广告与节目成为一体,随着该节目在不同地区的播放而实现与观众的接触率和覆盖面。

(4) 总量购买(提前购买或长期购买)。即以 1 年的广告购买总量,或者某一频道、杂志或者报纸,某一栏目的广告总量为对象,进行一次性购买。总量购买可以降低媒体购买成本,有利于提高媒体发布安排的主动性。

(5) 时机购买。主要是指在一些重要节目或重大事件时期的购买,或者根据产品特性来进行的时机购买。[8]

(6) 伺机购买。指在广告版面和时段还有剩余的情况下,购买人员在最后关头才拍板购买。伺机购买,想要的时段已经卖掉的可能性很大。从积极的方面来说,因为媒体想要在播出日期之前快点把剩余的时段和版面卖完,伺机购买有时相当划算。[9]

购买战术,则指媒体购买者的购买技术,是从衡量"量"方面的考虑,尤其是对购买技术的操作,以便能够控制在预算之内,超越媒体目标的要求。[10]图 13 – 4 是实力传媒(Zenith Media)的电视购买操作程序,有助于我们更加微观的了解广告代理商媒体购买技术的具体细节。

如何将广告准确无误、按时、按量地投放在媒体上,方案执行的步步为营起着决定性的作用。方案执行尤其要注意细节,执行者要对所合作的对象的秉性了若执掌,以最大程度地争取理想的媒体传播效果。

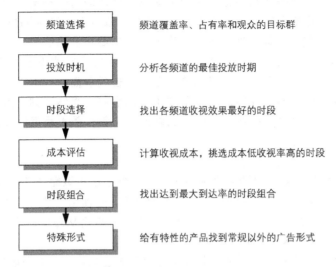

图13-4 Zenith的电视购买操作程序

13.1.2 媒体购买的谈判策略

1. 媒体购买的谈判技巧

媒体特性中比较不利于媒体本身发展的一些缺陷，使得媒体购买人员可谈判的余地大大提高。媒体谈判人员在谈判之前应对媒体广告部的制度、经营情况、内部人员调动情况、目前广告时段（版面）占用情况、要谈判的对象等作详细的了解和研究，在谈判过程中则要发挥耳听八方、眼观四方的特长，及时吸收相关信息，使之成为谈判的筹码，促进合同的达成，为广告主争取到应有或较好的购买结果。

著名市场策划和营销传播顾问约翰·威廉姆斯·赫尔斯特指出，在谈判中应尽可能避免以下行为：

（1）不要告诉他们你的预算数字；

（2）不要忘记最后一次谈话中你谈的话，你不应该忘记你用到的编排出来的目标对象；

（3）不要告诉他们在每天的成本排行中高居榜首；

（4）不要提出你希望支持的价格，总是把议价压得很低；

（5）不要告诉媒体，上一次广告的反馈水平提高；

（6）不要陷入太多数量和份额的交易中。

上述经验总结虽可供媒体购买人员在实际的购买操作中参考，但在具体的谈判中，主要还是依靠谈判人员的个人谈判经验和素质，靠个人灵活的应变能力等来决定。[11]

2. 媒体购买谈判行为模式

作为谈判双方，基于结果导向和关系导向的不同考量，会有多种迥异的谈判策略选择及行为反应（图13-5）。谈判时，应致力寻求双方得益的方案，放弃传统

"你死我活"的谈判方针。在谈判的过程中，虽有妥协，但双方或许最终反能收获最大的利益，这样的谈判氛围与基调显然比较容易被对手所接受。可以预想，如果我们将自己的谈判目标定位成双方的"大"利益，那么对手同样也容易妥协，有助于建立长期的互利关系，进一步巩固长期利益以致建立双赢的结果，这也恰是我们在开篇引例中所隐含且积极倡导的思维理念。

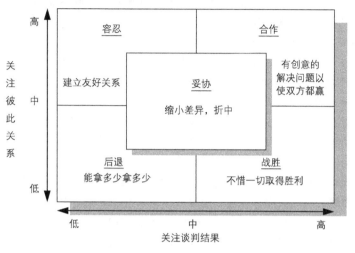

图 13-5 谈判行为模式

链接·视点

媒体购买之谜大揭底

【媒体购买之谜一：空手套白狼】

媒体购买是一个让人着迷的行业，但同时却一直戴着较为神秘的面纱。曾经在网上看到国内不少来自著名大学新闻传播方向的专家，称在新时期广告传媒行业竞争中，来自国际的媒体购买公司将有着非常大的资本优势。

显然，这又是一次颇有中国特色的教育制度下产生的行业偏见，很大程度上是因为相应的专家们可能从来就没有在媒体购买公司中实践过：国际媒体购买公司在运营上没有资本优势。虽然仅仅是两年前才从传媒转到媒体购买，笔者对于媒体购买的"空手套白狼"的特性却深有感触。

媒体购买公司是充当客户和媒体的中间桥梁。从表面来看，Group M、China Media Exchange 和浩腾媒体等各大国际媒体购买公司在中国的广告销售额都在数十亿到一百亿元人民币之间，但其实这所有的钱都是来自客户的，且其中大部分将付给媒体。

媒体购买公司的第一要素就是要争取做到现金零投入。换句话讲就是要在客户收款和媒体付款之间求得平衡，最后自己不出钱。当然要做到这一点并不容易，笔者不能代表整个行业讲话，但自己所在的一家国际著名媒体购买公司却真正做到了这一点。

【媒体购买之谜二：不可或缺的中介】

关于媒体购买的作用一直有争议。

在中国台湾地区市场，媒体十分分散，曾经有传媒界大佬级的人物称台湾地区的传媒市场就是被媒体购买们给搞坏了。

在中国，至今媒体购买企业的定位仍然不清晰，像Group M、浩腾媒体和实力传播等领先者们虽然已经承担着数十亿元人民币的业务，有着不菲的收入和利润，却仍然挂靠在兄弟广告公司旗下。

媒体购买企业是什么？首先它是一个广告公司，承担着为广告客户做媒体投放计划，并实施相应媒体计划的功能。同时，媒体购买企业与传媒又密不可分。媒体购买企业必须对传媒市场洞若观火，能够在第一时间为客户建议最好或最新的媒体宣传形式，为客户谋取最大利益。

前文中曾提到国内一些传媒教授们批评媒体购买企业，说这样形成了垄断，其实这是一个大的误解。媒体购买企业在与相应传媒讨价还价得到的好处，一般是要返还给广告客户的。媒体购买企业在与相应传媒谈判时，具有单一广告客户所不具备的优势，那就是大批客户所形成的广告总量，而相应传媒也愿意在总量增大的前提下给媒体购买企业以较大的广告价格优惠。这样媒体购买企业所服务的广告客户们就能享受到自己所不能享受的广告价格优惠，而这当中的差别有时会达到百分之十至五十。

同时，媒体购买企业能够在广告投放结束后给客户提供CSM或AC Nielson的报告，使客户能够体会到相应广告投放的效果。

除了广告投放价格的较大优惠外，广告客户通过媒体购买企业还能节约相应的人力成本。毕竟，媒体购买企业的员工（特别是购买类员工）通常能够承担多个客户的工作，而实现了成本节约。

媒体购买，其实是不可或缺的中介。

【媒体购买之谜三：资金运作】

对于媒体购买公司来讲，资金运作是媒体购买公司成败的关键。就像街边大妈摆的摊，其成功的生命线在于周转金是否做到周转了。哪一天资金链断了，生意也就快收山了。

媒体购买公司的甲方是广告客户，甲方在中国社会生活中意味着什么则不言而喻。甲方的大多数是好的，但总逃不过有一些"老赖"，总是拖着不付钱；或者甲方运营不佳，在广告投放过程中破产了。媒体购买公司向甲方们收款的过程充满着各种传奇故事。

按道理讲，媒体购买公司作为中介，在与其签订广告投放协议的乙方（即广大传媒企业）面前该是扬眉吐气了吧。也不尽然，一些乙方其实比甲方还牛，比如话语权极大的中央电视台、上海文广、深圳台，还有新浪网也同样牛气冲天。像这些乙方，媒体购买公司同样得小心侍候，从而经常不得不在客户还没有支付广告款前，被迫向上述乙方提前支付广告款项，苦不堪言。

因此，媒体购买公司就面临着收、付款的极大压力，其公司运营的核心就是要把从客户的收款和向媒体的支付这个流程管理完善，力求做到收支平衡。

在中国，由于市场信用体系不健全，各家媒体购买公司的招数各不相同。像WPP集团下属的传立媒体及Group M，为力求做大市场份额而不惜一切代价扩大客户资源，在面对一些"老赖"客户不付钱时，则通过向银行借贷来渡过难关。

像以财务保守政策著名的宏盟集团下属浩腾媒体，每当有新客户机会时，总是提前通过保险公司对相应客户予以背景调查，若遇财务状况不佳或信用情况不好的客户，则婉言谢绝相应广告投放任务。

当然还有一类，就是拥有强大资金的部分本土媒体代理企业，比如互联网领域的好耶，手头拥有上千万美元资金，背后还有数亿美元的分众。估计好耶的管理层应当从来就没有愁过资金，而更多的是愁业务了。广告传媒领域中则把这一类称为资金运作中的"养尊处优"型。

【媒体购买之谜四：代理费计算的学问】

媒体购买企业看起来很风光，如前几名的国际企业，年销售额都有数十亿元，每天向媒体的付款都以千万计，管理层在签付款申请都会签到手软。可惜的是，这种媒体代理公司的收入却是王小二过年，一年不如一年。

主要原因是媒体购买行业竞争空前激烈，而且恶性竞争频频发生。如某媒体代理公司常常以不收代理费为由头来招揽广告客户。其实媒体代理行业没有"白求恩"，这些打着不收代理费的公司其实是试图通过向媒体或二级代理商收取更多的广告返点。同时，广告客户也在货比三家。据统计，中国市场的广告客户每三年换一家代理公司，是国际上平均六年的时间的一半，而且在中国市场还有一些广告客户每年甚至每个季度进行招标。

那么，这些媒体代理公司，或媒体购买公司的主要收入来源（即媒体计划和购买代理费）是怎么计算呢？

通常，为服务一个广告客户，一家媒体购买公司会建立一个专门的媒体计划团队，包括业务总监、计划总监、计划经理等，同时视相关媒体购买的情况设立专门的或共享的媒体购买团队。在计算代理费时，会将上述团队相应人员在此客户上所花时间，计算出全年的薪资总数。在薪资总数的基础上，再加上员工福利，及其他运营费用，得出该客户的总体服务成本。然后根据客户的慷慨程度加上 0~15% 的利润率，就得出相应媒体代理费的实际数。

所以，决定相关服务费的最关键因素就是广告客户相关服务团队。如果一个广告客户希望有较为高级的媒体计划总监及购买总监进行服务，就得承担较高的代理费。如果一个客户只愿意承担较低的代理费，那么该客户见到服务自己的团队全是"小朋友"时就不要吃惊。

【媒体购买之谜五：铁打的营盘流水的兵】

媒体购买行业员工的流失率之高，令人叹为观止。媒体购买行业员工，尤其是计划部员工的工资之高,令人咂舌。

这高流失率和高工资的背后,是媒体购买行业人才短缺的现状。国际4A公司有三到五年工作经验的媒体计划和购买员工,在市场上成了抢手货。除了在同是4A广告公司内流动外,国内外广告主的市场部为他们敞开,而本土广告公司更是以各种方法吸引他们的到来。

这高流失率和高工资的背后,也体现了国内大学广告专业培养人才的偏差。至今仍然没有任何大学的广告行业的内容与行业需要结合起来,因此相应的大学毕业生在上岗后也不太好用,即使是国内著名大学的毕业生,到了工作岗位上还得重新培训。

上述情况直接导致了所有4A公司,特别是目前业务较小的公司,更愿意以大价钱请行内有经验的人才,而不愿意从大学应届生招聘而加以培训。长期以来,就造成了媒体购买行业人才短缺的恶性循环。

而广告主那方面,在4A广告公司人才流失方面也有一定责任。与国际平均六年的情况不同,国内广告主一般两到三年就要换代理公司,而这个过程就会导致员工大跳槽。比如一家国际著名奢侈品牌在换代理公司前,就要求后来的代理公司把前面代理公司做此品牌的所有员工给"挖走"。所以在广告行业还有一个奇特现象,广告主换了广告代理公司,而相应操盘的媒体计划和购买还几乎是同一班人。

这些,都应验了那句老话:铁打的营盘,流水的兵。

资料来源:李映红. 媒介购买之谜系列. http://blog.chinabyte.com/113/yhli/12113.shtml. 2007-03-26.

13.2 广告媒体效果评估

广告活动一旦开始,媒体的监测就要发挥作用。不仅要对购买、方案执行进行时时评估,更要对投放之后的媒体传播效果进行深入仔细地评估。针对不同媒体,评估其传播效果的方法也不一样,不过目的却是相同的:客观地评价媒体投放的成效,提高媒体投放的科学性,加强对媒体投放质量的控制,最大限度地发挥媒体投放的效益。

13.2.1 广告媒体效果评估的内容与意义

广告效果就是广告的质量,是指广告主把广告作品透过媒体揭露之后,加诸于消费者的影响。[12]投放巨资在媒体所作的广告,其效果究竟能否衡量以及如何衡量,简单地说,就是广告业有没有统一客观的质量标准的问题,这不仅事关企业兴衰成败,同时也是广告理论界一个亟待解决的基础性问题,是解释广告行业竞争与发展模式的一个重要前提条件。目前关于媒体广告效果评估的主要内容有:广告的传播效果、广告的社会(心理)效果和广告的经营(销售)效果,广告的效果可以视为这三个方面的综合效应(图13-6)。[13]

评价广告媒体效果主要是通过对媒体传播效果的评价来衡量,其评价指标主要有：媒体传播范围、视听率、毛评点、视听众暴露度、到达率、接触频次、有效到达率、频次五等分配和千人成本等。

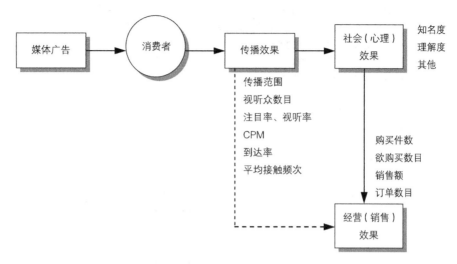

图13-6 媒体广告的三种效果示意图

资料来源：赵永谦. 企业广告媒体组合优化及评估研究. 天津大学硕士学位论文，2004：64.

广告媒体是对消费者提供品牌信息的主要手段，作为广告信息和广告创意的物化形象载体，它的使用直接决定了传播的影响范围和准确程度，同时也影响到策划创意的广告形象诉求的感染力。在当下媒体投资日益巨大的趋势下，媒体在广告传播中所扮演的角色将越来越重要。媒体产业的迅猛发展，媒体市场出现细分化现象，增加了广告媒体选择的困难程度。媒体人员不仅要利用重复来加强消费者记忆，还要考虑如何在消费者接触媒体的现实环境中，寻找最佳接触时空，使计划的信息传送能最大化促进广告传播效果，因此媒体效果评估是非常重要的。

广告媒体效果评估通过检查预期媒体投放目标的实现程度，分析媒体战略及媒体计划的实施效果，并分析检讨计划设定的成功与失误，积累经验教训，对提高广告媒体计划科学性，提高广告投资效益具有重要的现实意义。[14]

13.2.2 广告媒体效果评估的方法与模型

1. 广告媒体计划执行效果评估

媒体计划的效果评估指的是对媒体策略的准确性及实施完成情况的检查评价。媒体计划实施的目的在于产生传播结果，而结果的产生涉及计划的准确性以及实施的完成度，因此在检视上，应根据实施结果，针对作业内容上的关键衔接点加以查验（图13-7）。

（1）媒体计划执行的完成度评估（A点的检查）

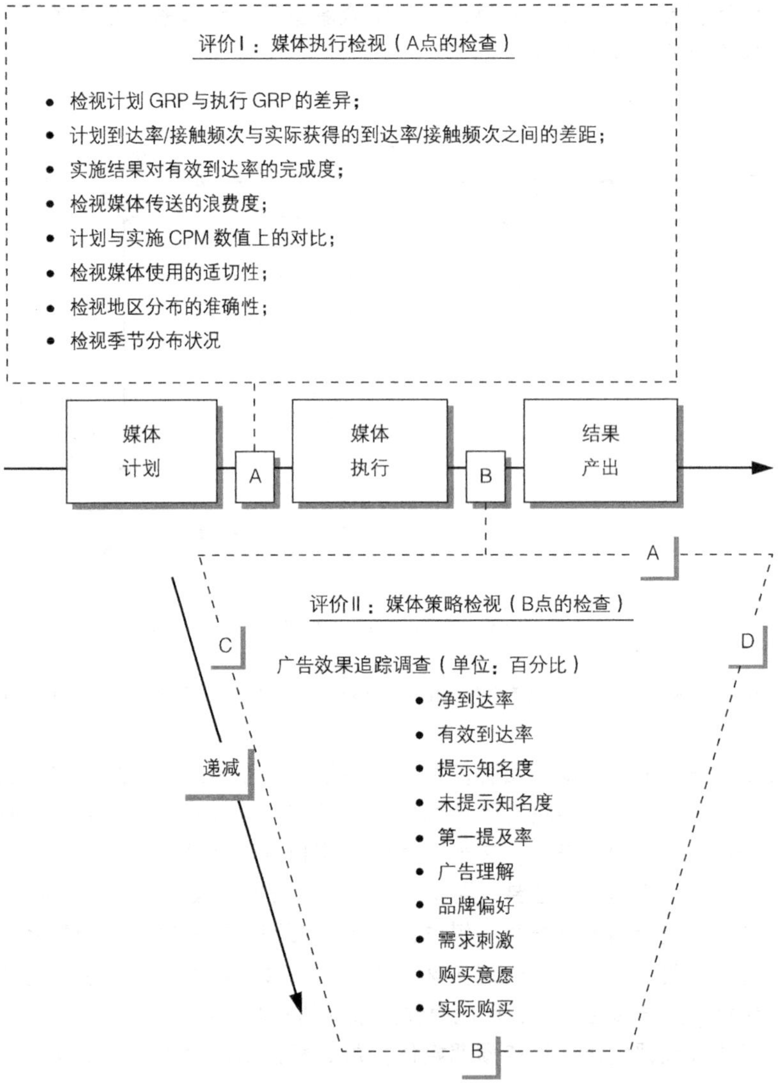

评价Ⅰ：媒体执行检视（A点的检查）

- 检视计划 GRP 与执行 GRP 的差异；
- 计划到达率/接触频次与实际获得的到达率/接触频次之间的差距；
- 实施结果对有效到达率的完成度；
- 检视媒体传送的浪费度；
- 计划与实施 CPM 数值上的对比；
- 检视媒体使用的适切性；
- 检视地区分布的准确性；
- 检视季节分布状况

媒体计划 → A → 媒体执行 → B → 结果产出

评价Ⅱ：媒体策略检视（B点的检查）

广告效果追踪调查（单位：百分比）

- 净到达率
- 有效到达率
- 提示知名度
- 未提示知名度
- 第一提及率
- 广告理解
- 品牌偏好
- 需求刺激
- 购买意愿
- 实际购买

递减

图 13-7　媒体计划评估模型

媒体执行是承接媒体计划，将其放进媒体市场执行购买的媒体作业活动。因此，检视的重点在于计划执行的完成度情况。媒体计划执行的完成度评估一般采用事前事后评估法，即对媒体投放前后的几项重要指标进行对比分析，由此来评价效果（图13-1）。也就是说，购买执行检视集中于计划与实施的对比，较偏向于"对错"的检定。[15]

媒体加油站

Example13-1：表13-1是某食品生产商在5月份的广告媒体投放效果监测数据，请分析评估后为下阶段的媒体预算编制提供建议。

某食品生产企业 5 月份广告媒体计划执行完成情况　　　表 13-1

市场	计划 GRP	实际 GRP	完成率（%）	计划到达率（6+）	净到达率（1+）	有效到达率（6+）
城市 A	370	392	106	55%	86.6%	56.6%
城市 B	500	762	152	55%	82.1%	58.5%
城市 C	500	390	78	55%	64.3%	32.9%
城市 D	500	557	111	55%	59.5%	34.3%
整体效果	468	596	119	55%	80.1%	53.6%

资料来源：严平. 基于接触度分析的纳爱斯牙膏电视广告传播效果评估研究. 中南大学硕士学位论文，2005：22.

制定媒体预算的时候，广告主对媒体投放肯定都有一个预期效果，如果实际投放以后最终达到了媒体目标，那么至少说明支付了足够多的预算，今后还可略为减小投放。反之，如果投放效果没有达到预期目标，有可能是预算不够，也有可能是计划环节出了偏差或投放组合存在问题。

从播后效果来看，在城市 A、B 里广告投放的实际效果要优于计划，无论毛评点（GRP），还是有效到达率（6+）都高于预期值。城市 C 的投放似乎出了一点问题，无论毛评点还是有效到达率都没有达到预期的效果。城市 D 介于前两种情况之间，毛评点高出了计划11%，但是有效到达率只有计划的60%左右。从四个城市的整体效果来看，基本上符合计划要求。

这只是一个短期投放的事后评估，还不能影响到整个预算，但是如果多次投放后的事后评估都显示出与计划的 GRP 和到达率值相差甚远，而媒体计划过程中也没有明显的操作失误，广告主就应该开始考虑增加预算的必要了。[16]

(2) 媒体策略制定的准确性评估（B 点的检查）

在检视完媒体执行对计划的完成度情况以后，应该进一步检视媒体策略制定的准确性。媒体策略的检视偏向从整体广告对营销产出的角度加以评估，侧重于"好坏"的判断。主要运用广告效果追踪调查的方法，凭借调查的结果修正媒体计划的方向。

从媒体露出所获得的净到达率到最终实现销售产出的整个过程，一般具有如下特征：如图 13-7 中 B 点部分的倒梯形所示，图形的宽度代表各层级所获得的百分比。从媒体涵盖所提供的净到达率至销售的产出，呈现出层层递减的现象，从而形成显著的倒梯形图形。理想的图形为接近长方形，即 A 线与 B 线的长度相当（最理想的图形为长方形，但事实上不可能）。在现实的环境中，两边的斜线（即 C、D 线）将因品牌在各层次所获得的百分比的落差形成锯齿状，而不会呈现如上图的直线；各品牌的锯齿也将因品牌在营销、传播与媒体表现上的差异而呈现不同的锯齿形态。根据上述倒梯形的形成及各层级的影响因素，广告追踪调查的主要功能在于检视呈现锯齿下陷的层级，以分析问题所在，从而凭借问题的解决铺平锯齿的下陷，使倒梯形能尽量接近长方形。[17]

2. 广告媒体效果评估模型

(1) 广告媒体效果评估的 ARF 模型

ARF 媒体评估模型是 1961 年雷奥·巴内特公司 (Leo Burnett Company) 的副社长执掌西蒙银行 (Seymour Bank) 顾客委员会时在美国广告调查财团 (ARF) 发表的。[18] ARF 的媒体评价模式中,纯粹体现媒体广告效果的有三个方面:"媒体普及"、"媒体接触"、"广告接触"(图 13-8)。

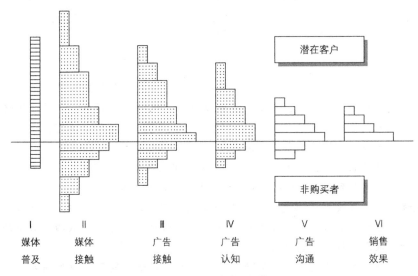

图 13-8 ARF 媒体效果评估模型

资料来源:清水公一. 胡晓云,朱磊,张姮译. 广告理论与战略. 北京:北京大学出版社,2005:236.

这里说的"媒体普及",就是把握发布广告的媒体向谁发布的问题。在电波媒体中指广播和电视总的普及台数,或者有收音机和电视机的总户数,在印刷媒体中指报纸、杂志的发行份数或者实际售出份数。

其次,"媒体接触"是指潜在的听众、观众的总数。具体来说,电波媒体的情况是在特定的时间内电视观众和广播听众的总数,或者在特定的时间内打开收音机、电视机的总数。印刷媒体的情况包括被传阅的读者总数。可见,抓住某特定媒体的接触比率,也是媒体效果评估的标准之一。

从"媒体普及"到"媒体暴露",广告还没有出来。广告出现在下面的"广告接触"阶段。"广告接触"是指以广告为单位所接触的听众、观众总数,以及观众接触广告单位的频度总数。电波媒体的情况是正在收看播放广告通讯的总数,印刷媒体的情况包括报纸和杂志两个方面,报纸方面是指读者总数乘以特定版面的广告注目率的积数,杂志方面是指特定期的广告读者总数。该阶段是把握视听广告的可能性而不是评估实际接触状况。

比上述三个阶段更高一个层次的效果指标是"广告认识"、"广告沟通"及"销售效果",它们不仅是广告媒体的效果,而且也是广告媒体和广告表现效果的综合反应。

另外,ARF 模式说的广告沟通,指提高对广告商品的理解,形成好的印象以及决定购买的意识,这点和 DAGMAR 模式并不完全一样。要认识到 ARF 模式的范围更广,这点是很必要的。[19]

(2) 广告媒体效果评估的 ARF 模型

日本学者清水公一在 ARF 模型的基础上,进一步考虑了关涉度对广告效果的影响,建构了新的广告效果评估模型(图 13-9)。

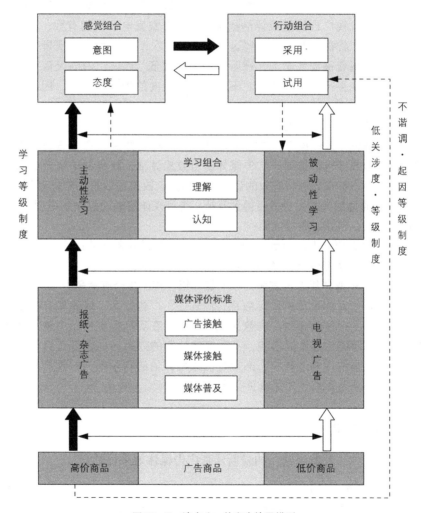

图 13-9 清水公一的广告效果模型

资料来源:清水公一. 胡晓云,朱磊,张姮译. 广告理论与战略. 北京:北京大学出版社,2005:286.

所谓关涉度(Involvement),可分为品牌关涉度和广告媒体关涉度。该理论的基础是库拉格曼（Herbert. E. Krugman）的广告媒体关涉度研究，其研究发现：像杂志这样的印刷媒体，如果受测者不愿读，就不能得到信息，这属于主动性学习（Active Learning），所以关涉度高；而电视媒体是在舒适状态下收看的，所以关涉度低，在关涉度低的情况下，广告几乎不可能改变视听众态度。

该模型中，媒体评价标准的三个项目"媒体普及"、"媒体接触"、"广告接触"，其定义与 ARF 媒体评估模型相同。左侧的报纸、杂志广告的效果评估指标包括发行份数、重复阅读率、传阅率、阅读率、注目率、累积到达率、接触频次等。报纸、杂志广告读者的关涉度高，伴随着主动性学习，黑的大箭头朝向高关涉度的决策过程变化。右侧的电视广告的效果评估指标有，每个家庭电视机拥有数、开机率、节目视听率、电视广告视听率、累积到达率、接触频次、GRP 等。电视是在舒适的状态下收看的，伴随着被动性学习，视听众的关涉度低。因此，白的大箭头朝向低关涉度的状况下的购买行为过程变化。不符合上述倾向的情况也存在，因此，以细箭头表示相互的影响。[20]

3. 广告媒体组合效果评估

在实际的媒体投放过程中，往往是同时运用几种媒体进行广告宣传，因此广告媒体的组合投放效果也很重要。广告媒体组合效果评估，就是评估选定的媒体及其组合是否能针对目标市场进行有效的说服。媒体组合效果评估的主要内容有：

（1）不同媒体的传播优势是否得到互补，重点媒体与辅助媒体的搭配是否合理，是否被所有的目标消费者所接触到；

（2）媒体覆盖影响力的重点是否与广告的重点诉求对象一致；

（3）媒体组合的整体传播效果是否降低了相对成本；

（4）本广告的媒体组合与竞争对手的媒体组合相比是否有竞争力。

为了测定广告媒体投放的实际效果，广告主、广告公司、媒体和其他专业调查公司，都开发出了很多模式对广告效果进行评估。在实际操作中，广告媒体的传播效果要受到很多不确定因素的影响，不同媒体计划的效果评估也都有自己测定的侧重点，因此在具体的评估过程中，必须重视效果评估的科学性，根据不同情况灵活地调整评估的方法与重点，才能真正实现预期的目标。[21]

企业标杆个案 10

大鹏展翅：纳爱斯牙膏广告媒体效果评估

【牙膏行业整体广告状况】

广告的评估，首先是分析行业的整体投放状况，这也是研究竞争对手广告投放的一个关键步骤。

2005 年上半年，牙膏行业在长沙电视市场 14 个频道共投放广告 37413 条，852861 秒，广告投放成本 372390167 元（按照各媒体的刊例价进行统计，具体投放时，折扣不同，投放金额有一些差距），平均暴露频次 459.6，表 13-2 为各品牌牙膏的投放情况。

2005年上半年长沙市场广告投放状况　　表13-2

	插播数	播出天数	平均接触频次	累计毛评点	累计接触度('000)①	累计成本	累计时长	覆盖率(%)
佳洁士	12971	181	154.8	15314.4	274133	139299800	376186	98.9
高露洁	11863	181	151.6	14964.8	267891	107566067	243656	98.7
中华	249	34	4.8	268.8	4812	5029000	6795	55.5
黑人	1591	122	22.1	2035	36427	17063900	44745	92.3
两面针	583	119	13.2	1272.7	22780	6780900	8745	96.5
田七	2375	181	30.8	2819.6	50478	19811900	41262	91.5
黑妹	609	101	11.7	973.8	17432	7459400	8703	82.9
冷酸灵	699	98	13.6	1155.5	20683	10055800	10721	85
蓝天	1637	173	16.6	1538.9	27547	17349100	24535	93
纳爱斯	3881	181	56.4	5295.7	31948	20393200	62647	93.7
隆力奇牙膏	75	43	2.3	98	1754	495500	845	43.3
名人牙膏	1407	83	12.4	1114.2	19944	8703400	12665	89.6
所有	37413	181	459.6	45567.6	815695	372390167	852861	99.2

资料来源：央视市场研究（CTR）。

从各品牌牙膏的投放来看，佳洁士和高露洁是两个大户，所有指标的占有量均超过60，而其投放的两项主要指标平均接触频次和累计毛评点保持了平衡，显示了4A公司广告投放丰富的经验。

从这些数据我们可以做广告毛评点份额SOV（Share Of Voice）和广告费用份额SOS（Share Of Spend）分析，从中可以看出广告投放的效率高低。如果能再结合SOM（Share Of Market），就能得出整个营销体系运营的效率。

从表13-3可以看出佳洁士品牌花费了37%的成本，却取得了44%的时长，可见其购买收视点的策略的成功。最失败的要属中华牙膏，累计时长和累计毛评点大大落后于累计成本，投入与产出不成比例。

① 接触度是给定的载体实际送达的人次与所有目标观众的比例，同时也是电视广告传播效果的数值化表现形式。通过接触度的分析，可以比较详细地了解到电视广告传播的效果。

各品牌分指标占有情况　　　　　　　　　　　　表13-3

	平均接触频次 (%)	累计毛评点 (%)	累计成本 (%)	累计时长 (%)
佳洁士	33.68	33.61	37.41	44.11
高露洁	32.99	32.84	28.89	28.57
中华	10.04	5.59	11.35	7.80
黑人	4.81	4.47	4.58	5.25
两面针	2.87	2.79	1.82	1.03
田七	6.70	6.19	5.32	4.84
黑妹	2.55	2.14	2.00	1.02
冷酸灵	2.96	2.54	2.70	1.26
蓝天	3.61	3.38	4.66	2.88
纳爱斯	12.27	11.62	5.48	7.35
隆力奇牙膏	0.50	0.22	0.13	0.10
名人牙膏	2.70	2.45	2.34	1.49

资料来源：央视市场研究（CTR）。

纳爱斯的广告投放算是比较成功的，只用了5.48%的成本，获得了11.62%的毛评点和12.27%的平均接触频次。

【纳爱斯牙膏广告效果评估】

单一品牌的效果评估主要以月为一个周期，从几个重要的数值：插播数、平均接触频次、累计毛评点、累计成本、累计时长、覆盖率和累计成本/接触度等指标来比较每月的投放情况。

从表13-4所示的分月投放指标看，纳爱斯牙膏的电视广告投放成本在逐月下降，这与公司的整体营销策略有关，在投放的前期以品牌宣传为主，投放量较大，一个季度后，宣传以品牌维系为主，投放量逐渐缩小，宣传以其他形式的推广为主，电视广告为辅。随着投放成本的降低，其他指标如平均接触频次、累计毛评点、累计时长和覆盖率也相应出现下滑。

纳爱斯牙膏电视广告4岁以上观众分月投放数据　　　　表13-4

	插播数	平均接触频次	累计毛评点	累计成本	累计时长	覆盖率 (%)	累计成本/接触度
1月	770	18.6	1257.5	4861400	16250	67.5	216

续表

	插播数	平均接触频次	累计毛评点	累计成本	累计时长	覆盖率（%）	累计成本/接触度
2月	700	11.9	901.4	4067400	14674	75.5	252
3月	769	13.8	915.1	3970300	12445	66.3	242
4月	666	14.3	867.2	3242100	7288	60.7	209
5月	466	8.2	455.9	2014500	4190	55.5	247
6月	510	6.9	353.3	2237500	7800	51.1	354

资料来源：央视市场研究（CTR）。

但有一个指标——累计成本/接触度却出现上升，显示出广告投放效率进一步提高，这就是纳爱斯集团多年来投放广告经验的积累所在。

纳爱斯牙膏目标观众电视广告分月投放数据　　　表13-5

	插播数	平均接触频次	累计毛评点	累计成本	累计时长	覆盖率（%）	累计成本/接触度
1月	770	20.3	1430.1	4861400	16250	69.9	561
2月	700	11.2	883.1	4067400	14674	78.1	758
3月	769	14.8	1030.8	3970300	12445	69.4	635
4月	666	15.2	992.1	3242100	7288	65.5	546
5月	466	8.5	524	2014500	4190	61.8	643
6月	510	8.3	435.7	2237500	7800	52.8	861

资料来源：央视市场研究（CTR）。

从表13-5所示的目标观众（20~55岁女性）的收视数据看，其一个重要的指标——覆盖率明显高于4岁以上所有观众。所以从成本上考虑，此次广告投放的针对性非常强，面向目标观众的效率大有提升，另外我们将两组数据进行分项比较，如表13-6所示，更能充分说明这一点。

纳爱斯牙膏电视广告目标观众和4岁以上观众投放比较　　　表13-6

	平均接触频次		覆盖率（%）		累计成本/毛评点	
	目标观众	比较	目标观众	比较	目标观众	比较
1月	20.3	9.14%	69.9	3.56%	3399.5	-12.06%
2月	11.2	-5.88%	78.1	3.44%	4605.9	2.07%
3月	14.8	7.25%	69.4	4.68%	3851.7	-11.22%

续表

	平均接触频次		覆盖率（%）		累计成本/毛评点	
	目标观众	比较	目标观众	比较	目标观众	比较
4月	15.2	6.29%	65.5	7.91%	3267.8	-12.60%
5月	8.5	3.66%	61.8	11.35%	3844.5	-13.00%
6月	8.3	20.29%	52.8	3.33%	5135.7	-18.91%

资料来源：央视市场研究（CTR）。

从以上几点来考虑，该产品上半年广告投放的整体效率达到一个比较高的水准，在目标观众的针对性上甚至高于4A公司的投放效率。

纳爱斯牙膏4岁以上观众接触度分析　　　　　表13-7

	累计成本	累计时长	1+（%）	3+（%）	6+（%）
1月	4861400	16250	67.5	49	37.6
2月	4067400	14674	75.5	55	38.1
3月	3970300	12445	66.3	48.3	33.8
4月	3242100	7288	60.7	43	31.6
5月	2014500	4190	55.5	32.1	19.6
6月	2237500	7800	51.1	26.9	14.8

资料来源：央视市场研究（CTR）。

如表13-7所示的4岁以上所有观众的接触度看，纳爱斯牙膏的6次接触度有下降的趋势，这主要同产品的观众策略有比较大的相关性，产品从导入期向成长期过渡，必然导致广告费用的下降，所以广告追求的更多是3次接触度，节约广告费用，削减成本。在成本下降的同时，再辅助以更多的优惠措施，直接让利于消费者，达到让消费者直接购买的目的。

纳爱斯牙膏目标观众接触度分析　　　　　表13-8

	累计成本	累计时长	1+（%）	3+（%）	6+（%）
1月	4861400	16250	69.9	52.5	42.6
2月	4067400	14674	78.1	55.9	37.9
3月	3970300	12445	69.4	51.1	34.6
4月	3242100	7288	65.5	46.3	34.4
5月	2014500	4190	61.8	35.9	21.4
6月	2237500	7800	52.8	30.1	17.7

资料来源：央视市场研究（CTR）。

如表 13-8、表 13-9 所示的纳爱斯牙膏目标观众，目标观众的到达率更好，证明投放的针对性把握得比较到位，基本符合受众观看电视的习惯。

纳爱斯牙膏目标观众和 4 岁以上观众接触度比较　　　表 13-9

	1+（%）		3+（%）		6+（%）	
	目标	比较	目标	比较	目标	比较
1 月	69.9	3.56%	52.5	7.14%	42.6	13.30%
2 月	78.1	3.44%	55.9	1.64%	37.9	-0.52%
3 月	69.4	4.68%	51.1	5.80%	34.6	2.37%
4 月	65.5	7.91%	46.3	7.67%	34.4	8.86%
5 月	61.8	11.35%	35.9	11.84%	21.4	9.18%
6 月	52.8	3.33%	30.1	11.90%	17.7	19.59%

资料来源：央视市场研究（CTR）。

整体而言，纳爱斯牙膏 2005 年上半年的广告投放是比较成功的，观众接触度并没有随着投放量的大幅减小而出现同样大幅的波动，比较成功地实现了公司广告战略的转移。

目标人群的接触度，除 2 月份的 6 次到达（春节）低于整体，其他月份都比所有观众指标高，体现了其营销决策者对营销理念的深层次理解，但节庆时观众的消费习惯还需要进一步研究。

纳爱斯牙膏细分观众接触度指标比较　　　表 13-10

目标观众	平均接触频次	累计毛评点	累计接触度（'000）	累计成本/接触度	1+（%）	3+（%）	6+（%）
4 岁以上所有人	51.7	4750.4	85040	240	91.9	84.8	76.2
性别　男	48.3	4426.7	40548	503	91.6	83.9	75
性别　女	55.2	5089.6	44492	458	92.2	85.8	77.5
年龄组 4~14 岁	52.4	4697.9	7246	2814	89.7	85.9	77.2
年龄组 15~24 岁	44.3	4400.8	14545	1402	96.9	89.5	80.2
年龄组 25~34 岁	55.9	5074	22521	906	92.6	84.7	74.7
年龄组 35~44 岁	45.2	3964.7	12385	1647	89.4	79.8	70
年龄组 45~54 岁	60.1	5641.4	15921	1281	92.1	88.1	83.1
年龄组 55~64 岁	53.1	4898.1	6554	3111	92.8	84.8	73.1
年龄组 65 岁以上	52.2	4379	5868	3476	83.3	75.8	68.3

续表

目标观众	平均接触频次	累计毛评点	累计接触度（'000）	累计成本/接触度	1+（%）	3+（%）	6+（%）
未受过正规教育	41.3	3688.9	2543	8019	89	82.2	75
教育程度 小学	72.3	6417.4	15118	1349	90.3	86.6	80.3
教育程度 初中	69.3	6592.1	35968	567	93.7	87.5	80.5
教育程度 高中	38.7	3709	23037	885	94.2	86.4	77.4
教育程度 大学以上	32.3	2613.9	8374	2435	86	75.9	63
干部/管理人员	28.9	2649.6	1867	10924	92.4	88.9	79.6
个体/私营企业	50	4518.7	8889	2294	92.6	84.9	74.1
初级公务员/雇员	41.2	3456	9090	2244	86.7	72.9	64.3
工人	41.7	4103.2	14251	1431	94.1	88.6	77.2
学生/无业	56.2	5168.8	40706	501	91.9	85.1	77.8
600 元以下	59.5	5534.4	27225	749	91.5	83.8	76
600~1200 元	40	3773.7	19848	1027	93.8	86.3	73.9
1200~2000 元	41.2	3431.8	5410	3770	88.2	79.4	70.8
2000~2600 元	25.1	2201	720	28314	78.5	73.8	69.1
2600 元以上	60.4	4843.3	3551	5742	83.8	74.8	66.3
无收入	56.4	5231.3	25761	792	93.4	87	80.9

资料来源：央视市场研究（CTR）。

表 13-10 是 2005 年上半年纳爱斯牙膏广告投放的一个细分观众群接触度指标比较，从这张表我们可以非常详细的得出今后广告调整的观众范围和方向，以及成本的控制问题。

从平均接触频次指标上可以看出，广告投放的方向主要是女性、中年、低学历和低收入，这与公司的产品定位是不相符的，应该向相应的方面调整。

从累计毛评点指标可以推出，今后的广告对象要注重针对 25~34 岁年龄层次，大学以上文化、干部及管理人员和高收入人群等观众群，使他们的接触度水平达到一个基本的水准，因为摆脱纳爱斯的"低档"定位，这部分消费者人群比较重要，是公司产品的主要诉求对象。

从其他如累计接触度、累计成本/接触度和接触度指标来分析，纳爱斯牙膏都无一例外地存在覆盖高端人群过窄的缺陷，这与公司投放的初衷不一致，需要在今后的投放中进行调整。

通过这次广告媒体效果评估，基本了解了 2005 年上半年牙膏行业广告投放的基本情况，详细分析了纳爱斯牙膏投放的得与失，明确了今后广告投放针对的方向，为下半年的广告投放调整进行了数据上的准备。

资料来源：严平. 基于接触度分析的纳爱斯牙膏电视广告传播效果评估研究. 中南大学硕士学位论文, 2005: 36~42.

个案思考题

1. 案例利用收视率中的接触度分析来评估纳爱斯牙膏电视广告的传播效果，这种方法有什么特点？是否可行？

2. 竞争品牌的投放效果分析，以及细致的针对不同细分观众群体的传播效果分析，对于准确把握企业品牌的广告媒体投放效果有何意义？你从中得到了什么启示？

3. 从效果评估上看，纳爱斯在上半年的电视广告投放可谓成功，但决非完美无瑕，请针对存在的问题，试为其下半年的广告媒体策略进行调整。

思考讨论题

1. 媒体购买中，广告主、广告代理商、媒体销售部分别承担什么职能，你能否提出一种最优分工，请说明理由。
2. 购买媒体讲究策略和技巧，阅读完本章之后，你觉得还有哪些地方需要改进？
3. 广告媒体传播效果评估对广告活动的意义何在？
4. 预测未来的广告公司与媒体购买公司之间的关联和差别。
5. 比较广告媒体传播效果的评估与广告效果评估的相似和不同。
6. 通过事前事后评估对媒体计划执行的完成情况进行比较相对容易，但忽视媒体策略制定的准确性评估或许更加致命，你是否同意这一观点？
7. 通过对 ARF 模型核心思想的学习，请重新思考媒体在广告与营销活动中的地位与作用。
8. 媒体策略检视（图 13-7）中的倒梯形结构与 ARF 模型是否存在某种关联性？

注释

1. 纪华强. 广告媒体策划. 上海：复旦大学出版社, 2006: 263~264.
2. 威廉·阿伦斯. 丁俊杰等译. 当代广告学（第 8 版）. 人民邮电出版社, 2006: 508.
3. 陈培爱, 覃胜南. 广告媒体教程. 北京：北京大学出版社, 2006: 318.
4. 杰克·西瑟斯, 罗杰·巴隆. 阎佳, 邓瑞锁译. 广告媒体策划. 北京：中国人民大学出版社, 2006: 317.
5. William Wells. John Burnett. Sandra Moriarty. Advertising Principles and Practice (six edition). 中国人民大学出版社, 2005: 259~261.
6. 威廉·阿伦斯. 丁俊杰等译. 当代广告学（第 8 版）. 人民邮电出版社, 2006: 562.
7. 周亦龙. 媒体的做点. 北京：企业管理出版社, 1999. 199.
8. 纪华强. 广告媒体策划. 上海：复旦大学出版社, 2006: 264~265.
9. 杰克·西瑟斯, 罗杰·巴隆. 阎佳, 邓瑞锁译. 广告媒体策划. 北京：中国人民大学出版社, 2006: 320.
10. 周亦龙. 媒体的做点. 北京：企业管理出版社, 1999. 199.

11. 纪华强. 广告媒体策划. 上海：复旦大学出版社，2006：266.
12. 樊志育. 广告效果测定技术. 上海：上海人民出版社，2000：2.
13. 赵永谦. 企业广告媒体组合优化及评估研究. 天津大学硕士学位论文，2004：64.
14. 纪华强. 广告媒体策划. 上海：复旦大学出版社，2006：271.
15. 陈俊良. 广告媒体研究——当代广告媒体的选择依据. 北京：中国物价出版社，1997：225~227.
16. 严平. 基于接触度分析的纳爱斯牙膏电视广告传播效果评估研究. 中南大学硕士学位论文，2005：22.
17. 陈俊良. 广告媒体研究——当代广告媒体的选择依据. 北京：中国物价出版社，1997：227~228.
18. 清水公一. 胡晓云，朱磊，张姮译. 广告理论与战略. 北京：北京大学出版社，2005：237~239.
19. 王东坡. 广告效果评估模型及其应用研究. 四川大学硕士学位论文，2006：26~27.
20. 清水公一. 胡晓云，朱磊，张姮译. 广告理论与战略. 北京：北京大学出版社，2005：271，286~287.
21. 王晓华. 广告效果测定：效果评估理论与运用. 长沙：中南大学出版社，2004：87.

开篇引例

答案：敌我双方均出"黑牌"各取"+10分"可能是风险最小，最有利于达成"双赢"的选择。

第14章 广告媒体策划学生原创案例赏析

广告的天地里,因你而精彩。

——致未来的广告主人翁

如果将媒体策划比喻成一出惟妙惟肖的舞台剧,那么从媒体战略环境分析,媒体目标设定,目标受众分析,地理性、时间性以及创意面的考量,媒体选择、组合、比重设定与排期,预算分配,购买执行乃至最后的效果评估,每一个环节都在这出遍布机枢的舞台大戏中扮演着不可或缺的角色。正是它们的有机组合,才为我们倾情演绎和奉献了最摄人心魄的艺术盛宴。

本章精选两则来自学生的原创案例以飨读者。所以称其为原创,在于我们尽可能本色地保留和维护了作品的原貌。这些原生态的学生作品,生动地向我们展现了这一群体灵动的想像力和无限的创意之源。同样地,也正因为它们的原汁原味而未加修饰,总难免流露出些许稚嫩的可爱和有待商榷之处。但正是这些综合的案例,有助于我们领会如何从散布的零配件中组合出一部考究的精密车床。它让我们可能跨越因人为章节编排所衍生的切割式思维的羁绊,逐步体会如何从系统化的视角来重新审视和建构广告媒体策略的宏伟蓝图。

14.1 学生原创综合个案1

激情奋进八千里,梦想超越国威扬:奇瑞2008"奋进·超越"火炬行动[①]

【项目背景】

奥运会向来属于各大企业进行体育营销的"必争之地",2008北京奥运会更是举

[①] 本案曾于2007年4月获"首届中国大学生公共关系策划大赛铜奖(暨全国十佳参赛作品)",团队成员为广东外语外贸大学何宜标、刘洲、郑泽鹏、李宇浩、钟乐波、梁雪妮,由何宜标执笔节录并供稿。

世瞩目。在各个企业巨人相互拼杀之际，作为非奥运合作伙伴的奇瑞汽车，想分得一份甜羹，就必须通过整合新旧媒体的传播效应，紧扣奥运的焦点，打一次漂亮的"擦边球"。

【项目调研】

市场分析

1. 中国汽车产业发展良好，2005年产量已超过了570万辆。随着市场的日益开放，众多专家认为，中国在不久的将来也会跻身于汽车出口大国行列。

2. 我国自主品牌汽车正在"与狼共舞"的过程中逐渐发展壮大。据有关部门统计，2005年上半年，自主品牌轿车已成为国内乘用车销量增幅的主力，国产乘用车销量企业排名中，天津一汽、奇瑞汽车和吉利汽车3家自主品牌企业进入前10名。

3. 外国汽车企业竞争力十分强大，无论在资本、技术还是人才上都占优势。

消费者分析

购买行为

根据新秦调查（www.searchina.net.cn）于2006年在北京、上海、南京、武汉、广州五个城市进行的调查结果和相关资料可知：

1. 被访者拥有的汽车以德系品牌（46.5%）居多，国产品牌（19.2%）虽排名第二，但与前者相距较大；

2. 国产品牌的性价比评价相对较高，但在质量和时尚两方面却明显落后于外国品牌；

3. 在未来购买意向中，德系品牌依然是消费者的首选对象，国产品牌也紧跟其后，位居第二；

4. 眼下的汽车工业则进入了平稳、理性的发展时期。2006年以来，耐用、省油、实惠的中低档轿车成为车市的主流，说明我国消费者更趋理性和务实。

消费者认知

1. 作为民族自主汽车品牌的排头兵，奇瑞在国内已经有较高的知名度。2005年奇瑞QQ在国内轿车品牌知名度排名中名列第五，与第一名桑塔纳仅相差6%。（数据来源：新秦调查 www.searchina.net.cn）。

2. 奇瑞品牌美誉度也不断地上升。在中国品牌研究院于2006年9月20日发布的《2006中外品牌美誉度调查报告》中，奇瑞品牌美誉度涨幅排名第七。

Strengths——企业的优势	Weaknesses——企业的劣势
• 与同等产品相比性价比高 • 在国内汽车行业，特别是自主汽车品牌内享有一定的知名度 • 拥有自主知识产权，有自主研发能力 • 与政府关系紧密，得到当地政府的支持 • 国家对民族企业有相关的支持政策，国家领导人高度关注自主创新 • 品牌美誉度不断提高	• 产品品牌内涵不完善，国人对其认识有偏差 • 与国际汽车企业相比，企业在财务、生产、研发能力上差距较大 • 产品品牌性能上没有突出优势
Opportunities——奥运带来的机会	Threats——奥运带来的威胁
• 奥运会带来全球范围内数十亿人关注，传播效果巨大 • 2008奥运会对中国汽车行业影响巨大，可以拉动汽车市场需求，加快汽车产业发展 • 充分利用奥运精神，关注人文文化，及时完善和推广企业形象和品牌内涵 • 随着新媒体的不断发展，可以减低企业宣传成本，使传播效果更广、更有效	• 中国入世后，汽车行业的壁垒相对降低，国外品牌对奇瑞公司产生巨大冲击 • 中国的汽车市场被外国品牌主导，国人对国产品牌存在偏见与不信任，在汽车选购上有一定程度崇洋媚外的心理 • 消费者逐渐转入理性消费，对产品有全方位评价 • 奥运会期间，国内外众多企业巨头、奥运合作伙伴、赞助商会利用"特权"进行高强度的公关活动

图 14 –1　奇瑞汽车的 SWOT 分析矩阵

【项目策划】

目标设定

目　　　标：突出自主品牌的企业形象，完善品牌内涵。

目标释义：通过在奥运期间系统地开展一系列以展现企业形象和品牌文化内涵为主的活动，结合新旧媒体进行整合化的传播，构建受众对奇瑞民族自主品牌这一企业形象的深刻认识和对奇瑞品牌内涵的全面认知。

关键信息

企业形象：坚持自力更生和艰苦创业，锐意创新，不断进取，同时肩负振兴民族汽车工业的使命，富有社会责任感。

产品品质：安全、环保、节能。

汽车风格：动感、时尚、年轻化、富有时代感。

人文背景：具有悠久历史的中华民族，拥有勤俭节约、自力更生和艰苦奋斗的传统美德，希望通过自己的劳动创造幸福，不断追求社会和谐。

品牌主张：奋进——继承中国艰苦奋斗的传统，积极向上，与时俱进，勇于攀登事业高峰。

超越——不断超越，永不满足，追求无极限。

目标受众

通过对过往资料和市场调研的定量与定性分析，奇瑞汽车的主要消费者是年龄介于20～35岁之间，生活在都市，接受高等教育，月收入水平介于2500～6000元之间的中青年人，以男性偏多。

他们是多数派——既不是最顶尖的精英群体，也不是极端少数派的街头青年，他们是社会中一群进取的新新人类。

他们收入不高，但并不落伍；他们富有个性，但并不张扬；他们激情地工作，但又不缺乏生活情趣。

"积极乐观、充满活力、勤奋进取"是他们的代名词。

他们是普通的职场工薪族，可是骨子里却不甘于现状。追求创新，追求自我价值的实现是他们的共通点。

他们努力使自己"不脱节"。看杂志、网上冲浪是他们的偏好；电视、报纸、户外广告也同样少不了他们的关注；3G网络、博客则越来越受他们的喜爱。

传播策略

整体策略

根据奥运前、中、后各时期的传播特点，将表现品牌内涵的各种元素融入紧密相联的系列活动中。整个活动体系将凸现"自强不息、自主创新"和富有社会责任感的企业形象，塑造"奋进·超越"的品牌内涵。针对活动目标和受众特征选择强有力的传统媒体和新媒体组合，同时根据具体活动需要有针对性地选择一些地方媒体加以配合，以实施全国媒体和地方媒体相结合、传统媒体和新媒体互为补充的媒体组合策略。整个传播过程在芜湖、北京、广州、武汉、西安和青岛六大城市利用系列公关活动，借助传统媒体和新媒体等传播工具有序展开，很好地覆盖和辐射全国从未来潜在用户到奇瑞车主等较广范畴的目标受众，形成整合化的品牌沟通。

活动策略

关键链接点

根据目标受众的需求，结合奇瑞汽车和2008奥运会，找出两个关键链接点：

● 奇瑞汽车"自主创新、锐意进取"的企业精神与"更高、更快、更强"的奥运精神紧密结合。

● 奇瑞"更安全，更环保，更节能"的造车理念和2008北京奥运提出的"科技奥运，绿色奥运，人文奥运"精神不谋而合。

关键信息载体——"火炬"

火炬这一奥运精神的象征能很好地体现奇瑞的企业精神和其品牌内涵。2008奥运是一次充分体现中华民族自强不息精神和展现民族风采的国际盛事。整体活动旨在通过全国各地群众拼接而成的火炬模型，向人们传达奇瑞自身对民族品牌自主化的执着、对民族自强的倡导这一双重涵义。

活动主题

激情奋进八千里，梦想超越国威扬——奇瑞2008"奋进·超越"火炬行动

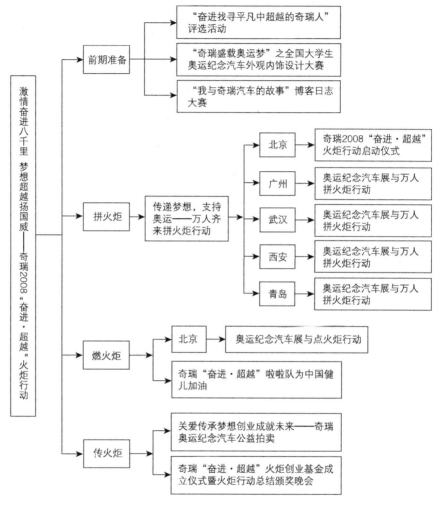

图14-2 活动传播主线概述

活动标志

创意说明：标志的中心是奇瑞的品牌标志，而下部是本次活动中奇瑞汽车在中国地图上走出的路线形状，也是一个由全国人民在奇瑞汽车的引导下拼起来的火炬柄；上部代表的是一把在北京上空燃烧的火，象征着北京奥运将让千千万万中国人充满激情与自豪感，也预示着奥运在千千万万的民众支持下必定红红火火，而火的形状酷似一条腾飞于世界的龙。

图14-3 活动标志极其创意说明

媒体策略
1. 媒体策略原则
（1）新媒体与传统媒体结合
在奥运期间的传播环境下，针对目标受众的媒体使用习惯，充分利用新媒体和传统媒体的不同特点，采取不同的媒体组合，争取达到有效到达率的最大值。
（2）突出重点
针对各个阶段活动的重要程度采用不同的媒体组合，投入不同的媒体力度。
（3）全国性与地方性结合
利用不同级别媒体的覆盖范围，充分发挥其溢出效应。结合不同地区的强势地方媒体，补充力度。
2. 重点媒体投放
（1）纸质媒体
- 结合阅读率、千人成本和目标群体偏好度，选择2~3份地方强势报纸媒体；
- 版面选择上以汽车版和娱乐版为主；
- 重点时期建议投放异型广告；
- 除主要市场外，其他市场的报纸媒体投放建议配合其他市场活动，具体根据活动流程安排。

纸质媒体传播策略 表14-1

媒体版面	文章类型	新闻内容	关键信息
汽车媒体和汽车版	新闻稿	设计大赛展示（现场报道） 优胜作品人物图片新闻、投票方式启事和结果公布 啦啦队名单公布 晚会前期准备的预告式新闻（从专用车位等具体方面突出特点，同时突现对媒体关怀）、晚会现场报道	设计大赛、草根造星使奇瑞企业文化在奥运期间与车主、大学生们一同奋进超越
文化娱乐媒体和版面	新闻稿	设计大赛展示（图片为主） 晚会的现场报道	演出现场的描述； 邀请的明星突显知名度； 车主自己讲述，体现人文关怀
社会新闻版	新闻稿	"万人火炬"（新闻预告、活动现场报道、尝试合作媒体公布"啦啦队名单"） 晚会现场报道	现场描述； 突显全民参与
都市/时尚媒体版面	专栏或专题	Bloc大赛的启示、获奖作品选登	作为网络媒体传播的辅助

（2）网络媒体
- 立足专题网站宣传，联手强势门户网站，提高活动传播覆盖面；

- 充分发挥其互动性强的特点，使目标受众参与其中；
- 针对有效的目标受众，进行小众传播，以达到最低成本、最大效益的效果。

网络媒体传播计划　　　　　　　　　　　　　　　表 14 – 2

媒体类型	媒体形式	传播内容	关键信息
活动专题网站	新闻稿、公告、Flash、E-Book 等各种形式	整个活动全程所有信息；新闻；进程；各比赛规则、结果；网上人气排名公布	整个活动的导向和关注度
门户网站	广告、新闻稿、评选系统	各比赛启事、结果；活动进行的新闻；免费 E-Book 下载	提高活动知名度和关注度
专业博客网站	Blog、新闻稿	组织专门写手用 Blog 对整个活动全程采写新闻	新媒体
品牌社群	BBS 公告	BLOG 大赛各项事宜；各项大赛启事；活动安排	

（3）电视媒体
- 选择覆盖面大、影响力强的地方性媒体配合全国性媒体；
- 适当利用套装，节约成本，增加频次；
- 电视媒体的费用相对比较高昂，建议结合公益性活动，并且在重要活动的关键时刻投放。

电视媒体传播计划　　　　　　　　　　　　　　　表 14 – 3

媒体类型	媒体形式	传播内容	关键信息
全国性媒体	公益广告、新闻报道	设计优秀人物短片访谈并制作成公益性广告；Blog 大赛获奖者的故事；E-Book 也可成为公益性的万人拼火炬	公益性与草根性、全民参与性
地方媒体（有选择）	比赛广告、公益广告	地方造星	地方特色

（4）分众媒体
- 对传统媒体进行互补，进行不同空间的传播，强化受众品牌的认知与记忆；

- 成本相对低廉，千人成本仅为电视的 1/2 以下，宣传活动方面可以适当加大投入。

公众媒体传播计划　　　　　　　　　　　　表 14-4

媒体类型	媒体形式	传播内容	关键信息
商业楼宇液晶电视	公益广告、比赛活动报道	活动安排、公益广告	强化互补

【项目执行】

时空选择

1. 地点选择

(1) 核心活动实施地点选择时考虑的主要因素

- 城市综合影响力：选取全国具备较强综合影响力的大中城市，有利于形成较大的覆盖面和达成传播效果，并尽可能地扩大本次传播的影响力；
- 地域分布与城市代表性：地域全面覆盖华北、华南、华中、西部和东部，形成辐射效应，并考虑城市的代表性，切合北京奥运"绿色、科技和人文"理念；
- 行程便利性：本次火炬行动将出动大型车队，从奇瑞的总部所在地芜湖出发并最终抵达北京，行程之长需要充分考虑其便利性；
- 地点连线构成火炬形状：本次活动以"火炬"贯穿始终，除考虑用真实的火炬图表达整个活动的理念之外，也应该让奇瑞汽车走出的路线从地图上看是一个火炬形状，这样一来增强视觉冲击，二来也象征着由奇瑞汽车引导中国人民拼起了民族自主自强的火炬，使得活动更具深远意义；
- 其他因素：如具体活动目标受众的数量、当地媒体影响力等。

(2) 活动实施地点

芜湖、广州、武汉、西安、青岛、北京。

2. 时机选择

时机选择的原则

- 配合整体活动行程和效果：根据整体活动的安排，层层推进，从前期的预热，到中期的活动高潮，再到后期的效果延续，根据行程确定每个活动的实施最佳时机，并充分考虑活动实施的效果；
- 避开强势传播时期：重点活动安排在奥运前夕，巧妙借用奥运前期的时机先入为主，避开奥运期间其他汽车品牌的强势传播；
- 结合奥运重要事件：奥运火炬将从 2008 年 3 月开始传递，8 月奥运前夕抵达北京。历时 140 天。而本次奇瑞火炬传递的重点活动也将在此期间举行，在具体活动实施时机的选择上既要充分借用奥运火炬传递引起的大众关注，又要避开正面冲突，以免影响活动效果。

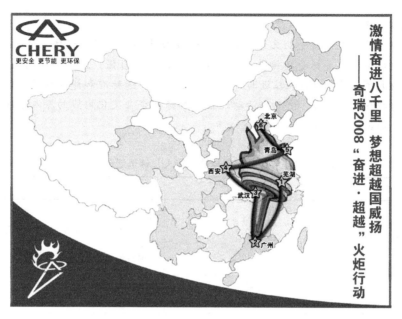

图 14-4 活动路线图

- 结合当地实际情况：结合当地节日，同时注意避开当地的重大事件；
- 其他原则：如配合奇瑞企业本身的重大事件或者纪念节日，配合奇瑞公司的其他实际情况等。

活动执行

活动一："奋进——找寻平凡中超越的奇瑞人"评选活动

活动目标：在企业内形成自立自强、创新创业的精神文化氛围，提高员工忠诚度、凝聚力和自豪感，向社会传播良好的企业形象，以增强品牌的文化内涵。

目标受众：奇瑞汽车有限公司全体员工。

执行时间：2008年2月1日~2008年3月1日。

活动地点：安徽芜湖。

活动细则：

(1) 动员大会

适逢企业创立11周年，举行活动动员大会，邀请当地媒体及行业媒体出席。企业员工的士气得到鼓舞，企业形象透过媒体得以向大众传达。

(2) 员工问卷调查

全员参与，各抒己见，公平、民主的气氛萦绕整个企业。

(3) 评选活动

"草根造星"，评选出12名"我们身边的奋进员工"，通过在企业内宣传感人的事迹，全体员工投票，得票最高的前5名员工赢得跟随活动到北京观看奥运的机会。

　　媒体策略：

　　在普通员工中评选企业文化的代表，通过社区媒体、网络媒体上的互动交流，利用公关事件，向目标受众传递并强化企业内部自主自强、创新创业的文化氛围。身边人物的草根性和贴近性拉近与目标受众距离，评选标准和评选方式多样性扩大员工参与程度和积极性，使其在活动过程中加强对企业文化内涵的深入了解，增强忠诚度、凝聚力和自豪感。

"奋进——找寻平凡中超越的奇瑞人"评选活动媒体策略　　表 14-5

传播类型	内容	媒体选择
消息传播	问卷调查（网上问卷）； 评选； 投票	社区媒体； 网络媒体（公司网站、门户网站等）； 手机短信； 内部刊物《奇瑞人》
汽车品牌理念传播	突显企业自主创新，不断进取，永不满足的精神	内部刊物《奇瑞人》； 印发专门小册子
文化传播	完善与增强奇瑞汽车"奋进·超越"的品牌内涵	大众媒体

活动二："我与奇瑞汽车的故事"博客日志大赛

　　活动目标：通过在博客上进行主题征文，以博客日志为载体传递奇瑞汽车的品牌内涵，展现奇瑞汽车的人性化气质，增强品牌亲和力和号召力。

　　目标受众：奇瑞车主"新奇军"车友会以及其他汽车爱好者、奇瑞潜在用户、相关媒体。

　　活动主题："一路上有你——奇瑞作伴 共同超越"——博客日志主题征文大赛。

　　活动时间：2008 年 4 月 1 日 ~ 2008 年 7 月 1 日。

　　活动细则：

　　(1) 通过车主讲述自己与奇瑞汽车的故事，传递独立自主、超越自我、不断进取的生活态度，让消费群体认同；

　　(2) 专题活动网站宣传基础上，和中国博客网、新奇军网、搜狐网、新浪网、《中国汽车画报》、北京交通广播等各大交通广播台等媒体合作，结合奇瑞汽车"奋进·超越"的品牌内涵，在全国范围内进行博客日志征文活动，通过网上人气，同时也可通过手机短信投票进行评选，后期将与《中国汽车画报》等媒体合作，刊登优秀博客日志；

　　(3) 优秀博客日志可以整合后制作成电子书、光碟，也可以重新排版后印刷出版，通过活动专题网站和 DM 媒体免费派送，并且成为其他相关活动的纪念品之一。

媒体策略：

以博客日志写自己与奇瑞汽车的故事为由头，通过网络媒体、纸质媒体上的公关事件，向目标受众传递奇瑞汽车"奋进·超越"的品牌内涵，加强目标受众对奇瑞品牌的认知。紧扣整体化脉络，在活动开端、尾声、高潮采用不同的宣传形式，本着先导入活动主题，再全面细致回应出活动内容，最后巩固活动效果的三步走的传播途径，以新媒体网络为选择重点，同时配合传统大众媒体全方位多角度传播。

"我与奇瑞汽车的故事"博客日志大赛媒体策略　　　　表14-6

传播类型	内容	媒体选择
消息传播	前期活动； 活动本身预告； 对活动意义、评委关注点的报道； 活动期间花絮报道； 活动结果报道	网络媒体（活动专题网站、门户网站、Blog、网络社群等）； 分众； 手机报； 大众媒体（报纸/广播）
汽车品牌理念传播	展现奇瑞汽车的人性化气质，增强品牌亲和力和号召力	专业汽车杂志
文化传播	完善与增强奇瑞汽车"奋进·超越"的品牌内涵	大众媒体（报纸/杂志/广播）

活动三："奇瑞盛载奥运梦"之全国大学生奥运纪念汽车外形内饰设计大赛

活动目标：通过年轻人丰富的想像力，对纪念版汽车进行外形、内饰的设计，张显个性，鼓励创新，更好地促进大学生这一未来消费群对于品牌的了解。同时，培养与发掘汽车设计人才。

目标受众：全国理工类高等院校在校大学生、教职员工、相关媒体。

执行时间：2008年2月10日~2008年4月20日。

活动地点：清华大学、哈尔滨工业大学、华中科技大学、西安电子科技大学、华南理工大学、浙江大学、同济大学、武汉理工大学、吉林大学、长安大学……

活动细则：

（1）可自由选择车系的任意车型及其对应活动的城市（芜湖—瑞虎、广州—V5、武汉—旗云之星、西安—A5、青岛—QQ、北京—东方之子），对汽车的外观和内饰进行设计，每个车系（或每个对应城市）评出前两名优胜作品，优胜作品将由奇瑞作为所在城市的活动用车；

（2）优胜作品将在各活动城市展出，设计者将随活动车队前往北京参加之后的活动（可折为等价奖金）。

媒体策略：

(1) 应用专题网站、门户网站、Blog、网络社群、手机无线上网、手机短信、中国青年报、汽车报刊等对活动进行推广，并且将活动通知发到各个大学校园网站。网络手机是大学生的"地带"，因此主要应用此类新媒体，可以达到宣传度之深之广的效果。

(2) 邀请汽车设计专家在各参赛高校巡讲。专家在传授专业知识的同时，列举成功案例，介绍各种参赛技巧，激发同学参赛热情，也提高学生以及教职人员对于比赛乃至整个活动的关注度，同时扩大各个高校大学生在汽车设计方面的交流，加强合作。同时，结合专家的成长成才历程，激发大学生的进取精神。

(3) 跟踪报道巡讲情况，使没有机会进入巡讲现场的学生、教职人员、汽车爱好者，以及其他社会大众及时掌握巡讲信息，以便更密切地关注大赛全过程。

(4) 邀请参赛选手做客大赛专题网站，报道参赛选手的参赛心得，与线下活动的关注者提供一个良好的沟通交流平台，倾听参赛者的心声，激起这些同龄人心与心的共鸣。在奥运会万众瞩目的背景下，本次活动将得到人们的广泛关注，相信媒体也会在这个地方聚焦。

(5) 网上收集参赛作品，网络投票，评委对参赛作品进行选拔。

活动四："传递梦想，支持奥运——万人齐来拼火炬行动"

激情奋进八千里，梦想超越国威扬——奇瑞2008"奋进·超越"火炬行动启动仪式

活动目标：采用发布会的形式，通过名人、嘉宾的参与制造社会新闻点，在较短的时间内吸引当地相关媒体的注意，通过媒体的广泛报道，加深广大受众对活动以及品牌文化的认知。

目标受众：全国性媒体和北京主要媒体（名单见附录附件二）、北京奇瑞新奇军车友会。

活动时间：2008年6月21日（星期六）。

活动地点：北京东方广场。

媒体策略：

通过前期细致入微的人文关怀，与媒体建立良好的合作关系，邀请到各大媒体前来参加启动仪式，体育明星出席提高启动仪式知名度，通过车友会的网络社群，为后续活动预热。

火炬行动启动仪式媒体策略 表14-7

传播类型	传播内容	媒体选择
消息传播	发布会前期花絮报道； 发布会现场报道	大众媒体（地方性电视媒体/报纸媒体）； 网络媒体品牌社群（新奇军网） 手机报

奇瑞杯奥运纪念汽车设计大赛优胜作品城市秀

活动目标：通过"汽车秀"的形式，结合公众对奥运的热情与群众对汽车"走秀"模式猎奇的心理，吸引当地群众的眼球，提高品牌知名度，直观地向受众传递品牌信息，增强品牌的亲和力、凝聚力和感染力，为整个活动进行造势和宣传。

活动主题："奇瑞奥运汽车城市秀"。

目标受众：各城市"新奇军"车友会成员、奇瑞潜在顾客、社会人群、当地媒体。

活动时间：2008年6月22日~2008年7月26日。

活动地点：广州、武汉、西安、青岛、北京。

媒体策略：

"奇瑞奥运汽车城市秀"媒体策略　　　　　表14-8

传播时段	沟通内容	媒体选择
预热期	以活动消息传播为主，结合整体主题活动与奥运纪念汽车设计大赛进行活动预告，对活动内容、活动意义进行宣传报道	网络媒体（专题网站、门户网站、网络社群等）； 汽车媒体（专业汽车杂志）； 大众媒体（报纸/广播）
活动期	直观的"城市汽车秀"和现场show展，传递奇瑞品牌形象	户外媒体（巨型平面广告/HDVD等）； 大众媒体（全国性电视媒体和地方性）； 电视媒体/全国性和地方性报纸/时尚杂志； 汽车媒体（专业杂志）； 网络媒体（专题网站、门户网站、IPTV、Blog等）； 手机报
活动后期	活动总结、活动效果反馈、参与度、社会关注度报道，进一步加深公众对奇瑞品牌形象认知	网络媒体； 大众媒体（报纸/杂志图集） 汽车媒体

"传递梦想，万人齐来拼火炬"活动

活动目标：通过让各大活动城市民众拼起来"支持奥运、支持中国"的巨型火炬拼板，以吸引大众对本次活动的关注，提升品牌的知名度与美誉度，加深受众对品牌的文化认知。

活动主题："传递梦想，万人齐来拼火炬"。

目标受众：汽车车主与汽车爱好者、潜在顾客、社会人群、当地媒体。

活动地点：广州、武汉、西安、青岛、北京。

活动时间：2008年6月22日~2008年7月26日。

活动细则：

（1）结合"奇瑞奥运汽车城市秀"的现场展示活动，参与活动的群众在现场派发小拼板（梦想板）上写上自己对2008年北京奥运的祝愿，把梦想板镶拼在火炬的指定部分；

（2）火炬模型的镶拼将在五大活动城市进行。从"火炬"底座开始，历经广州、武汉、西安、青岛，最后在北京完成顶部焰火部分的最后镶拼工作。

"汽车秀"与"拼火炬"活动各城市具体安排　　　　表14-9

城市	举办时间	推荐地点	展演事物	选址介绍
广州	2008年6月29日	中华广场	芜湖开出的2辆奇瑞瑞虎奥运纪念车以及汽车设计大赛广州地区得奖2奇瑞V5奥运纪念车（共4辆）；火炬拼板、活动前路段的VCR回放	中华广场雄踞于广州市中心要段，广场出租率达100%，日均人流量已达20万人次，逢节假日更是达到日40万人次。广场前有大型露天停车场，适合开展露天展会
武汉	2008年7月6日	江汉路步行街	4辆奥运纪念汽车以及汽车设计大赛武汉地区得奖2辆奇瑞旗云之星奥运纪念车（共6辆）；火炬拼板、活动前路段的VCR回放	江汉路步行街为全国四条著名的商业步行街之一，全长1210米，集购物、休闲、旅游为一体，每天吸引大量的游客，宽敞的路段适合现场户外活动之用
西安	2008年7月13日	西部电子城商业步行街/西部电子商城	6辆奥运纪念汽车以及汽车设计大赛西安地区得奖的2辆A5奥运纪念车（共8辆）；火炬拼板、活动前路段的VCR回放	西安最繁华的商业中心之一，被誉为"西安商业第一街"，每天吸引大批的消费者和游客，而旁边的西部电子商城主体建筑面积32576平方米，商城大门广场可用于举办各类大型户外活动
青岛	2008年7月20日	第一海水浴场	8辆奥运纪念汽车以及汽车设计大赛青岛地区得奖2辆奇瑞QQ奥运纪念车（共10辆）；火炬拼板、活动前路段的VCR回放	亚洲最大的沙滩浴场，地方宽广，可同时容纳几万人游泳，曾一天接纳35万人次的入场记录；结合当地的一年一度的海洋节；沙滩车展，别出心裁
北京	2008年7月27日	西单商业街附近	10辆奥运纪念汽车以及汽车设计大赛北京地区得奖2辆奇瑞东方之子奥运纪念车（共12辆）；火炬拼板、整个活动的VCR回放	位于北京市西城区的中心，拥有西单商场、西单购物中心、华威大厦、中友百货等8家大型商场，每天的客流量达30万人次；附近有多个大型露天广场适合举办大型现场露天展会

活动五：成就梦想，点燃奥运——北京全民点火行动

活动目标：借助北京全民点火行动与活动车辆巡展，展示前阶段活动的成果，让人们直观地感受奇瑞汽车八千里的"更安全、更节能、更环保"的品质，制造新闻点，加强品牌影响力。

目标受众：当地群众、相关媒体。

活动时间：2008年7月27日。

活动细则：

(1) 邀请名人参与"点火行动"：由奇瑞汽车的形象代表李小双领衔，与广大市民进行火炬拼板最后的镶拼，并"点燃"火炬，制造社会新闻点；

(2) 车队行程展示区：用巨型屏幕电视，不间断播放活动点滴记录，同时发放活动纪念手册；

(3) 纪念汽车展示区：分别停放在舞台的两侧区域，设计者与群众亲密接触，分享设计心得；

(4) 奇瑞车主专用停车区：活动当天邀请当地奇瑞车主、奇瑞车友会成员驾车出席，奇瑞牌车辆统一停靠在现场外的为车主专设的停车区，形成壮观的景象，吸引群众和媒体的眼球，并以此制造社会新闻点。

媒体策略：

在活动前期、活动现场以及后期采取不同的宣传形式，挖掘新闻热点，创造传播机会，并采取新闻、图片、电视新闻、现场报道、专访等不同的形式，对活动进行报道；将当地有社会影响力的都市类大众传媒、汽车专业传媒、电视传媒作为选择的重点，并配合各大门户网站在网络进行线上全方位传播。

活动六：奇瑞汽车"奋进·超越"啦啦队奥运燃情

活动目的：把沿途召集奇瑞奥运啦啦队与赠送2008年北京奥运赛事入场券作为卖点，提高曝光率。巧借媒体，向观众传递品牌信息。

活动时间：2008年8月8日~2008年8月20日

活动细则：

(1) 预购奥运开幕式、各大赛事、闭幕式奥运入场券，合计460张；

(2) 成立奇瑞"奋进·超越"啦啦队统筹会，负责组织啦啦队的各项活动；

(3) 召集行动贯穿活动全程，组织形成规模宏大的"奇瑞奥运助威团"；

(4) 通过赛前集训，统一服装、统一口号、统一啦啦队用品，用整齐划一以及出彩的助威方式吸引现场观众、现场媒体的注意；

(5) 邀请李小双成为啦啦队名誉队长，通过制作啦啦队宣传短片与海报，借以吸引更多的现场观众加入到助威团，不断壮大啦啦队的声势与规模；

(6) 挑选关键赛事进行加油助威，以提高媒体曝光率与新闻载报率；

(7) 注重啦啦队场外宣传与场外活动，扩大宣传范围。

活动七：关爱传承梦想，创业成就未来——奇瑞奥运纪念汽车公益拍卖

活动目标：增强奇瑞支持民族自主创新的企业形象；奇瑞是热心公益，努力回馈社会，实现祖国富强，有着强烈社会责任感的民族企业。

目标受众：奇瑞车主、"新奇军"车友会成员、汽车爱好者和汽车纪念品收藏者、公益事业爱好者、媒体记者。

活动时间：2008年9月13日（星期六）。

活动地点：北京饭店。

活动细节：

（1）纪念汽车舞台展示：配合节奏明快的音乐和闪动的灯光，车模按照活动城市顺序逐一展示6辆奥运纪念汽车。设计者向来宾讲述自己的设计理念。车模与纪念车的展示不但吸引眼球，更是媒体和爱好者进行摄影的好机会；

（2）播放知名人士乘坐或接触纪念汽车的实况：在汽车展示后，播放火炬行动中一些知名人士接触或乘坐这6辆汽车的记录短片，与来宾共同分享纪念车的活动历程，应用名人效应，提高汽车的收藏价值；

（3）青年创业者代表讲述创业梦想：在拍卖之前，邀请两到三名优秀青年创业者代表到台上讲述他们自己在创业中奋进的故事和创业的梦想，营造一种奋发进取、不断超越自我的现场气氛，这种气氛将会对在场的来宾和媒体有着巨大的冲击力；

（4）酒会：来宾经历了创业精神的感染和紧张激动的拍卖后，心情难以平静，最后通过酒会形式，既为来宾们提供一个相互交流的平台，也为企业与媒体、来宾与媒体创造一个轻松愉快的沟通氛围。

活动八："奋进·超越"奇瑞火炬创业基金成立仪式暨"激情奋进八千里，梦想超越国威扬——奇瑞2008'奋进·超越'火炬行动"总结晚会

活动目标：与CCTV联合举办，以进一步提高活动质量和影响力。回顾活动历程，强化传递自立自强、创新创业的企业形象和品牌主张，增强品牌的亲和力、凝聚力和感染力。

目标受众：奇瑞车主、"新奇军"车友会会员、潜在用户、创业人士、社会大众、媒体。

执行时间：2008年9月14日（星期日）。

活动地点：（备选）中华世纪坛或西单文化广场。

活动细节：

（1）奇瑞文化展播：在晚会开始之前，很多人都在排队等候进场或者在观众席上等待，利用电视墙、电视等循环展播奇瑞汽车有限公司的创业发展历程、产品品牌宣传广告、企业品牌文化广告；

（2）奇瑞车主专用停车区：在场外专门开设奇瑞车主专用停车区，按照统一安排，整齐停放50辆奇瑞汽车，为车主解决停车难问题，同时也可以形成壮观景象，制造新闻点；

（3）火炬行动回顾：播放长约15～18分钟的火炬行动记录短片，回顾活动历程，以此作为晚会的开始。通过活动回放，可以利用前面活动的传播效果再一次

加温;

（4）火炬板展示：将由全国民众用梦想拼起来的火炬现场展示并讲述其构建历程;

（5）成立奇瑞青年创业基金：介绍6辆奇瑞奥运纪念车的拍卖过程，公布汽车拍卖所得款项，并举行奇瑞青年创业基金成立仪式。青年创业逐渐倍受关注，企业此时建立青年创业基金，一方面可以用实际行动帮助创业者，另一方面也会得到社会的认同，获得媒体积极的正面报道;

（6）征文大赛得奖者分享经历：邀请征文大赛得奖者到台上分享个人与奇瑞汽车的故事，细说奋进历程，来自百姓当中的真人真事往往最能打动人，拉近企业与大众的距离，拉近人与人之间的距离，用最真实的事例来体现企业"奋进·超越"的文化精神;

（7）奥运健儿与观众交流接触：邀请李小双、熊倪和2008奥运健儿到台上与现场观众分享体育事业中不断超越自我、不断奋发进取的故事，并与观众互动交流。体育明星的到来，一方面可以引起观众的轰动，另一方面，也是新闻报道的一个亮点;

（8）歌手演唱：邀请国内著名歌手演唱表现积极进取精神的歌曲。

媒体策略：

以奥运健儿、歌手明星为活动提高知名度，通过电视媒体、纸质媒体上的活动报道，向目标受众传递奇瑞汽车"奋进·超越"的品牌内涵，加强目标受众对奇瑞品牌的认知。紧扣整体化脉络，在活动的前、中、后期采用不同的宣传形式，本着先导入活动主题，再全面细致回应出活动内容，最后巩固活动效果的三步走的传播途径，以传统大众媒体为选择重点，同时附有新媒体全方位多角度的传播。

创业基金成立仪式暨总结晚会媒体策略 表14-10

传播类型	内容	媒体选择
消息传播	前期宣传; 活动本身预告; 活动期间花絮报道; 活动结果报道	活动专题网站、门户网站（SINA、TOM、SOHU）、BLOG、网络社群等等; 分众; 车友会内的小众传播; 手机报; 城市中的传统的大众媒体
文化传播	强化传递奇瑞汽车自立自强、创新创业的企业形象，传递奇瑞汽车"奋进·超越"的品牌主张	大众媒体

项目进度表

奇瑞"奋进·超越"火炬行动时间表

项目进度表　　　　　　　　　　　　　表 14－11

2008 年

活动流程	2/1-2/28	3/1-3/31	4/1-4/15	4/16-4/30	5/1-5/31	6/1-6/15	6/16-6/30	7/1-7/15	7/16-7/31	8/1-8/15	8/16-8/31	9/1-9/15
"奋进——找寻平凡中超越的奇瑞人"评选活动		3/10▶▬▬◀3/18										
"奇瑞盛载奥运梦"之全国大学生奥运纪念汽车外观内饰设计大赛	2/10▶▬	▬▬	▬▬	▬◀4/20								
"我与奇瑞汽车的故事"博客日志大赛			4/1▶▬	▬▬	▬▬	▬▬	▬▬	◀7/1				
奋进·超越——奇瑞2008火炬行动启动仪式							6/21●					
"传递梦想,万人齐来拼火炬"活动							6/22▶▬	▬▬	◀7/26			
成就梦想,点燃奥运——北京全民点火行动									●7/27			
奇瑞汽车"奋进·超越"啦啦队奥运燃情	2/10▶▬	▬▬	▬▬	▬▬	▬▬	▬▬	▬▬	▬▬	▬▬	▬▬ ◀8/20		
关爱传承梦想,创业成就未来——奇瑞奥运纪念汽车公益拍卖												9/13●
奇瑞"奋进·超越"火炬创业基金成立仪式暨火炬行动总结颁奖晚会												9/14●

● 即日活动　▶▬◀ 持续活动

危机公关

在整个活动的执行过程中,难免存在一些偶发的、对企业或活动的实施过程具有不利影响的潜在危机事件或不可抗力。因此有必要建立起整个活动的危机检测体系,对潜在的危机事件进行一定的预测,采取有效的应急措施给予认真处理和解决,以确保企业的良好形象、企业与公众之间的良好关系以及降低或避免经济损失。

(1) 活动危机公关检测体系

活动危机公关检测体系是企业识别危机状态的机制，能够辅助企业进行决策判断。其始终贯穿在活动的各个时刻。

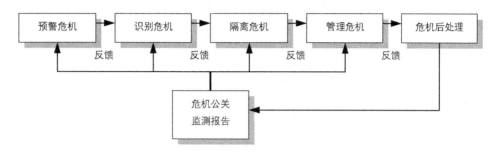

图 14-5　活动危机公关检测体系

(2) 活动危机预测

在活动的过程中，汽车大约需要行走七千多公里，历时一个月。虽然整个过程有强大的后援队伍支持着活动的通信、物资、维修、医疗等工作，但是在长时间和长距离的行走当中，不可预测的因素还有很多。一旦汽车在活动当中出现的故障或事故不能够及时有效地解决，将会对企业的整体形象有负面影响。同时，以后的一系列活动的开展也会受到较大的制约。

(3) 执行策略

控制：对事故现场进行紧急处理，启动危机预案，与主流媒体沟通，了解报道情况，控制负面消息传播。

疏导：对外发布声明，传播正面消息，让公众感受到企业切实解决问题的姿态和力度。

转移：通过延伸话题，转移公众焦点，将其引导到与企业有关的正面内容上面。

利用：通过以上几个阶段的传播，引起受众对企业及产品的初步认知，在此基础上，宣传企业的更多情况，有利于实现传播效果的最大化。

(4) 行动规划

- 企业内部统一口径、统一行动

  企业和公关公司共同建立危机公关处理小组，确定新闻发言人、媒体联络人、信息监控人。对企业全体员工进行简单的公关培训，对客服部人员进行重点培训，制定来电咨询回答规范。企业内部严格保持统一的口径，除新闻发言人外，禁止其他人接受媒体的采访。

- 现场处理

  活动现场的支援车队根据预案紧急进行现场处理，维修汽车，查明事故原因，及时反馈到公司总部。对现场情况进行有效控制，安顿现场媒体，疏导现场群众，维持现场秩序。
- 与媒体沟通

  主动联系核心媒体，了解并引导媒体报道倾向。由新闻发言人向新闻界通报事件出现的原因，并说明具体情况，公布检测数据，使媒体充分了解事情的经过，避免以讹传讹，扩大事态。

- 转移内容

  从危机事件入手，强化传播企业迅速高效的维修保障服务、汽车的安全性能，将话题转移至同类时间处理时效的对比上，同时隐含传播信息：奇瑞汽车的精神贯穿在企业每一个细节当中。

【项目预算】

项目预算分配　　　　　　　　　　　　　　　表14-12

活动项目	费用细目	费用预算（单位：元）
"奋进——找寻平凡中超越的奇瑞人"评选活动	门户网站上广告宣传 建立专题网站 发行内部刊物《奇瑞人》特辑 邀请媒体记者 制作员工先进事迹专栏 制作奇瑞成立十一周年纪念品 小计	¥300000 ¥100000 ¥8000 ¥10000 ¥5000 ¥30000 ¥453000
"奇瑞盛载奥运梦"之全国大学生奥运纪念汽车外观内饰设计大赛	门户网站上广告宣传 WAP网站上的广告宣传 通过手机短信宣传 在《中国汽车画报》刊登广告 生产奥运纪念汽车 巡讲嘉宾邀请费用 巡讲嘉宾以及相关人员差旅食宿费 小计	¥500000 ¥200000 ¥100000 ¥80000 ¥4000000 ¥30000 ¥35000 ¥4945000
"我与奇瑞汽车的故事"博客日志大赛	DM媒体宣传费用 与中国博客网的合作费用 门户网站上的广告宣传 在《中国汽车画报》刊登广告 E-BOOK上的宣传费用 邀请体育明星参与活动费用 邀请网络名人参与活动费用 分众传媒的宣传 建立短信投票平台 小计	¥250000 ¥1000000 ¥500000 ¥80000 ¥150000 ¥100000 ¥20000 ¥200000 ¥200000 ¥2500000

续表

活动项目	费用细目	费用预算（单位：元）
奋进·超越——奇瑞2008火炬行动	场地租借费用 启动仪式的舞台搭建费用 租借各项视听器材、摄影（像）器材 制作各类纪念品、印刷品、音像制品以及各种传播行为所需的实物 背幕、横幅、海报等宣传品制作 主持人、活动工作人员的薪酬和补贴 节目表演演员出场费 嘉宾邀请费用 媒体的邀请和宣传报道费用 小计	￥100000 ￥50000 ￥30000 ￥100000 ￥10000 ￥50000 ￥30000 ￥12000 ￥100000 ￥482000
传递梦想，支持奥运——万人齐来拼火炬行动	器材设施费：火炬、梦想板制作 专用运输车辆租借 活动中的通讯、医疗、维修设备购置费用 活动中的物资补给费用 购置、租借各种摄影（像）器材、制作纪念印刷品、纪念品以及各种传播行为所需要的实物 城市的活动场地租借费 工作人员的薪金工资 媒体的广告和宣传报道费用 小计	￥200000 ￥800000 ￥2000000 ￥1000000 ￥50000 ￥1200000 ￥100000 ￥2000000 ￥7350000
成就梦想，点燃奥运——北京全民点火行动	场地租借费用 "T"字型舞台搭建等现场布置费用 购置、租借各种摄影（像）器材、制作给雷印刷品、纪念品以及各种传播行为所需要的实物 工作人员薪酬 表演人员出场费用 嘉宾邀请费用 媒体的广告和宣传报道费用 小计	￥800000 ￥80000 ￥20000 ￥20000 ￥50000 ￥25000 ￥1000000 ￥1995000
奇瑞汽车"奋进·超越"啦啦队奥运燃情	啦啦队统一服装制作 啦啦队打气专用配备工具费用 队员差旅、食宿费用 工作人员工资、差旅、食宿费用 媒体的广告和宣传报道费用 奥运会门票 小计	￥20000 ￥30000 ￥400000 ￥100000 ￥100000 ￥230000 ￥850000

续表

活动项目	费用细目	费用预算（单位：元）
关爱传承梦想，创业成就未来——奇瑞奥运纪念汽车公益拍卖	酒店租用及服务费用 主持人报酬 拍卖师报酬 礼仪报酬 车模报酬 邀请函的制作和发放费用 被邀请人员住宿餐饮费用 工作人员工资、差旅、食宿 媒体的广告和宣传报道费用 小计	¥300000 ¥5000 ¥10000 ¥2250 ¥40000 ¥20000 ¥40000 ¥30000 ¥200000 ¥647250
"奋进·超越"奇瑞火炬创业基金成立仪式暨奇瑞2008"奋进·超越"火炬行动总结晚会	场地租用费用 工作人员工资、差旅、食宿 主持人报酬 奇瑞车主专用停车位预定费用 李小双邀请费用 熊倪邀请费用 08奥运健儿邀请费用 歌手出场费用 其他表演人员 各活动获奖者的奖金和奖品费用 媒体的广告和宣传报道费用 小计	¥6000000 ¥100000 ¥500000 ¥200000 ¥50000 ¥50000 ¥100000 ¥1000000 ¥200000 ¥500000 ¥3000000 ¥11650000
总计		¥30022250

【项目预估】

总预估

在2008北京奥运会前、中、后期，经过为期7个月途径中国东南西北5大城市的奇瑞汽车大型企业公关活动，通过运用网络新媒体、传统大众媒体、分众媒体、针对性的小众媒体等不同的媒体组合，在活动不同时期，以不同的媒体选择，对目标受众和潜在受众传播奇瑞汽车"超越·奋进"的企业文化和不断进取的品牌内涵。

整体上，此次活动将会使奇瑞汽车肩负振兴民族汽车工业的使命以及社会责任感的形象被广泛认知。奇瑞购买群体更加具象化。奇瑞"奋进·超越"创业基金成为奇瑞汽车企业文化的永久载体。奇瑞汽车的企业形象得以充分突出，品牌内涵也得到完善，得到广大受众的认可。

消费者调查

通过在活动前与活动后群众对奇瑞品牌的态度变化情况，采用问卷调查法在活动举办重点城市进行数据调查与收集，以用于整体活动效果评估的一部分。问卷设计内容包括调查对象基本情况、活动认知率、信息获取渠道方式、产品品牌等内容的调查与各方面数据的收集。

调查地点：以北京、青岛、西安、武汉、广州五大城市为主，兼顾周边城市进行调查；

调查样本：N≥1000；

调研方法：分层抽样；

调查问卷：（略）

市场检测

预计在奥运期间对奇瑞品牌市场的提升将有实质性进展，而销售市场在奥运期间将是持平并有所回落，奥运过后将迎来销量的迅速增长。

媒体检测

通过特定指标进行统计，以衡量各类媒体的反映情况。

媒体监测指标　　　　　　　　　　　　表14－13

媒体类型	监测指标	监测重点
网络媒体 （专题网站、门户网站、BLOG网站等）电视媒体	报道频次 报道篇幅 总报道字数 报道频次 报道时长	点击率 浏览量 载具地位（覆盖率、影响力） 播出时段 播出频道
纸质媒体	报道频次 报道篇幅 报道字数	载具地位（影响力、发行量） 发表版面 头版数量 图片数量
广播媒体	报道时长 报道篇幅	载具地位（覆盖率、影响力）

附件：激情奋进八千里，梦想超越国威扬——奇瑞2008"奋进·超越"火炬行动启动仪式拟邀请媒体清单。

★ 电视：

中央电视台新闻中心、体育频道（五套）等、北京电视台（北京新闻、晚间新闻、每日文化播报（二套）、（三套）、娱乐现场（四套）等）、旅游卫视、凤凰卫视中文台、香港无线电视台、光线传媒等

★ 广播：

中国国际广播电台、中央人民广播电台、北京交通广播电台、北京音乐台 HIT FM、MUSIC RADIO 等

★ 报纸：

新华社、中新社、人民日报、中国日报、经济日报、光明日报、中国建设报、中国企业报、中国青年报、中华工商时报、金融时报、国际商报、工人日报、科技日报、经济观察报等

北京日报、北京晚报、北京青年报、香港文汇报、香港商报、北京晨报、大公报、新民晚报、扬子晚报、京华时报、今晚报、新京报、北京现代商报、羊城晚报、南方日报、广州日报、华商报、三秦都市报、南方都市报、新快报、信息时报、安徽日报、安徽经济报、新安晚报、青岛早报、齐鲁晚报、楚天都市报、湖北日报、信报、深圳特区报、华夏时报、北京娱乐信报等

中国汽车报、汽车导报、精品购物指南、体坛周报、周末画报、南都周刊等

★ 杂志：

中国汽车画报、汽车之友、汽车杂志、汽车族、贸易与资源、轿车情报、汽车维修与保养等

三联生活周刊、凤凰周刊、南方人物周刊、东方瞭望周刊、南方窗、体育画报等

★ 网络：

搜狐网、新浪网、TOM、中华网、中青在线、网易、千龙新闻网、新华网、人民网、中新网、雅虎中国、凤凰网、北青网等

中国博客网、腾讯网新闻中心、西祠胡同网、大奇网、和讯网、空中网、天涯社区等

新奇军网（北京议事厅）等

★ 其他媒体：分众传媒、南方航空等机上读物

个案思考题

1. 奥运会是全球共赏的盛事，但是透过奥运进行广告营销却有着相对严格的规则。作为奥运会的非合作伙伴，类似奇瑞的企业在制定奥运营销的广告媒体策略时，需要注意哪些细节以及采用什么样的对策？

2. 回顾传统广告媒体与新广告媒体的运用策略，试分析案例中的媒体策略是否能达到避开竞争激烈的强势传播渠道，实现有效传播的目的？

3. 思考新媒体在当前事件营销中所起的作用，结合所学知识，讨论传统媒体与新媒体的搭配、比重的设定怎样才能合理和高效？

4. 分析案例中所选择的广告媒体在执行时可能发生的问题，该如何避免或处理？

5. 思考案例中是如何根据目标市场细分来进行地区选择的。这样的选择合理吗？请提出你的想法。

6. 选取案例中的一到两个活动，根据"5W+1H"的广告媒体策略体系，整理出策略框架，讨论并细化其中的细节要素。

7. 结合案例试讨论广告媒体该如何与营销或公关活动的不同环节进行整合传播？

14.2　学生原创综合个案2

媒体生活新运动：广州大学城北亭广场"living mall"推广活动纪实[①]

【市场综述】

市场状况

1. 大学城概况

广州大学城耗费二百多亿资金，是目前中国大学城中投资最大、运行最成功的中国大学第一城，包括中山大学、华南理工大学、华南师范大学、广东工业大学、广东外语外贸大学、广东药学院、广州中医药大学、广州大学、广州美术学院、星海音乐学院共10所高校。2007年大学城总规划人口达到35万人，其中学生人口占51.43%，相当于一座中小城市。

广州大学城商区入住较早的有广州大学城商业南区、广州大学城商业北区以及广州大学商业中心，这三点成为大学城的卫星商业区，基本辐射到整个大学城。2007年9月新开张的位于华师外环路的北亭广场以其强势的姿态开始瓜分大学城市场。除此之外，满足学生生活基本需求的消费场所有南亭村、北亭村、贝岗村以及零散在各校区的超市，如广外的又康超市、中大的惠佳超市和小卖部等。

2. 大学城交通情况

交通一直以来都是消费者选择消费场所必然考虑的因素之一。大学城发展到今天，交通网络基本成熟，20多条公交线路进入，各条路线四通八达，地铁4号线的开通大大舒缓了庞大的人流量，学生出城消费也相对变得更加方便。

3. 大学城消费市场

大学城拥有大于30万人的消费市场，目前的广大商业区，大学城商业南北区和学校内部的消费场所仍不能完全满足学生的需求，特别是大学生对时尚事物的追求。

目前大学城主要商业区规模都不大，品类也少，特别是学生追求的娱乐为主导的消费品或服务的稀缺使学生消费者对于现存的商业区无法形成足够的忠诚度。哪里有新鲜事物，学生就往哪里跑。大学城需要一所集时尚、文化、科技和娱乐生活为一体的生活消费场所来满足学生需求。

大学城完善的交通，为岛内大学生出岛消费提供了便利，这也加剧了大学城内商圈与广州市区商圈的竞争。大学生对于城内商业区的选择，最关注的还是商业区的品类是否丰富，娱乐设施是否完善，性价比是否高。在我们开展的专家组讨论中发现，大学城内大学生的消费已经不仅仅是一种满足物质需求的消费，他们去商业区消费更多的是带着一种休闲娱乐的、探索新鲜事物的心态。这主要是因为大学城内娱乐设施过少和大学生对培养人际关系的看重。但是，岛内现存的广大、南北商

[①] 本案由广东外语外贸大学新闻与传播学院05广告班颜立华同学撰稿并提供。

业区以及其他商区无法满足学生消费群体的这种需求。

企业与品牌

Uni-mall（北亭广场）为目前广州大学城最大的商业中心，12万平方米的经营规模堪与天河城媲美，而其娱乐、餐饮、休闲、服务将占整个业态的50%以上。Uni-mall由2栋3层高的楼宇组成，其中7号楼每层建筑面积1636平方米，8号楼每层建筑面积2840平方米。其首层商铺面积约十余平方米，二层商铺面积在100平方米以上。投资逾3亿元。

北亭广场是中国唯一一家大学摩尔。是突出运动、娱乐、饮食、服务功能，并集购物、旅游、表演、展示、资讯和文化于一体的生态休闲、潮流动感大型时尚中心。时尚、健康、潮流、动感、现代化，一个最符合年轻一族口味的欢乐空间，一种最张扬年轻一族个性主张的购物乐园，全新的消费方式、全新的消费文化……无疑，北亭广场代表了一种新的大学流行文化。

竞争对手

在广州市区，北亭广场的竞争对手有上下九步行街、北京路步行街、天河广场、正佳广场，流行前线等集时尚、饮食、购物为一体的场所。在岛内，有广大商业区，大学城商业南北区等大型综合商业区，以及零散在各大高校内不同规模的零散商业网点。就目前交通情况来看，相对于市区的消费场所来说，发展完善的北亭广场在交通上占据绝对优势。因此北亭广场的竞争对手主要围绕岛内进行分析。

1. 大学城商业南区

作为大学城第五大商业区的南区，其商业气氛明显比不上其他商业区。曾经进驻的商家也纷纷撤出，商店数量比较少，功能比较单一，只能勉强满足大学生日常生活用品的需求。

2. 大学城商业北区

总体上看，目前大学城商业北区的品牌店进入该区后普遍未得到很好的发展。北区缺乏有组织的营销推广和科学管理，导致在该区至今还没有形成完善的商业配套，大多数都是小家小户的经营，缺乏有吸引力的品牌店。与大学生追求时尚、热爱生活的生活理念不吻合，所以学生们的购买力并没有被激发出来。

3. 广州大学城广大商业区

广州大学城广大商业区位于小谷围岛西南面，是广州大学城内集休闲、娱乐、购物、餐饮等为一体的商业区，其规模是广州大学城内仅次于北亭广场的第二大商业中心。

商区周围交通畅顺，岛内公交路线有381、384以及商区专线车，岛外公交线路有33、35、67、76、203、252、310、565。目前国内外众多的知名品牌争先涌入广州大学商业城，诸如肯德基、阿迪达斯、耐克、中国移动、中国联通、上海浦发银行、招商银行、黄振龙凉茶、东方眼镜、先施眼镜、宝岛眼镜、七匹狼、壹潮流、优之良品、春之花、雪贝尔、明治雪糕等。

商业城将广州四大名街浓缩复制后搬进大学城。成立初期，广大商业区利用校园横幅、宣传单张在各高校有条不紊地进行形象宣传活动，中期则以各商家赞助学生活动作为主要宣传方式，是大学生节假日消费的重要选择。目前广大商业区通过众商家赞助学生活动的宣传策略，以及物业公司建立小食一条街和潮流服饰休闲街等经营举措，逐步把广大商业区打造成大学城最富人气的综合性商圈。

不过广大商业区的劣势也很明显。据调研数据显示，消费者普遍认为广大商业区已经发展成熟，日后发展空间不大。甚至有人形容广大商业区已经达到它抛物线的顶端，对商区的长远发展不看好。另外，与北亭广场相比，它的娱乐设施比较单调，不够新潮。

主要市场问题

在2007年11月份，我们对大学城两大主要商业区——广大商业区和北亭广场进行了系列调查。围绕商区发展的各项重要指标，本次调查分别在广大商业区和北亭广场对消费者进行拦截式访问，实际发放调查问卷200份，回收有效问卷136份。

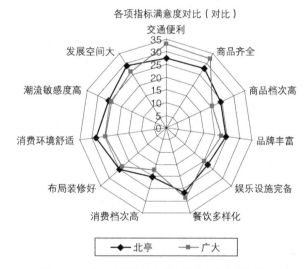

图14-6　北亭广场及其广州大学商业中心指标调查

根据调查结果（图14-6），结合大学城现有的配套设施情况和学生消费行为特征，我们可以分析出目前北亭广场与广大商业区相比所具有的优势（Strength）、劣势（Weakness）、机会点（Opportunity）和威胁（Threat）。

1. 优势（Strength）

（1）北亭广场是大学城内唯一一个大型综合商业项目，较城内其他商业设施具有独特优势。

（2）经营管理团队的强弱将是决定项目成败的关键条件之一。而本项目的担纲团队由曾经先后就职于广州天河城、广州正佳广场的部份管理精英组成，从选址定点、设计策划、宣传推广、招商租赁乃至物业营运管理，都具有丰富的管理经验和成熟的经营理念。

（3）从调查来看，消费者认为北亭广场在品类丰富度、商品档次和娱乐设施完备上都比广大商业区具有优势，这是由北亭广场的规划面积和入驻品牌决定的。北亭广场还引进如电玩游戏厅、溜冰场、电影院等娱乐设施，是目前大学城其他商业区所不具备的。娱乐设施的完善将促进 living mall 理念的落实。

（4）北亭广场经营的项目中档略偏高。餐饮、娱乐、服务类中档次，零售类以中档服饰等消费品（包括部分日常生活用品）为主，兼顾中高档休闲运动系列名品。

（5）就目前学生关注的潮流敏感度来说，消费者认为北亭广场会比广大商业区高。但鉴于北亭广场入驻时间比广大商业区晚得多，北亭广场需要及时捕捉流行事物，以吸引消费者，培养忠诚度。

（6）消费环境舒适度上，北亭广场占据绝对优势，加上北亭广场还没彻底装修完毕，在消费环境营造上将更加吸引消费者。

（7）受访者认为北亭广场发展空间还很大，这是因为广大商业区发展空间渐趋饱和，而北亭广场目前处于加速发展期，已在消费者心目中确立了大势必成的印象。

2. 劣势（Weakness）

（1）缺乏足够的宣传。据到广大商业区和北亭广场消费的学生反映，北亭广场的交通不及广大商业区便利。他们认为乘坐381路车还需要从中部枢纽步行10分钟才能到达北亭广场。而可直达北亭广场的公交线路其实不少，382路公车可直达商区。消费者对北亭广场交通情况的误解主要是其不愿意主动了解北亭广场的情况，而广场经营者在信息宣传方面的保守策略，令很多消费者缺乏了解北亭广场经营现状的有效渠道。

（2）商品不够齐全。虽然北亭广场定位在大型综合商业区上，但就目前品类完善程度来说，跟广大商业区还有很大的差距，在商品品类上目前不具备优势。

（3）餐饮多样化不及广大商业区。广大商业区餐饮店以小而多取胜，而北亭广场主要围绕大品牌进行餐饮规划，在量上远远不及前者，无法达到小食街那样的人气效果。

（4）更重要的是，目前消费者对北亭广场各方面的预期都很高，而广场并没有发展成熟，图表显示的优势没能完全显现出来，而相对广大商业区的劣势却是很明显的。

3. 机会点（Opportunity）

（1）目前，北亭广场在主要经营指标落后于广大商业区是必然的，因为北亭广场工程还在进行中，当工程逐渐完善、各签约品牌都有序入驻之后，将会掀起新一轮大学城消费热。

（2）目前大学城中心地带的地块大部分还没有成功拍卖出去，预期全部拍卖到项目落成需时较长，而本商业项目计划在2007年落成，在时间上占有先机。

（3）大学城将成为广州一大旅游景点。大学城内的博物馆、科学中心、文化艺术中心等作为一项独特的人文景观，可发挥显著的旅游效应，吸引大量的旅游客源。仅邻近本地块的广东科学中心落成后，预计每年就可吸引250万人次。

4. 威胁（Threat）

（1）大学城消费周期波动明显。在大学城内经营，学生无疑是一个重要的目标市场，而学生上课期间和两个假期会导致商业中心客流量锐减。

（2）大学城中轴线上有兴建松散型商业中心的配套规划，其中包括超市、百货公司、电影院等，此功能用地一旦拍卖成功，有可能构成正面的竞争关系。

【广告运作目标】

目标1：提高、加深目标消费群对北亭广场的认知度和美誉度；

目标2：突出关心大学生健康校园生活的品牌形象，体现北亭广场是大学生的living mall；

目标3：让消费者能对北亭广场经营的品牌品类、娱乐设施、公益活动项目有清晰的认知；

目标4：配合圣诞这一节假销售旺季，刺激需求和消费量；

目标5：抗衡广大商业区的广告干扰和品牌渗透。

【目标对象】

目前，北亭广场的目标消费者为广州大学城里的大学生。根据相关资料统计，2007年大学城总规划人口达到35万人，其中入住大学生人数在18万左右。庞大的大学生消费群体普遍具有相似的消费习性。

消费特征：活力、个性、时尚、超前、刺激、多元化。大学生认为"与其他人相比，我的穿着更加时髦"，喜欢追求富有挑战、新奇和变化而不喜欢落于俗套！

消费能力：大学生的消费能力属于中等水平。大学生目前每月除了食宿费、学杂费外的消费性支出平均约500元/月。大学生能支配一定的金钱，逐渐自立，消费力强；追求新颖，需求多样，引领消费时尚，有着自己独特的消费方式和消费理念，尤其是高度集中在大学城内的18万学生，是一个不容忽视的消费市场。

【创意策略】

信息传播首先要解决的问题是，通过打造北亭广场living mall的品牌形象，提高、加深目标消费群对北亭广场的认知度和美誉度。

1. living mall——"生活的摩尔"。大学生背井离乡来到大学城，生活、学习、娱乐、交友等都在封闭的大学校园里面进行，大学校园为大学生提供了另外一种家的氛围，而比邻大学城的北亭广场属于大学校园的一部分，应该继续延续校园生活"家"的精神，在为大学生提供日常物质生活的同时，提供更多的精神财富，真正展露"关怀"的一面，体现出企业积极关注学生健康校园生活的形象。因此，北亭广场品牌的打造首要解决的问题是：通过"家"的诉求与学生群体进行沟通。

"家"最浓缩的体现在"关怀"、"温暖"、"帮助"等词汇上，所以living mall的形象势必要高于"生活"这一层面。除了是大学生"生活"的场所外，还要让他们在这里丰富自己的精神生活，感受到北亭广场对他们健康成长的无微不至。

图14-7 北亭广场品牌联想

2. "家"这张文化牌除了用于广告宣传外,更重要的是实现与体验式营销的自然融合,也只有让消费者亲身体验,才能在学生群体里进行口碑传播。把"家"的概念在学生群体里面真正树立起来,因此在宣传推广上都应该始终围绕"家"这一元素。

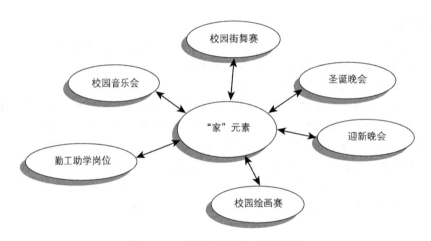

图14-8 "家"元素体验式营销延伸

living mall 体验式营销涉及:

(1) 引入全新商业模式,把文化这一概念引入商业城中。利用与北亭广场各高校学生会、社团的良好关系,免费为学生提供场地,配合商家开展各种文化艺术活动,做到日日有活动、周周有主题,强力吸附学生目光,在为商家带来无限商机同时,实现商业价值人文化;文化知识价值化,最终达到商业价值的最大化目的。

(2) 为大学生们提供一个走进社会、了解社会的舞台,商业城联合众多商家,为大学生们提供几百个勤工俭学的钟点工职位,为学生们提供实践和经济上的帮助,使他们更快地走上社会的大舞台,更好地完成 living mall 理念的落实。

(3) 在北亭广场举办音乐会、迎新晚会、圣诞晚会、大学生音乐节、各大院校的街舞比赛、音乐、绘画创作比赛等,并通过商家联盟在活动当天为学生群体提供更加优惠的价格,使北亭广场成为大学生精神娱乐生活的一个广阔舞台,给他们一个充分表现自己、释放年轻热力和激情的最佳场所。

3. 在2007年11月的推广活动中，主要围绕"勤工助学岗位"和"圣诞晚会"两个主题进行宣传，以增强"家"的品牌概念。

（1）勤工助学岗位。北亭广场拥有500多家入驻商家，需要大量的人力资源，"勤工助学岗位"这一主题一方面能够满足商家招工，另一方面也为需要帮助的学生提供了一个舞台，让他们在课余时间进行社会实践，同时获得相应报酬。体现出living mall从学生出发，努力创造条件培养学生自强、自立的美好愿景和社会责任感。

（2）圣诞晚会、迎新晚会。通过晚会的形式，为学生创造一个交友的平台，同时也在晚会里面设置小游戏，锻炼与会学生的心智；通过商家联盟，联手推出假日优惠券，既给消费者带来实惠，又拉动了当天消费，也间接宣传了北亭广场的商圈品牌。

（3）校园音乐会、街舞比赛、绘画比赛。把相关团体活动引到北亭广场举办，既有效拉动了消费，又宣传了北亭品牌形象，也为学生提供一个实现自己梦想的舞台，丰富了课外生活。

【媒体策略】

推广时间：2007年11月30日～2007年12月23日

推广媒体：夹带广告笔记本、全城杂志《we周刊》、QQ、校园海报

根据北亭广场的工程完善程度，将广告宣传押后到11月底，有利于避免消费者因为工程进度问题而对北亭广场产生负面印象。

本期推广活动的媒体策略定位在北亭广场商圈品牌建设的导入期。策略要点是：有效整合校园媒体，合理调配各大高校资源；借助大学城《we周刊》媒体形象，树立北亭广场自身形象；依靠制作精美的笔记本将北亭广场的形象深入校园，让学子随时随地接触到北亭信息；海报宣传企业品牌形象的同时，附带告知促销活动信息；QQ宣传配合其他印刷媒体，及时传播living mall活动资讯。

1. 夹带广告笔记本

把广告信息植入笔记本，同时在笔记本的封面印上拟投放高校的学校元素，让消费者有归属感，使得附带广告信息永久保留在目标消费者身边，获取传播效果最大值。也体现了北亭对学生工作事业的支持。

内容设置：封面采用铜版纸，且在封面上分别印上各大高校的校门及其Logo（让学生群体有归属感），封面不凸显北亭广场的信息，内页采用少量精美插页广告，进行北亭广场品牌形象、商场布局等广告信息的宣传，且在每一页的页眉标上北亭广场Logo及其品牌口号。

覆盖范围：50000册，覆盖域为广州大学城，覆盖率至少为27%。

读者及传阅者：各大高校勤工助学中心学生及学生会学生。

发行规格：16开

发行方式：作为赞助礼品发放到各大高校勤工助学中心、学生会及学生处，由其进行内部发放。

目标受众传达成本：每本成本0.5元，共25000元；千人成本：500元/千人。

2.《we周刊》

大学城唯一一本全城周刊，周刊定位新鲜、潮流，制作精美，深受大学生喜爱。

(1)《we周刊》量的评估

内容设置：《we周刊》4开报型，每期16版，采用科学的版面分叠方法：分为A/B/C/D四叠，A叠为新闻版/评论版/特别策划版；B叠为交流互动版/兼职版/体育版；C叠为音乐电影版/图志版/上网版；D叠为美丽版/星座版/潮流消费版。

覆盖范围：《we周刊》每期发行50000册，覆盖域为广州大学城（包括中山大学、华南理工大学、华南师范大学、广州外语外贸大学、广州大学、广东工业大学、广州中医药大学、广州药学院、广州美术学院、星海音乐学院10所高校），覆盖率至少为27%（不算传阅率，按学生人数18万计算）。

读者及传阅者：广州大学城喜欢追求富有挑战、新奇和变化，而不喜欢落于俗套的大学生；传阅者多为第一读者的舍友。

目标受众阅读习惯：读图时代的到来，使得目标受众更倾向于阅读制作精美，语言简洁，内容丰富且与自身利益切身的刊物。

发行周期：《we周刊》为双周刊，逢双周周3出版。

发行规格：正度4开，新闻纸，全彩页。

发行方式：1) 进门发行：通过校园联络员、发行员及各高校社团工作人员将杂志直接送入每一个学生宿舍；

2) 免费报箱发行：在大学城主要交通节点上摆放一些免费报箱，供学生免费取阅。主要的交通节点为：地铁站，通往广州的主要巴士站，商业城入口等；

3) 报摊发行：与大学城内的主要报摊合作设置免费报箱或委托其赠送。

此种发行方式有利于保护《we周刊》的质量和有效到达率，也是维护《we周刊》和客户品牌形象的手段之一。

目标受众传达成本：

《we周刊》广告（报价）刊例价目表（有效期：2007年）　　表14-14

广告类型		规格（H×W）cm	版面价格（元）	CPM（元）
普通版面	半版	17×24	7280	145.6
	半版二连版套餐	17×24×2	13800	276
封底版面	全版	35×24	18800	376
普通版专题（活动、软文+广告）	全版	35×24	9800	196
	半版	17×24	5800	116

注：CPM读者数量根据《we周刊》发行量50000册进行计算。

一般传单的平均千人成本为150元左右，而《we周刊》的平均千人成本为221.92元。也就是说，《we周刊》广告有效达到一位受众只需要0.222元，虽比普通传单贵 0.072 元，但其能够凭借反映大学生多彩校园生活的丰富内容、时尚的风格和优质的画面定点直达消费者，满足消费者的信息需求，使他有别于传单，成为消费者乐于收藏的刊物。

(2)《we 周刊》质的评估

周刊定位：《we 周刊》面向大学城以学生为主的特定人群，传播大学城校园文化，引导深度消费，倡导时尚、好玩、探索的生活观念，引领创新、动感十足的流行文化。

采编队伍：《we 周刊》的采编队伍是一批有活力、有创新性的高素质记者和编辑。并且还在每个高校内招聘了 2 名校园学生记者，在增加与学生互动的同时，也及时了解大学生生活的最新动态，使报纸的阅读性和亲和度大幅提升。

编辑氛围：《we 周刊》秉承"关注大学城新鲜事，展示大学生新风采；引领时尚前沿，传递商业信息"的宗旨，报道大学城热点，为大学新人类零距离展示自我创设舞台，竭诚服务客户，致力打造精品栏目，以"鲜活、潮流、贴近、实用"的风格定位，搭建一个商家与大学城高校学子间沟通的媒体平台。

广告干扰度：《we 周刊》总共有两个纯广告位。其一是分布在第三版、第五版的两个半版广告位，一般以套餐形式一次性的卖给广告主；再有就是第 16 版的封底全版广告位。一份 16 版《We 周刊》有 2 页广告，受众接触媒体的广告干扰度是 12.5%。而受众接触广告的干扰度则是 50%。如果考虑版面面积和广告环境，封底全版的广告比起两个半版广告的广告干扰度实际上低 49.3%。

(3)《we 周刊》购买计划

根据不同的需求设计出不同的购买方案（表 14-15、表 14-16）。

《we 周刊》广告版面购买计划　　　　　　　　　　　表 14-15

版面类型	购买类型	广告规格（H×W）cm	广告费用（元）	广告干扰度（以面积计算）
广告版面	单次购买半版	17×24	7280	75.36%
	单次购买半版套餐	(17×24)×2	13800	50.72%
	单次购买封底全版	35×24	18800	49.28%

《we 周刊》专题版面购买计划　　　　　　　　　　　表 14-16

版面类型	合作期长度	规格（H×W）cm	可划分板块数量	协商价（元）	编写风格
专题版面	长期版面合作	35×24		9800	根据所选专题版面而定
	短期版面合作	17×24		5800	

（4）购买版面及其内容设置

半版：7280 元；专题版面：5800 元。

1）广告基调始终突出 living mall 形象，以形象广告为主，可商议夹带促销信息。《we 周刊》的特点有利于让读者保留北亭广场的形象广告，因此可将形象广告用于品牌塑造；夹带促销信息既可用于刺激及时消费，也作为广告效果的测定依据。

2）专题版面可以设立北亭广场专栏，比如"私人淘·北亭广场攻略"，对北亭广场的新潮、特色产品进行介绍，或者编写小记逛北亭广场的叙事类软文。

3. QQ 传播

QQ 是在学生群体中形成口碑传播的主要手段，价格低廉，效果明显。

内容设置：在有印刷媒体投放期间，配合其将节日活动等信息及时传播出去。

覆盖范围：10 所高校约 15 万名大学生

读者及传阅者：各大高校学生

传播方式：指定各大高校各学院负责人进行院系的 QQ 群传播，将活动内容通过 Q 友之间的相互转发形成口碑传播。

目标受众传达成本：主要为各大高校院系负责人全年有偿代理，金额为 1000 元/年。

4. 校园海报

海报精美的设计可传达 living mall 品牌形象，同时传送节日活动信息。

内容设置：配合其他媒体宣传资料，传播 living mall 节日活动。

覆盖范围：10 所高校约 15 万名大学生

读者及传阅者：各大高校学生

传播方式：由各大高校学生会代理人进行申请海报粘贴，将海报贴于人流密集地带（如宿舍楼下），以获得宣传效果最大值。

目标受众传达成本：主要为各大高校院系负责人全年有偿代理，金额为 2000 元/年。

【媒体种类与媒体支出】

投放媒体：印刷媒体（《we 周刊》、笔记本、海报）/网上（QQ）

媒体费用支出总额：41080 元

【广告效果评估】

此次广告宣传活动以 41080 元的广告费用，将新开张的北亭广场 living mall 形象成功宣传出去，据后期问卷调查显示，有 94% 的受访者能说出与北亭广场有关的词汇，如"家"、"living mall"、"舞台"、"勤工助学"。由于所选择媒体的特殊性，广告信息的滞留时间也得到极大延长。

后期委托有经验的调查团队对每期的《we 周刊》以及投放在《we 周刊》上的

广告进行效果评估（表14-17）。

《we周刊》广告效果评估结果　　　　　　　　表14-17

评价指标	媒体计划目标	计划执行效果	目标完成情况
报刊传阅率	55.6%	75%	134.9%
媒体知名度	70%	6.5%	92.9%
版面阅读率	50%	76%	152%
广告阅读率	90%	98%	109%
广告第一提及率	6.0%	74%	126.7%
未提示知名率	75%	81%	108%
广告推动力	88%	96%	109.1%

勤工助学岗位实到招聘人数：6600人

圣诞节晚会参与人数：800人

优惠卷返还数量：28000张

个案思考题

1. "家"元素的提炼无疑是living mall项目运作的最大亮点，在现有案例的基础上，是否还有更好的广告媒体策略方案能将这抹亮色发挥至至极？

2. 诚如案例中所分析的，大学城商圈的经营，不可避免的存在时间性（如学生作息时间的影响）和季节性（如寒暑长假）的销售波动，如何理解和考虑消费者购买周期等因素对广告媒体策略的影响？

3. 持续将近一个月的推广活动中，在对既有媒体资源进行量与质评估与把握的基础上，如何通过规划好广告媒体比重及其排期，使本项目的广告传播效果进一步得到优化？

4. 大学城不同高校的市场价值是有差异的，媒体力度平均分配往往是不经济的，结合对各高校开发潜力的进一步分析，试着从地理性考量的角度对本项目的媒体策略进行优化。

5. 在向学生等青少年群体进行广告传播时，网络、手机等新媒体的应用价值是值得关注的重点方向。本案例在利用QQ进行口碑传播上作出了有益的尝试，试想一下：结合这一群体的生活形态，尤其是他们媒体接触习惯上的特质，是否还能在媒体创新上有更大的突破？

6. 案例中的目标受众为什么钟意于收藏《we周刊》，而不是同样制作精美的宣传海报？我们知道，体验对于产品和服务是有价值的，那么媒体价值体验是否同样会影响到目标受众的信息接触行为，我们的这一新观点，是否对您从事今后的媒体价值评估有新的启示？

附录一 如何应用案例教学法？

近年来，作为一种行之有效的教学方法，案例教学法在管理学教学中得到了广泛的重视与应用。运用案例教学法，可以培养学生学习兴趣，提高学生积极、主动、深入地思考问题的能力以及在现实条件约束下解决问题的能力。提高学生分析信息并基于信息进行决策的能力。案例教学法的"教"字不是在讲授，而是在师生间、学生间的互动中的启发与引号。广告教学中采用案例教学法，不仅是可能的，而且是必要的。在广告教学中采用适当的案例教学，不仅可以提升教学效果，还能有效训练学生的实战分析能力。

1. 案例教学所需的前提条件

(1) 教室管理

案例教学的课桌安排应与传统教学中的情况有所不向。传统的"秧田式"的课桌椅的排列是以教师为整个教学活动的中心，在前后排同学作交流时同学们很难回转身进行面对面的交流，因此不适合案例教学法。最适合案例教学的理想课桌排列方式应是圆桌形的席位排列。在这样的座位排列中，每个同学的地位都是平等的。这种课桌椅的排列受到班级学生人数规模的制约，如果人数太多的话，学生面对面的交流的距离就会过大，反而会影响热烈讨论的氛围。在这种背景下，马蹄形座位排列是一种可行的选择。

对班级人数来讲，最有利于案例教学的班级应该是班级规模较小的班，比如说15个人左右。在这个规模下，班上的同学可以充分地交流、相互沟通，对同一问题的不同看法可能进行充分地讨论。但在一般情况下，一个班级的学生往往有30~50人，在这种情况下，恰当地进行分组就成了必需。

(2) 与学生的熟悉程度

"后排穿灰衣服、戴眼镜的男同学，这个问题谈一下体的看法？"这种称谓在案例教学法中是应该避免的。为了更好地调动课堂的气氛，达到充分讨论和有效讨论的课堂效果，教师应该对学生有一定了解，这种了解甚至包括了解学生的个性特征。熟悉课堂上每一个人是上好案例课的教师和学生的共同责任。

(3) 选择合适的案例

广告案例材料应该是现实生活中确实发生的，当然现实人物的真实姓名可以加以隐匿。在广告案例的选用上，要注重案例的"针对性"——依照教学目标选案例、"典型性"——案例应能代表某些经常性的场景、"学术性"——案例最好能够使用某种或某些理论分析框架，及"时效性"——除了那些非常经典的案例，选择的案例应该反映新的市场特征。一些有争议的案例材料可能会有效地激发思考与讨论。

案例材料既可以是传统的书面案例，也可以是相对较新颖的多媒体材料。多媒体材料由于提供了声音和影像，常常可以激起学生的更大兴趣。此外，当案例材料涉及某些具体的电视广告时，播放该广告也是必要的。

2. 如何使用教学案例

"前车之覆，后车之鉴"，阅读案例并不单求案例所涉及的成败总结，而在于阅读时的思考集锦，"善者，从之，不善者，改之"，那些隐含在案例当中的合理行为、决断力，都将给案例阅读者以新的启迪。

(1) 案例教学法对学生的要求

学生在案例教学课程前必须阅读案例和熟悉案例的内容。这直接影响到案例教学法的成败。相比于传统教学方式，学生在案例教学过程中必须付出更多的学习准备时间，才能在课堂进行深度思考的讨论，也必须为自己的学习负责。案例准备的最终目标应该取得如下东西：有很强支持基础的情势分析，建议采取的策略行为，有一系列经得起攻击的建议。为进行课堂要讨论的案例准备工作，建议遵循以下步骤和方法：

1) 快速阅读案例材料，熟悉所要讨论的案例。在案例的初始阅读之后，对案例中的大致情形有一个大概了解，知晓案例中所涉及的各个问题。

2) 第二次阅读案例。通过这次阅读，学生应该完全掌握案例中的各个事实，并开始对案例的分析问题给出一些试验性的答案。

3) 仔细研究案例中的所有附加材料（或自己寻找相关辅助材料），通常来讲，案例附加材料中的所有数字都包含着重要的信息，这些信息至关重要，会影响你对案例的分析。

4) 确定核心问题所在。

5) 分析案例中的数据，如果有的话。

6) 仔细分析相互冲突的观点，对案例中的所有数据和信息作出一些判断。

7) 为你的分析诊断和观点提供理论支持和证据支持。案例分析最重要的一件事就是回答"为什么"这个问题。

8) 制定恰当的行动计划和一系列行动方案。要求是有现实意义的可行性方案。

学生在课程学习中要参与案例的讨论。在案例教学中学生不是教学过程的旁观者而是参与者；他自己有对案例作出透彻分析的责任，而不是一味地听从教师的指令；他必须与其他同学进行交流。他的角色将会依自己对案例的分析而改动，依对其他同学之分析的评论而变化，无论如何，他必须是一个积极的参与者和行动者。

教学过程的结束并不是案例教学的结束。要想案例教学取得更好的效果，学生在学习后要能与同学分享学习的心得，这样可以进一步加深学生对案例的认识。

(2) 小组讨论

要最大限度地发挥小组讨论的效益，小组的规模以 3~5 人为佳。一个理想的小组构成应反映出不同的技能、经历和专业，这样可以大大丰富讨论的视野，并由此提高讨论的质量。小组讨论中最为重要的是小组成员的积极参与和相互协作,一般地讲,也不必一定要求小组成员间达成一致意见。

教师可以适时地介入小组活动,对于不参与或是表现不良的学生,可以个别约谈;让小组反思小组的运作;肯定小组的成长和学生的努力,鼓励他们积极参与。

(3) 班级讨论

案例讨论很好地说明了一句古老的格言,"你只有真正地投入进去,才会有所得"。在班级讨论中隐而不见,做一个旁观者是容易的,但同时付出的代价却可能是巨大的,失去的机会也是众多的。在案例讨论中,学生可以学到大量知识,也可以发展实用技能。要在班级讨论中做到有效地参与,不仅涉及说,也涉及积极地倾听和反思。在课堂讨论中,建议学生遵循如下建议:

1) 翻阅你所做的笔记。你可以用记号笔标出你先前记下的不同观点和认识,这些观点和认识有的是你提出的,有的也可能是你小组内的其他同学提出的。这样做,你可以将注意力集中在根本性的问题上,而避免观点上的重复,同时也提醒你补充你未曾注意的见解。

2) 组织你的陈述。将你的发言控制在一个简单的框架结构中,可以使你的表达清晰、准确,也可以使你的认识始终保持在原定的轨道上。

3) 注意你陈述的时机,并考虑到讨论中你所承担的不同角色。

4) 注意有效地倾听,并恰当地做一些笔记。

(4) 案例教学课程测评

管理学界有一句话,叫"管理即评估"(To manage is to measure)。你考核什么,学生就会追求什么。教学活动要达到一定目的,对学生有一定促进作用,就要进行总结,要有成绩记录。案例教学也一样,应给每位参与者"打分"。在案例教学中,常用的测量指标包括案例准备情况、课堂参与、设计和正式报告等。

案例教学法中,课堂参与是案例教学法的重点,但为案例讨论打分较难把握,基于案例讨论的特殊性,只能视发言人是否积极,发言准备是否认真充分,发言的水准如何给分:一般给予合格与不合格的成绩。此外,对课堂讨论的评估还可以考虑让学生对其自我表现进行评估,促使学生追求个人自我成长。

对于要求学生都要完成的案例书面分析可以严格计分。透过案例的书面分析,教师从中可以判断学生分析问题及掌握基本理论知识的程度。视其行文中对问题本质把握是否准确,对问题分析是否独到,评述说理是否恰当、透彻,可以给出优秀、良好、及格、不及格之分,而不管其观点本身如何。

(5) 教师在案例教学法中的作用

实施案例教学法之前,教师应该向学生说清案例教学法的理念及用意,解释案例教学法的流程,明确地告诉学生他们应有的行为、目标,以及教师对他们的期望,具体说明测评的方式,以降低学生对测评的焦虑。教师在正式实施案例教学法之前,必须了解案例中的议题,掌握案例的运用原则,并准备研究问题,让学生做相应的准备,搜集资料,让讨论更深入。

在案例讨论中，教师应当充当"教练"角色，而不是"运动员"。案例提供给"运动员"——学生。在这里教师虽然不直接参与讨论，但其责任重大，应如"教练"般指导学生有效训练，关键时候指点迷津。并要选好第一位发言者，因为他的发言常常起着示范、导向作用。为了使讨论充分展开，教师不要轻易参与争论和评说，除非学生有此要求，也只能以普通身份发言，以免使自己的论点左右学生。在这里教师要有甘当学生的气度。唯其如此，才能创造出热烈讨论的气氛，充分调动各位学生的主动性、积极性，诱导他们大胆发表自己的见解，以收到良好的讨论效果。在教学过程中，教师也应适时地提醒学生，在学习过程中应重视检测观念与分析，而非追求"标准答案"。

资料来源：何佳讯. 广告案例教程（第二版）. 上海：复旦大学出版社，2006：329-335.

附录二 术语表

- 视听众（Audience）：看到或听到广告的人，如书报杂志读者、广告及电视的收听（视）者。
- 平均接触频次（Average Frequency Of Exposure）：视听众接触某一个广告的平均次数，计算期间通常为四周。
- 品牌发展指数（Brand Development Index，BDI）：通常以地理上的地区表示，说明每一地区市场的品牌销售成绩与全国市场销售业绩相比其情况如何。
- 网络横幅广告（Banner）：Banner 一般翻译为网幅广告、旗帜广告、横幅广告等。一个表现商家广告内容的图片，放置在广告商的页面上，是互联网广告中最基本的广告形式，尺寸是 480×60 像素，或 233×30 像素，一般是使用 GIF 格式的图像文件，可以使用静态图形，也可用多 ZHEN 图像拼接为动画图像。除普通 GIF 格式外，新兴的 Rich Media Banner（丰富媒体 Banner）能赋予 Banner 更强的表现力和交互内容，但一般需要用户使用的浏览器插件支持
- 品类发展指数（Category Development Index，CDI）：品类的一个地区的销售占总销售的比率除以该地区的人口占总人口的比率，用以评估品类在该地区的相对发展状况。
- 干扰度（Clutter）：干扰度是指消费者在接触媒体时受广告干扰的程度。另一种解释认为，干扰度主要是指广告版面和时段占有媒体广告的总量中的比率。
- 连续式（Continuity）：媒体形成模式中，全程采取平均分配，且未曾出现消费者察觉广告中断的情况的媒体露出模式。
- 每行动成本（Cost per Action）：广告主为规避广告费用风险，只有在广告产生销售后才按销售笔数付给广告站点的费用。
- 千人成本（Cost Per Thousand，CPM）：千人成本是以一种媒体或媒体排期表送达一千个人或"家庭"的成本计算单位。千人成本以两个因素为主要关注的指示：受众和成本，即媒体每接触 1000 人所支付的金额。千人成本＝购买所有受众费用÷所到达的对象人口数×1000。
- 每千人次访问成本（Cost Per Thousand，CPM）：按访问人次收费已经成为网络广告的管理惯例。目前国际上每个 CPM 收费从 $20 到 $80 不等。Cost per Thousand Impressions（简称 CPM），网上广告产生每 1000 个广告印象（显示）数的费用。
- 视听率每点成本（Cost Per Rating Point，CPRP），或每毛评点成本（Cost/

GRP）：在广播电视媒体中，每百分点收视（听）所需支付金额。每收视（听）点成本＝购买毛收视点费用÷毛收视点。其主要功能是估计在一个市场内全国市场中电视或广播计划的广告排期表的总成本。需要指出的是，每收视点成本不能成为衡量一个媒体成本的绝对标准，因为每收视点成本还与以下四个因素有关：1. 媒介购买的折扣；2. 广告投放的版本长度（15秒还是30秒）；3. 投放的具体频道；4. 在相同的每收视点成本和千人成本下的到达率和接触频次不一定一样。

- 覆盖率（Coverage）：接触某一广告活动或媒体的个人数或家庭数（或以百分比表示）。
- 累积收视（听）率（Cumulative Rating，美俚语"cume"）：在一周中，收视（听）同区隔时段的不同个人或家庭所占阅听的百分比。
- 累积到达率（Cumulative Reach）：某媒体或广告活动于一定时间内所到达的不同家庭数。
- 直邮广告（Direct Advertising）：完全由广告主控制而不通过一般大众媒体的广告，如直接信函、免费样品等。
- 金额分配法（Dollar Allocation）：按照比例为发展潜力相对较佳的区域市场分配较多广告费。也就是说，如果A市场占了总销售量的10%，它就应该得到10%的广告媒体预算。
- 有效接触频次（effective frequency）：消费者对广告信息接触次数累积到可以充分记忆广告信息时的接触频次。
- 有效到达率（Effective reach）：在有效接触频次以上的到达率。如有效接触频次的定义为3次，则3次以上（含3次）到达率即为有效到达率。
- 效果（Effectiveness）：指媒体在投资的花费对营销及传播目标的达成状况。
- 效率（Efficiency）：指广告在媒体上每单位的投资所获得的接触人口。
- 接触频次（Frequency）：接触频次是指个人（或家庭）接触广告信息的平均次数。平均接触频次＝累积接触度(%)÷到达率(%)，或者，平均接触频次＝毛评点(%)÷到达率(%)。
- 接触频次分布（Frequency Distribution）：在每个接触频次的对象消费者比率（即接触1次的消费者的比率，及接触2次、3次、4次等的消费者比率）。
- 有效接触频次（Effective Frequency）：指对消费者达到广告诉求目的所需要的广告接触率。
- 起伏式（Flighting）：媒体行程模式中，某段时间出现、某段时间中止的广告露出模式，亦称栏栅式、间歇式或跳跃式。
- 毛评点（Gross Rating Point，GRP）：毛评点是指在一定广告排期内（通常为四周），在特定频道（或若干频道）、特定时段（或若干时段）的广告播出后获得的收视率之和。毛评点是使用一系列媒体工具所产生的累积（非重复）阅听者印象的表示方法。毛评点亦时常认知为目标收视点（Target Audience

Rating Points），一种用来衡量目标受众阅听媒体的尺度：1GRP = 1%目标受众。

- **毛接触人次（Gross Impression）**：媒体活动日程表中所有媒体的受众人数总和。为"总视听机会"的另一名称。分项之间的重叠部分不计算在内。
- **开机率（Home Using TV, HUT）**：指一天中某一特定时间电视家庭用户开机的百分数。
- **家庭收视率（Household Rating）**：以家庭为计算单位的节目收视率。
- **时段家庭开机率（HUT – Household Using TV）**：在特定时段内，所有收看任何电视节目的家庭数占总家庭数的比例。
- **时段个人开机率（HUT – People Using TV）**：在特定时段内，所有收看任何电视节目的人口占总人口的比例。
- **冲击力（Impact）**：广告或广告活动强制影响其消费者的程度。是版面与时间的购买总量，与到达率及频率是相关的。
- **视听众暴露度（Impressions）**：与毛评点意义相同，只不过毛评点是百分数，而视听众暴露度是一个具体数字，两者存在以下的关系式：毛评点×人口基数=视听众暴露度。在网络广告中，Impression（印象）等同于 Ad view，指受用户要求的网页或广告图像的每一次显示，就是一次印象。
- **视听众暴露度分配法（Impression Allocation）**：以需要的总印象作为分配预算的基础。为了获得更多的接触人次，较好的市场会得到较多预算；较差的市场，总接触人次少，预算也较少。
- **集体购买（Master Buying）**：使用多家代理商的广告主将媒体购买委托一家代理商进行，称为集中购买。负责购买的代理商不一定是负责创意的代理商之一。
- **媒体类别（Media Class）**：媒体分类的第一层级，是以媒体传播形式划分的较大分类，一般将媒体分为电视、广播、报纸、杂志、户外及新兴的网络媒体等。
- **媒体组合（Media Mix）**：指于同一媒体计划之中，使用两种或两种以上的不同媒体。
- **媒体单元（Media Option）**：在媒体类别中实际使用的创意尺寸或长度，如电视广告的30秒或15秒、报纸广告的全版或半版等规格。
- **媒体比重（Media Weight）**：指一个媒体执行方案对设定消费者所传达的媒体量，通常指的是 GRP、Reach 与 Frequency。
- **媒体（Medium）**：一系列传播工具如报纸、杂志、广播、电视。
- **视听机会（Opportunity to See, OTS）**：在一次广告活动中视听广告的机会。"视听机会"准确地说便是视听的机会。它并不保证这些人已经收看或收听了你的广告。
- **个人收视率（People Rating）**：以人为单位的节目收视率。

- 脉动式（Pulsing）：媒体形成模式中，全程持续露出，且中间出现比重高低起伏的媒体露出模式。
- 收视（听）率（Rating）：指收看（听）某一个电视节目（广播节目）的人数或家庭数占拥有电视机（收录机）的总人数或家庭数的百分数。
- 到达率（Reach）：媒体所涵盖的阅听者总数；视听众的总人数。到达率不考虑重复。到达率的提高，意味着载体的传播广度在增加，覆盖范围在扩大，广告宣传的产品的知名度会扩大。
- 阅读率（Readership）：阅读刊物或广告的读者人数或其所占的百分比。
- 节目视听众占有率（Share of Audience, Share）：节目视听众占有率是指某一节目，其收看者占开机者的百分比。占有率＝收看某一频道（节目）的观众人数/所有正在看电视人数×100％，或占有率＝某一频道（或节目）收视率÷所有频道收视率×100％
- 市场份额（Share Of Market, SOM）：品牌在特定市场中的销售额或销售量占品类整体的销售额或销售量的比率。
- 心理份额（Share Of Mind, SOM）：品牌在消费者心目中占有的份量占品类整体所占有的份量的比率。品牌的心理份额通常为市场份额的前兆。
- 声音份额（Share Of Voice, SOV/ Share Of Spending, SOS）：某产品在其同类产品中的广告活动分额，用投入的经费来衡量（SOS – Share of spending）或用出现在媒体的比重来衡量，SOV – Share of Voice，计算单位通常为 GRP。
- 广告排期表（Schedule）：广告活动中所使用的媒体或广告时间、版面的列表。
- 插播广告（Spot）：依地理分区或电台分区购买广告时段插播；节目中插播。"Spot"可以为播映广告的时间或指广告本身。
- 目标受众（Target Audience）：通常可以与"目标群体"一词互换使用。在媒体计划中使用的清晰而可行的界定：人口统计分类（Demographic）；心理状态分类（Psychographic）；产品使用（Product Usage）；主要目标（Primary Target）；次要目标（Secondary Target）
- 目标群（Target Group）：广告活动的诉求对象，拥有类似特性的未来对象。
- 媒体载具（Vehicle）：指媒体类别下再细分的个别承载信息的具体媒体。如电视媒体类别下的某个节目、报纸媒体类别下的某份报纸等。

主要参考书目

[1] Jack Z. Sissors, Lincoln Bumba, Advertising Media Planning, 3rded. Chicago：NTC Business Books, 1989.

[2] J. Thomas Russell, W. Ronald Lane, Advertising Procedure, 13th ed. New Jersey：Prentice Hall, 1996.

[3] Philip Kotler, Kevin Lane Keller, Marketing Management, 12th ed. New Jersey：Pearson Education, Inc., 2006.

[4] 纪华强．广告媒体策划．上海：复旦大学出版社，2003．

[5] 陈培爱，覃胜南．广告媒体教程．北京：北京大学出版社，2005．

[6] 邓相超等．广告媒介策略．济南：山东大学出版社，2004．

[7] 杰克Z·西瑟斯，罗杰·巴隆．闫佳，邓瑞锁译．广告媒体策划（第6版）．北京：中国人民大学出版社，2006．

[8] 高萍．广告媒介——寻求传达广告讯息的最佳通道．长沙：中南大学出版社，2005．

[9] 威廉·韦尔斯，约翰·伯内特，桑德拉·莫里亚蒂．广告学原理和实务（第6版）．北京：中国人民大学出版社，2005．

[10] 陈俊良．广告媒体研究．北京：中国物价出版社，1997．

[11] 穆红．实战广告案例（第二辑）．北京：中国人民大学出版社，2006．

[12] 何佳讯．广告案例教程．上海：复旦大学出版社，2005．

[13] 唐·舒尔茨，海蒂·舒尔茨．整合营销传播：创造企业价值的五大关键步骤．北京：中国财政经济出版社，2005。

[14] 凯文·莱恩·凯勒．战略品牌管理（英文影印版，第2版）．北京：中国人民大学出版社，2004．

[15] 钟以谦．媒体与广告．北京：中国人民大学出版社，2001．

[16] 苗宇．公司广告媒体和广告代理．昆明：云南大学出版社，2001．

[17] 王忠诚．广告媒体应用．北京：中国财政经济出版社，1998．

[18] 刘毅志．Media媒体计划．台北：中央图书出版社，1992．

[19] 吉·苏尔马尼克．广告媒体研究．刘毅志编译．北京：中国友谊出版公司，1991．

[20] 樊志育．广告效果研究．北京：中国友谊出版公司，1995．

[21] 樊志育．广告效果测定技术．上海：上海人民出版社，2000．

[22] 刘永炬，陈才昭．媒体组合．北京：企业管理出版社，1999．

[23] 赵劲松. 广告媒介实务：广告媒介研究、策划与购买指南. 北京：世界知识出版社, 2001.

[24] 朱海松. 国际4A广告公司媒介策划基础. 广州：广东经济出版社, 2005.

[25] 阿诺德·M. 巴尔班, 斯蒂芬·M. 克里斯托尔, 弗兰克·J. 科派克. 朱海松译. 国际4A广告公司媒介计划精要. 广州：广东经济出版社, 2005.

[26] 朱海松. 第五媒体：无线营销下的分众传媒与定向传播. 广州：广东经济出版社, 2005.

[27] 卢泰宏, 何佳讯. 蔚蓝智慧：读解十大跨国广告公司. 广州：羊城晚报出版社, 2000.

[28] 樊志育. 广告媒体与策略. 北京：中国友谊出版公司, 1998.

[29] 陈培爱. 广告媒体策略. 北京：高等教育出版社, 2004.

[30] 邵培仁. 传播学. 北京：高等教育出版社, 2000.

[31] 威·施拉姆, 威·波特. 传播学概论. 北京：新华出版社, 1984.

[32] 雪莉·贝尔吉. 赵敬松译. 媒介与冲击——大众媒介概论. 沈阳：东北财经大学出版社, 2000.

[33] 王宇. 大众媒介导论. 北京：中国国际广播出版社, 2003.

[34] 清水公一. 广告理论与战略. 北京：北京大学出版社, 2005.

[35] 威廉·阿伦斯. 丁俊杰等译. 当代广告学（第七版）. 北京：华夏出版社, 2000.

[36] J·托马斯·拉塞尔, W·罗纳德·莱恩. 王宇田等译. 克莱普纳广告教程. 北京：中国人民大学出版社, 2005.

[37] 周亦龙. 媒体的做点. 北京：企业管理出版社, 1999.

[38] 刘家林. 新编中外广告史. 广州：暨南大学出版社, 2004.

[39] 蔡凯如, 黄勇贤. 穿越视听时空. 北京：新华出版社, 2003.

[40] 孟伟. 声音传播. 北京：中国传媒大学出版社, 2004.

[41] 严学军, 汪涛. 广告策划与管理. 北京：高等教育出版社, 2001.

[42] 杜骏飞. 网络传播概论. 福州：福建人民出版社, 2003.

[43] 丁俊杰, 康瑾. 现代广告通论（第二版）. 北京：中国传媒大学出版社, 2007.

[44] 张晓东. 广告媒体运筹. 长沙：中南大学出版社, 2006.

[45] 夏琼. 广告媒体. 武汉：武汉大学出版社, 2002.

[46] 莱斯利·巴特菲尔德. 杜玲等译. 英国IPA广告培训教程. 北京：中国三峡出版社, 2001.

[47] 菲利普·科特勒. 梅汝和等译. 营销管理（新千年版·第10版）. 北京：中国人民大学出版社, 2001.

[48] 迈克尔·R·所罗门,卢泰宏. 消费者行为学(第6版·中国版) 北京:电子工业出版社,2006.
[49] 余明阳,陈先红. 广告策划创意学. 上海:复旦大学出版社,2005.
[50] 王晓华. 广告效果测定:效果评估理论与运用. 长沙:中南大学出版社,2004.

案例索引

企业标杆个案 1　"水晶之恋情人节"的新媒体运动
企业标杆个案 2　玩转网络广告：Nokia3510 媒体投放策略
企业标杆个案 3　《大话 G 游》：无线广告舞翩跹
企业标杆个案 4　麦当劳的"模拟人生"：虚拟世界中的品牌传播器
企业标杆个案 5　透析 CCTV 的广告价值：以统一润滑油为标本
企业标杆个案 6　CECT 演绎经典时刻：价格大战时代的手机媒体策略
企业标杆个案 7　奶溢飘香：香满楼牛奶广告媒体策划案
企业标杆个案 8　帕萨特与广州本田市场投放的媒体策略比较
企业标杆个案 9　向左走，向右走：春兰冰箱广告媒体投放的地理性选择难题
企业标杆个案 10　大鹏展翅：纳爱斯牙膏广告媒体效果评估

学生实践个案 1　一叶爱的轻舟：Magic Pizza Room 的品牌故事
学生实践个案 2　乘风破浪的现代"红头船"：HOME BUS 创业策划案
学生实践个案 3　花之媒：百日草花艺连锁有限公司媒体策划书
学生实践个案 4　"可乐"的奥运年：可口可乐 2008 广告媒体策划案
学生实践个案 5　"温柔的力量"演绎完美风暴："高洁丝"卫生巾广告媒体策划
学生实践个案 6　"同一个星球"：2008 中国（广州）国际纪录片大会广告媒体策划

学生原创综合个案 1　激情奋进八千里，梦想超越国威扬：奇瑞 2008"奋进·超越"火炬行动
学生原创综合个案 2　媒体生活新运动：广州大学城北亭广场"living mall"推广活动纪实

后 记

可爱而挑剔的学生们究竟需要一本什么样的书？这是作者内心一再思索，并同样一再偏执地垂询和提醒于编撰团队的一句话。或许，只有如作者一般刚刚经历了从"学"到"教"的转型，才能有如此看似多于的拷问。可资欣慰的是，此书中，我们自始至终一直戮力于脱下如传统教材那般生涩、枯槁的体例外衣，冀望于能让读到此书的学生们在学海冲浪的惬意中，更能有清风拂面的新奇与惊喜！只愿这不是烂柯一梦。

此书有缘面世理应归功于我的同门师兄、华东师范大学商学院的何佳讯教授，正是当初何佳讯教授的热情惠荐，方使本书有了踯躅起航的机缘。"媒体运作是国内比较薄弱的环节，体现媒体科学的案例很难找"，何佳讯教授当初邮件中的寄语更是成为本书力求突破的推手。本书同时应该感谢我的博士导师、营销学权威学者、中山大学管理学院的卢泰宏教授。尽管首次涉猎广告学教材的编撰，但师从先生的数年砥砺为本书的顺利完成积淀了可贵的底蕴，而此书体例上的细致打磨同样得益于先生诸多经典论著的灵感。

本书是集体智慧与团队努力的结晶，编写者们均年轻而富有朝气，在一年零三个月的时间里，他们斗志昂扬，团结奋进，数易其稿后终于为大家奉献了这部略显稚嫩，但饱含激情的作品。刘超主持了本书的编撰工作，包括体例定位、确定全书整体架构、以及全书的统稿，并编撰第1章、第4章、第5章、第8章、第9章、第11章。主编助理刘洲、黄思萍在前期资料收集以及团队联络中作了大量细致而高效的工作。参与本书初稿编撰的团队成员有：颜立华、钟乐波第2章；颜立华、刘洲第3章；姚慧梅、伍志华第6章、第7章；赖派灿第10章；李韵妍、赖达文第12章；贾露、黄思萍第13章；何宜标第14章。司徒静雯、钟乐波、廖慧、苏跃、吴婷、何宜标、颜立华为本书撰写和提供了精彩的实践个案；李宇浩、郑泽鹏、梁雪妮参与完成的获奖个案"激情奋进八千里，梦想超越国威扬：奇瑞2008'奋进·超越'火炬行动"经节录被收入本书；广东外语外贸大学新闻与传播学院05级广告班的其他同学热情为本书撰写和提供了大量精彩个案，限于篇幅遗憾未能收入，此致谢意。

同时，本书广泛参阅了其他相关媒体和作者的著作。从尊重原作者的角度出发，我们尽可能地对文献来源或出处进行了严格标注，在此向所有被引用资料的原作者致以诚挚的谢意。但限于联络不便，以及时间、篇幅等原因无法一一垂询，仍难免挂一漏万，如有遗漏，敬请见谅。有稿酬要求的原作者请与我们联系，我们将在整体稿酬的额度内按照引用材料的文字比例，参照团队相关付酬标准给与支付。

后记

在本书编撰的过程中我们深刻地体会到，广告媒体理论研究与实务创新所面临的许多问题，无论从广度还是从深度上来考量，其复杂程度及其艰巨性都远远超越了我们的想像。而本书所涵盖的内容也只能是沧海之一粟，许多课题还有待进一步深化。同时，囿于编著者水平有限，书中错误在所难免。有鉴于上述诸般瑕疵，我们衷心企盼各位理论界、实业界的专家、学者不吝批评指正，与我们一道携手奋进，共同开创新世纪中国广告学教育与研究之美好未来。

本书能够顺利出版，还要感谢同济大学张茂林教授的居中协调。感谢中国建筑工业出版社的支持与关爱，特别感谢李晓陶小姐的热心与推动，以及为编辑此书所付出的辛劳。正是他们的鞭策，才能推动本书艰难前行并得以顺利交付刊印。最后，还要向我所挚爱的父母、以及爱妻开容致以深深的谢意，感谢他们在精神上赋予我爱的港湾，而正是他们在家务上的诸多操持，方能使我潜心治学；同时，要向因为笔耕而有所疏忽的爱子若轩致歉，感谢上苍所赐予的这一爱的精灵。

刘超

gwliuchao@163.com

2008年2月29日于广州大学城